# 1901-1907
# NATIVE AMERICAN CENSUS SENECA, EASTERN SHAWNEE, MIAMI, MODOC, OTTAWA, PEORIA, QUAPAW, AND WYANDOTTE INDIANS

(UNDER SENECA SCHOOL, INDIAN TERRITORY)

TRANSCRIBED BY
## JEFF BOWEN

NATIVE STUDY
Gallipolis, Ohio
USA

Copyright © 2022
by Jeff Bowen

ALL RIGHTS RESERVED
No part of this publication may be reproduced, distributed, or transmitted in any form or by any means, without the prior written permission of the publisher.

Originally published:
Signal Mountain, Tennessee
1997

Santa Maria, California
2018

Reprinted by:

Native Study LLC
Gallipolis, Ohio
www.nativestudy.com

Library of Congress Control Number: 2022906016

ISBN: 978-1-64968-159-1

Made in the United States of America.

# Other Books and Series by Jeff Bowen

*Compilation of History of the Cherokee Indians and Early History of the Cherokees by Emmet Starr with Combined Full Name Index*
(Hardbound & Softbound)

*1901-1907 Native American Census Seneca, Eastern Shawnee, Miami, Modoc, Ottawa, Peoria, Quapaw, and Wyandotte Indians (Under Seneca School, Indian Territory)*

*1932 Census of The Standing Rock Sioux Reservation with Births And Deaths 1924-1932*

*Census of The Blackfeet, Montana, 1897- 1901 Expanded Edition*

*Eastern Cherokee by Blood, 1906-1910, Volumes I thru XIII*

*Choctaw of Mississippi Indian Census 1929-1932 with Births and Deaths 1924-1931 Volume I*
*Choctaw of Mississippi Indian Census 1933, 1934 & 1937, Supplemental Rolls to 1934 & 1935 with Births and Deaths 1932-1938, and Marriages 1936-1938 Volume II*

*Eastern Cherokee Census Cherokee, North Carolina 1930-1939*
*Census 1930-1931 with Births And Deaths 1924-1931 Taken By Agent L. W. Page Volume I*
*Eastern Cherokee Census Cherokee, North Carolina 1930-1939*
*Census 1932-1933 with Births And Deaths 1930-1932 Taken By Agent R. L. Spalsbury Volume II*
*Eastern Cherokee Census Cherokee, North Carolina 1930-1939*
*Census 1934-1937 with Births and Deaths 1925-1938 and Marriages 1936 & 1938 Taken by Agents R. L. Spalsbury And Harold W. Foght Volume III*

*Seminole of Florida Indian Census, 1930-1940 with Birth and Death Records, 1930-1938*

*Texas Cherokees 1820-1839 A Document For Litigation 1921*

*Starr Roll 1894 (Cherokee Payment Rolls) Districts: Canadian, Cooweescoowee, and Delaware Volume One*
*Starr Roll 1894 (Cherokee Payment Rolls) Districts: Flint, Going Snake, and Illinois Volume Two*
*Starr Roll 1894 (Cherokee Payment Rolls) Districts: Saline, Sequoyah, and Tahlequah; Including Orphan Roll Volume Three*

*Cherokee Intruder Cases Dockets of Hearings 1901-1909 Volumes I & II*

*Indian Wills, 1911-1921 Records of the Bureau of Indian Affairs Books One thru Seven*

# Other Books and Series by Jeff Bowen

*Native American Wills & Probate Records 1911-1921*

*Turtle Mountain Reservation Chippewa Indians 1932 Census with Births & Deaths, 1924-1932*

*Chickasaw By Blood Enrollment Cards 1898-1914 Volume I* thru *V*

*Cherokee Descendants East An Index to the Guion Miller Applications Volume I*
*Cherokee Descendants West An Index to the Guion Miller Applications Volume II (A-M)*
*Cherokee Descendants West An Index to the Guion Miller Applications Volume III (N-Z)*

*Applications for Enrollment of Seminole Newborn Freedmen, Act of 1905*

*Eastern Cherokee Census, Cherokee, North Carolina, 1915-1922, Taken by Agent James E. Henderson*
    *Volume I (1915-1916)*
    *Volume II (1917-1918)*
    *Volume III (1919-1920)*
    *Volume IV (1921-1922)*

*Complete Delaware Roll of 1898*

*Eastern Cherokee Census, Cherokee, North Carolina, 1923-1929, Taken by Agent James E. Henderson*
    *Volume I (1923-1924)*
    *Volume II (1925-1926)*
    *Volume III (1927-1929)*

*Applications for Enrollment of Seminole Newborn Act of 1905 Volumes I & II*

*North Carolina Eastern Cherokee Indian Census 1898-1899, 1904, 1906, 1909-1912, 1914 Revised and Expanded Edition*

*1932 Hopi and Navajo Native American Census with Birth & Death Rolls (1925-1931) Volume 1 - Hopi*
*1932 Hopi and Navajo Native American Census with Birth & Death Rolls (1930-1932) Volume 2 - Navajo*

*Western Navajo Reservation Navajo, Hopi and Paiute 1933 Census with Birth & Death Rolls 1925-1933*

*Cherokee Citizenship Commission Dockets 1880-1884 and 1887-1889 Volumes I* thru *V*

*Applications for Enrollment of Chickasaw Newborn Act of 1905 Volumes I* thru *VII*

# Other Books and Series by Jeff Bowen

*Cherokee Intermarried White 1906 Volume I thru X*

*Applications for Enrollment of Creek Newborn Act of 1905 Volumes I thru XIV*

*Applications for Enrollment of Choctaw Newborn Act of 1905 Volumes I thru XX*

*Choctaw By Blood Enrollment Cards 1898-1914 Volumes I thru XX*

*Oglala Sioux Indians Pine Ridge Reservation 1932 Census Book I*
*Oglala Sioux Indians Pine Ridge Reservation Birth and Death Rolls 1924-1932 Book II*

*Census of the Sioux and Cheyenne Indians of Pine Ridge Agency 1896 - 1897 Book I*
*Census of the Sioux and Cheyenne Indians of Pine Ridge Agency 1898 - 1899 Book II*

*Northern Cheyenne Tongue River, Montana 1904 - 1932 Census 1904-1916 Volume I*
*Northern Cheyenne Tongue River, Montana 1904 - 1932 Census 1917-1926 Volume II*

*Identified Mississippi Choctaw Enrollment Cards 1902-1909 Volumes I, II & III*

*Sac & Fox - Shawnee Estates 1885-1910 (Under Sac & Fox Agency) Volumes I-VIII*
*Sac & Fox - Shawnee Estates 1920-1924 (Under The Sac & Fox Agency, Oklahoma) & Wills 1889-1924 Volume IX*
*Sac & Fox - Shawnee Deaths, Cemetery, Births, & Marriage Cards (Under The Sac & Fox Agency, Oklahoma) 1853-1933 Volume X*
*Sac & Fox - Shawnee Marriages, Divorces, Estates Log Books Volumes 1 & 2, Log Book Births & Deaths (Under Sac & Fox Agency, Oklahoma)1846-1924 Volume XI*
*Sac & Fox - Shawnee Guardianships Part 1 (Under Sac & Fox Agency, Oklahoma) 1892-1909 Volume XII*
*Sac & Fox - Shawnee Guardianships, Part 2 (Under The Sac & Fox Agency, Oklahoma) 1902-1910 Volume XIII*
*Sac & Fox - Shawnee Guardianships, Part 3 (Under The Sac & Fox Agency, Oklahoma) 1906-1914 Volume XIV*

Visit our website at **www.nativestudy.com** to learn more about these and other books and series by Jeff Bowen

# Table of Contents

Introduction     v

**CENSUS - 1901**
| | |
|---|---:|
| Quapaw | 1 |
| Wyandotte | 10 |
| Seneca | 21 |
| Ottawa | 32 |
| Eastern Shawnee | 38 |
| Peoria | 42 |
| Miami | 48 |
| Modoc | 51 |
| Department of Interior Letter | 53 |

**CENSUS - 1902**
| | |
|---|---:|
| Seneca | 54 |
| Eastern Shawnee | 65 |
| Eastern Shawnee | 69 |
| Seneca | 73 |
| List of Deceased Seneca Indians | 84 |
| Miami | 85 |
| Modoc | 89 |
| Wyandot | 91 |
| Ottawa | 103 |
| Peoria | 109 |
| Quapaw | 115 |

**CENSUS - 1903**
| | |
|---|---:|
| Eastern Shawnee | 124 |
| Modoc | 128 |
| Miami | 131 |
| Ottawa | 136 |
| Peoria | 142 |
| Peoria Births, Deaths & Marriages | 149 |
| Quapaw | 150 |
| Seneca | 159 |
| Wyandot | 171 |

**CENSUS - 1904**
| | |
|---|---:|
| Eastern Shawnee | 184 |
| Miami | 188 |
| Modoc | 193 |
| Ottawa | 196 |
| Peoria | 203 |
| Quapaw | 210 |
| Seneca | 219 |
| Wyandot | 231 |

Table of Contents

**CENSUS - 1905**
| | |
|---|---|
| Peoria | 243 |
| Eastern Shawnee | 250 |
| Miami | 254 |
| Modoc | 259 |
| Ottawa | 262 |
| Quapaw | 269 |
| Seneca | 278 |
| Wyandot | 290 |

**CENSUS - 1906**
| | |
|---|---|
| Quapaw | 303 |
| Seneca | 313 |
| Wyandot | 325 |
| Eastern Shawnee | 338 |
| Miami | 342 |
| Modoc | 346 |
| Ottawa | 348 |
| Peoria | 355 |

**CENSUS - 1907**
| | |
|---|---|
| Eastern Shawnee | 362 |
| Miami | 366 |
| Modoc | 371 |
| Ottawa | 373 |
| Peoria | 380 |
| Quapaw | 387 |
| Seneca | 397 |
| Wyandotte | 409 |

**Index**     423

# INTRODUCTION

This book was originally published by this author October, 1997. It was transcribed from National Archive Microfilm M-595 Roll 488, Native American Census Rolls, 1885-1940. Care has been taken to transcribe all information exactly as it appears on film. Naturally, as with many records, not all materials are totally legible, so when not able to read specific areas an effort was made to note within the work that the text was impossible to read. You will notice that some names are spelled differently from year to year, even some of the tribes are also spelled differently. Most of the censuses have birth and deaths listed at the end of each yearly tribal listing. This particular listing of censuses are listed as being, (Under Seneca School, Indian Territory). "The Seneca Indian School was a Native American boarding school located in Wyandotte, Oklahoma. Initially founded for Seneca, Shawnee, and Wyandotte children, in later years it had many Cherokee students. The school operated from 1872 to 1980."[1]

"The **Seneca Nation of Indians** is a federally recognized Seneca tribe based in western New York. They are one of three federally recognized Seneca entities in the United States, the others being the Tonawanda Band of Seneca (also in western New York) and the Seneca-Cayuga Nation of Oklahoma. Some Seneca also live with other Iroquois peoples on the Six Nations of the Grand River in Ontario.

The Seneca Nation has three reservations, two of which are occupied: Cattaraugus Reservation, Allegany Indian Reservation, and the mostly unpopulated Oil Springs Reservation. It has two alternating capitals on the two occupied reservations: Irving at Cattaraugus Reservation, and Jimerson Town near Salamanca on the Allegany Native American Reservation."[2]

The Seneca are of Iroquoian linguistic groups. During the early days they were one of the most important and largest members of the original five nations of the Iroquois League in which they were represented by eight chiefs. Families linked by maternal kinship all lived together in longhouses; these families were grouped into eight exogamous clans where marriage is only allowed outside their social group as required by custom or law. The clans in

---

[1] Wikipedia Seneca Nation of Indians para. 1.
[2] Wikipedia, Seneca Nation of Indians para. 1-2.

turn are grouped into moieties meaning one of two equal parts. These moieties each having its own chief.

"The **Eastern Shawnee** Tribe of Oklahoma is an Eastern Woodland tribe, who were once nomadic. They are located in Oklahoma and Missouri. The Shawnee (Shaawanwaki, Šaˑwanoˑki and Shaawanowi lenaweeki) are an Algonquian-speaking ethnic group indigenous to North America. In colonial times they were a semi-migratory Native American nation, primarily inhabiting areas of the Ohio Valley, extending from what became Ohio and Kentucky eastward to West Virginia, Virginia, Pennsylvania, and Western Maryland; south to Alabama and South Carolina; and westward to Indiana, and Illinois.

Pushed west by European-American pressure, the Shawnee migrated to Missouri and Kansas, with some removed to Indian Territory (Oklahoma) west of the Mississippi River in the 1830s. Other Shawnee did not remove to Oklahoma until after the Civil War. Made up of different historical and kinship groups, today there are three federally recognized Shawnee tribes, all headquartered in Oklahoma: the Absentee-Shawnee Tribe of Indians of Oklahoma, Eastern Shawnee Tribe of Oklahoma, and Shawnee Tribe."[3] The Eastern Shawnee are closely related in language and culture to the Sauk, Fox and Kickapoo while also influenced by a long association with the Seneca and Delaware.

"The **Miami** (Miami-Illinois: *Myaamiaki*) are a Native American nation originally speaking one of the Algonquian languages. Among the peoples known as the Great Lakes tribes, it occupied territory that is now identified as Indiana, southwest Michigan, and western Ohio. By 1846, most of the Miami had been removed to Indian Territory (now Oklahoma). The Miami Tribe of Oklahoma is the only federally recognized tribe of Miami Indians in the United States."[4]

The Miami social system was also based on exogamous clans, with clan chiefs serving as members of each village council; one of their number was elected civil chief. A separate war chief was chosen on the basis of ability in leading raids. During the time when they first had contact with the French, the Miami were divided into six bands of which there were two sub designations, the Wea and the Piankashaw who would later become separate tribes. During the summer they occupied permanent agricultural villages; they moved to the

---

[3] Wikipedia, Shawnee para. 1-2.
[4] Wikipedia, Miami People, para. 1.

prairies in winter for communal bison hunts. A major feature of Miami religion was the Midewiwin, or the Grand Medicine Society, a secret religious group whose members were believed to have the ability to secure supernatural help for tribal warfare as well as being able to cure the infirmed. During the 19th century the Miami ceded the majority of the lands to the U.S. while one band remained in Indiana.

"The **Modoc** are a Native American people who originally lived in the area which is now northeastern California and central Southern Oregon. They are currently divided between Oregon and Oklahoma and are enrolled in either of two federally recognized tribes, the Klamath Tribes in Oregon[2] and the Modoc Tribe of Oklahoma."[5]

Their territory lay in a great trough in the Southern Cascade Range approximately one hundred miles in length and approximately twenty five miles wide, containing numerous different forms of wetlands. The Klamath in the northern areas were mainly fishers and hunters of water fowl. The Modoc from the southern sectors also were fishermen but relied more on gathering edible roots, seeds and berries while hunting various game. Both tribes are considered to be of the plateau culture area, while still thought to be influenced by other surrounding tribes in California.

"The **Odawa** (also **Ottawa** or **Odaawaa** /oʊˈdɒwə/), said to mean "traders", are an Indigenous American ethnic group who primarily inhabit land in the northern United States and southern Canada. They have long had territory that crosses the current border between the two countries, and they are federally recognized as Native American tribes in the United States and have numerous recognized First Nations bands in Canada. They are one of the Anishinaabeg, related to but distinct from the Ojibwe and Potawatomi peoples.

After migrating from the East Coast in ancient times, they settled on Manitoulin Island, near the northern shores of Lake Huron, and the Bruce Peninsula in the present-day province of Ontario, Canada. They considered this their original homeland. After the 17th century, they also settled along the Ottawa River, and in the state of Michigan, United States, as well as through the Midwest south of the Great Lakes in the latter country. In the 21st century,

---

[5] Wikipedia, Modoc People, para. 1.

there are approximately 15,000 Odawa living in Ontario, and Michigan and Oklahoma (former Indian Territory, United States)."[6]

They were widely known as traders, their locations enabling them to become middlemen in intertribal commerce; their canoes traveled as far west as Green Bay, Wisconsin and as far east as Quebec to buy and sell merchandise. The Ottawa semi-sedentary, living in agricultural villages in summer and separating into family groups for winter hunts.

In the late $17^{th}$ century the tribe comprised of four or possibly five major divisions which were sub-divided into local bands, that were believed to have several clans distributed among the bands.

"The **Peoria** (or **Peouaroua**) are a Native American people. Today they are enrolled in the federally recognized Peoria Tribe of Indians of Oklahoma. Historically, they were part of the Illinois Confederation.

Traditionally, the Peoria spoke a dialect of the Miami-Illinois language. The name "Peoria" derives from their autonym or name for themselves in the Illinois language, peewaareewa (modern pronunciation peewaalia). Originally it meant, "Comes carrying a pack on his back." No speakers of the Peoria language survive.[3] Along with the language Miami, a smaller number of the Peoria tribe of Oklahoma speaks Cahokia, Moingwea and Tamaroa."[7]

The Peoria Indian Tribe is made up of four smaller tribes. Kaskaskia, Peoria, Piankeshaw, and Wea. The four are the remains of the Illinois nations of the Algonquin linguistic family. Illinois being defined as a "tribe of superior men." In the beginning they were separate but around 1854 it was clear that they needed to unite in order to survive. Being the Peoria were the dominant tribe they were known as the Confederated Peoria Tribe.

After being forced through Kansas and Missouri in the late 1860's they agreed to settle in the northeastern part of Indian Territory, now Oklahoma. They are no longer called the Confederated Peoria's. That has been changed to the Peoria Indian Tribe of Oklahoma.

---

[6] Wikipedia, Odawa People, para. 1-2.

[7] Wikipedia, Peoria People, para. 1-2.

"The **Quapaw** (or **Arkansas** and **Ugahxpa**) people are a tribe of Native Americans that coalesced in the Midwest and Ohio Valley. The Siouan-speaking tribe historically migrated from the Ohio Valley area to the west side of the Mississippi River and resettled in what is now the state of Arkansas; their name for themselves refers to this migration and traveling downriver. Europeans first learned their name as the *Arkansea*, the term used by the Algonquian-speaking Illinois Confederation traders encountered to the east. They named the territory and state of Arkansas for them.

The Quapaw are federally recognized as the Quapaw Tribe of Indians. They were removed to Indian Territory in 1834, and their tribal base has been in present-day Ottawa County in northeastern Oklahoma. The number of members enrolled in the tribe is 3,240."[8]

They were also a sedentary agricultural people who lived in fortified villages of communal bark-covered lodges built on mounds. They were known as skillful artisans noted for their red and white pottery. In 1673 the Quapaw were contacted by the explorers Jacques Marquette and Louis Jolliet who reported that they did not hunt buffalo for fear of tribes to the north and west.

Being they had settled in the Indian Territory around the mid-19th century on their own reservation the Civil War caused them to be overrun by forces from both sides making them flee in masse to Kansas to the reservation of the Ottawa. Most of the Quapaw later returned to their Oklahoma land that was then allotted among them by themselves.

"The **Wyandotte Nation** is a federally recognized Native American tribe in Oklahoma. They are descendants of the Wendat Confederacy and Native Americans with territory near Georgian Bay and Lake Huron. Under pressure from Iroquois and other tribes, then from European settlers and the United States government, the tribe gradually moved south and west to Ohio, Michigan, Kansas and finally Oklahoma in the United States.

Smaller groups of Wendat descendants live in Kansas and Michigan. The Huron-Wendat Nation has a reserve at Wendake, Quebec, Canada, with a population close to that of the Wyandotte Nation."[9]

---

[8] Wikipedia, Quapaw, para. 1-2.

[9] Wikipedia, Wyandotte Nation, para. 1-2.

The Wendat or Wyandot or Wyandotte are a confederacy of four bands of the Huron Nation. The Rock, Bear, Cord and Deer together with a few smaller dependent communities (mostly Iroquoian-speaking like the Huron, but including at least one Algonkian-speaking tribe) that joined them at different periods for protection against the Iroquois League. Some of their villages, consisting of large bark covered dwellings, housed several families each and were palisaded for protection. Their homes were located near fields where they grew corn, the main staple of the diet which was supplemented by fish and to a lesser extent by game.

I sincerely hope these censuses help you to find the ancestors you have long searched for.

Jeff Bowen
Gallipolis, OH
*NativeStudy.com*

# Quapaw Census
# 1901

Census of the Quapaw Indians of Quapaw Agency, under Seneca School,
I.T. taken by Edgar A. Allen, Supt. Acting, United States Indian Agent,
June 30, 1901. *190*

KEY: Number; *Indian Name* [if given]; English Name; Sex; Relation [if given]; Age.

1   **ABRAMS**, Abner W; m; 54
2   Melissa J; f; wife; 40
3   Maude E; f; daughter; 16
4   Samuel W; m; son; 14
5   Harrison; m; son; 13
6   Earl Blaine; m; son; 9

7   **ADAMS**, Felicia; f; 39
8   Cora E; f; daughter; 23
9   Edna P; f; daughter; 19
10  Ruth Lee; f; daughter; 4

11  **BALL**, Nellie J; f; mother; 43
12  Samuel Wylie; m; son; 19
13  Minnie; f; daughter; 15
14  William; m; son; 12

15  **BLUEJACKET**, Charles; m; 61

16  **BREWER**, Minnie Dardenne; f; 25
17  Mary C; f; daughter; 5
18  [No name]

19  **BUFFALO**, Joseph; m; 33
20  Sinnie Brown; f; wife; 29
21  Henry; m; son; 5
22  Clara May; f; daughter; 4
23  Hazel Lorena; f; daughter; 1
24  Arthur; m; son; 11

25  **BEAVER**, John; m; husband; 43
26  *Meh-hunk-a-zhe-ka*; f; wife; 42
27  Anna; f; daughter; 14
28  *Ton-gah-hah*; m; son; 10

29  **BLAKESLEE**, William W; m; 34

30  **CALF**, Mary J; f; 52

31  **CEDAR**, Lizzie; f; 58

32  **CLABBER**, Peter; m; 53
33  *Meh-het-tah*; f; wife; 53

*Census of the* **Quapaw** *Indians of* **Quapaw** *Agency,* **under Seneca School,**
**I.T.** *taken by* **Edgar A. Allen, Supt. Acting.** *United States Indian Agent,*
**June 30, 1901.** *190*

**KEY:** Number; *Indian Name* [if given]; English Name; Sex; Relation [if given]; Age.

34 **CLARK**, Mary Dardeene; f; 36
35 Lillie May; f; daughter; 9
36 William Alexander; m; son; 8
37 Lawrence B; m; son; 5
38 Anna Viola; f; daughter; 3
39 [No name]; f; daughter; 2

40 **COLDSPRING**, John I C; m; 20
41 Grace Redeagle; f; wife; 27
42 Walter; m; son; 2

43 **COUSATTE**, Samuel; m; 35
44 Jessie May; f; daughter; 10
45 Ira; m; son; 7
46 Joseph; m; son; 3
47 [No name]; m; son; 1

48 **CRAWFISH**, Thomas; m; 40
49 Mary; f; daughter; 7
50 Minnie E; f; daughter; 4

51 **CRANE**, Effie Imbeau; f; 21
52 Nellie L; f; daughter; 3
53 Mary; f; daughter; 2
54 [No information given]

55 **CRAWFISH**, Harry; m; 33
56 Ethel May; f; daughter; 9
57 Alice; f; daughter; 7

58 **CRAWFISH**, Widow; f; 63

59 **CROW,** John; m; 39

60 **CHOTEAU,** *Zahme,* Mary; f; 49

61 **CHARTERS**, John; m, ; 60

62 **COUSATTE**, Benjamin; m; 46
63 Amanda E; f; wife; 34
64 Maggie E; f; daughter; 14
65 Benjamin C; m; son; 12
66 Rosa E; f; daughter; 10
67 Joseph; m; son; 8

*Census of the* **Quapaw Indians of Quapaw** *Agency,* **under Seneca School,**
**I.T.** *taken by* **Edgar A. Allen, Supt. Acting,** *United States Indian Agent,*
**June 30, 1901.** *190*

**KEY:** Number; *Indian Name* [if given]; English Name; Sex; Relation [if given]; Age.

68    **COUSATTE** [cont], Martin Luther; m; son; 6
69    [No information given]

70    **CARDIN**, Louis LaFountaine; m; 26
71    Connoyer, Felicia M Cardin; f; sister; 18
72    Sarah C; f; sister; 15

73    **CARDIN**, William O; m; 23
74    Isa Wade; f; wife; 33

75    **CARDIN**, Alexander; m; 31
76    William Fred; m; son; 6
77    *Juinata (or Wah-me-tah);* f; daughter; 1

78    **DAYLIGHT**, Isaac; m; 27
79    Fannie Crawfish; f; wife; 25
80    Mary; f; daughter; 5
81    Jesse; m; son; 1

82    **DARDENNE**, Benjamin, Jr; m; 21

83    **DARDENNE**, Anna Edna; f; sister; 8
84    Abraham F; m; brother; 5

85    **DARDENNE**, Benjamin; m; 61
86    Martha A; f; wife; 44

87    **DARDENNE**, Lawrence; m; 39
88    Clara; f daughter; 17
89    Lawrence, Jr; m; son; 14
90    Elsie; f; daughter; 13

91    **DARDENNE**, Felix; m; 29
92    Della D; f; daughter; 3

93    **DARDENNE**, Margaret; f; mother; 50
94    Abram; m; son; 21

95    **DARDENNE**, Willie; m; father; 29
96    Willie W; m; son; 7
97    Robert; m; son; 5
98    Gertrude; f; daughter; 2

*Census of the* Quapaw *Indians of* Quapaw *Agency,* **under Seneca School,**
**I.T.** *taken by* **Edgar A. Allen, Supt. Acting,** *United States Indian Agent,*
**June 30, 1901.** *190*

**KEY:** Number; *Indian Name* [if given]; English Name; Sex; Relation [if given]; Age.

99 **DOUTHAT**, Frances; f; 40
100 Zahn A; m; son; 20
101 Minnie E; f; daughter; 15
102 Charles A; m; son; 13
103 Sarah A; f; daughter; 9
104 Jessie; f; daughter; 5

105 **DOUTHIT**, William A; m; 44
106 Samuel A; m; son; 13
107 William B; m; son; 10
108 Pearl E; f; daughter; 9
109 Clarence Ray; m; son; 4
110 Florence G; f; daughter; 2

111 **DYSON**, Katy Logan; f; 32
112 Daniel H; m; son; 10
113 Frances L; f; daughter; 6
114 Nellie; f; daughter; 4
115 [No information given]

116 **ANGELL**, Louis; m; 60

117 **FISH**, Leander J; m; 50

118 **GEBOE**, Charles C; m; 23

119 **GILMORE**, Agnes Dardenne; f; 25
120 Orville; m; son; 5
121 Clara; f; daughter; 3

122 **GRIFFIN**, Victor; m; 24
123 *Cha-dah-squie*; f; wife; 27

124 **GREENBACK**, Antoine; m; husband; 50
125 Julia Whitebird; f; wife; 18
126 Joseph; m; son; 15
127 Alice; f; daughter; 11
128 [No name]; m; son; 6m

129 **GRANDEAGLE,** *Kah-dah-ska-hun-ka*; m; 42
130 *Khah-daah*; f; wife; 43

131 **GOODEAGLE**, Francis Quapaw; m; 46
132 *Wat-tah-nahe-zhe*; f; wife; 31

Census of the Quapaw Indians of Quapaw Agency, under Seneca School,
I.T. taken by Edgar A. Allen, Supt. Acting, United States Indian Agent,
June 30, 1901. *190*

KEY: Number; Indian Name [if given]; English Name; Sex; Relation [if given]; Age.

133 GOODEAGLE[cont], Charles; m; son; 18
134 Merten; m; son; 15
135 Levi; m; son; 10
136 [No name]; m; son; 1

137 GOODEAGLE, *Ho-gom-me*; f; 41
138 Fannie; f; daughter; 10

139 GORDON, Rosa; f; 16
140 Harry A; m; brother; 14
141 Harvey O; m; brother; 12
142 Sarah E; f; sister; 10
143 Harley E; m; brother; 8
144 Bessie; f; sister; 6

145 CONNER, Minnie Greenback; f; 21
146 [No name]; m; son; 1

147 HUNT, Joseph W; m; 18

148 ANDERSON, Isabella Harrison; f; 23

149 IMBEAU, Louis; m; 55
150 Melissa; f; wife; 53
151 Harvey; m; son; 20
152 Frank; m; son; 18
153 Lizzie; f; daughter; 16
154 Catharine; f; daughter; 14

155 BUFFALO, John; m; 5

156 LANE, Napoleon John; m; 15
157 Mary; f; sister; 11

158 LEWIS, Alexander; m; 22

159 MADISON, James; m; 31

160 McCOY, Martha Angel; f; 30
161 McCouy, John Henry; m; son; 6
162 Martha Ellen; f; daughter; 4

163 McKENZIE, Isabella Z; f; 58

*Census of the* **Quapaw** *Indians of* **Quapaw** *Agency,* **under Seneca School,**
**I.T.** *taken by* **Edgar A. Allen, Supt. Acting,** *United States Indian Agent,*
**June 30, 1901.** *190*

**KEY:** Number; *Indian Name* [if given]; English Name; Sex; Relation [if given]; Age.

164   **NEWHOUSE**, Amos; m; 54

165   **NEWMAN**, James A; m; 53
166   James Lemuel; m; son; 21
167   Minnie M; f; daughter; 17
168   Ada A; f; daughter; 14
169   David A; m; son; 10
170   Leona May; f; daughter; 6
171   Sophia Viola; f; daughter; 3
172   [No name]; m; son; 1

173   *OH-STA-WET-TAH*; f; 55

174   **PORTIS**, Mary; f; 56

175   **LOTTSON**, Robert; m; 21

176   *MIS-KAH-GET-TAH*; f; 52

177   *MEH-NO-BAH*; f; 36

178   **BLACKHAWK**, Charley Quapaw; m; 65

179   **QUAPAW**, John; m; 43
180   Red Sun; f; wife; 59
181   Frances; f; daughter; 15

182   **QUAPAW**, Solomon; m; 33
183   Bertha; f; daughter; 10
184   Anna; f; daughter; 8
185   Jesse; m; son; 5
186   Cookie; f; daughter; 3

187   **QUAPAW**, Dick; m; 37
188   Tagah; f; wife; 48

189   **QUAPAW**, Pius; m; 52
190   Tameeheh; f; wife; 36
191   **Jefferson**, *Ta-meh* Quapaw; f; daughter; 15

192   **QUAPAW**, Benjamin; m; 43
193   See sah; f; wife; 37

Census of the Quapaw Indians of Quapaw Agency, under Seneca School,
I.T. taken by Edgar A. Allen, Supt. Acting, United States Indian Agent,
June 30, 1901. *190*

KEY: Number; *Indian Name* [if given]; English Name; Sex; Relation [if given]; Age.

194  RAY, Elizabeth; f; 58

195  RAY, Frank; m; 28
196  [No name]; f; daughter; 1

197  RAY, Abram; m; 27
198  Joseph Dewey; m; son; 2

199  REDEAGLE, George; m; 35
200  Minnie O-Goshung; f; wife; 30
201  Sophia Josephine; f; daughter; 13
202  Le Roy; m; son; 9
203  Doane S; m; son; 6

204  SHAPP, Julia Stafford; f; 30

205  STAFFORD, Widow; f; 101

206  SULLIVAN, Malina Hunt; f; 22
207  Edna May; f; daughter; 5
208  Ray LeRoy; m; son; 3

209  SILK, Frances; f; 58

210  SHAFER, Irene Dardenne; f; 24
211  Minnie; f; daughter; 7
212  Ernest Glenn; m; son; 5
213  Bertha; f; daughter; 4
214  Harry; m; son; 1

215  SPADE, *Meh-het-tah*; f; 42

216  THOMPSON, William; m; 27

217  THOMPSON, Robert; m; 21

218  TRACK, Sigdah; m; 48
219  *Mes-kah-tun-ka*; f; wife; 30
220  *Meh-ska-na-ba-nah*; f; daughter; 16
221  *Wah-zhe-meh-tah-heh*; f; daughter; 6
222  [No name]; f; daughter; 3

223  TOUSEY, Elizabeth H; f; 63

Census of the   Quapaw   Indians of   Quapaw   Agency, **under Seneca School,**
**I.T.** *taken by*   **Edgar A. Allen, Supt. Acting**,   *United States Indian Agent,*
**June 30, 1901.** *190*

**KEY:** Number; *Indian Name* [if given]; English Name; Sex; Relation [if given]; Age.

224  **VALLIER**, James; m; 21

225  **VALLIER**, Amos; m; 31

226  **VALLIER**, Frank; m; 48
227  Alice A; f; wife; 33
228  Benjamin F; m; son; 10
229  Martha F; f; daughter; 7

230  **VALLIER**, George; m; 27
231  Clerissa A; f; daughter; 4
232  Annie; f; daughter; 2
233  [No information given]

234  **WAID**, Annie Dardenne; f; 24
235  Nellie; f; daughter; 6
236  Park; m; son; 2
237  Bessie; f; daughter; 5m

238  **WEBER**, Dillie Dardenne; f; 24
239  Eva; f; daughter; 6
240  Grace J; f; daughter; 4
241  [No information given]
242  [No information given]

243  **WHITEBIRD**, Joseph; m; 43
244  Lena; f; wife; 45
245  Mary; f; daughter; 10
246  Bernard; m; son; 4

247  **WHITEBIRD**, Harry; m; 24
248  Flora Young Greenback; f; wife; 36
249  **Greenback**, Walter; m; stepson; 9
250  **Greenback**, Alphonso; m; stepson; 5
251  Melissa; f; daughter; 1

252  **WILHOITE**, Mary M; f; 70

253  **WADE**, Florence A; f; 44

254  **OWENS**, Kitty Wade; f; mother; 31
255  [No information given]
256  [No information given]

*Census of the* **Quapaw** *Indians of* **Quapaw** *Agency,* **under Seneca School,**
**I.T.** *taken by* **Edgar A. Allen, Supt. Acting,** *United States Indian Agent,*
**June 30, 1901.** *190*

**KEY:** Number; *Indian Name* [if given]; English Name; Sex; Relation [if given]; Age.

257 **XAVIER**, James; m; 42
258 **Zavier**[sic], *Mah-shing-tin-nah*; f; wife; 28
259 Anna; f; daughter; 9

# Wyandotte Census
# 1901

Census of the **Wyandotte** Indians of **Quapaw** Agency, **under Seneca School, I.T.** taken by **Edgar A. Allen, Supt. Actg.** United States Indian Agent, **June 30, 1901.** 190

**KEY:** Number; *Indian Name* [if given]; English Name; Sex; Relation [if given]; Age.

1 **ALLEN**, Ida J; f; mother; 34
2 Florence Esther; f; daughter; 3

3 **ARMSTRONG**, Maynard C; m; 55

4 **WALTON**, Florence; f; 26

5 **ARMSTRONG**, Silas; m; 59

6 **BARNETT**, Thomas; m; husband; 33
7 Emma; f; wife; 37
8 Sadie; f; daughter; 15
9 Milton; m; son; 7
10 Thomas; m; son; 5
11 Ruth; f; daughter; 2

12 **BARNETT**, John; m; 67

13 **BEARSKIN**, Sarah; f; mother; 62
14 John; m; son; 36
15 Wesley; m; son; 25

16 **BEARSKIN**, George; m; 42

17 **BENNETT**, Jeff; m; father; 38
18 Vernice; f; wife; 26
19 Ida; f; daughter; 10
20 Alene; f; daughter; 8
21 Lettie; f; daughter; 6

22 **BLAND**, John; m; husband; 34
23 Lulu; f; wife; 30
24 Nora; f; daughter; 4

25 **BLACKABY**, Hannah; f; mother; 45
26 Maud; f; daughter; 15
27 Sherman; son; 13

28 **BOONE**, Octavius; m; brother; 27
29 Alice R; f; sister; 21
30 Lottie B; f; sister; 16
31 Walker L; brother; 14
32 Cecelia M; f; sister; 10

Census of the **Wyandotte** Indians of **Quapaw** Agency, **under Seneca School, I.T.** taken by **Edgar A. Allen, Supt. Actg.** United States Indian Agent, **June 30, 1901.** 190

**KEY:** Number; *Indian Name* [if given]; English Name; Sex; Relation [if given]; Age.

33 **BROWN**, John D; m; father; 53
34 Alpheus; m; son; 26
35 Lee; m; son; 24
36 John D, Jr; m; son; 22
37 Annie L; f; daughter; 20
38 Lothie; m; son; 17

39 **BUZZARD**, Stella; f; sister; 14
40 Reed; m; brother; 10

41 **CHERLOE**, Henry; m; father; 52
42 Jerry; m; son; 21

43 **COON**, John; m; 56

44 **COTTER**, Elizabeth; f; mother; 56
45 Jeff; m; stepson; 40

46 **HOLT**, Hulda Cotter; f; mother; 24
47 (infant); f; daughter; 6m

48 **COTTER**, Joel; m; father; 38
49 Sarah; f; wife; 25
50 Claud B; m; son; 5
51 (infant); 1

52 **DAWSON**, Robt. A; m; husband; 59
53 Nannie; f; wife; 56
54 Phillip Raymond; m; son; 29
55 Silas; m; son; 25
56 Jerdina; f; daughter; 22
57 Naomi; f; daughter; 20

58 **DUSHANE**, Rebecca; f; mother; 31
59 George; m; son; 13

60 **ELLIOTT**, Isaac; m; husband; 27
61 Daisy; f; wife; 22

62 **ELLIOTT**, Louisa; f; 57

63 **FABER**, John; m; husband; 32
64 Cora; f; wife; 31
65 Leonard; m; son; 8

11

Census of the **Wyandotte** Indians of **Quapaw** Agency, **under Seneca School, I.T.** taken by **Edgar A. Allen, Supt. Actg**, United States Indian Agent, **June 30, 1901.** *190*

KEY: Number; *Indian Name* [if given]; English Name; Sex; Relation [if given]; Age.

66  **FABER** [cont], Hattie; f; daughter; 5

67  **GECK**, Lucy; f; mother; 49
68  Josie; f; daughter; 25
69  Florence; f; daughter; 21
70  Robert M; m; son; 13

71  **GECK**, Richard; m; father; 27
72  Lucy; f; daughter; 1

73  **STAND**, Henry; m; 40

74  **GIAMEE**, Charles; m; brother; 23
75  Martha; f; sister; 22
76  Jane; f; sister; 20

77  **BROWN**, Eldridge; m; husband; 53
78  Malinda; f; wife; 51
79  Mariam; f; daughter; 13

80  **BROWN**, James; m; 24

81  **COTTER**, James; m; husband; 51
82  Cora; f; wife; 35
83  Norma; f; daughter; 13
84  Milton; m; son; 11
85  Nora; f; daughter; 9
86  Bessie; f; daughter; 7

87  **COOKE**, Dawson; m; 33

88  **HILL**, Eudora Cooke; f; 60

89  **HOAG**, Wilhelmina Cooke; f; 31

90  **DYER**, Lucinda; f; 71
91  **Young**, Emma; f; adopted; 21

92  **GIAMEE**, James; m; 42

93  **GRINROD**, Kate; f; 29

94  **HACKLEMAN**, Arizona; f; mother; 38
95  Majorie[sic]; f; daughter; 4

Census of the  Wyandotte  Indians of  Quapaw  Agency,  under Seneca
School, I.T. *taken by*  Edgar A. Allen, Supt. Actg,  *United States Indian Agent,*
June 30, 1901.  *190*

KEY: Number; *Indian Name* [if given]; English Name; Sex; Relation [if given]; Age.

96   **HACKLEMAN** [cont], Jeannette; f; daughter; 2 m

97   **HARRIS**, John; m; father; 49
98   Jane; f; wife; 34
99   Mary; f; daughter; 16
100  Matilda; f; daughter; 12
101  Susie; f; daughter; 10
102  Randolph; m; son; 8
103  George; m; son; 6

104  **HICKS**, Henry; m; father; 55
105  Malissa; f; wife; 40
106  Hettie; f; daughter; 24
107  Frank; m; son; 19
108  John; m; son; 13

109  **MAUPIN**, Cordelia Hicks; f; 31

110  **HICKS**, Cassandra; f; mother; 25
111  William; m; son; 4

112  **HICKS**, George; m; 32

113  **JOHNSON**, Allen, Sr; m; husband; 60
114  Catharine; f; wife; 47

115  **JOHNSON**, Allen, Jr; m; 29

116  **JOHNSON**, Arthur; m; 27

117  **JOHNSON** Robert; m; husband; 33
118  Helen; f; wife; 28
119  Harold; m; son; 4
120  Gwendolyn; f; daughter; 3
121  Eunice; f; daughter

122  **JOHNSON**, Mack; m; husband; 31
123  Dorcas; f; wife; 29

124  **PRESTON**, Eva Johnson; f; 29

125  **JOHNSON**, Wilbur; m; 21

Census of the **Wyandotte** *Indians of* **Quapaw** *Agency,* **under Seneca School, I.T.** *taken by* **Edgar A. Allen, Supt. Actg,** *United States Indian Agent,* **June 30, 1901.** *190*

**KEY:** Number; *Indian Name* [if given]; English Name; Sex; Relation [if given]; Age.

126 **JONES**, Josephine L. A; f mother; 40
127 **Stewart**, Clarence; m; son; 16
128 **Adkins**, Charles; m; son; 14

129 **BOND**, Minnie Stewart Wainscot; f; 21

130 **KARIHO**, Noah; m; father; 41
131 Mary J; f; wife; 35
132 **Bland**, Charles; m; stepson; 16

133 **KENNEDY**, Rebecca; f; mother; 54
134 James; m; son; 25
135 Lee; m; son; 21
136 Allen; m; son; 19

137 **KIRKBRIDE**, Frank; m; 34
138 Eugene; m; brother; 32

139 **KYGAR**, Susan; f; mother; 42
140 Dollie; f; daughter; 14
141 Minnie; f; daughter; 12
142 Andrew; m; son; 9
143 Stella; f; daughter; 7

144 **LONG**, William P; m; husband; 33
145 Alberta Sarahas[sic]; f; wife; 23
146 Elmer; m; son; 1

147 **LONG**, Fred; m; husband; 37
148 Lydia; f; wife; 32
149 Dora; f; daughter; 10
150 Bryon; m; son; 5

151 **LONG**, James M; m; father; 70
152 Fannie M; f; wife; 52
153 Kate; f; daughter; 30
154 Frank; m; son; 28
155 Myrtle; f; daughter; 24
156 Irvin P; m; son; 21
157 James M, Jr; m; son; 17

158 **LONG**, Isaac Z; m; father; 71
159 Catharine; f; wife; 55
160 Samuel; m; son; 27

Census of the **Wyandotte** *Indians of* **Quapaw** *Agency,* **under Seneca School, I.T.** *taken by* **Edgar A. Allen, Supt.** Actg, *United States Indian Agent,* **June 30, 1901.** *190*

KEY: Number; *Indian Name* [if given]; English Name; Sex; Relation [if given]; Age.

161 **LONG** [cont], Thomas; m; son; 23
162 George; m; son; 21
163 Julia; f; daughter; 17
164 Grover C; m; son; 16
165 Albert; m; son; 14
166 Nancy; f; daughter; 11
167 Walter; m; son; 7

168 **KING**, May Long; f; mother; 19
169 (infant)

170 **MISENHIMER**, Susan; f; mother; 39
171 Elia; f; daughter; 14
172 James; m; son; 9
173 John; m; son; 4

174 **JONES**, Arizona Misenhimer; f; mother; 18
175 (infant)

176 **McKEE**, Mary; f; 60

177 **MURDOCK**, Blanche; f; mother; 42
178 Rhoda; f; daughter; 8

179 **MUDEATER**, Benjamin A; m; father; 51
180 Sidney; f; wife; 43
181 Doane; m; son; 6

182 **MUDEATER**, Florence; f; 18

183 **MUDEATER**, Alfred; m; husband; 47
184 Julia; f; wife; 37

185 **MUDEATER**, Irvin; m; father; 52
186 Julia; f; daughter; 6

187 **MUNCH**, Oella[sic]; f; 52

188 **MUSH**, Mary; f; 72

189 **PEACOCK**, Maggie; f; mother; 42
190 Lottie; f; daughter; 18
191 Katie; f; daughter; 16
192 Ella; f; daughter; 4

Census of the **Wyandotte** Indians of **Quapaw** Agency, **under Seneca School, I.T.** taken by **Edgar A. Allen, Supt. Actg,** United States Indian Agent, **June 30, 1901.** 190

KEY: Number; *Indian Name* [if given]; English Name; Sex; Relation [if given]; Age.

193 **PUNCH**, Margaret; f; 52

194 **ROBITAILLE**, James; m; father; 39
195 Emma; f; wife; 30
196 Grace; f; daughter; 10
197 Homer; m; son; 8
198 Wolford; m; son; 7
199 Arthur; m; son; 4

200 **ROUBEDOUX**, Josie; f; 25

201 **ROBITAILLE**, Frank; m; brother; 35
202 Ernest; m; brother; 29
203 Lena; f; sister; 23
204 Charles; m; brother; 20

205 **SARAHAS**, Jane; f; 72

206 **SARAHASS**, Jane; f; 44

207 **SARAHASS**, Wesley; m; husband; 44
208 [No name], f; wife; 37

209 **SARAHASS**, Richard; m; 44

210 **BEGGS**, Alice S; f; mother; 42
211 **Wind**, Mary; f; daughter; 21
212 **Schiffbauer**, Bert; m; son; 15
213 **Schiffbauer**, Amelia; f; daughter; 13
214 **Schiffbauer**, Pearl; f; daughter; 11
215 **Schiffbauer**, Joseph; m; son; 9
216 Julia Leona; f; daughter; 3

217 **SCHRIMPSHER**, Hattie; f; 32

218 **SEYMORE**, Mary; f; mother; 22
219 (infant); f; daughter

220 **EUNEAU**, Nancy Smith; f; mother; 38
221 Artie; f; daughter; 22
222 Benjamin; m; son; 17
223 Eulala; f; daughter; 15
224 Roy; m; son; 13

*Census of the* **Wyandotte** *Indians of* **Quapaw** *Agency,* **under Seneca School, I.T.** *taken by* **Edgar A. Allen, Supt. Actg,** *United States Indian Agent,* **June 30, 1901.** *190*

**KEY:** Number; *Indian Name* [if given]; English Name; Sex; Relation [if given]; Age.

225 **SOLOMON**, Isaac; m; father; 40
226 [No information given.]
227 [No information given.]

228 **SPICER**, Rena C; f; 24

229 **SPYBUCK**, Henry; m; father; 44
230 Roy; m; son; 10
231 Ruth R; f; daughter; 5

232 **SPYBUCK**, Eliza; f; 62

233 **SPLITLOG**, James; m; 56

234 **STANNARD**, Nancy; f; mother; 42
235 Walter N; m; son; 6
236 Jeannette; f; daughter; 4

237 **RYAN**, Caroline Faber; f; 24

238 **FABER**, Jerdina; f; 22
239 Staton, Thomas; m; cousin; 18

240 **BALLARD**, Clara, Faber; f; mother; 27
241 [No name]; f; daughter; 3
242 [No name]; m; son; 2

243 **TOBIEN**, Lulu M; f; mother; 37
244 Earl E; m; son; 13
245 John H, Jr; m; son; 7

246 **TUSSINGER**, Jessie G; f; mother; 20
247 [No name]; m; son; 2

248 **TUSSINGER**, Lizzie G; f; mother; 45
249 **Giamee**, Rosanna; f; daughter; 9
250 Mark L; m; son; 4
251 Josephine; f; daughter; 3

252 **WALKER**, Malcolm; m; 52

253 **WALKER**, Thomas B; m; 65

Census of the **Wyandotte** Indians of **Quapaw** Agency, **under Seneca School, I.T.** taken by **Edgar A. Allen, Supt. Actg**, United States Indian Agent, **June 30, 1901.** 190

KEY: Number; *Indian Name* [if given]; English Name; Sex; Relation [if given]; Age.

254 **WALKER**, Mary; f; mother; 69
255 Bert N. O; m; son; 30
256 **Hamlin**, Carrie M; f; grd daughter; 25
257 **Hamlin**, Paul; m; grd son; 21

258 **WALKER**, Isaac; m; husband; 37
259 Eva Lemon; f; wife; 29

260 **WALKER**, Clarence; m; 49

261 **WALKER**, Thomas E; m; father; 42
262 Kenneth; m; son; 10

263 **WALLACE**, Jane Z; f; mother; 29
264 Everett; m; son; 8

265 **WANO**, Ellen L; f; mother; 30
266 Willaim[sic]; m; son; 5
267 Eugene; m; son; 3

268 **WHITEWING**, Catharine; f; 19

269 **WOLFENBERGER**, Ollie; f; sister; 5
270 Josephine; f; sister; 3

271 **WRIGHT**, James; m; father; 47
272 William; m; son; 23
273 George; m; son; 20
274 Grant; m; son; 18
275 Charles; m; son; 16
276 Henry; m; son; 12
277 Hattie; f; daughter; 5

278 **YOUNG**, Star; m; father; 50
279 Henry; m; son; 30
280 Lizzie; f; daughter; 27

281 **YOUNG**, William; m; husband; 25
282 Lulu; f; wife; 25
283 John; m; son; 4
284 Clifford; m; son; 2

285 **ZANE**, Susan; f; sister; 26
286 Buchanan; m; brother; 23

*Census of the* **Wyandotte** *Indians of* **Quapaw** *Agency,* **under Seneca School, I.T.** *taken by* **Edgar A. Allen, Supt. Actg**, *United States Indian Agent,* **June 30, 1901.** *190*

**KEY:** Number; *Indian Name* [if given]; English Name; Sex; Relation [if given]; Age.

287 **ZANE**, John; m; father; 29
288 Bertha; f; wife; 25
289 William; m; son; 3

290 **ZANE**, Isaac R; m; husband; 75
291 Elizabeth; f; wife; 75

293[sic] **ZANE**, Isaac; m; husband; 50
294 Ellen; f; wife; 50

295 **ZANE**, Mary Ann; f; 75

296 **ZANE**, Lee; m; father; 43
297 Emma; f; wife; 35
298 Myrtle; f; daughter; 13
299 Oscar; m; son; 11
300 Ollie; f; daughter; 9
301 Lawrence; m; son; 5
302 J. Clarence; m; son; 4

303 **McCOURT**, Lucy Zane; f; mother; 53
304 Noah; m; son; 22
305 Julia; f; daughter; 17
306 Henry; m; son; 13
307 Pearl; f; daughter; 10

308 **HARPER**, Oella; f; mother; 19
309 (infant); 2

310 **CULP**, Jennie Zane; f; 40

311 **HODGKISS**, Rosetta; f; mother; 38
312 Maude; f; daughter; 16
313 Elmo; m; son; 11
314 Natalie; f; daughter; 9
315 Darthula; f; daughter; 6
316 Lawrence F; m; son; 2

317 **JOHNSON**, Ella; f; mother; 32
318 Bertha; f; stdaughter; 18
319 Preston; m; stpson; 16
320 Donald; m; son; 7
321 Cordelia; f; daughter; 5

Census of the **Wyandotte** *Indians of* **Quapaw** *Agency,* **under Seneca School, I.T.** *taken by* **Edgar A. Allen, Supt. Actg,** *United States Indian Agent,* **June 30, 1901.** *190*

**KEY:** Number; *Indian Name* [if given]; English Name; Sex; Relation [if given]; Age.

322 **LOFLAND**, Carrie; f; mother; 56
323 Charles; m; son; 22
324 Kitty; f; daughter; 19

325 **VOLZ**, Josephine Lofland; f; mother; 56
326 [No name]; 1
327 (infant)

328 **McCLELLAN**, [No first name]; f; mother; 35
329 **Luke**, Peter ; m; son; 12
330 Rosa; f; daughter; 8

331 **PUNCH**, Alec; m; 53

332 **WRIGHT**, Martha; f; 76
333 Martha Jane; f; grddaugh; 20

334 **SCHIFFBAUER**, Azilda; f; 27

335 **CROTZER**, Catharine; f; mother; 36
336 Archie; m; son; 21
337 Ethel; f; daughter; 15
338 John; m; son; 13
339 Grace; f; daughter; 8
340 Onie May; f; daughter; 6
341 Esther Rose; f; daughter; 4

342 **MONTGALL**, William; m; 17

# Seneca Census
# 1901

*Census of the* **Seneca** *Indians of* **Quapaw** *Agency,* **under Seneca School, I.T.** *taken by* **Edgar A. Allen, Supt. Acting,** *United States Indian Agent,* **June 30, 1901.** *190*

KEY: Number; *Indian Name* [if given]; English Name; Sex; Relation [if given]; Age.

1 **ARMSTRONG**, Jack; m; husband; 52
2 Elizabeth; f; wife; 52
3 Susan; f; daughter; 18
4 Thomas; m; son; 17
5 Barnabas; m; son; 14
6 **Cherloe**, Ethel Myrtle; f; grddaugh; 9

7 **ARMSTRONG**, James; m; father; 69
8 Charles; m; son; 11

9 **DENNY**, Nora; f; 18

10 **BALL**, Lucinda; f; mother; 51
11 Andrew; m; son; 15
12 Lydia; f; daughter; 12
13 Ollie; f; daughter; 9

14 **BASSETT**, Joseph; m; 42
15 Frances King; f; wife; 30

16 **BEARSKIN**, George; m; husband; 47
17 Susan; f; wife; 45
18 Wallace; m; son; 15
19 Earnest Guy; m; son; 13
20 Lena; f; daughter; 8
21 Maggie; f; daughter; 4
22 Leslie; m; son; 1
23 John W; m; son; 5

24 **JOHNSON**, Mary Bearskin; f; 27
25 Lillian; f; daughter; 1

26 **GEBOE**, Lucy Bearskin; f; 21
27 Onie B; f; daughter; 2m

28 **BEARSKIN**, Bessie; f; 24

29 **BEARSKIN**, Rose Garnett; f; mother; 36
30 Gladys; f; daughter; 4
31 Mildred; f; daughter; 2
32 Leonard; m; son

33 **BEE**, Kate; f; 56

*Census of the* **Seneca** *Indians of* **Quapaw** *Agency,* **under Seneca School, I.T.** *taken by* **Edgar A. Allen, Supt. Acting,** *United States Indian Agent,* **June 30, 1901.** *190*

KEY: Number; *Indian Name* [if given]; English Name; Sex; Relation [if given]; Age.

34 **BOMBARY**, Joseph; m; husband; 67
35 Eliza; f; wife; 50
36 Julia; f; daughter; 18
37 Christie; m; son; 16
38 Levi; m; son; 14

39 **BROWN**, Susan Kariho; f; 24

40 **BROWN**, Julia Spicer Kariho; f; mother; 26
41 **Spicer**, Ida; f; daughter; 7
42 Howard; m; son; 4m

43 **KARIHO**, John; m; husband; 51
44 Susan Buck; f; wife; 33
45 **Buck**, Peter; m; stepson; 15
46 **Crow**, Jennie; f; stepdaughter; 5
47 **Crow**, Angeline; f; stepdaughter; 3
48 Mary; f; daughter; 4m

49 **CAPTAIN**, Jesse; m; husband; 35
50 Margaret; f; wife; 27
51 Bertha; f; daughter; 9

52 **CAYUGA**, Malinda; f; 16
53 Lena M; f; sister; 15
54 Delia; f; sister; 12

55 **CHERLOE**, Henry; m; 34
56 Minnie; f; wife; 28
57 Nellie; f; daughter; 5
58 Fayette; m; son; 3
59 David; m; son; 1

60 **CHOTEAU**, George E; m; 26
61 Clara Whitecrow; f; wife; 20
62 Sidney; m; son; 1

63 **CHOTEAU**, Elizabeth L; f; 29
64 Olive; f; sister; 22

65 **CONNER**, Ebenezer; m; 35
66 William; m; son; 1

67 **CONNER**, Simpson; m; 14

Census of the Seneca Indians of Quapaw Agency, under Seneca School, I.T. *taken by* Edgar A. Allen, Supt. Acting, *United States Indian Agent,* June 30, 1901. *190*

KEY: Number; *Indian Name* [if given]; English Name; Sex; Relation [if given]; Age.

68  COON, Susan; f; 45

69  CRAWFORD, George; m; 29
70  Joseph; m; brother; 26

71  CROW, John; m; 42
72  Susan; f; daughter; 23
73  Jerry; m; son; 21

74  CROW, Jerry; m; 87

75  CROW, Amos; m; 49
76  Margaret Ann Young; f; wife; 26
77  Moses; m; son; 22
78  Samuel; m; son; 17
79  Lucinda; f; daughter; 14

80  DAVIS, Daylight; m; 54
81  Jane; f; wife; 57
82  Lewis N; m; son; 21

83  DAVIS, Taylor; m; 43
84  Elizabeth N; f; daughter; 20
85  John; m; son; 17
86  Ida; f; daughter; 10
87  Bert; m; son; 2
88  Annie; f; daughter; 1

89  DICK, John; m; 36
90  Rachel K. Ball; f; wife; 22
91  Maud; f; daughter; 12

92  DICK, Ida Splitlog; f; 26

93  DOCTOR, Young; m; 44

94  EVANS, Malinda; f; 36
95  Eliza; f; daughter; 17
96  Delia; f; daughter; 16
97  Blanche; f; daughter; 15
98  Alfred; m; son; 13
99  Curtle; f; daughter; 7

*Census of the* **Seneca** *Indians of* **Quapaw** *Agency,* **under Seneca School, I.T.** *taken by* **Edgar A. Allen, Supt. Acting,** *United States Indian Agent,* **June 30, 1901.** *190*

**KEY:** Number; *Indian Name* [if given]; English Name; Sex; Relation [if given]; Age.

100 **FINLEY**, Rose Denney; f; 28
101 **Gentry**, Clinton; m; son; 10
102 **Gentry**, Earl; m; son; 8
103 Beatrice; f; daughter; 3

104 **FISHER**, Sarah Armstrong; f; 24
105 Lena; f; daughter; 5
106 Eva Marie; f; daughter; 4
107 Alfred; m; son; 2
108 Minerva; f; daughter; 1

109 **HARDY**, Sarah Whitecrow; f; 26
110 James; m; son; 4
111 Valentine; m; son; 3
112 Percy; m; son; 1

113 **HENRY**, Richard; m; 15

114 **HUBBARD**, Charles B; m; 28
115 Chester A; m; son; 2
116 Esther Ethel; f; daughter; 1

117 **HUNT**, Oscar J; m; 20

118 **JACK**, Isaac; m; 32

119 **JACKSON**, Andrew; m; 27

120 **JAMMISON**, George, Sr; m; 60
121 Lucy; f; wife; 48
122 Stewart; m; son; 20

123 **JAMMISON**, Ellen; f; 31
124 Ludia; f; daughter; 15
125 Sadie; f; daughter; 11
126 Amos; m; son; 8
127 Eva L; f; daughter; 5
128 Alex Smoke; m; son; 2

129 **JAMMISON**, George; m; 38

130 **JOHNSON**, Annie Crow; f; 27
131 Arthur, Jr; m; son; 3
132 Edna Dorcas; f; daughter; 1

*Census of the* **Seneca** *Indians of* **Quapaw** *Agency,* **under Seneca School, I.T**. *taken by* **Edgar A. Allen, Supt. Acting***, United States Indian Agent,* **June 30, 1901.** *190*

KEY: Number; *Indian Name* [if given]; English Name; Sex; Relation [if given]; Age.

133 **JOHNSON**, Maggie; f; 44
134 Anna; f; daughter; 12
135 Jackson; m; son; 7
136 Mary; f; daughter; 2

137 **KARIHO**, John; m; 34
138 Rosa; f; wife; 26
139 Josie; f; daughter; 9
140 Elizabeth; f; daughter; 7
141 Sarah C; f; daughter; 4
142 Ruth; f; daughter; 1

143 **KARIHO**, Service; m; 28
144 Naomi; f; sister; 26

145 **KELLY**, Mary Whitewing; f; 35

146 **KINGFISHER**, Sarah Ellen; f; 38

147 **LAYNE**, Betsey Bombary; f; 24
148 Edna Reed; f; daughter; 2
149 Joseph St. Clair; m; son; 4m

150 **LEWIS**, Elizabeth; f; 22

151 **LEWIS**, Sarah; f; 44
152 Melissa; f; daughter; 19
153 Thomas; m; son; 11
154 Clara; f; daughter; 7

155 **LEWIS**, Jacob; m; 23

156 **LOGAN**, James; m; husband; 53
157 Mary S; f; wife; 48

158 **MASON**, Clem H.; m; 57
159 Hattie; f; wife; 57
160 Winona; f; grddaugh; 2

161 **MONONCUE**, Susan T; f; 60
162 **Mingo**, Eddie; m; 34
163 **Mingo**, Ida; f; wife; 27
164 **Mingo**, Lucy; f; daughter; 2

25

*Census of the* **Seneca** *Indians of* **Quapaw** *Agency,* **under Seneca School, I.T.** *taken by* **Edgar A. Allen, Supt. Acting,** *United States Indian Agent,* **June 30, 1901.** *190*

KEY: Number; *Indian Name* [if given]; English Name; Sex; Relation [if given]; Age.

165 **MUSH**, Widow; f; 74
166 William; m; grdson; 34 (imbecile)
167 Sallie; f; grddaugh; 24

168 **NELSON**, Mary J. Winney; f; 27
169 Vincent; m; son; 1

170 **NICHOLAS**, Alex; m; 41
171 Mary; f; wife; 43
172 Matilda; f; daughter; 22
173 Alice; f; daughter; 18
174 Malinda; f; daughter; 15
175 Susie; f; daughter; 14
176 Silver; f; daughter; 11
177 Isabelle; f; daughter; 9
178 Alex; m; son; 7
179 Julia; f; daughter; 5

180 **NICHOLAS**, Smith; m; 72
181 Lucy; f; wife; 49

183[sic] **NICHOLAS**, William; m; 38

184 **PEACOCK**, Isaac; m; 47
185 Thomas; m; son; 17
186 James; m; son; 16

187 **RINEHART**, Hannah Jack; f; 28
188 Flenoid Ivy; m; son; 1
189 Victor Royal; m; son )
190 Maureine[sic]; f; daughter) twins

191 **SCHIFFBAUER**, Robert; m; 33
192 Cyril; m; son; 7
193 Roy Russell; m; son; 5
194 Frank; m; son; 1

195 **SCHIFFBAUER**, Fred; m; 28
196 Minnie; f; sister; 29

197 **SCHRIMPSHER**, Eliza; f; 54

198 **SCHRIMPSHER**, John; m; 38
199 James; m; son; 16

*Census of the* **Seneca** *Indians of* **Quapaw** *Agency,* **under Seneca School, I.T.** *taken by* **Edgar A. Allen, Supt. Acting,** *United States Indian Agent,* **June 30, 1901.** *190*

**KEY:** Number; *Indian Name* [if given]; English Name; Sex; Relation [if given]; Age.

200 **SCHRIMPSHER** [cont], Silas; m; son; 14
201 Matthias; m; son; 12
202 Lucy; f; daughter; 7
203 Ida; f; daughter; 6
204 Lena; f; daughter; 4
205 Abbie G; f; daughter; 5m

206 **PEACOCK**, Mary Johnson Smith; f; mother; 25
207 **Smith**, George L; m; son; 2

208 **SMITH**, Hiram; m; 23
209 Lucy Spicer; f; wife; 23
210 Rufus; m; son; 1

211 **SMITH**, Luke; m; 24
212 Mary Dora; f; wife; 23
213 Artie Y; f; daughter; 4
214 Malinda; f; daughter; 1

215 **SMITH**, Silas; m; 40
216 Amanda; f; wife; 26
217 Fannie; f; daughter; 17
218 William; m; son; 7
219 Mary; f; daughter; 2

220 **SMITH**, John; m; 49
221 Marie; f; wife; 49
222 Jacob; m; son; 22
223 Lizzie; f; daughter; 18
224 Nannie; f; daughter; 16
225 Albert; m; son; 15
226 Harry; m; son; 12

227 **WARRIOR**, James; m; 39
228 Lucinda Smith; f; wife; 42
229 **Smith**, Samuel; m; stepson; 22
230 **Smith**, Sallie; f; stepdaugh; 15

231 **SPICER**, Daniel, Sr; m; 60
232 Charley; m; son; 16

233 **SPICER**, Sallie; f; 49
234 Lewis Whitewing; m; son; 22
235 Caroline; f; daughter; 15

*Census of the* **Seneca** *Indians of* **Quapaw** *Agency,* **under Seneca School, I.T.** *taken by* **Edgar A. Allen, Supt. Acting,** *United States Indian Agent,* **June 30, 1901.** *190*

**KEY:** Number; *Indian Name* [if given]; English Name; Sex; Relation [if given]; Age.

236 **SPICER**, Alex Z; m; 33
237 Ora Barnard; m; son; 4
238 Rio A; m; son; 2

239 **SPICER**, Daniel, Jr; m; 24

240 **SPICER**, Jack; m; 34
241 Sherman; m; son; 7

242 **SPICER**, Ida; f; 52
243 Jacob; m; son; 22

244 **SPICER**, James; m; 34
245 Ethel; f; daughter; 9
246 Lemuel Jasper; m; son; 7
247 Evaline; f; daughter; 3
248 Georgia; f; daughter; 1

249 **SPICER**, Mitchell; m; 35
250 Esther; f; daughter; 9
251 Hattie; f; daughter; 7
252 Clem H; m; son; 4
253 Joseph; m; son; 1

254 **SPICER**, Betsy; f; 65

255 **SPICER**, John; m; 39
256 Jessie Davis; f; wife; 35
257 **Davis**, Minnie Spicer; f; stepdaug; 15
258 **Davis**, Blanche Crawford; f; stepdaug; 12
259 Charles; m; son; 3
260 Noah; m; son; 1
261 Francis Marion; m; son; 1m

262 **SPLITLOG**, Jacob; m; 22
263 Inez; f; sister; 21
264 Julia; f; sister; 19
265 John; m; brother; 18

266 **SPLITLOG**, Henry B; m; 44
267 Bertha M; f; daughter; 17
268 Grover C; m; son; 15
269 Edna B; f; daughter; f; daughter; 12

Census of the Seneca Indians of Quapaw Agency, under Seneca School, I.T. *taken by* Edgar A. Allen, Supt. Acting, *United States Indian Agent,* June 30, 1901. *190*

KEY: Number; *Indian Name* [if given]; English Name; Sex; Relation [if given]; Age.

270 **SPLITLOG** [cont], Ethel K; f; daughter; 10
271 Carrie B; f; daughter; 5

272 **SPLITLOG**, Alexander; m; 28

273 **SPLITLOG**, Gordon B; m; 15

274 **STANDSTONE**, Fannie; f; 44

275 **STANDSTONE**, Thomas; m; 27

276 **TURKEY**, Abe; m; 34
277 Mary Logan; f; wife; 47
278 **Logan**, Louis; m; stepson; 17
279 **Logan**, John; m; stepson; 15
280 **Logan**, Charles; m; stepson; 14
281 **Logan**, Rosie; f; stepdaug; 11
282 **Logan**, Vina; f; stepdaug; 7

283 **TURKEY**, David; m; 30

284 **VANDAL**, Mary J, Whitecrow; f; 28

285 **WHITECROW**, Alfred; m; 34
286 Mary; f; wife; 30
287 Mayo; m; son; 8
288 Walter; m; son; 6
289 Gertrude; f; daughter; 3
290 Madonna; f; daughter; 1

291 **SPLITLOG**, Malinda; f; 57

292 **WHITETREE**, Lizzie Cherloe; f; 22
293 Harry; m; son; 3
294 Ogle; m; son; 1

295 **WHITETREE**, John; m; 32
296 Alva; m; son; 7
297 Roy; m; son; 3
298 Jesse; m; son; 1

299 **WHITETREE**, Bractetnail; m; 51
300 Susan; f; wife; 43
301 Sarah; f; daughter; 26

*Census of the* **Seneca** *Indians of* **Quapaw** *Agency,* **under Seneca School, I.T.** *taken by* **Edgar A. Allen, Supt. Acting,** *United States Indian Agent,* **June 30, 1901.** *190*

KEY: Number; *Indian Name* [if given]; English Name; Sex; Relation [if given]; Age.

302 **WHITETREE** [cont], Ida; f; daughter; 18
303 William; m; son; 17
304 Thomas; m; son; 14
305 Earnest; m; son; 9
306 Rena; f; daughter; 5
307 Arizona; f; daughter; 1

308 **WHITETREE**, Frank; m; husband; 42
309 Eva; f; wife; 33
310 Susie; f; daughter; 17
311 Scott; m; son; 13
312 Frank; m; son; 9
313 Edna; f; daughter; 5

314 **WINNEY**, Malinda; f; 48
315 Fannie; f; daughter; 22

316 **WINNEY**, Isaac; m; 51
317 Margaret; f; wife; 51
318 Fannie Scott; f; daughter; 25

319 **WINNEY**, Thomas; m; 27

320 **WINNEY**, Reed B; m; 30
321 Julia Crawford; f; wife; 23
322 Clarence; m; son; 3
323 Mary Esther; f; daughter; 1

324 **WINNEY**, Hattie; f; 25

325 **YOUNG**, Alexander Adam; m; 27

326 **YOUNG**, Mary Choteau; f; 50

327 **YOUNG**, Adam; ,m; 46
328 Mary; f; wife; 40
329 Thompson; m; son; 21
330 **Darity**, Susie Young; f; daughter; 20
331 Louisa; f; daughter; 8
332 William; m; son; 2

333 **YOUNG**, Sallie; f; 72

*Census of the* **Seneca** *Indians of* **Quapaw** *Agency,* **under Seneca School, I.T.** *taken by* **Edgar A. Allen, Supt. Acting,** *United States Indian Agent,* **June 30, 1901.** *190*

**KEY:** Number; *Indian Name* [if given]; English Name; Sex; Relation [if given]; Age.

334 **YOUNG**, Mary T. Crow; f; 35
335 **Crow**, Solomon; m; son; 16
336 Colonel Summers; m; son; 11
337 Solorena; f; daughter; 8
338 Downing; m; son; 5
339 Mamie; f; daughter; 1

340 **EUNEAU**, Louis; m; 42
341 Thomas A; m; son; 20
342 Howard E; m; son; 15
343 Edith; f; daughter; 8

344 **WORCESTER**, Mattie Logan; f; 31
345 Nannie; f; daughter; 2

# Ottawa Census
# 1901

*Census of the* **Ottawa** *Indians of* **Quapaw** *Agency,* **under Seneca School,**
**I.T.** *taken by* **Edgar A. Allen, Supt. Acting,** *United States Indian Agent,*
**June 30, 1901.** *190*

**KEY:** Number; *Indian Name* [if given]; English Name; Sex; Relation [if given]; Age.

1 **BYRON**, Charles; m; brother; 32
2 William; m; brother; 25

3 **BALDWIN**, Delphina Pelky; f; mother; 41
4 Henry; m; son; 25
5 William; m; son; 19
6 Fred; m; son; 17
7 May; f; daughter; 15
8 George; m; son; 13
9 Della; f; daughter; 9
10 Ella; f; daughter; 9
11 John; m; son; 7
12 Marilla; f; daughter; 5
13 Buddie; m; son; 2
14 Nora; f; daughter; 1
15 Zora; f; daughter; 1

16 **CLARK**, Richard; m; father; 57
17 Emaline; f; daughter; 27
18 Esther; f; daughter; 25

19 **COOKE**, Nannie Wilson; f; mother; 33
20 Eudora; f; daughter; 13
21 Frank; m; son; 12
22 Clifford; m; son; 4
23 Bernice; f; daughter; 4

24 **CROW**, Julia Pelky; f; 40

25 **CLARK**, Abbie Titus; f; mother; 39
26 Hattie; f; daughter; 11
27 Charles; m; son; 9

28 **EARLY**, John W; m; 66

29 **EMOTHENGE**, George; m; 60

30 **GEBOE**, David; m; father; 35
31 Pearl May; f; daughter; 3

32 **GOKEY**, Eliza Wilson; f; 52

33 **GEORGE**, Edward; m; father; 47
34 Philip; m; son; 19

*Census of the* **Ottawa** *Indians of* **Quapaw** *Agency,* **under Seneca School,**
**I.T.** *taken by* **Edgar A. Allen, Supt. Acting,** *United States Indian Agent,*
**June 30, 1901.** *190*

**KEY:** Number; *Indian Name* [if given]; English Name; Sex; Relation [if given]; Age.

35    **HOLMES**, Joseph; m; father; 42
36    William; m; son; 14
37    Louisa; f; daughter; 10
38    Ephraim; m; son; 9
39    Nellie; f; daughter; 6

40    **HUTCHINSON**, Henry; m; 27
41    Thomas; m; brother; 25

42    **HUBBARD**, Christiana Robitaille; f; mother; 28
43    Winona; f; daughter; 7
44    Lenox; m; son; 4

45    **HURR**, William; m; father; 68
46    Nicodemus; son; 28

47    **HART,** Harvey; m; 45

48    **HARLOW**, Mary; f; mother; 37
49    Fred; m; son; 13

50    **JONES**, Henry K; m; father; 41
51    Wesley K; m; son; 19

52    **JONES**, Ira; m; 21
53    Silas Wilbert; m; brother; 17
54    Emma Belle; f; sister; 11

55    **JONES**, Lucy; f; mother; 34
56    Eliza; f; daughter; 21
57    Matilda; f; daughter; 17
58    Rachel; f; daughter; 14
59    Martha; f; daughter; 12
60    Chrissie; f; daughter; 10

61    **JENNISON**, Catharine; f; mother; 47
62    Robitaille, m; son; 24
63    Charles; m; son; 19
64    Mamie; f; daughter; 18
65    Raymond; m; son; 16
66    Guy; m; son; 14
67    Glenn; m; son; 12

*Census of the* **Ottawa** *Indians of* **Quapaw** *Agency,* **under Seneca School,**
**I.T.** *taken by* **Edgar A. Allen, Supt. Acting,** *United States Indian Agent,*
**June 30, 1901.** *190*

**KEY:** Number; *Indian Name* [if given]; English Name; Sex; Relation [if given]; Age.

68  **JENNISON** [cont], Edna; f; daughter; 11
69  Earl; m; son; 9
70  Ruth; f; daughter; 7
71  Doan; m; son; 5
72  Catharine, Jr; f; daughter; 3

73  **KING**, Joseph; m; father; 64
74  Louis; m; son; 26
75  Fred; m; son; 21
76  Edith; f; daughter; 16
77  Charles; m; son; 9
78  Robert; m; son; 7
79  Bert; m; son; 5

80  **KING**, James; m; father; 29
81  Robert A; m; son; 1

82  **KING**, John; m; 19

83  **KEYAH**, Joseph; m; 49

84  **LAVORE**, Lizzie Wolf; f; mother; 38
85  King, Walter; m; son; 20

86  **LEE**, Alice Tyson; f; mother; 38
87  Kitty; f; daughter; 19
88  Fred; m; son; 17
89  Delbert; m; son; 12
90  Walter; m; son; ?
91  Nellie; f; daughter; 6
92  Leonard; m; son; 4

93  **LANKARD**, Laura Lee; f; mother; 22
94  Madge; f; daughter; 3
95  Clyde; m; son; 2
96  Zach; m; son; ?

97  **LOTZ**, Angeline Byron; f; gndmother; 69
98  **Brennan**, Joseph; m; son; 35
99  **Brennan**, Charles; m; grdson; 16

100 **LYKINS**, Lena Williams; f; 28

101 **MOTHER**, Gertrude; f; 17

Census of the **Ottawa** Indians of **Quapaw** Agency, **under Seneca School,**
**I.T.** taken by **Edgar A. Allen, Supt. Acting,** United States Indian Agent,
**June 30, 1901.** *190*

**KEY:** Number; *Indian Name* [if given]; English Name; Sex; Relation [if given]; Age.

102 **McCOY**, Isaac; m; 49

103 **GRINNELL**, Rosa McCoontz; f; 20

104 **McCOONTZ**, Sophia; f; 62

105 **McCOONTZ**, Peter; m; 27

106 **NONKESIS**, Ezekial; m; father; 48
107 **Herron**, Joshua; m; stepson; 21
108 Lottie; f; daughter; 7

109 **HERRON**, Alpheus; m; 26

110 **LAWYER**, Winnie; f; 18

111 **NUTTER**, Frank; m; 9

112 **PETAH** (Poscowa), Thomas; m; brother; 27
113 **Walker**, Mary Petah; f; sister; 19
114 Sarah; f; sister; 13
115 Joseph; m; brother; 9
116 Frank; m; brother; 7

117 **POOLER**, Moses; m; father; 69
118 Myrtle; f; daughter; 19
119 Ethel; f; daughter; 18
120 Maude; f; daughter; 17
121 Otis; m; son; 14
122 Charles; m; son; 12
123 Robert; m; son; 10
124 John Albert; m; son; 7

125 **POOLER**, Manford; m; 41

126 **STEVENS**, William; m; 14
127 James; m; brother; 12
128 Ruth; f; sister; 7
129 John; m; brother; 5

130 **CLARK**, Ida L. Stevens; f; 22

131 **SUPERNAW**, Lizzie Albro; f; 53

*Census of the* **Ottawa** *Indians of* **Quapaw** *Agency,* **under Seneca School,**
**I.T.** *taken by* **Edgar A. Allen, Supt. Acting,** *United States Indian Agent,*
**June 30, 1901.** *190*

KEY: Number; *Indian Name* [if given]; English Name; Sex; Relation [if given]; Age.

132 **STATON**, Elmira; f; 26
133 Frank; m; brother; 22
134 Nettie; f; sister; 19

135 **WIND**, Joseph; m; father; 52
136 Matilda; f; wife; 48
137 Hugh; m; son; 25

138 **WHITE**, Sarah; f; mother; 39
139 Annie; f; daughter; 12
140 Eula; f; daughter; 10
141 Joseph; m; son; 8
142 Percival; m; son; 5

143 **WIND**, Christopher; m; father; 55
144 Lillie; f; daughter; 28
145 Thomas; m; son; 24
146 Edgar; m; son; 22

147 **WILLIAMS**, Sarah; f; mother; 54
148 Isaac; m; son; 32
149 Oliver; m; son; 27
150 Abe; m; son; 18
151 Albert, m; son; 15
152 Jessie; f; daughter; 7

153 **WOLF**, James; m; 58

154 **WALKER**, Catharine; f; 27
155 **Dagenette**, Lucien; m; brother; 24

156 **WALKER**, Jacob; m; brother; 11
157 Ethel; f; sister; 10
158 Ida; f; sister; 8

159 **WOLF**, Josiah; m; 34

160 **WISTAR**, Thomas; m; father; 39
161 Leo; m; son; 9
162 Willis; m; son; 7
163 Thomas, Jr; m; son; 5

164 **WIND**, Betty; f; 30

*Census of the* **Ottawa** *Indians of* **Quapaw** *Agency,* **under Seneca School,**
**I.T.** *taken by* **Edgar A. Allen, Supt. Acting,** *United States Indian Agent,*
**June 30, 1901.** *190*

**KEY:** Number; *Indian Name* [if given]; English Name; Sex; Relation [if given]; Age.

165 **WYRICK**, Lulu R. Propeck; f; mother; 23
166 **Propeck**, Roy Hamilton; m; son; 1

# Eastern Shawnee Census
# 1901

*Census of the* **Eastern Shawnee** *Indians of* **Quapaw** *Agency,* **under Seneca School, I.T.** *taken by* **Edgar A. Allen, Supt. Acting** *United States Indian Agent,* **June 30, 1901.** *190*

**KEY:** Number; *Indian Name* [if given]; English Name; Sex; Relation [if given]; Age.

1   **BALL**, Mitchelothe; f; 53

2   **BEAVER**, Louis; m; 29

3   **BEAVER**, John; m; 27

4   **BLUEJACKET**, Carrie; f; mother; 41
5   Ida H; f; daughter; 17
6   Walter; m; son; 16
7   Edward; m; son; 13
8   William; m; son; 7
9   Blanche; f; daughter; 5
10   Annie; f; daughter; 2

11   **BONE**, James; m; 30

12   **GRINDSTONE**; Elkin B; m; 29

13   **CAPTAIN**, Tom; m; 46
14   Thomas A; m; son; 15
15   Cordelia; f; daughter; 13
16   Mary Ellen; f; daughter; 12
17   Sarah M; f; daughter; 9
18   William H; m; son; 6
19   Mike; m; son; 5
20   Grace E; f; daughter; 4
21   George F; m; son; 1
22   Martha Evaline; f; daughter

23   **SKA-KAH**, Susan Tomahawk; f; 31
24   **Chisolm**, Jennie; f; daughter; 17
25   **Chisolm**, Henry; m; son; 16
26   **Chisolm**, Annie; f; daughter; 5
27   **Chisolm**, Rosa; f; daughter; 3

28   **DOUGHERTY**, Rose Bluejacket; f; 24
29   Louisa; f; daughter; 3

30   **PENDER**, Jane Jackson; f; 37
31   **Dougherty**, David; m; son; 13
32   **Dougherty**, Samuel; m; son; 9
33   **Walton**, Minnie E; f; daughter; 5

*Census of the* **Eastern Shawnee** *Indians of* **Quapaw** *Agency,* **under Seneca School, I.T.** *taken by* **Edgar A. Allen, Supt. Acting** *United States Indian Agent,* **June 30, 1901.** *190*

KEY: Number; *Indian Name* [if given]; English Name; Sex; Relation [if given]; Age.

34 **SKY**, Anna Dougherty; f; 18
35 Emmet; m; son; 6m

36 **DICK**, Lucinda; f; 65

37 **DICK**, James; m; 24

38 **DUSHANE**, Nancy; f; 55
39 David; m; son; 21
40 Daniel; m; son; 16

41 **DUSHANE**, Charles; m; 29
42 Nina; f; daughter; 4

43 **DUSHANE**, Andrew; m; father; 29
44 Walter; m; son; 8
45 Clifford; m; son; 2

46 **PARKER**, Laura Duncan; f; 28

47 **FLINT**, Sapatowasa; f; 49

48 **GIBSON**, Mary Quick; f; 10

49 **VAN SANDT**, Cora Hampton; f; mother; 32
50 **Hampton**, William H; m; son; 16
51 **Hampton**, Ora; m; son; 14
52 **Hampton**, Zerella; f; daughter; 13
53 **Hampton**, Nellie; f; daughter; 8
54 **Hampton**, Fred; m; son; 6
55 **Hampton**, Mark Hanna; m; son; 4

56 **HARVEY**, Rosella Thomas; f; 24
57 **Prophet**, Frank; m; son; 9

58 **HOUSE**, Minnie Turkeyfoot; f; 22

59 **JACKSON**, Annie; f; 50

60 **JACKSON**, Matilda; f; 24

61 **JACKSON**, Stonewall; m; 43
62 Andrew; m; son; 18

*Census of the* **Eastern Shawnee** *Indians of* **Quapaw** *Agency,* **under Seneca School, I.T.** *taken by* **Edgar A. Allen, Supt. Acting** *United States Indian Agent,* **June 30, 1901.** *190*

**KEY:** Number; *Indian Name* [if given]; English Name; Sex; Relation [if given]; Age.

63 **LITTLECHIEF**, Martha; f; 27

64 **McCLAIN**, Fannie Whiteday; f; 37

65 **MOHAWK**, John; m; 43

66 **MOHAWK**, Sallie; f; 12

67 **NICHOLAS**, Mary; f; 42
68 **Stand**, William; m; son; 20
69 **Stand**, Leo; m; son; 13

70 **PROPHET**, John; m; 25
71 Edna E; f; daughter; 1

72 **PROPHET**, William; m; 13

73 **PROPHET**, Maria; f; 38
74 Minnie; f; daughter; 18
75 Ida; f; daughter; 14
76 Esther; f; daughter; 10
77 Frank; m; son; 8
78 Elmer; m; son; 6
79 Nancy; f; daughter; 4
80 Bessie; f; daughter; 2
81 Bertha Maria; f; daughter

82 **PUNCH**, Mary; f; 53
83 Mary; f; daughter; 18

84 **DOUGHERTY**, Howard; m; 16
85 George; m; brother; 14

86 **STAND**, Thomas; m; 62

87 **THOMAS**, Ella; f; 6

88 **TOMAHAWK**, Jacob; m; 37

89 **TOOLEY**, Mattie; f; 32
90 Etta; f; daughter; 14
91 Ella; f; daughter; 9
92 Effie; f; daughter; 6m

*Census of the* **Eastern Shawnee** *Indians of* **Quapaw** *Agency,* **under Seneca School, I.T.** *taken by* **Edgar A. Allen, Supt. Acting** *United States Indian Agent,* **June 30, 1901.** *190*

**KEY:** Number; *Indian Name* [if given]; English Name; Sex; Relation [if given]; Age.

93  **TURKEYFOOT**, Henry; m; 24

94  **WHITEDAY**, Mary; f; 47

**Peoria Census
1901**

*Census of the* **Peorias**[sic] *Indians of* **Quapaw** *Agency,* **under Seneca School, I.T.** *taken by* **Edgar A. Allen, Supt. Acting** *United States Indian Agent,* **June 30, 1901.** *190*

KEY: Number; *Indian Name* [if given]; English Name; Sex; Relation [if given]; Age.

1    **CHARLEY**, Lizzie; f; 44

2    **CHARLEY**, James; m; 42
3    Bessie; f; daughter; 12
4    Fannie; f; daughter; 9

5    **EDDY**, Daniel; m; 61
6    Amos; m; grdson; 11
7    Edna; f; grddaugh; 9

8    **PECKHAM**, Thomas; m; 50
9    Louis; m; son; 23
10    Blanche; f; daughter; 12
11    Edward; m; son; 10
12    May; f; daughter; 8
13    Ruby; f; daughter; 3
14    Charles; m; son; 10m

15    **LAFALIER**, Pearl Peckham; f; 21

16    **SCANLON**, Eliza Peckham; f; 30
17    Carl; m; son; 10m

18    **SKY**, George; m; father; 29
19    Jesse; m; son; 9
20    Beatrice; f; daughter; 3
21    Gladys; f; daughter; 1m

22    **SKY**, William; m; 33
23    Nancy; f; wife; 36
24    Myrtle; f; daughter; 3

25    **ROBINSON**, Amos; m; 18

26    **SKY**, Thomas; m; brother; 20
27    Clarence; m; brother; 11

28    **CHARTERS**, Sarah; f; 50

29    **WADSWORTH**, John; m; 57
30    Avery; m; son; 24
31    Clifford; m; son; 22

*Census of the* **Peorias**[sic] *Indians of* **Quapaw** *Agency,* **under Seneca School, I.T.** *taken by* **Edgar A. Allen, Supt. Acting** *United States Indian Agent,* **June 30, 1901.** *190*

KEY: Number; *Indian Name* [if given]; English Name; Sex; Relation [if given]; Age.

32  **SKY**, Stella; f; 13
33  **Walton**, Mary Ruth; f; sister; 11
34  **Walton**, Genevieve; f; sister; 9
35  **Walton**, Naomi; f; sister; 7
36  **Walton**, Richard; m; brother; 6

37  **MILLER**, Ella; f; mother; 39
38  Albert; m; son; 19

39  **McLANE**, Peter; m; 36

40  **PRATHER**, Emaline; f; 29
41  Nellie B; f; daughter; 1m

42  **BAPTISTE**, Louisa; f; 56

43  **BAPTISTE**, Charles; m; 35
44  Jane; f; wife; 39
45  **Meyers**, Ottie; m; stepson; 18

46  **PEERY**, Albert; m; 40
47  Alice; f; wife; 35
48  Albert E; m; son; 4m

49  **PEERY**, Samuel; m; 33
50  Eva May "Breeze"; f; sister; 22
51  Elsie; f; sister; 19
52  Frank; m; brother; 17

53  **PEERY**, William; m; 36
54  Christine; f; daughter; 9
55  Naomi; f; daughter; 7
56  David; m; son; 4

57  **MOORE**, Mary; f; 40
58  Frank; m; son; 23
59  Ada; f; daughter; 18
60  Ernest; m; son; 15
61  Russel; m; grdson; 3
62  Roy; m; grdson; 9m

63  **STATON**, Stella; f; 14
64  Mabel; f; sister; 11
65  George; m; brother; 8

*Census of the* **Peorias**[sic] *Indians of* **Quapaw** *Agency,* **under Seneca School, I.T.** *taken by* **Edgar A. Allen, Supt. Acting** *United States Indian Agent,* **June 30, 1901.** *190*

**KEY:** Number; *Indian Name* [if given]; English Name; Sex; Relation [if given]; Age.

66    **TUCKER**, Silas; m; 34

67    **BLAYLOCK**, Alice Blackhoof; f; 25
68    Rosa; f; daughter; 3

69    **STAND**, Nancy Smith; f; 40
70    Fannie; f; daughter; 18
71    Matilda; f; daughter; 12
72    Leander; m; son; 7
73    Raymond; m; son; 4
            Pascal[sic]
74    **LAFALIER**, Florence; f; 36
75    **Pascal**, Grover; m; son; 14
76    **Pascal**, Louis; m; son; 12
77    Cordelia; f; daughter; 9

78    **FINLEY**, George W; m; 43
79    Lena; f; daughter; 13
80    Leo; m; son; 8

81    **STANLEY**, Charles; m; 39
82    Ida S; f; daughter; 15
83    Ramona; f; daughter; 11
84    Sampson; m; son; 9
85    Ardlus; m; son; 2

86    **BEAVER**, Frank; m; father; 45
87    Esta; f; daughter; 22

88    **FARRIS**, Nancy; f; 42
89    Guy; m; son; 11
90    William; m; son; 7
91    Stella; f; daughter; 2

92    **MOHAWK**, Orilla Keno; f; 48
93    **Keno**, Henry; m; son; 17

94    **ROBINSON**, Thomas M; m; 12

95    **SACTO**, Louisa; f; 16
96    Mary; f; sister; 15
97    Joseph; m; brother; 11
98    James; m; brother; 10

*Census of the* **Peorias**[sic] *Indians of* **Quapaw** *Agency,* **under Seneca School, I.T.** *taken by* **Edgar A. Allen, Supt. Acting** *United States Indian Agent,* **June 30, 1901.** *190*

KEY: Number; *Indian Name* [if given]; English Name; Sex; Relation [if given]; Age.

99   **SACTO** [cont], Agnes; f; sister; 7
100  Nathaniel; m; brother; 6

101  **LARKINS**, Reuben; m; 9

102  **MERRISS**, Justina; f; 42
103  John; m; son; 25
104  Grace; f; daughter; 16
105  Elmer; m; son; 14
106  Lincoln; m; son; 13
107  Alma; f; daughter; 11

108  **SKY**, Winnie; f; 18

109  **ROCKER**, Sarah Merriss; f; 19
110  Zella; f; daughter; 1

111  **VALLEY**, Joseph; m; 20
112  Josephine; f; sister; 17

113  **FISH**, Minnie; f; 26
114  Frank; m; brother; 9

115  **LYKINS**, W. C; M; 53
116  Annie; f; wife; 45
117  Charles; m; son; 19
118  Queenie; f; daughter; 15
119  Harry; m; son; 14
120  Martha; f; daughter; 11

121  **LYKINS**, Fred; m; 23
122  Lee; m; son; 1m

123  **LYKINS**, Webster; m; 28
124  Carey; m; son; 5
125  Anna; f; daughter; 6m

126  **PEAN**, Sallie Welch; f; 39
127  **Niece**, Charles; m; son; 21
128  **Welch**, Thomas; m; son; 18
129  **Welch**, Benjamin; m; son; 11

130  **BIGKNIFE**, Milton; m; 14

*Census of the* **Peorias**[sic] *Indians of* **Quapaw** *Agency,* **under Seneca School, I.T.** *taken by* **Edgar A. Allen, Supt. Acting** *United States Indian Agent,* **June 30, 1901.** *190*

KEY: Number; *Indian Name* [if given]; English Name; Sex; Relation [if given]; Age.

131 **LaBADIE**, Roy; m; 14
132 Raymond; m; brother; 12
133 Edna; f; sister; 9

134 **BUCK**, *Wah-pe-pe-she-quah*; Mrs; f; 62

135 **BOWLES**, Nancy G; f; 46

136 **ARCHER**, Nancy; f; 43

137 **DELAWARE**, Mary; f; 52

138 **McNAUGHTON**, Clara Peery; f;
139 William; m; son; 19
140 Roy; m; son; 15
141 Guy; m; son; 13
142 Pearl; f; daughter; 11

143 **ENSWORTH**, Emily; f; 44
144 Fred; m; son; 18
145 Claude; m; son; 16
146 Roy; m; son; 11
147 Umilla; f; daughter; 10
148 W. L; m; son; 3

149 **STATON**, Ellen; f; 40
150 Marion; m; son; 16
151 Sherman; m; son; 13
152 Lennie; f; daughter; 12
153 Myrtle; f; daughter; 8

154 **OSBORN**, Mary; f; 38
155 Arthur; m; son; 9
156 Margaret; f; daughter; 5
157 Christina; f; daughter; 4

158 **McBEE**, Julia; f; 53

159 **LABADIE**, W. G; m; father; 47
160 Leslie; f; daughter; 10
161 Lolo; f; daughter; 6
162 Max; m; son; 4

163 **ABNER**, Joseph; m; 32

*Census of the* **Peorias**[sic] *Indians of* **Quapaw** *Agency,* **under Seneca School, I.T.** *taken by* **Edgar A. Allen, Supt. Acting** *United States Indian Agent,* **June 30, 1901.** *190*

KEY: Number; *Indian Name* [if given]; English Name; Sex; Relation [if given]; Age.

164 **ROSS**, Julia Bobb; f; 26
165 Ruth Mary; f; daughter; 2

166 **PASCAL**, Albert; m; 36

167 **PROPHET**, Dick; m; 29

168 **SKY**, Frank; m; 26

169 **GOODNER**, Maud; f; 28
170 Clara; f; daughter; 8
171 Nita; f; daughter; 5

172 **LYKINS**, E. W. W; m; 51
173 Elsie; f; daughter; 9
174 Don; m; son; 7
175 Willis; m; son; 6

176 **FROMAN**, Angeline; f; 30
177 Asa; m; son; 7
178 Mary; f; daughter; 6
179 Lizzie; f; daughter; 3
180 John; m; son; 1

181 **MILLER**, George; m; 22

# Miami Census
# 1901

*Census of the* **Miami** *Indians of* **Quapaw** *Agency,* **under Seneca School,**
**I.T.** *taken by* **Edgar A. Allen, Supt. Acting** *United States Indian Agent,*
**June 30, 1901.** *190*

**KEY:** Number; *Indian Name* [if given]; English Name; Sex; Relation [if given]; Age.

1   **AVALINE**, Frank D; m; 37

2   **BILLINGTON**, Mary A; f; 48
3   **Dollar**, Silver; f; daughter; 24
4   Ada; f; daughter; 17
5   Milton; m; son; 14
6   Rosa; f; daughter; 12
7   Frank; m; son; 11

8   **DOLLAR**, Theodore; m; 26

9   **BRIGHT**, Margaret; f; 52
10   Flora; f; daughter; 27
11   Columbus; m; son; 13

12   **BRIGHT**, John; m; 31

13   **BENJAMIN**, Susan; f; 55

14   **BUCK**, Mary; f; 43
15   Frank; m; son; 12

16   **CRAWFISH**, Susan; f; 38
17   Isadore; f; daughter; 20
18   Mary; f; daughter; 8
19   Minnie; f; daughter; 3

20   **DEMO**, Rose; f; 44
21   Charles; m; son; 14
22   Joseph; m; son; 11

23   **GOKEY**, Lizzie; f; mother; 25
24   Adam; m; son; 4

25   **DRAKE**, Wayne; m; father; 34

26   **DRAKE**, Jane; f; mother; 56
27   Mollie; f; daughter; 31
28   David; m; son; 26
29   Edward; m; son; 24
30   Sarah; f; daughter; 23
31   Milton; m; son; 19
32   John; m; son; 17
33   Thomas; m; son; 14

*Census of the* **Miami** *Indians of* **Quapaw** *Agency,* **under Seneca School,**
**I.T.** *taken by* **Edgar A. Allen, Supt. Acting** *United States Indian Agent,*
**June 30, 1901.** *190*

KEY: Number; *Indian Name* [if given]; English Name; Sex; Relation [if given]; Age.

34   **DRAKE** [cont], Martha; f; daughter; 12
35   Hattie; f; daughter; 11

36   **DAGENETTE**, Esther; f; 32

37   **FULKERSON**, Lucy; f; 41

38   **GEBEE**, Mary; f; 47

39   **GOBIN**, Mary; f; 47
40   Mossy; f; daughter; 4
41   Raymond; m; son; 2

42   **HARRIS**, Edward; m; father; 39

43   **LAFALIER**, Sophia Goodboo; f; 38
44   **Goodboo**, Ethel; f; daughter; 10
45   **Goodboo**, Franklin; m; son; 8
46   **Goodboo**, Allen; m; son; 6

47   **KISCO**, Rosa Ann; f; 55

48   **LAFALIER**, David; m; 20

49   **YOUNGBLOOD**, Jessie Lafalier; f; 16

50   **LAFALIER**, Henry; m; 33
51   Earnest; m; son; 5

52   **LAFALIER**, Oscar; m; 34
53   Mary; f; daughter; 7

54   **LEONARD**, Louisa; f; mother; 31
55   Wilbur; m; son; 10
56   Gabriel; m; son; 8
57   Erman; m; son; 6
58   Roy; m; son; 4

59   **LEONARD**, George; m; 44
60   Charles; m; son; 22
61   Helen; f; daughter; 16
62   Barbara; f; daughter; 15
63   Della; f; daughter; 12
64   Carrie; f; daughter; 7

49

Census of the Miami Indians of Quapaw Agency, under Seneca School,
I.T. taken by Edgar A. Allen, Supt. Acting United States Indian Agent,
June 30, 1901. *190*

KEY: Number; *Indian Name* [if given]; English Name; Sex; Relation [if given]; Age.

65  MILLER, Ethel; f; 13
66  Clarance; m; brother; 10
67  Edwin; m; brother; 8

68  McMANAMAN, Hannah; f; 29

69  McCOONTZ, Lizzie; f; 36

70  PALMER, Lizzie; f; 38
71  Thomas; m; son; 13

72  POPE, Josie; f; 29
73  Mark; m; son; 6
74  John; m; son; 4
75  Douglas; m; son; 10m

76  POOLER, Mary; f; mother; 44
77  Frank; m; son; 15
78  Louis; m; son; 13
79  Josephine; f; daughter; 12
80  Mabel; f; daughter; 10
81  Frederick; m; son; 6

82  RICHARDVILLE, Thomas F; m; father; 71
83  Mary; f; wife; 68
84  Catharine; f; daughter; 26
85  Charles; m; son; 24

86  ROSEBERRY, Louisa Drake; f; 34
87  Thomas; m; son; 4

88  SHAPP, Peter; m; father; 31
89  Mary; f; daughter; 5
90  Harry W; m; son; 3

91  SMITH, Isadora Labadie; f; mother; 32
92  Roth; m; 2

93  TRINKLE, Minnie; f; 30
94  Pearl; f; daughter; 10
95  Mabel; f; daughter; 8
96  Earnest; m; son; 7

# Modoc Census
# 1901

*Census of the* **Modoc** *Indians of* **Quapaw** *Agency,* **under Seneca School, I.T.** *taken by* **Edgar A. Allen, Superintendent, Acting**, *United States Indian Agent,* **June 30, 1901.** *190*

**KEY:** Number; *Indian Name* [if given]; English Name; Sex; Relation [if given]; Age.

1   **BURNS**, Minnie Snyder; f; mother; 23
2   Mamie; f; daughter; 5

3   **BALL**, Samuel; m; 82

4   **BALL**, John; m; father; 41
5   Macey; m; son; 20   (blind)

6   **CLINTON**, Daniel; m; husband; 36
7   Jennie; f; wife; 41
8   Gilbert; m; son; 11
9   Horace; m; son; 1

10   **CHARLEY**, Miller; m; 62

11   **CLINTON**, Samuel; m; 42

12   **PLEASANT**, William Faithful; m; 60
13   **Grant**, U.S.; m; 92   (blind)

14   **HOOD**, Charles; m; husband; 35
15   Lucinda; f; wife; 30
16   Rose; f; daughter; 11
17   Tina; f; daughter; 9
18   Mabel; f; daughter; 6
19   F. R; m; son; 4

20   **HOOD**, Hattie; f; 71

21   **HUDSON**, Henry; m; husband; 62
22   Susan; f; wife; 41

23   **HAYMAN**, Cora; f; mother; 39
24   Marion C; m; son; 5
25   [No name]; f; daughter; 2
26   (Infant)

27   **CLARK**, Jim; m; father; 26
28   Viola; f; daughter; 3

29   **KIST**, Amos; m; 27

30   **LAWVER**, Samuel; m; husband; 43
31   Dollie; f; wife; 36

*Census of the* **Modoc** *Indians of* **Quapaw** *Agency,* **under Seneca School, I.T.** *taken by* **Edgar A. Allen, Superintendent, Acting**, *United States Indian Agent,* **June 30, 1901.** *190*

**KEY:** Number; *Indian Name* [if given]; English Name; Sex; Relation [if given]; Age.

32    **LAWVER**, Martha; f; 82

33    **LAWVER**, Benjamin; m; father; 49
34    Lela M; f; daughter; 3

35    **MARY**, Princess; f; 61

36    **MILLER**, Matilda; f; 58

37    **TUTTLE**, Asa; m; 24

38    **MODOC**, Mary Ann; f; 87

39    **ROBBINS**, Myra Grant; f; mother; 46
40    **Grant**, Ruth; f; daughter; 8
41    Amy; f; daughter; 3

42    **ROCK**, Emma; f; 51

43    **SPICER**, Annie; f; mother; 36
44    **Long**, May; f; daughter; 20
45    **Long**, Robert; m; son; 15

46    **SNYDER**, Nancy; f; 72

47    **STANLEY**, Etta; f; 32

48    **LAWVER**, William; m; husband; 46
49    Eliza; f; wife; 40

## Department of the Interior
Seneca Indian Training School, I.T.,

Wyandotte, I. T., July 21, 1902

The Honorable
Commissioner of Indian Affairs.

Sir:

Replying to office letter dated July 5, 1902, Accounts 38026-1902, I have the honor to transmit herewith two rolls, one containing the names of all Seneca Indians under my jurisdiction who were alive and in being June 30th, 1902, and one containing the names of all Eastern Shawnee Indians under my jurisdiction who were alive and in being June 30, 1902, prepared in accordance with instructions contained in your said letter.

There is also transmitted herewith a copy of the Census of the Seneca Indians and a copy of the census of the Eastern Shawnee Indians taken June 30, 1902, upon which the above mentioned rolls are based. It is respectfully requested that these census rolls be filed with the annual statistics for the whole agency.

Very respectfully,

Superintendent.

# Seneca Census
# 1902

*Census of the* **Seneca** *Indians of* **Seneca Indian Training School** *Agency,* **Wyandotte, Indian Territory** *taken by* **Horace B. Durant, Supt.** *United States Indian Agent,* **June 30, 1902.** *190*

| | KEY: Number; *Indian Name* [if given]; English Name; Sex; Relation [if given]; Age. |
|---|---|
| 1 | **ARMSTRONG**, Jack; m; husband; 53 |
| 2 | Elizabeth; f; wife; 53 |
| 3 | Susan; f; daughter; 20 |
| 4 | Thomas; m; son; 19 |
| 5 | Barnabas; m; son; 15 |
| 6 | **Cherloe**, Ethel Myrtle; f; grddaught; 11 |
| | |
| 7 | **ARMSTRONG**, James; m; father; 71 |
| 8 | Charles; m; son; 13 |
| | |
| 9 | **DENNEY**, Nora; f; 20 |
| | |
| 10 | **BALL**, Lucinda; f; mother; 53 |
| 11 | Andrew; m; son; 17 |
| 12 | Lydia; f; daughter; 14 |
| 13 | Ollie; f; daughter; 11 |
| | |
| 14 | **BASSETT**, Joseph; m; 44 |
| 15 | Frances King; f; wife; 32 |
| | |
| 16 | **BEARSKIN**, George; m; husband; 49 |
| 17 | Susan; f; wife; 47 |
| 18 | Ernest; m; son; 15 |
| 19 | Lena; f; daughter; 10 |
| 20 | John W; m; son; 7 |
| 21 | Maggie; f; daughter; 6 |
| 22 | Leslie; m; son; 2 |
| | |
| 23 | **BEARSKIN**, Wallace; m; husband; 17 |
| 24 | Elizabeth Smith; f; wife; 20 |
| | |
| 25 | **JOHNSON**, Mary Bearskin; f; mother; 29 |
| 26 | Lillian; f; daughter; 2 |
| 27 | Eugene; m; son; 1 |
| | |
| 28 | **GEBOE**, Lucy Bearskin; f; 23 |
| | |
| 29 | **BEARSKIN**, Bessie; f; 26 |
| | |
| 30 | **BEARSKIN**, Rose Garrett; f; mother; 38 |
| 31 | Gladys; f; daughter; 6 |
| 32 | Mildred; f; daughter; 4 |
| 33 | Leonard; m; son; 1 |

*Census of the* **Seneca** *Indians of* **Seneca Indian Training School** *Agency,* **Wyandotte, Indian Territory** *taken by* **Horace B. Durant, Supt.** *United States Indian Agent,* **June 30, 1902.** *190*

KEY: Number; *Indian Name* [if given]; English Name; Sex; Relation [if given]; Age.

34    **BEE**, Kate; f; 58

35    **BOMBARY**, Joseph; m; husband; 69
36    Eliza; f; wife; 52
37    Julia; f; daughter; 20
38    Christy; m; son; 18
39    Levi; m; son; 16

40    **BROWN**, Susan Kariho; f; mother; 26
41    Rosanna Irene; f; daughter; 1

42    **BROWN**, Julia S. Kariho; f; mother; 28
43    **Spicer**, Ida; f; daughter; 9
44    Howard; m; son; 1

45    **KARIHO**, John, Sr; m; husband; 53
46    Susan Buck; f; wife; 35
47    **Buck**, Peter; m; step-son; 17
48    **Crow**, Jennie; f; step-daught; 7
49    **Crow**, Angeline; f; step-daught; 5
50    Mary; f; daughter; 1

51    **CAPTAIN**, Jesse; m; husband; 37
52    Bertha; f; daughter; 11

53    **CAYUGA**, Malinda; f; 18
54    Lena M; f; sister; 17
55    Delia; f; sister; 14

56    **CHERLOE** or **SHILO**, Henry; m; husband; 36
57    Minnie; f; wife; 30
58    Nellie; f; daughter; 7
59    Fayette; m; son; 5
60    David; m; son; 2

61    **CHOTEAU**, George E; m; husband; 28
62    Clara Whitecrow; f; wife; 22
63    Sidney; m; son; 3
64    Lillian; f; daughter; 8/12

65    **CHOTEAU**, Elizabeth L; f; 31
66    Olive; f; sister; 24

*Census of the* **Seneca** *Indians of* **Seneca Indian Training School** *Agency,* **Wyandotte, Indian Territory** *taken by* **Horace B. Durant, Supt.** *United States Indian Agent,* **June 30, 1902.** *190*

KEY: Number; *Indian Name* [if given]; English Name; Sex; Relation [if given]; Age.

67 **CONNER**, Ebeneezer; m; father; 37
68 William; m; son; 2
69 Lucy; f; daughter; 4/12

70 **CONNER**, Simpson; m; 16

71 **COON**, Susan; f; 47

72 **CRAWFORD**, George; m; 31
73 Joseph; m; brother; 28

74 **CROW**, John; m; father; 44
75 Susan; f; daughter; 25
76 Jerry, Jr; m; son; 23

77 **CROW**, Jerry, Sr; m; 89

78 **CROW**, Amos; m; husband; 51
79 Margaret A. Young; f; wife; 28
80 Moses; m; son; 24
81 Samuel; m; son; 19
82 Lucinda; f; daughter; 16

83 **DAVIS**, Daylight; m; father; 56
84 Lewis N; m; son; 25

85 **DAVIS**, Taylor; m; father; 45
86 Elizabeth N; f; daughter; 22
87 John; m; son; 19
88 Ida; f; daughter; 12
89 Bert; m; son; 4
90 Annie; f; daughter; 1

91 **DICK**, John; m; husband; 37
92 Rachel K. Ball; f; wife; 23
93 Maud; f; daughter; 14
94 Flora; f; daughter; 2/12

95 **DOCTOR**, Young; m; 46

96 **EVANS**, Malinda; f; step-mother; 37
97 Eliza; f;           "    daughter; 19
98 Blanch; f;          "    daughter; 17
99 Alfred; m;          "    son; 15

56

*Census of the* **Seneca** *Indians of* **Seneca Indian Training School** *Agency,* **Wyandotte, Indian Territory** *taken by* **Horace B. Durant, Supt.** *United States Indian Agent,* **June 30, 1902.** *190*

KEY: Number; *Indian Name* [if given]; English Name; Sex; Relation [if given]; Age.

100    **EVANS**[cont], Curtle; f; stepdaughter; 9

101    **TYNER**, Delia Evans; f; wife; 18

102    **FINLEY**, Rose Denney; f; mother; 30
103    Gentry, Clinton; m; son; 10
104    Gentry, Earl; m; son; 12
105    Beatrice; f; daughter; 5
106    Claud; m; son; 1

107    **FISHER**, Susan Armstrong; f; mother; 26
108    Lena; f; daughter; 7
109    Eva Marie; f; daughter; 6
110    Alfred; m; son; 4
111    Minerva; f; daughter; 2

112    **HARDY**, Susan Whitecrow; f; mother; 28
113    James; m; son; 6
114    Valentine; m; son; 5
115    Percy; m; son; 2

116    **HENRY**, Richard; m; 17

117    **HUBBARD**, Charles B; m; father; 30
118    Chester A; m; son; 4
119    Esther Ethel; f; daughter; 2
120    Florence Isabel; f; daughter; 1

121    **HUNT**, Oscar J; m; 22

122    **JACK**, Isaac; m; 34

123    **JACKSON**, Andrew; m; 29

124    **JAMISON**, Lucy; f; mother; 50
125    Stewart; m; son; 22

126    **JAMISON**, Ellen; f; mother; 33
127    Lydia; f; daughter; 17
128    Sadie; f; daughter; 13
129    Amos; m; son; 10
130    Eva L; f; daughter; 7
131    Alex Smoke; m; son; 4

*Census of the* **Seneca** *Indians of* **Seneca Indian Training School** *Agency,* **Wyandotte, Indian Territory** *taken by* **Horace B. Durant, Supt.** *United States Indian Agent,* **June 30, 1902.** *190*

KEY: Number; *Indian Name* [if given]; English Name; Sex; Relation [if given]; Age.

132 **JAMISON**, George; m; 40

133 **JOHNSON**, Annie Crow; f; mother; 29
134 Arthur Jr; m; son; 5
135 Edna Dorcas; f; daughter; 3
136 Ruth Adelia; f; daughter; 1

137 **JOHNSON**, Maggie; f; mother; 46
138 Anna; f; daughter; 14
139 Jackson; m; son; 9
140 Mary; f; daughter; 4

141 **KARIHO**, John K; m; husband; 36
142 Rose Mary; f; wife; 28
143 Josie; f; daughter; 11
144 Elizabeth; f; daughter; 9
145 Sarah C; f; daughter; 6
146 Ruth; f; daughter; 3
147 Mary Jane; f; daughter; 1

148 **KARIHO**, Service; m; husband; 30
149 Fannie Winney; f; wife; 24

150 **KARIHO**, Naomi; f; 28

151 **KELLY**, Mary Whitewing; f; 36

152 **KINGFISHER**, Sarah Ellen; 40

153 **LAYNE**, Betsey Bombary; f; mother; 26
154 Edna Reed; f; daughter; 4
155 Joseph St. Clair; m; son; 1

156 **LEWIS**, Anna Elizabeth; f; 24

157 **LEWIS**, Sarah; f; mother; 46
158 Thomas; m; son; 13
159 Clara; f; daughter; 9
160 Melissa; f; daughter; 20
161 Jacob; m; 25

162 **LOGAN**, James; m; husband; 55
163 Mary T. Young; f; wife; 37
164 **Crow**, Solomon; m; son; 18

*Census of the* **Seneca** *Indians of* **Seneca Indian Training School** *Agency,* **Wyandotte, Indian Territory** *taken by* **Horace B. Durant, Supt.** *United States Indian Agent,* **June 30, 1902.** *190*

KEY: Number; *Indian Name* [if given]; English Name; Sex; Relation [if given]; Age.

165 **Young**, Colonel Summers; m; son; 13
166 **Young,** Solerena; f; daughter; 10
167 **Young**, Downing; m; son; 7
168 **Young**, Mamie A; f; daughter; 3
~~169 James, Jr; m; son~~

169 **MASON**, Clem H; m; husband; 58
170 Hattie; f; wife; 58
171 Winona; f; grd-daugh; 4

172 **MONONCUE**, Susan T; f; 62

173 **MINGO**, Edward T; m; husband; 36
174 Ida; f; wife; 29
175 Sophronia L; f; daughter; 4
176 Onnie May; f; daughter; 1

177 **MUSH**, Widow; f; mother; 76
178 William; m; grnd-son; 36 (Imbecile)

179 **GIAMIE**, Sallie Mush; f; mother; 26
180 Ida M; f; daughter; 8/12

181 **NELSON**, Mary J. Winney; f; mother; 29
182 Vincent; m; son; 2

183 **NICHOLAS**, Alex; m; husband; 42
184 Mary; f; wife; 45
185 Matilda; f; daughter; 24
186 Alice; f; daughter; 20
187 Malinda; f; daughter; 17
188 Susie; f; daughter; 16
189 Silver; f; daughter; 13
190 Josie Belle; f; daughter; 11
191 Alexander; m; son; 9
192 Julia; f; daughter; 7

193 **NICHOLAS**, Smith; m; husband; 73
194 Lucy; f; wife; 51

195 **NICHOLAS**, William; m; 40

196 **PEACOCK**, Isaac; m; father; 48
197 Thomas; m; son; 19

*Census of the* **Seneca** *Indians of* **Seneca Indian Training School** *Agency,* **Wyandotte, Indian Territory** *taken by* **Horace B. Durant, Supt.** *United States Indian Agent,* **June 30, 1902.** *190*

**KEY:** Number; *Indian Name* [if given]; English Name; Sex; Relation [if given]; Age.

198 **PEACOCK,** James Bearskin; m; son; 18

199 **RINEHART,** Hannah Jack; f; mother; 30
200 Flenoid Ivy; m; son; 3
201 Victor Royal; m; son; 1
202 Maureine; f; daughter; 1

203 **SCHIFFBAUER,** Robert; m; father; 35
204 Cyril; m; son; 9
205 Roy Russell; m; son; 7
206 Frank; m; son; 2

207 **SCHIFFBAUER,** Fred; m; 30
208 Minnie; f; sister; 31

209 **SCHRIMPSCHER,** Eliza; f; 56

210 **SCHRIMPSCHER,** John; m; 40
211 James; m; son; 18
212 Silas; m; son; 16
213 Mathias; m; son; 14
214 Lucy; f; daughter; 9
215 Ida; f; daughter; 8
216 Rena; f; daughter; 6
217 Abbie; f; daughter; 2

218 **PEACOCK,** Susan Johnson Smith; f; mother; 27
219 **Smith,** George L; m; son; 4
220 Eunice T; f; daughter; 1/12

221 **SMITH,** Hiram; m; husband; 25
222 Lucy Spicer; f; wife; 25
223 Rufus; m; son; 2
224 Christina; f; daughter; 6/12

225 **SMITH,** Luke; m; 26
226 Mary D; f; wife; 25
227 Artie Y; f; daughter; 6
228 Malinda; f; daughter; 2

229 **SMITH,** Silas; m; 42
230 Amanda; f; wife; 28
231 William; m; son; 9
232 Mary; f; daughter; 4

*Census of the* **Seneca** *Indians of* **Seneca Indian Training School** *Agency,* **Wyandotte, Indian Territory** *taken by* **Horace B. Durant, Supt.** *United States Indian Agent,* **June 30, 1902.** *190*

KEY: Number; *Indian Name* [if given]; English Name; Sex; Relation [if given]; Age.

233 **SMITH**, John; m; 51
234 Mary; f; wife; 51
235 Jacob; m; son; 24
236 Nannie; f; daughter; 18
237 Albert; m; son; 17
238 Harvey; m; son; 14

239 **WARRIOR**, James; m; 41
240 Lucinda Smith; f; wife; 44
241 **Smith**, Samuel; m; step-son; 24
242 **Smith**, Sallie; f;  "  daughter; 17

243 **SPICER**, Daniel, Sr; m; 62
244 Charles; m; son; 18

245 **SPICER**, Sallie; f; 51
246 Lewis Whitewing; m; son; 24
247 Caroline; f; daughter; 17

248 **SPICER**, Alexander Z; m; 35
249 Ora Bernard; m; son; 6
250 Rio A; m; son; 4
251 Ilus; m; son; 1

252 **SPICER**, Daniel, Jr; m; 26

253 **SPICER**, Jack; m; 36
254 Sherman; m; son; 9

255 **SPICER**, Ida; f; 54
256 Jacob; m; son; 24

257 **SPICER**, James; m; 36
258 Ethel Lucinda; f; daughter; 11
259 Lemuel Jasper; m; son; 9
260 Evaline; f; daughter; 5
261 Georgia; f; daughter; 2

262 **SPICER**, Mitchell; m; 37
263 Esther; f; daughter; 11
264 Hattie; f; daughter; 9
265 Clem H; m; son; 6
266 Joseph; m; son; 3
267 Naomi; f; daughter; 8/12

*Census of the* **Seneca** *Indians of* **Seneca Indian Training School** *Agency,* **Wyandotte, Indian Territory** *taken by* **Horace B. Durant, Supt.** *United States Indian Agent,* **June 30, 1902.** *190___*

**KEY:** Number; *Indian Name* [if given]; English Name; Sex; Relation [if given]; Age.

268   **SPICER**, Betsey; f; 67

269   **SPICER**, John; m; 41
270   Jessie Davis; f; wife; 37
271   **Davis**, Minnie Spicer; f; step-daugh; 17
272   **Davis**, Blanch Crawford; f;   "   ; 14
273   Charles; m; son; 5
274   Noah; m; son; 3
275   Francis Marion; m; son; 1

276   **SPLITLOG**, Jacob; m; 24
277   Inez; f; sister; 23
278   Julia; f; sister; 21
279   John; m; brother; 20

280   **SPLITLOG**, Henry B; m; 46
281   Bertha M; f; daughter; 19
282   Grover C; m; son; 17
283   Edna B; f; daughter; 14
284   Ethel K; f; daughter; 12
285   Carrie B; f; daughter; 7

286   **SPLITLOG**, Alexander; m; 30

287   **SPLITLOG**, Gordon B; m; 17

288   **STANDSTONE**, Fannie; f; 46

289   **STANDSTONE**, Thomas; m; brother; 29

290   **TURKEY**, Abe; m; 36
291   Mary Logan; f; wife; 49
292   John; m; step-son; 17
293   Louis; m;   "     19
294   Charles; m;   "     16
295   Rosie; f; stepdaugh; 13

296   **TURKEY**, David; m; 32

297   **VANDAL**, Mary J. Whitecrow; f; 30

298   **WHITECROW**, Alfred; m; 36
299   Mary; f; wife; 32
300   Mayo; m; son; 10

*Census of the* **Seneca** *Indians of* **Seneca Indian Training School** *Agency,* **Wyandotte, Indian Territory** *taken by* **Horace B. Durant, Supt.** *United States Indian Agent,* **June 30, 1902.** *190*

**KEY:** Number; *Indian Name* [if given]; English Name; Sex; Relation [if given]; Age.

301  **WHITECROW**, Walter; m; son; 8
302  Gertrude; f; daughter; 5
303  Madonna; f; daughter; 2

304  **SPLITLOG**, Malinda Whitecrow; f; 59

305  **WHITETREE**, Lizzie Shilo; f; 24
306  Harry; m; son; 5
307  Ogle; m; son; 3
308  Gertie Washington; f; daughter; 4/12

309  **WHITETREE**, John; m; 34
310  Alva; m; son; 9
311  Roy; m; son; 5
312  Jesse; m; son; 2

313  **WHITETREE**, Brak-at-nail; m; 53
314  Susan; f; wife; 45
315  Ida; f; daughter; 20
316  William; m; son; 19
317  Thomas; m; son; 16
318  Ernest; m; son; 11
319  Rene; f; daughter; 7
320  Arizona; f; daughter; 3

321  **WHITETREE**, Eva; f; 35
322  Susie; f; daughter; 19
323  Scott; m; son; 15
324  Frank; m; son; 11

325  **WINNEY**, Malinda; f; 50
326  Thomas; m; son; 29
327  Hattie; f; daughter; 27

328  **WINNEY**, Isaac; m; 53
329  Margaret; f; wife; 53

330  **HINMAN**, Fannie Scott Winney; f; 27

331  **WINNEY**, Reed B; m; 32
332  Julia Crawford; f; wife; 25
333  Clarence; m; son; 5
334  Mary Esther; f; daughter; 3

*Census of the* **Seneca** *Indians of* **Seneca Indian Training School** *Agency,* **Wyandotte, Indian Territory** *taken by* **Horace B. Durant, Supt.** *United States Indian Agent,* **June 30, 1902.** *190*

**KEY:** Number; *Indian Name* [if given]; English Name; Sex; Relation [if given]; Age.

335 **YOUNG**, Alexander Adam; m; 29
336 Fannie Smith; f; wife; 19
337 Lizzie; f; daughter; born June 25, 1902

338 **YOUNG**, Mary Choteau; f; 52

339 **YOUNG**, Adam; m; 47
340 Mary; f; wife; 42
341 Thompson; m; son; 23
342 Louisa; f; daughter; 10

343 **DARITY**, Susannah Young; f; 22
344 Lavinia; f; daughter; 6/12

345 **EUNEAU**, Louis; m; 44
346 Thomas A; m; son; 22
347 Howard E; m; son; 17
348 Edith; f; daughter; 10

349 **WORCESTER**, Mattie Logan; f; 33
350 Mamie; f; daughter; 4

351 **WHITETREE**, Mary; f; 1/12

# Eastern Shawnee Census
# 1902

*Census of the* **Eastern Shawnee** *Indians of* **Seneca Training School** *Agency,* **Wyandotte, Indian Territory** *taken by* **Horace B. Durant, Supt.** *United States Indian Agent,* **June 30, 1902.** *190*

**KEY:** Number; *Indian Name* [if given]; English Name; Sex; Relation [if given]; Age.

1    **SPICER**, Mitchelothe Ball; f; 55

2    **BEAVER**, Lewis; m; 31

3    **BEAVER**, John; m; 29

4    **BLUEJACKET**, Carrie; f; 43
5    Ida M; f; daughter; 19
6    Walter; m; son; 18
7    Edward; m; son; 15
8    William T; m; son; 9
9    Blanch; f; daughter; 6
10    Amy; f; daughter; 4

11    **BONE**, James; m; 33

12    **CAPTAIN**, Tom; m; 48
13    Thomas A; m; son; 17
14    Cordelia; f; daughter; 15
15    Mary Ellen; f; daughter; 14
16    Sarah M; f; daughter; 11
17    William H; m; son; 8
18    Mike; m; son; 7
19    Grace; f; daughter; 6
20    George F; m; son; 3
21    Martha Evaline; f; daughter; 1

22    **DOUGHERTY**, Howard; m; 20
23    George; m; brother; 16

24    **DOUGHERTY**, Rose Bluejacket; f; 26
25    Louisa; f; daughter; 25
26    Susan; f; daughter; 4/12

27    **PENDER**, Jane Dougherty; f; 39
28    **Dougherty**, David; m; son; 15
29    **Dougherty**, Samuel; m; son; 11
30    **Walton**, Minnie Eva; f; daughter; 5

31    **SKY**, Anna Dougherty; f; 26
32    Emmett; m; son; 1

33    **DICK**, Lucinda; f; 67

34    **DICK**, James; m; son; 24

*Census of the* **Eastern Shawnee** *Indians of* **Seneca Training School** *Agency,* **Wyandotte, Indian Territory** *taken by* **Horace B. Durant, Supt.** *United States Indian Agent,* **June 30, 1902.** *190*

KEY: Number; *Indian Name* [if given]; English Name; Sex; Relation [if given]; Age.

35 **DUSHANE**, Nancy; f; 57
36 David; m; son; 23
37 Benjamin; m; son; 18

38 **DUSHANE**, Charles; m; 31
39 Nina; f; daughter; 6

40 **DUSHANE**, Andrew; m; 31
41 Walter; m; son; 10
42 Clifford; m; son; 3
43 Rebecca; f; daughter; 5/12

44 **PARKER**, Laura Duncan; f; 30

45 **FLINT**, *Sap-to-was-a*; f; 51

46 **GRINDSTONE**, Elkin B; m; 31
47 Jessie; f; daughter; 1/12

48 **GIBSON**, Mary Quick; f; 12

49 **VAN SANDT**, Cora Hampton; f; 34
50 **Hampton**, W. H; m; son; 17
51 **Hampton**, Ora; m; son; 15
52 **Hampton**, Zerella; f; daughter; 15
53 **Hampton**, Nellie; f; daughter; 10
54 **Hampton**, Fred; m; son; 8
55 **Hampton**, Mark; m; son; 6
56 George; m; son; 1

57 **HARVEY**, Rosella Thomas; f; 26
58 **Prophet**, Frank; m; son; 11

59 **HOUSE**, Minnie Turkeyfoot; f; 24
60 Thomas; m; son; 9/12

61 **JACKSON**, Anna; f; 52

62 **JACKSON**, Stonewell; m; 45
63 Andrew; m; son; 20

64 **JACKSON**, Matilda; f; 26

65 **LITTLECHIEF**, Martha; f; 29

*Census of the* **Eastern Shawnee** *Indians of* **Seneca Training School** *Agency,* **Wyandotte, Indian Territory** *taken by* **Horace B. Durant, Supt.** *United States Indian Agent,* **June 30, 1902.** *190*

KEY: Number; *Indian Name* [if given]; English Name; Sex; Relation [if given]; Age.

66   **McLANE**, Fannie Whiteday; f; 39

67   **MOHAWK**, John; m; 45
68   **MOHAWK**, Sallie; f; daughter; 14

69   **NICHOLAS**, Mary; f; 44
70   **Stand**, William; m; son; 23
71   Leo; m; son; 15

72   **PROPHET**, John; m; 27
73   Edna E; f; daughter; 2
74   Theodore; m; son; 7/12

75   **PROPHET**, William; m; 15

76   **PROPHET**, Maria; f; 40
77   Minnie; f; daughter; 20
78   Ida; f; daughter; 16
79   Esther; f; daughter; 12
80   Frank; m; son; 10
81   Elmer; m; son; 8
82   Nancy; f; au; 6
83   Bessie; f; daughter; 4
84   Bertha Maria; f; daughter; 6/12

85   **PUNCH**, Mary, Sr; f; 55
86   Mary, Jr; f; daughter; 20

87   **STAND**, Thomas; m; 64

88   **THOMAS**, Alice; f; 8

89   **SKA-KAH**, Susan Tomahawk; f; 33
90   Anna; f; daughter; 7
91   Rosa; f; daughter; 5
92   **Tomahawk**, Henry Chisolm; m; son; 18
93   **Tomahawk**, Jennie Chisolm; f; daughter; 19

94   **TOMAHAWK**, Jacob; m; 39

95   **TOOLEY**, Mattie; f; 34
96   Etta; f; daughter; 16
97   Ella; f; daughter; 11
98   Effie; f; daughter; 1

*Census of the* **Eastern Shawnee** *Indians of* **Seneca Training School** *Agency,* **Wyandotte, Indian Territory** *taken by* **Horace B. Durant, Supt.** *United States Indian Agent,* **June 30, 1902.** *190*

**KEY:** Number; *Indian Name* [if given]; English Name; Sex; Relation [if given]; Age.

99 **TURKEYFOOT**, Milton; m; 26

100 **PASCHAL**, Mary Whiteday; f; 49

# Eastern Shawnee Census #2
# 1902

*Census of the* **Eastern Shawnee** *Indians of* **Quapaw** *Agency, taken by* **Horace B. Durant, Supt. & Acting** *United States Indian Agent,* **June 30, 1902.** *190*

KEY: Number; *Indian Name* [if given]; English Name; Sex; Relation [if given]; Age.

1 **SPICER**, Mitchelothe Ball; f; 54
2 **BEAVER**, Lewis; m; 30

3 **BEAVER**, John; m; 28

4 **BLUEJACKET**, Carrie; f; mother; 42
5 Ida M; f; daughter; 18
6 Walter; m; son; 17
7 Edward; m; son; 14
8 William T; m; son; 8
9 Blanch; f; daughter; 6
10 Amy; f; daughter; 3

11 **BONE**, James; m; 31

12 **GRINDSTONE**, Elkin B; m; father; 30
13 Jessie; f; daughter; 1/12   Born May 30, 1902

14 **CAPTAIN**, Tom; m; father; 47
15 Thomas A; m; son; 16
16 Cordelia; f; daughter; 14
17 Mary Ellen; f; daughter; 15
18 Sarah M; f; daughter; 10
19 William H; m; son; 7
20 Mike; m; son; 6
21 George F; m; son; 2
22 Grace; f; daughter; 5
23 Martha Evaline; f; daughter; 1

24 **SKA-KAH**, Susan Tomahawk; f; mother; 32
25 **Chisolm,** Henry; m; son; 17
26 Anna; f; daughter; 6
27 Rosa; f; daughter; 4

28 **CHISOLM**, Jennie; f; daughter; 18

29 **DOUGHERTY**, Rose Bluejacket; f; mother; 25
30 Louisa; f; daughter; 4
31 Susan; f; daughter; 4/12   Born March 3, 1902

32 **PENDER**, Jane Jackson; f; mother; 38
33 **Dougherty**, David; m; son; 14
34 **Dougherty**, Samuel; m; son; 10
35 **Walton**, Minnie E; f; daughter; 6

*Census of the* **Eastern Shawnee** *Indians of* **Quapaw** *Agency, taken by* **Horace B. Durant, Supt. & Acting** *United States Indian Agent,* **June 30, 1902.** *190*

KEY: Number; *Indian Name* [if given]; English Name; Sex; Relation [if given]; Age.

36  **SKY**, Anna Dougherty; f; mother; 19
37  Emmett; m; son; 1

38  **DICK**, Lucinda; f; 66

39  **DICK**, James; m; 25

40  **DUSHANE**, Nancy; f; mother; 56
41  David; m; son; 22
42  Daniel; m; son; 17

43  **DUSHANE**, Charles; m; father; 26
44  Nina; f; daughter; 5
45  Cecil Campbell; f; daughter; 5/12    Born Oct. 11, 1901    Died April 3, 1902

46  **DUSHANE**, Andrew; m; father; 30
47  Walter; m; son; 9
48  Clifford; m; son; 3
49  Rebecca; f; daughter; 4/12    Born Feby. 23, 1902

50  **PARKER**, Laura Duncan; f; 29

51  **FLINT**, *Sap-a-to-wa-sa*; f; 50

52  **GIBSON**, Mary Quick; f; 11

53  **HARVEY**, Rosella Thomas; f; mother; 25
54  **Prophet**, Frank; m; son; 10

55  **VANSANDT**, Cora Hampton; f; mother; 33
56  **Hampton**, William H; m; son; 17
57  **Hampton**, Ora; m; son; 15
58  **Hampton**, Zerella; f; daughter; 14
59  **Hampton**, Nellie; f; daughter; 9
60  **Hampton**, Fred; m; son; 7
61  **Hampton**, Mark Hanna; m; son; 5
62  George; m; son; 11/1[sic]    Born July 2, 1901

63  **HOUSE**, Minnie Turkeyfoot; f; mother; 23
64  Thomas; m; son; 9/12    Born Sept. 28, 1901

65  **JACKSON**, Annie; f; 51

66  **JACKSON**, Matilda; f; 25

*Census of the* **Eastern Shawnee** *Indians of* **Quapaw** *Agency, taken by* **Horace B. Durant, Supt. & Acting** *United States Indian Agent,* **June 30, 1902.** *190*

**KEY:** Number; *Indian Name* [if given]; English Name; Sex; Relation [if given]; Age.

66 **JACKSON**, Stonewell; m; father; 44
67 Andrew; m; son; 19

68 **LITTLECHIEF**, Martha; f; 28

69 **McLANE**, Fannie Whiteday; f; 38

70 **MOHAWK**, John; m; father; 44
71 Sallie; f; daughter; 13

72 **NICHOLAS**, Mary; f; mother; 43
73 **Stand**, William; m; son; 21
74 Levi; m; son; 14

75 **PROPHET**, John; m; father; 26
76 Edna E; f; daughter; 2
77 Theodore; m; son; 7/12    Born Nov. 29, 1901

78 **PROPHET**, William; m; 14

79 **PUNCH**, Mary, Sr; f; mother; 54
80 Mary, Jr; f; daughter; 19

81 **PROPHET**, Maria; f; mother; 39
82 Minnie; f; daughter; 19
83 Ida; f; daughter; 15
84 Esther; f; daughter; 11
85 Frank; m; son; 9
86 Elmer; m; son; 7
87 Nancy; f; daughter; 5
88 Bessie; f; daughter; 3
89 Bertha Maria; f; daughter; 1

90 **DOUGHERTY**, Howard; m; 19
91 George; m; brother; 15

92 **STAND**, Thomas; m; 63

93 **THOMAS**, Ella; f; 7

94 **TOMAHAWK**, Jacob; m; 38

*Census of the* **Eastern Shawnee** *Indians of* **Quapaw** *Agency, taken by* **Horace B. Durant, Supt. & Acting** *United States Indian Agent,* **June 30, 1902.** *190*

**KEY:** Number; *Indian Name* [if given]; English Name; Sex; Relation [if given]; Age.

95 **TOOLEY**, Mattie; f; mother; 33
96 Etta; f; daughter; 15
97 Ella; f; daughter; 10
98 Effie; f; daughter; 1

99 **TURKEYFOOT**, Milton; m; 25

100 **PASCHAL**, Mary Whiteday; f; 48



Number on Census of 1901----94

Number of births 1901 & 2-----6

Number on Census of 1902----100

# Seneca Census #2
# 1902

*Census of the* **Seneca** *Indians of* **Quapaw** *Agency,* **Indian Territory** *taken by* **Horace B. Durant, Supt. & Acting** *United States Indian Agent,* **June 30, 1902.** *190*

KEY: Number; *Indian Name* [if given]; English Name; Sex; Relation [if given]; Age.

1 **ARMSTRONG**, Jack; m; husband; 53
2 Elizabeth; f; wife; 53
3 Susan; f; daughter; 19
4 Thomas; m; son; 18
5 Barnabas; m; son; 14
6 **Cherloe**, Ethel Myrtle; f; grd daughter; 10

7 **ARMSTRONG**, James; m; father; 70
8 Charles; m; son; 12

9 **DENNEY**, Nora; f; 19

10 **BALL**, Lucinda; f; mother; 52
11 Andrew; m; son; 16
12 Lydia; f; daughter; 13
13 Ollie; f; daughter; 10

14 **BASSETT**, Joseph; m; 43
15 Frances King; f; wife; 31

16 **BEARSKIN**, George; m; husband; 48
17 Susan; f; wife; 46
18 Ernest; m; son; 14
19 Lena; f; daughter; 10
20 John W; m; son; 7
21 Maggie; f; daughter; 6
22 Leslie; m; son; 2

23 **BEARSKIN**, Wallace; m; husband; 16
24 Elizabeth Smith; f; wife; 19

25 **JOHNSON**, Mary Bearskin; f; mother; 28
26 Lillian; f; daughter; 2
27 Eugene; m; son; 8/12    Born Nov. 25, 1901

28 **GEBOE**, Lucy Bearskin; f; 22

29 **BEARSKIN**, Bessie; f; 25

30 **BEARSKIN**, Rose Garrett; f; mother; 37
31 Gladys; f; daughter; 5
32 Mildred; f; daughter; 3
33 Leonard; m; son; 1

*Census of the* **Seneca** *Indians of* **Quapaw** *Agency,* **Indian Territory** *taken by* **Horace B. Durant, Supt. & Acting** *United States Indian Agent,* **June 30, 1902.** *190*

**KEY:** Number; *Indian Name* [if given]; English Name; Sex; Relation [if given]; Age.

34 **BEE**, Kate; f; 57

35 **BOMBARY**, Joseph; m; husband; 68
36 Eliza; f; wife; 51
37 Julia; f; daughter; 19
38 Christy; m; son; 17
39 Levi; m; son; 15

40 **BROWN**, Susan Kariho; f; mother; 25
41 Rosanna Irene; f; daughter; 3/12   Born April 4, 1901

42 **BROWN**, Julia S. Kariho; f; mother; 27
43 **Spicer**, Ida; f; daughter; 8
44 Howard; m; son; 1   Born Feby 28, 1901

45 **KARIHO**, John, Sr; m; husband; 52
46 Susan Buck; f; wife; 34
47 **Buck**, Peter; m; step-son; 16
48 **Crow**, Jennie; f; step-daughter; 6
49 **Crow**, Angeline; f;   "   ; 4
50 Mary; f; daughter; 1

51 **CAPTAIN**, Jesse; m; husband; 36
52 Bertha; f; daughter; 10

53 **CAYUGA**, Malinda; f; 17
54 Lena M; f; sister; 16
55 Delia; f; sister; 13

56 **CHERLOE (or SHILO)**, Henry; m; husband; 35
57 Minnie; f; wife; 29
58 Nellie; f; daughter; 6
59 Fayette; m; son; 4
60 David; m; son; 2

61 **CHOTEAU**, George E; m; husband; 27
62 Clara Whitecrow; f; wife; 21
63 Sidney; m; son; 2
64 Lillian; f; daughter; 8/12   Born Oct. 10, 1901

65 **CHOTEAU**, Elizabeth L; f; 30
66 Olive; f; sister; 23

*Census of the* **Seneca** *Indians of* **Quapaw** *Agency,* **Indian Territory** *taken by* **Horace B. Durant, Supt. & Acting** *United States Indian Agent,* **June 30, 1902.** *190*

**KEY**: Number; *Indian Name* [if given]; English Name; Sex; Relation [if given]; Age.

67  **CONNER**, Ebeneezer; m; father; 36
68  William; m; son; 2
69  Lucy; f; daughter    Born March 7, 1902

70  **CONNER**, Simpson; m; 15

71  **COON**, Susan; f; 46

72  **CRAWFORD**, George; m; 30
73  Joseph; m; brother; 27

74  **CROW**, John; m; father; 43
75  Susan; f; daughter; 24
76  Jerry, Jr; m; son; 22

77  **CROW**, Jerry, Sr; m; 88

78  **CROW**, Amos; m; husband; 50
79  Margaret A. Young; f; wife; 27
80  Moses; m; son; 23
81  Samuel; m; son; 18
82  Lucinda; f; daughter; 15

83  **DAVIS**, Daylight; m; father; 55
84  Lewis N; m; son; 22

85  **DAVIS**, Taylor; m; father; 44
86  Elizabeth N; f; daughter; 21
87  John; m; son; 18
88  Ida; f; daughter; 11
89  Bert; m; son; 3
90  Annie; f; daughter; 2

91  **DICK**, John; m; husband; 37
92  Rachel K. Ball; f; wife; 23
93  Maud; f; daughter; 13
94  Flora; f; daughter    Born May 22, 1902

95  **DOCTOR**, Young; m; 45

96  **EVANS**, Malinda; f; step-mother; 37
97  Eliza; f; step-daugh; 18
98  Blanch; f; step-daugh; 16

*Census of the* **Seneca** *Indians of* **Quapaw** *Agency,* **Indian Territory** *taken by* **Horace B. Durant, Supt. & Acting** *United States Indian Agent,* **June 30, 1902.** *190*

KEY: Number; *Indian Name* [if given]; English Name; Sex; Relation [if given]; Age.

99   **EVANS**[cont], Alfred; m; stepson; 14
100  Curtle; f; step-daugh; 8

101  **TYNER**, Delia Evans; f; 17

102  **EUNEAU**, Louis; m; 43
103  Thomas A; m; son; 21
104  Howard E; m; son; 16
105  Edith; f; daughter; 9

106  **FINLEY**, Rose Denney; f; mother; 29
107  **Gentry**, Clinton; m; son; 11
108  **Gentry**, Earl; m; son; 9
109  Beatrice; f; daughter; 4
110  Claud; m; son       Born Dec. 5, 1901

111  **FISHER**, Susan Armstrong; f; mother; 25
112  Lena; f; daughter; 6
113  Eva Marie; f; daughter; 5
114  Alfred; m; son; 3
115  Minerva; f; daughter; 2

116  **HARDY**, Susan Whitecrow; f; mother; 27
117  James; m; son; 5
118  Valentine; m; son; 4
119  Percy; m; son; 2

120  **HENRY**, Richard; m; 16

     **HUBBARD**, Charles B; m; father; 29
     Chester A; m; son; 3
     Esther Ethel; f; daughter; 2
     Florence Isabel; f; daughter    Born Dec. 12, 1901

     **HUNT**, Oscar J; m; 21

     **JACK**, Isaac; m; 33

     **JACKSON**, Andrew; m; 28

     **JAMISON**, Lucy; f; mother; 49
     Stewart; m; son; 21

*Census of the* **Seneca** *Indians of* **Quapaw** *Agency,* **Indian Territory** *taken by* **Horace B. Durant, Supt. & Acting** *United States Indian Agent,* **June 30, 1902.** *190*

**KEY:** Number; *Indian Name* [if given]; English Name; Sex; Relation [if given]; Age.

**JAMISON**, Ellen; f; 32
Lydia; f; daughter; 16
Sadie; f; daughter; 12
Amos; m; son; 9
Eva L; f; daughter; 6
Alex Smoke; m; son; 3

**JAMISON**, George, Jr; m; 39

**JOHNSON**, Annie Crow; f; mother; 29
Arthur Jr; m; son; 5
Edna Dorcas; f; daughter; 3
Ruth Adelia; f; daughter; 1    Born March 25, 1902

**JOHNSON**, Maggie; f; mother; 45
Anna; f; daughter; 13
Jackson; m; son; 8
Mary; f; daughter; 3

**KARIHO**, John K; m; husband; 35
Rose Mary; f; wife; 27
Josie; f; daughter; 10
Elizabeth; f; daughter; 8
Sarah C; f; daughter; 5
Ruth; f; daughter; 2
Mary Jane; f; daughter    Born Sept. 27, 1901

**KARIHO**, Service; m; husband; 29
Fannie Winney; f; wife; 23

**KARIHO**, Naomi; f; 28

**KELLY**, Mary Whitewing; f; 36

**KINGFISHER**, Sarah Ellen; 39

**LAYNE**, Betsey Bombary; f; mother; 25
Edna Reed; f; daughter; 3
Joseph St. Clair; m; son; 1

**LEWIS**, Anna Elizabeth; f; 23

**LEWIS**, Sarah; f; 45
Jacob; m; son; 24

*Census of the* **Seneca** *Indians of* **Quapaw** *Agency,* **Indian Territory** *taken by* **Horace B. Durant, Supt. & Acting** *United States Indian Agent,* **June 30, 1902.** *190*

KEY: Number; *Indian Name* [if given]; English Name; Sex; Relation [if given]; Age.

**LEWIS**[cont], Melissa; f; daughter; 20
Thomas; m; son; 12
Clara; f; daughter; 8

**LOGAN**, James; m; husband; 54
Mary T. Crow Young; f; wife; 36
**Crow**, Solomon; m; step-son; 17
**Young**, Colonel Summers; m; step-son; 12
**Young**, Solerena; f; step-dau; 9
**Young**, Downing; m; step-son; 6
**Young**, Mamie A; f; step-dau; 2

**LOGAN**, Mary S; f; 49

**LOGAN,** Lo uis[sic]; m; 18

**MASON**, Clem H; m; husband; 58
Hattie; f; wife; 58
Winona; f; grdaugh; 3

**MONONCUE**, Susan; f; 61

**MINGO**, Edward T; m; husband; 35
Ida; f; wife; 28
Sophronia Lucy; f; daughter; 3
Onnie May; f; daughter; 11/12    Born July 1901

**MUSH**, Widow; f; 75
William; m; grnd-son; 35 (Imbecile)

**GIAMEE**, Sallie Mush; f; wife; 25
Ida M; f; daughter; 9/12    Born Oct 9, 1901

**NELSON**, Mary J. Winney; f; 28
Vincent; m; son; 2

**NICHOLAS**, Alex; m; husband; 42
Mary; f; wife; 44
Matilda; f; daughter; 23
Alice; f;         "      ; 19
Malinda; f;    "      ; 16
Susie; f;         "      ; 15
195  Silver; f;       "      ; 12
196  Isabella; f;    "      ; 10

*Census of the* **Seneca** *Indians of* **Quapaw** *Agency,* **Indian Territory** *taken by* **Horace B. Durant, Supt. & Acting** *United States Indian Agent,* **June 30, 1902.** *190*

**KEY:** Number; *Indian Name* [if given]; English Name; Sex; Relation [if given]; Age.

197 **NICHOLAS**[cont], Alex; m; son; 8
198 Julia; f; daughter; 6

199 **NICHOLAS**, Smith; m; husband; 73
200 Lucy; f; wife; 50
201 William; m; son; 39

**PEACOCK**, Isaac; m; 48
Thomas; m; son; 19
James; m; son; 17

**RINEHART**, Hannah Jack; f; mother; 29
Flenoid Ivey; m; son; 2
Victor Royal; m; son; 1
Maureine; f; daughter; 1
                    twins.

**SCHIFFBAUER**, Robert; m; father; 34
Cyril; m; son; 8
Roy Russell; m; son; 6
Frank; m; son; 2

**SCHIFFBAUER**, Fred; m; 29
Minnie; f; sister; 30

**SCHRIMPSHER**, Eliza; f; 55
John; m; father; 39
James; m; son; 17
Silas; m; son; 15
Matthias; m; son; 13
Lucy; f; daughter; 8
Ida; f; daughter; 7
Rena; f; daughter; 5
Abbie G; f; daughter; 1

**PEACOCK**, Mary Johnson Smith; f; mother; 26
**Smith**, George L; m; son; 3
Eunice G; f; daughter; 2/12    Born May 19, 1902

**SMITH**, Hiram; m; husband; 24
Lucy Spicer; f; wife; 24
Rufus; m; son; 2
Christina; f; daughter; 7/12    Born Dec. 29, 1901

*Census of the* **Seneca** *Indians of* **Quapaw** *Agency,* **Indian Territory** *taken by* **Horace B. Durant, Supt. & Acting** *United States Indian Agent,* **June 30, 1902.** *190*

**KEY:** Number; *Indian Name* [if given]; English Name; Sex; Relation [if given]; Age.

**SMITH**, Luke; m; 25
Mary Dora (nee Young); f; wife; 24
Artie Y; f; daughter; 5
Malinda; f; daughter; 2

**SMITH**, Silas; m; husband; 41
Amanda; f; wife; 27
William; m; son; 8
Mary; f; daughter; 3
Silas, Jr; m; son     Born Dec. 31, 1901, Died May 1902

**SMITH**, John; m; husband; 50
Maria; f; wife; 50
Jacob; m; son; 23
Nannie; f; daughter; 17
Albert; m; son; 16
Harry; m; son; 13

**WARRIOR**, James; m; husband; 40
Lucinda Smith; f; wife; 43
**Smith**, Samuel; m; son -step; 23
**Smith**, Sallie; f; step-dau; 16

**SPICER**, Daniel, Sr; m; father; 61
Charlie; m; son; 17

**SPICER**, Sallie; f; mother; 51
Lewis Whitewing; m; son; 23
Caroline; f; daughter; 16
         deaf & dumb.

**SPICER**, Alex Z; m; father; 34
Ora Bernard; m; son; 5
Rio A; m; son; 3
Ilus; m; son; 11/12     Born July 28, 1901

**SPICER**, Daniel, Jr; m; 25

**SPICER**, Jack; m; father; 35
Sherman; m; son; 8

**SPICER**, Ida; f; mother; 53
Jacob; m; son; 23

*Census of the* **Seneca** *Indians of* **Quapaw** *Agency,* **Indian Territory** *taken by* **Horace B. Durant, Supt. & Acting** *United States Indian Agent,* **June 30, 1902.** *190*

**KEY:** Number; *Indian Name* [if given]; English Name; Sex; Relation [if given]; Age.

**SPICER**, James; m; father; 35
264 Ethel; f; daughter; 10
265 Lemuel Jasper; m; son; 8
266 Evaline; f; daughter; 4
267 Georgia; f; daughter; 2

**SPICER**, Mitchell; m; father; 36
Esther; f; daughter; 10
Hattie; f; daughter; 8
Clem H; m; son; 5
Joseph; m; son; 2
Naomi; f; daughter; 8/12    Born Oct. 30, 1901

**SPICER**, Betsey; f; 66

**SPICER**, John; m; husband; 40
Jessie Davis; f; wife; 36
**Davis**, Minnie Spicer; f; step-daug; 16
**Davis**, Blanch Crawford; f;   "   ; 13
Charles; m; son; 4
Noah; m; son; 2
Francis Marion; m; son; 1

**SPLITLOG**, Jacob; m; brother; 23
Inez; f; sister; 22
Julia; f; sister; 20
John; m; brother; 19

**SPLITLOG**, Henry B; m; 45
Bertha M; f; daughter; 18
Grover C; m; son; 16
Edna B; f; daughter; 13
Ethel K; f; daughter; 11
Carrie B; f; daughter; 6

**SPLITLOG**, Alexander; m; 29

**SPLITLOG**, Gordon B; m; 16

**STANDSTONE**, Fannie; f; 45

**STANDSTONE**, Thomas; m; brother; 28

*Census of the* **Seneca** *Indians of* **Quapaw** *Agency,* **Indian Territory**
*taken by* **Horace B. Durant, Supt. & Acting** *United States Indian Agent,*
**June 30, 1902.** *190*

**KEY:** Number; *Indian Name* [if given]; English Name; Sex; Relation [if given]; Age.

**TURKEY**, Abe; m; 35
Mary Logan; f; wife; 48
John; m; step-son; 16
Charles; m; " ; 15
Rosie; f; stepdaugh; 12

**TURKEY**, David; m; 31

**VANDAL**, Mary J. Whitecrow; f; 29

**WHITECROW**, Alfred; m; husband; 35
Mary; f; wife; 31
Mayo; m; son; 9
Walter; m; son; 7
Gertrude; f; daughter; 4
Madonna; f; daughter; 2

**SPLITLOG**, Malinda Whitecrow; f; 58

310 **WHITETREE**, Lizzie Cherloe; f; mother; 24
311 Harry; m; son; 4
312 Ogle; m; son; 2
313 Gertie Washington; f; daughter; 5/12

314 **WHITETREE**, John; m; father; 34
315 Alva; m; son; 8
316 Roy; m; son; 4
317 Jesse; m; son; 2

318 **WHITETREE**, Bracket-nail; m; 52
319 Susan; f; wife; 44
Ida; f; daughter; 19
William; m; son; 18
Thomas; m; son; 15
Ernest; m; son; 10
Rena; f; daughter; 6
Arizona; f; daughter; 2

**WHITETREE**, Mary; f; 1/12     Born June 5, 1902

**WHITETREE**, Eva; f; mother; 35
Susie; f; daughter; 18
Scott; m; son; 14
Frank; m; son; 10

*Census of the* **Seneca** *Indians of* **Quapaw** *Agency,* **Indian Territory** *taken by* **Horace B. Durant, Supt. & Acting** *United States Indian Agent,* **June 30, 1902.** *190*

**KEY:** Number; *Indian Name* [if given]; English Name; Sex; Relation [if given]; Age.

**WINNEY**, Malinda; f; 49

**WINNEY**, Isaac; m; husband; 52
Margaret; f; wife; 52

**HINMAN**, Fannie Scott Winney; f; 26

**WINNEY**, Thomas; m; 28
Hattie; f; sister; 26

**WINNEY**, Reed B; m; husband; 31
Julia Crawford; f; wife; 24
Clarence; m; son; 4
Mary Esther; f; daughter; 2

**YOUNG**, Alexander Adam; m; husband; 28
Fannie Smith; f; wife; 18
Lizzie; f; daughter    Born June 25, 1902

**YOUNG**, Mary Choteau; f; 51

**YOUNG**, Adam; m; husband; 47
Mary; f; wife; 41
Thompson; m; son; 22
Louisa; f; daughter; 9

**DARITY**, Susie Young; f; 21
Lavinia; f; daughter; 7/12    Born Dec. 16, 1901

351  **WORCESTER**, Mattie Logan; f; mother; 32
352  Mamie; f; daughter; 3

## 1901 - 1907 Native American Census

List of those on Census of Seneca Indians, 1901, who have died during the year.

#27 ------------------Died May 2, 1902---        Onie B. Geboe

#50 ------------------Died March 31, 1902        Margaret Captain.

#61 ------------------Died Dec. 31, 19011        Jane Davis

#92 ------------------Died March 22, 1902        Ida Splitlog Dick

#120------------------Died Nov. 2, 1901          George Jamison, Sr.

Born Dec. 31, 1901 --Died May 10, 1902-- Silas Smith, Jr.

~~Born Oct. 30, 1901 -- Died July~~############

Vin[sic]

#282------------------Died May 17, 1902--        Vina Logan

#301------------------Died June 5, 1902 --       Sarah Whitetree

#308------------------Died Feby. 14. 1902        Frank Whitetree

#313 ----------------Died November 3, 1901       Edna Whitetree

Born July, 1901 Died Jany. 14, 1902.             Ona Whitetree

#332------------------Died August 10, 1998[sic], William Young

#333 ----------------Died Nov. 5, 1901           Sallie Young

# Miami Census
# 1902

*Census of the* **Miami** *Indians of* **Quapaw** *Agency,* **Indian Territory** *taken by* **Horace B. Durant, Supt. & Acting** *United States Indian Agent,* **June 30, 1902.** *190*

**KEY:** Number; *Indian Name* [if given]; English Name; Sex; Relation [if given]; Age.

1 **AVELINE**, Frank D; m; 38

2 **BILLINGTON**, Mary A; f; mother; 49
3 Milton; m; son; 15
4 Rose; f; daughter; 13
5 Frank; m; son; 12

6 **LUCAS**, Silver Dollar; f; mother; 25
7 Infant; f; daughter

8 **DOLLAR** Theodore; m; father; 27
   Infant      Born and died during 1901

9 **BRIGHT**, Margaret; f; mother; 53
10 Flora; f; daughter; 28
11 Columbus; son; 14

12 **BRIGHT**, John; m; 32

13 **BENJAMIN**, Susan; f; 56

14 **BUCK**, Mary; f; mother; 44
15 Frank; m; son; 13

16 **CRAWFISH**, Susan; f; mother; 39
17 Isadore; f; daughter; 21
18 Mary; f; daughter; 9
19 Minnie; f; daughter; 6

20 **DEMO**, Rose; f; mother; 45
21 Charles; m; son; 15
22 Joseph; m; son; 12

23 **GOKEY**, Lizzie; f; mother; 26
24 Adam; m; son; 6

25 **DRAKE**, Wayne; m; father; 35

26 **DRAKE**, Jane; f; mother; 57
27 David; m; son; 27
28 Edward; m; son; 25
29 Sarah; f; daughter; 24
30 Milton, Jr; m; son; 20

*Census of the* **Miami** *Indians of* **Quapaw** *Agency,* **Indian Territory** *taken by* **Horace B. Durant, Supt. & Acting** *United States Indian Agent,* **June 30, 1902.** *190*

**KEY:** Number; *Indian Name* [if given]; English Name; Sex; Relation [if given]; Age.

31  **DRAKE**[cont], John Logan; m; son; 18
32  Thomas Summers; m; son; 15
33  Martha; f; daughter; 13
34  Hattie; f; daughter; 12

35  **VANDUSEN**, Mary Drake; f; mother; 32
36  Ida M; f; daughter; 5m

37  **DAGENETTE**, Esther; f; 33

38  **FULKERSON**, Lucy Josephine; f; 41

39  **GEBOE**, Mary; f; 48

40  **GOBIN**, Mary; f; mother; 32
41  Musa; f; daughter; 5
42  Raymond; m; son; 3

43  **HARRIS**, Edward; m; father; 29     Correct age

44  **HARRIS**, Viola May; f; daughter; 6

45  **HARRIS**, Grant Gibson; m; son; 2     2 children no[sic] on Census of 1902

46  **GOODBOO**, Sophia; f; mother; 39
47  Ethel; f; daughter; 11
48  Franklin; m; son; 9
49  Allen; m; son; 7

50  **KEYAH**, Rosa Ann Kisco; f; 56

51  **LaFALIER**, David; m; 21

52  **YOUNGBLOOD**, Jessie LaFalier; f; 17

53  **LaFALIER**, Henry; m; father; 34
54  Ernest; m; son; 6
55  Beulah; f; daughter; 1

56  **LaFALIER**, Oscar; m; father; 35
57  Mary; f; daughter; 8
58  Forrest; m; son; 2

*Census of the* **Miami** *Indians of* **Quapaw** *Agency,* **Indian Territory**
*taken by* **Horace B. Durant, Supt. & Acting** *United States Indian Agent,*
**June 30, 1902.** *190*

KEY: Number; *Indian Name* [if given]; English Name; Sex; Relation [if given]; Age.

59 **LEAONARD**[sic], Louisa; f; mother; 32
60 Wilber; m; son; 11
61 Gabriel; m; son; 9
62 Ernest; m; son; 7
63 Ruby; m; ~~daughter~~ son; 5         Corrected name
64 Pearl; m; son[sic]; 2

65 **LEONARD**, George; m; father; 45
66 Helen; f; daughter; 17
67 Barbara; f; daughter; 16
68 Della; f; daughter; 13
69 Carrie; f; daughter; 8
70 Hazel; f; daughter; 2

71 **LEONARD**, Charles; m; husband; 23
72 Addie Billington; f; wife; 18
73 Irene; f; daughter; 4m

74 **MILLER**, Ethel; f; sister; 14
75 Clarence; m; brother; 11
76 Edwin; m; brother; 9

77 **MacMANAMAN**, Hannah; f; 30

78 **McCOONTZ**, Lizzie; f; mother; 37
79 Joseph; m; son; 2

80 **PALMER**, Lizzie; f; mother; 39

81 **PALMER**, Thomas Harley; m; 21

82 **POPE**, Josephine; f; mother; 30
83 Bismarck Milton; m; son; 7     Corrected name
84 John Adam, Jr; m; son; 5
85 Douglass; m; son; 1

86 **POOLER**, Mary; f; mother; 45
87 Frank; m; son; 16
88 David Louis; m; son; 14
89 Josephine; f; daughter; 13
90 Mabel; f; daughter; 11
91 Frederick; m; son; 7
92 Ernest; m; son; 3

*Census of the* **Miami** *Indians of* **Quapaw** *Agency,* **Indian Territory**
*taken by* **Horace B. Durant, Supt. & Acting** *United States Indian Agent,*
**June 30, 1902.** *190*

**KEY:** Number; *Indian Name* [if given]; English Name; Sex; Relation [if given]; Age.

93 **RICHARDVILLE**, Thomas F; m; father; 72
94 Mary; f; wife; 63        Corrected
95 Catherine; f; daughter; 27
96 Charles; m; son; 25

**ROSEBERRY**, Louisa Drake; f; mother; 35
Thomas; m; son; 5
Jane; f; daughter; 3/12

**SHAPP**, Peter; m; father; 32
Mary; f; daughter; 6
Harry W; m; son; 4
Thomas; m; son; 1

**SMITH**, Isadore Labadie; f; mother; 33

**SMITH**, Roth; m; son; 3
Ella May; f; daughter; 1

**TRINKLE**, Minnie; f; mother; 31
Pearl; f; daughter; 11
Mabel; f; daughter; 9
Ernest; m; son; 8

# Modoc Census
# 1902

*Census of the* **Modoc** *Indians of* **Quapaw** *Agency,* **Indian Territory** *taken by* **Horace B. Durant, Supt. & Acting** *United States Indian Agent,* **June 30, 1902.** *190*

**KEY:** Number; *Indian Name* [if given]; English Name; Sex; Relation [if given]; Age.

1 **BURNS**, Minnie Snyder; f; mother; 24
2 Mamie; f; daughter; 6

3 **BALL**, Samuel; m; 83

4 **BALL**, John; m; father; 42
5 Macey, m; son; 21    Blind

6 **CLINTON**, Daniel; m; husband; 37
7 Jennie; f; wife; 42
8 Gilbert; m; son; 12
9 Horace; m; son; 2

10 **CHARLEY**, Miller; m; 63

11 **CLINTON**, Samuel; m; 43

12 **PLEASANT**, William Faithful; m; 61

13 **GRANT**, U. S; m; 93    Blind

14 **HOOD**, Charles; m; husband; 36
15 Lucinda; f; wife; 31
16 Rose; f; daughter; 12
17 Tena; f; daughter; 10
18 Mabel; f; daughter; 7
19 F. R; m; son; 5

20 **HOOD**, Hattie; f; 72

21 **HUDSON**, Henry; m; husband; 63
22 Susan; f; wife; 42

23 **HAYMAN**, Cora; f; mother; 40
24 Marion C; m; son; 6
25 Henrietta; f; daughter; 3
26 Bert; m; son; 1

27 **CLARK**, Jim; m; father; 27
28 Viola; f; daughter; 4

29 **KIST**, Amos; m; 28

*Census of the* **Modoc** *Indians of* **Quapaw** *Agency,* **Indian Territory**
*taken by* **Horace B. Durant, Supt. & Acting** *United States Indian Agent,*
**June 30, 1902.** *190*

KEY: Number; *Indian Name* [if given]; English Name; Sex; Relation [if given]; Age.

30 **LAWVER**, Samuel; m; husband; 44
31 Dollie; f; wife; 37

32 **LAWVER**, Martha; f; 83

33 **LAWVER**, Benjamin; m; father; 50
34 Lela M; f; daughter; 4

35 **MARY**, Princess; f; 62

36 **CLINTON**, Matilda; f; 59       Corrected name

37 **TUTTLE**, Asa; m; 25

38 **ROBBINS**, Myra Grant; f; mother; 47
39 Ruth; f; daughter; 9
40 Amy; f; daughter; 4

41 **SPICER**, Annie; f; mother; 37
42 **Walker**, May Long; f; daughter; 21    Married
43 **Long**, Robert; m; son; 16

44 **SNYDER**, Nancy; f; 73

45 **STANLEY**, Etta; f; 33

46 **LAWVER**, William; m; husband; 47
47 Eliza; f; wife; 41


#38  --Mary Ann Modoc--on Census of 1901,   died Jany, 1902
#42  --Emma Rock--- on Census of 1901,      died Jany, 1902.

# Wyandot Census
# 1902

*Census of the* **Wyandot**[sic] *Indians of* **Quapaw** *Agency,* **Indian Territory** *taken by* **Horace B. Durant, Supt. & Acting** *United States Indian Agent,* **June 30, 1902.** *190*

**KEY:** Number; *Indian Name* [if given]; English Name; Sex; Relation [if given]; Age.

1    **ALLEN**, Ida J; f; mother; 35
2    Florence Esther; f; daughter; 4

3    **ARMSTRONG**, Maynard C; m; 56

4    **VELLENLENIE**, Florence Walton; f; 27

5    **ARMSTRONG**, Silas; m; 60

6    **BARNETT**, Thomas; m; husband; 34
7    Emma; f; wife; 38
8    **Bland**, Sadie; f; daughter; 16        Corrected name
9    Milton; m; son; 8
10   Thomas, Jr; m; son; 6
11   Ruth; f; daughter; 3
12   Infant

      **BARNETT**, John; m; 68

13   **BEARSKIN**, Sarah; f; mother; 63
14   John; m; son; 37
15   Wesley; m; son; 26

16   **BEARSKIN**, George; m; 43

17   **BENNETT**, Jeff; m; husband; 39
18   Vernice; f; wife; 27
19   Ida; f; daughter; 11
20   Alene; f; daughter; 9
21   Lottie; f; daughter; 7
22   Mary Jane; f; daughter; 5
23   Frank; m; son; 3

24   **BLAND**, John; m; husband; 35
25   Lula; f; wife; 31
26   Nora; f; daughter; 5

27   **BLACKABY**, Hannah; f; mother; 46
28   Maude; f; daughter; 16
29   Sherman; m; son; 14

30   **BOONE** Octavius; m; brother; 28
31   Alice R; f; sister; 22        Corrected name
32   Charlotte D; f; sis; 17

*Census of the* **Wyandot**[sic] *Indians of* **Quapaw** *Agency,* **Indian Territory** *taken by* **Horace B. Durant, Supt. & Acting** *United States Indian Agent,* **June 30, 1902.** *190*

**KEY:** Number; *Indian Name* [if given]; English Name; Sex; Relation [if given]; Age.

33 **BOONE** [cont], Walker L; m; brother; 14
34 Cecile M; f; sister; 10

35 **BROWN**, John D; m; father; 54
36 Alpheus; m; son; 27
37 Lee; m; son; 25
38 John D, Jr; m; son; 23
39 Annie L; f; daughter; 21
40 Lothie; m; son; 18

41 **BUZZARD**, Stella; f; sister; 15
42 Reed; m; brother; 11

43 **CHERLOE**, Henry; m; father; 53
44 Jerry; m; son; 22

45 **COON**, John; m; 57

46 **COTTER,** Elizabeth; f; mother; 57
47 Jeff; m; step-son; 41

48 **HOLT**, Huldah Cotter; f; mother; 25
49 Joel; m; son; 1

50 **COTTER**, Joel; m; husband; 39
51 Sarah; f; wife; 26
52 Claud B; m; son; 6
53 Mabel; f; daughter; 2

54 **DAWSON**, R. A; m; husband; 60
55 Nannie; f; wife; 57
56 Philip Raymond; m; son; 30
57 Silas; m; son; 26
58 Jerdina; f; daughter; 23
59 Naomi; f; daughter; 21

60 **DUSHANE**, Rebecca; f; mother; 32
61 George; m; son; 14

62 **ELLIOT**, Isaac; m; husband; 28
63 Daisy; f; wife; 23 (white)

64 **ELLIOT**, Louisa; f; 58

*Census of the* **Wyandot**[sic] *Indians of* **Quapaw** *Agency,* **Indian Territory** *taken by* **Horace B. Durant, Supt. & Acting** *United States Indian Agent,* **June 30, 1902.** *190*

**KEY:** Number; *Indian Name* [if given]; English Name; Sex; Relation [if given]; Age.

65  **FABER**, John; m; husband; 33
66  Cora; f; wife; 32
67  Leonard; m; son; 9
68  Hattie; f; daughter; 6
69  Viola May; f; daughter; 2/12     Born May 1902

70  **GECK,** Lucy; f; mother; 50
71  **Tobey**, Josie Geck; f; daughter; 26
72  Florence; f; daughter; 22
73  Robert M; m; son; 14

74  **GECK**, Richard; m; husband; 28
75  Ramona Jeanette; f; daughter; 2
76  Nellie Rose; f; wife  (white)

77  **STAND**, Henry; m; 41

78  **GIAMEE**, Charles; m; brother; 24
79  Martha; f; sister; 23
80  Jane; f; sister; 21

81  **BROWN**, Eldridge; m; husband; 54
82  Malinda; f; wife; 52
83  Mariam; f; daughter; 14

84  **BROWN**, James; m; 25

85  **COTTER**, James; m; husband; 52
86  Cora; f; wife; 36  (white)
87  Norma; f; daughter; 14
88  Milton; m; son; 12
89  Nora; f; daughter; 10
90  Bessie; f; daughter; 8

91  **COOK**, Dawson; m; 34

92  **HILL**, Eudora Cook; f; 61

93  **HOAG**, Wilhelmina Cook; f; 32

94  **DYER**, Lucinda; f; 72
95  **Young**, Emma; f; 22 adopted

96  **GRINDROD**, Kate; f; 30

*Census of the* **Wyandot**[sic] *Indians of* **Quapaw** *Agency,* **Indian Territory** *taken by* **Horace B. Durant, Supt. & Acting** *United States Indian Agent,* **June 30, 1902.** *190*

**KEY:** Number; *Indian Name* [if given]; English Name; Sex; Relation [if given]; Age.

97  **HACKLEMAN**, Arizona; f; mother; 38
98  Marjorie; f; daughter; 5
99  **Hakleman**[sic], Jeannette; f; daughter; 1

100 **HARRIS**, John; m; father; 49
101 Jane; f; wife; 35    (white)
102 Mary; f; daughter; 17
103 Matilda; f; daughter; 13
104 Susie; f; daughter; 11
105 Randolph; m; son; 9
106 George; m; son; 7

107 **HICKS**, Henry; m; father; 56
108 Melissa; f; wife; 41    (white)
109 Hettie; f; daughter; 25
110 Frank; m; son; 20
111 John; m; son; 14

112 **MAUPIN**, Cordelia Hicks; f; 32

113 **LADUE**, Cassandra Hicks; f; mother; 26
114 **Hicks**, William; m; son; 5

115 **HICKS**, George; m; 33

116 **JOHNSON**, Allen, Sr; m; husband; 61
117 Catherine; f; wife; 48

118 **JOHNSON**, Allen, Jr; m; 30

119 **JOHNSON**, Arthur; m; 28

120 **JOHNSON**, Robert; m; husband; 34
121 Helen; f; wife; 29    (white)
122 Harold; m; son; 5
123 Gwendolyn; f; daughter; 4
124 Eunice; f; daughter; 1

125 **JOHNSON**, George; m; husband; 32
126 Dorcas; f; wife; 30    (white)

127 **PRESTON**, Eva Johnson; f; mother; 30
128 Dorothy Sarah; f; daughter; 7/12

*Census of the* **Wyandot**[sic] *Indians of* **Quapaw** *Agency,* **Indian Territory** *taken by* **Horace B. Durant, Supt. & Acting** *United States Indian Agent,* **June 30, 1902.** *190*

KEY: Number; *Indian Name* [if given]; English Name; Sex; Relation [if given]; Age.

129 **JOHNSON**, Wilbur; m; husband; 22
130 Dolly Stiltz; f; wife; 21

131 **DAY**, Josephine L. A. Jones; f; mother; 41
132 **Stewart**, Clarence; m; son; 17
133 **Adkins**, Charles; m; son; 15
134 **Adkins**, Audrey; f; daughter; 13     Not enrolled heretofore.

135 **BOND**, Minnie S. Wainscot; f; mother; 22
136 Charles Clyde; m; son; 3     Born Nov. 2, 1899

137 **KARIHO**, Noah; m; father; 42
138 Mary Jane; f; wife; 36
139 **Bland**, Charles; m; step-son; 17

140 **KENNEDY**, Rebecca; f; mother; 55
141 James; m; son; 26
142 Lee; m; son; 22
143 Allen; m; son; 20

144 **KIRKBRIDE**, Frank; m; 35
145 Eugene; m; brother; 39

146 **WEAVER**, Susan Kygar; f; mother; 43
147 **Kygar**, Dollie; f; daughter; 15
148 **Kygar**, Minnie; f; daughter; 13
149 **Kygar**, Pearl; f; daughter; 10
150 **Kygar**, Stella; f; daughter; 8
151 Bessie; f; daughter; 1     Born Dec 9, 1900

152 **LONG**, William P; m; husband; 34
153 Alberta Sarahas; f; wife; 24
154 Elmer; m; son; 2
155 William P, Jr; m; son; 1

156 **LONG**, Fred; m; husband; 38
157 Lydia; f; wife; 33     (white)
158 Vera; f; daughter; 11     Name corrected
159 Byron; m; son; 6

160 **LONG**, James M; m; father; 71
161 Fannie M; f; wife; 53
162 Kate; f; daughter; 31
163 Frank; m; son; 29

*Census of the* **Wyandot**[sic] *Indians of* **Quapaw** *Agency,* **Indian Territory** *taken by* **Horace B. Durant, Supt. & Acting** *United States Indian Agent,* **June 30, 1902.** *190*

**KEY:** Number; *Indian Name* [if given]; English Name; Sex; Relation [if given]; Age.

164 **Dickey**, Myrtle Long; f; daughter; 25
165 Irvin P; m; son; 22
166 James, Jr; m; son; 18

167 **LONG**, Isaac Z; m; father; 72
168 Samuel; m; son; 28
169 Thomas; m; son; 24
170 George; m; son; 22
171 Julia; f; daughter; 18
172 Grover C; m; son; 17
173 Albert; m; son; 15
174 Nancy; f; daughter; 12
175 Walter; m; son; 8

176 **KING**, May Long; f; mother; 20
177 Nicholas; m; son; 1

178 **MISENHIMER**, Susan; f; mother; 40
179 Ella; f; daughter; 15
180 James; m; son; 10
181 John; m; son; 5

182 **JONES**, Arizona Misenhimer; f; mother; 19
183 William Elias; m; son; 1

184 **McKEE**, Mary; f; 61

185 **MURDOCK**, Blanche; f; mother; 43
186 Rhoda; f; daughter; 9

187 **MUDEATER**, Benjamin; m; father; 52
188 Sidney; f; wife; 44   (white)
189 Doane; m; son; 7
190 Infant      Born Nov. 1901

191 **MUDEATER**, Florence; f; 19

192 **MUDEATER**, Alfred; m; husband; 48
193 Julia; f; wife; 38

194 **MUDEATER**, Irvin; m; father; 53
195 Julia; f; daughter; 7

196 **MUNCH**, Oella; f; 53

*Census of the* **Wyandot**[sic] *Indians of* **Quapaw** *Agency,* **Indian Territory** *taken by* **Horace B. Durant, Supt. & Acting** *United States Indian Agent,* **June 30, 1902.** *190*

**KEY:** Number; *Indian Name* [if given]; English Name; Sex; Relation [if given]; Age.

197  **MUSH**, Mary; f; 73

198  **PEACOCK**, Maggie; f; mother; 43
199  Lottie; f; daughter; 19
200  Katy; f; daughter; 17
201  Alex; m; son; 5
202  Philip; m; son; 8          Not on Census for 1901
203  Infant; grandchild         Born April, 1902

204  **PUNCH**, Margaret; f; 53

205  **ROBITAILLE**, James; m; father; 40
206  Emma; f; wife; 31     (white)
207  Grace; f; daughter; 11
208  Homer; m; son; 9
209  Wolford; m; son; 8
210  Arthur; m; son; 5

211  **ROUBIDOUX**, Josie; f; 26

212  **ROBITAILLE**, Frank; m; 33
213  Ernest; m; brother; 30
214  Lena; f; sister; 24
215  Charles Z; m; brother; 22     Corrected name

216  **SARAHAS**, Jane; f; 73

217  **SARAHAS**, Jane, Jr; f; 59     Corrected age

218  **SARAHAS**, Wesley; m; husband; 53     Corrected age
219  Martha; f; wife; 38     (white)

220  **SARAHAS**, Richard; f[sic]; 45

221  **BEGGS**, Alice S; f; mother; 43
222  **French**, Mary E. Wind; f; daughter; 22     Corrected - married
223  **Schiffbauer**, Amelia; f; daughter; 14     Correct age
224  **Schiffbauer**, Bert; m; son; 18
225  **Schiffbauer**, Pearl; f; daughter; 12
226  **Schiffbauer**, Joseph; m; son; 10
227  Julia Leon; f; daughter; 4

228  **SCHRIMPSHER**, Hattie; f; 33

*Census of the* **Wyandot**[sic] *Indians of* **Quapaw** *Agency,* **Indian Territory** *taken by* **Horace B. Durant, Supt. & Acting** *United States Indian Agent,* **June 30, 1902.** *190*

KEY: Number; *Indian Name* [if given]; English Name; Sex; Relation [if given]; Age.

229 **SEYMOUR**, Mary Brown; f; mother; 23     Corrected name
230     Mamie Aretha; f; daughter; 1

231 **EUNEAU**, Nancy Smith; f; mother; 42     Corrected age
232 **Smith**, Artie; f; daughter; 24     Correct age
233 **Smith**, Benjamin; m; son; 18
234 **Smith**, Eulala; f; daughter; 16
235 **Smith**, Roy; m; son; 14

236 **SOLOMON**, Isaac; 41
237     Name, age & sex
238          unknown.

239 **SPICER**, Rena C; f; 25

240 **SPYBUCK**, Henry; m; father; 45
241     Flossie Barlow; f; wife; 18     (white)
242     Roy; m; son; 11
243     Ruth; f; daughter; 6

244 **SPYBUCK**, Eliza; f; 63

245 **SPLITLOG**, James; m; 57

246 **STANNARD**, Nancy; f; mother; 43
247     Walter N; m; son; 7
248     Jeannette; f; daughter; 5

249 **RYAN**, Caroline Faber; f; 25

250 **FABER**, Jerdinia; f; 23
251 **Staton**, Thomas; m; nephew; 19

252 **BALLARD**, Loyd; m; nephew; 3

253 **TOBIEN**, Lula M; f; mother; 38
254     Earl Walker; m; son; 14     Corrected name
255     J. Danforth; m; son; 8     Corrected name

256 **TUSSINGER**, Jessie G; f; mother; 21
257     [No name]; m; son; 3

258 **TUSSINGER**, Lizzie G; f; mother; 46
259 **Giamee**, Rosanna; f; daughter; 10

*Census of the* **Wyandot**[sic] *Indians of* **Quapaw** *Agency,* **Indian Territory** *taken by* **Horace B. Durant, Supt. & Acting** *United States Indian Agent,* **June 30, 1902.** *190*

**KEY:** Number; *Indian Name* [if given]; English Name; Sex; Relation [if given]; Age.

260 **TUSSINGER**[cont], Mark L; m; son; 5
261 Josephine; f; daughter; 4

262 **WALKER**, Malcolm; m; 53
263 **WALKER**, Thomas G; m; 56 [Difficult to read age - could be 66] Corrected name

264 **WALKER**, Mary; f; mother; 72        Corrected age
265 B. N. O; m; son; 31
266 **Gordon**, Carrie Hamlin; f; grdaughter; 26
267 **Hamlin**, Paul; m; grandson; 22

268 **WALKER**, Isaac; m; husband; 38
269 Eva Lemon; f; wife; 30        (white)

270 **WALKER**, Thomas E; m; father; 43
271 Kenneth; m; son; 11

272 **WALKER**, Clarence; M; 50

273 **WALLACE**, Jane Z; f; mother; 30
274 Everett; m; son; 9

275 **WANO**, Ellen L; f; mother; 31
276 William; m; son; 6
277 Eugene; m; son; 4

278 **WHITEWING**, Catherine; f; 20

279 **WOLFENBERGER**, Ollie; f; sister; 6
280 Josephine; f; sister; 4

281 **WRIGHT**, James; m; father; 48
282 William; m; son; 24
283 George; m; son; 21
284 Grant; m; son; 19
285 Henry; m; son; 13
286 Hattie; f; daughter; 6

287 **YOUNG**, Star; m; father; 51
288 Henry; m; son; 31
289 Lizzie; f; daughter; 28

*Census of the* **Wyandot**[sic] *Indians of* **Quapaw** *Agency,* **Indian Territory** *taken by* **Horace B. Durant, Supt. & Acting** *United States Indian Agent,* **June 30, 1902.** *190*

KEY: Number; *Indian Name* [if given]; English Name; Sex; Relation [if given]; Age.

290 **YOUNG**, William; m; husband; 26
291 Lula; f; wife; 26 (white)
292 John; m; son; 5
293 Clifford; m; son; 3

294 **ZANE**, Susan; f; sister; 27
295 Buchanan; m; brother; 24
296 John; m; husband; 30
297 Bertha; f; wife; 26 (white)
298 William; m; son; 4

299 **ZANE**, Isaac R; m; husband; 77
300 Elizabeth; f; wife; 76 (white)

301 **ZANE**, Isaac; m; husband; 51
302 Winnie; f; wife; 24 Ellen - divorced

303 **ZANE**, Mary Ann; f; 76

304 **ZANE**, Lee; m; father; 44
305 Emma; f; wife; 36 (white)
306 Myrtle; f; daughter; 14
307 Oscar; m; son; 12
308 Ollie; f; daughter; 10
309 Lawrence; m; son; 6
310 J. Clarence; m; son; 5

311 **McCART**, Lacy Zane; f; mother; 54
312 **Zane**, Noah; m; son; 23
313 **Zane**, Julia; f; daughter; 18
314 **Zane**, Henry; m; son; 14
315 **Zane**, Pearl; f; daughter; 11

316 **HARPER**, Oella Zane; f; mother; 20
317 [No name]; 3

318 **CULP**, Jennie Zane; f; 41

319 **HODGKISS**, Rosetta; f; mother; 39
320 Maud; f; daughter; 17
321 Elmo; m; son; 12
322 Natalie; f; daughter; 10
323 Lawrence F; m; son; 3
324 Darthula; f; daughter; 7

*Census of the* **Wyandot**[sic] *Indians of* **Quapaw** *Agency,* **Indian Territory** *taken by* **Horace B. Durant, Supt. & Acting** *United States Indian Agent,* **June 30, 1902.** *190*

**KEY:** Number; *Indian Name* [if given]; English Name; Sex; Relation [if given]; Age.

325 **JOHNSON**, Ella; f; mother; 33     (white)
326 Bertha; f; step-daug; 19
327 Preston; m; son-step; 17
328 Donald; m; son; 8
329 Cordelia; f; daughter; 6

330 **LOFLAND**, Caroline; f; mother; 57     Corrected name
331 Charles; m; son; 23
332 Annie; f; daughter; 20     Corrected name

333 **VOLZ**, Josephine Lofland; f; mother; 28
334 Julia; f; daughter; 2
335 Mary; f; daughter; 1

336 **LIDER**, Rose Lute McClellan; f; mother; 36     Married again
337 **Lute**, Frank; f; son; 13     Corrected name
338 **McClellan**, Lucretia; f; daughter; 9     Corrected name
339 Infant; f; daughter; 1

340 **PUNCH**, Alex; m; 54

341 **WRIGHT**, Martha; f; 77
342 Martha; f; grand-dayg[sic]; 21

343 **SCHIFFBAUER**, Azilda; f; 28

344 **CROTZER**, Catherine; f; mother; 42     Corrected age
345 Archibald; m; son; 22
346 Ethel; f; daughter; 16
347 John; m; son; 14
348 Grace; f; daughter; 9
349 Ona May; f; daughter; 7
350 Esther Rose; f; daughter; 5

351 **MONTGALL**, William; m; 18

352 **ZANE**, Ethan; m; 55

353 **GIAMEE**, William Charles; m; 24     Has been left off the former Census rolls, is a Wyandot Allottee.

*Census of the* **Wyandot**[sic] *Indians of* **Quapaw** *Agency,* **Indian Territory** *taken by* **Horace B. Durant, Supt. & Acting** *United States Indian Agent,* **June 30, 1902.** *190*

**KEY:** Number; *Indian Name* [if given]; English Name; Sex; Relation [if given]; Age.

#159 -- on Census Roll, 1901, Died, Dec. 1901
#240- -241-on Census Roll, 1901, Died, Jany. 1902
# 92 on Census Roll, is a Wyandot, from OH, but has no allotment nor is he a member of the tribe in the Territory.

# Ottawa Census
# 1902

*Census of the* **Ottawa** *Indians of* **Quapaw** *Agency,* **Indian Territory** *taken by* **Horace B. Durant, Supt. & Acting** *United States Indian Agent,* **June 30, 1902.** *190*

**KEY:** Number; *Indian Name* [if given]; English Name; Sex; Relation [if given]; Age.

1   **BYRON**, Charles; m; brother; 33
2   William; m; brother; 26

3   **BALDWIN**, Delphina Pelky; f; mother; 42
4   William; m; son; 20
5   Henry; m; son; 26
6   Fred; m; son; 18
7   May; f; daughter; 16
8   George; m; son; 14
9   Ella; f; daughter; 10
10   Della; f; daughter; 10
11   Marilla; f; daughter; 6
12   Buddy; m; son; 3
13   Nora; f; daughter; 2
14   Zora; f; daughter; 2

15   **CLARK**, Richard; m; father; 58
16   Emmeline; f; daughter; 28
17   **Thomas**, Esther Clark; f; daughter; 26     married

18   **COOK**, Nannie Wilson; f; mother; 36
19   Eudora; f; daughter; 14
20   Frank; m; son; 13
21   Clifford; m; son; 5
22   Berenice; f; daughter; 5

23   **CROW**, Julia Pelky; f; 41

24   **CLARK**, Abbie Titus; f; mother; 40
25   Hattie; f; daughter; 12
26   Charles; m; son; 10

27   **EARLY**, John W; m; 67

28   **EMOTHANGE**, George; m; 61

29   **GEBOE**, David; m; father; 36
30   Pearl May; f; daughter; 4

31   **GOKEY**, Eliza Wilson; f; 53

32   **GEORGE,** Edward; m; father; 48
33   Philip; m; son; 20

*Census of the* **Ottawa** *Indians of* **Quapaw** *Agency,* **Indian Territory** *taken by* **Horace B. Durant, Supt. & Acting** *United States Indian Agent,* **June 30, 1902.** *190*

**KEY:** Number; *Indian Name* [if given]; English Name; Sex; Relation [if given]; Age.

34 **HOLMES**, Joseph; m; father; 43
35 William; m; son; 15
36 Louisa; f; daughter; 11
37 Ephraim; m; son; 10
38 Nellie; f; daughter; 7

39 **HUTCHINSON**, Henry; m; 28
40 Thomas; m; brother; 26

41 **HUBBARD**, Christina Robitaille; f; mother; 29
42 Winona; f; daughter; 8
43 Lenox; m; son; 5

44 **HURR**, William; m; father; 69
45 Nicodemus; m; son; 29

46 **HART**, Harvey; m; 46

47 **HARLOW**, Mary; f; mother; 38
48 Fred; m; son; 14

49 **JONES**, Henry M; m; father; 42
50 Wesley K; m; son; 20

51 **JONES**, Ira; m; 22
52 Silas Wilbert; m; brother; 18
53 Emma Belle; f; sister; 12

54 **JONES**, Eliza; f; sister; 22
55 Matilda; f; sister; 18
56 Rachel; f; sister; 15
57 Martha; f; sister; 13
58 Christina; f; sister; 11
59 Nellie; f; sister; 8         Not on Census, 1901

60 **JENNISON**, Catherine; f; mother; 48
61 **Robitaille**, Oscar; m; son; 25
62 Charles; m; son; 20
63 **Biddle**, Mamie Jennison; f; daughter; 19    Married
64 Ralph Raymond; m; son; 17
65 Guy; m; son; 15
66 Glen; m; son; 13
67 Edna; f; daughter; 12

*Census of the* **Ottawa** *Indians of* **Quapaw** *Agency,* **Indian Territory** *taken by* **Horace B. Durant, Supt. & Acting** *United States Indian Agent,* **June 30, 1902.** *190*

KEY: Number; *Indian Name* [if given]; English Name; Sex; Relation [if given]; Age.

68 **JENNISON** [cont], Earl; m; son; 10
69 Ruth; f; daughter; 8
70 Doane; m; son; 6
71 Catherine, Jr; f; daughter; 4

72 **KING**, James; m; father; 30
73 Robert A; m; son; 2
74 Infant
75 Joseph; m; father; 65
76 Louis; m; son; 27
77 Fred; m; son; 22
78 **Barlow**, Edith King; f; daughter; 17    Married
79 Charles; m; son; 10
80 Robert; m; son; 8
81 Bert; m; son; 6

82 **KING**, John; m; 20

83 **KEYAH**, Joseph; m; 50

84 **LAVOR**, Lizzie Wolf; f; mother; 39
85 **King**, Walter; m; son; 21

86 **LEE**, Alice Tyson; f; mother; 39
87 Kitty; f; daughter; 20
88 Fred; m; son; 18
89 Delbert; m; son; 13
90 Walter; m; son; 10
91 Nellie; f; daughter; 7
92 Leonard; m; son; 5
93 Infant

94 **LANKARD**, Laura Lee; f; mother; 23
95 Madge; f; daughter; 4
96 Clyde; m; son; 3
97 Zach; m; son; 1

98 **LOTZ**, Angeline Byron; f; grdmother; 70
99 **Brennan**, Joseph; m; son; 36
100 **Brennan**, Charles; m; grandson; 17

101 **LYKINS**, Lena Williams; f; 29

102 **WADSWORTH**, Gertrude Mudeater; f; 18    Married

*Census of the* **Ottawa** *Indians of* **Quapaw** *Agency,* **Indian Territory** *taken by* **Horace B. Durant, Supt. & Acting** *United States Indian Agent,* **June 30, 1902.** *190*

**KEY:** Number; *Indian Name* [if given]; English Name; Sex; Relation [if given]; Age.

103 **McCOY**, Isaac; m; 50

104 **GRINNELL**, Rosa McCoontz; f; 21

105 **McCOONTZ**, Sophia; f; 63

106 **McCOONTZ**, Peter; m; 28

107 **NONKESIS**, Ezekiel; m; father; 49
108 **Herron**, Joshua; m; step-son; 22
109 Lottie; f; daughter; 8

110 **LAWVER**, Winnie; f; 19
111 **Nutter**, Frank; m; brother; 10

112 **PETAH (POSHAWA)**, Thomas; m; brother; 28
113 **Walker**, Mary Petah; f; sister; 20
114 Sarah; f; sister; 14
115 Joseph; m; brother; 10
116 Frank; m; brother; 8

117 **POOLER**, Moses; m; father; 70
118 **McBrien**[sic], Myrtle Pooler; f; daughter; 20
119 Ethel; f; daughter; 19
120 Maude; f; daughter; 18
121 Otis; m; son; 15
122 Charles; m; son; 13
123 Robert; m; son; 11
124 John Albert; m; son; 8

125 **POOLER**, Manford; m; 42

126 **STEVENS**, William; m; brother; 15
127 James; m; brother; 13
128 Ruth; f; sister; 8
129 John; m; brother; 6

130 **CLARK**, Ida L. Stevens; f; 23

131 **SUPERNAW**, Lizzie Albro; f; 54

132 **STATON**, Elmira; f; 27
133 Frank; m; brother; 23
134 **Roper**, Nettie Staton; f; sister; 20

*Census of the* **Ottawa** *Indians of* **Quapaw** *Agency,* **Indian Territory** *taken by* **Horace B. Durant, Supt. & Acting** *United States Indian Agent,* **June 30, 1902.** *190*

**KEY:** Number; *Indian Name* [if given]; English Name; Sex; Relation [if given]; Age.

135 **WIND**, Joseph; m; father; 53
136 Matilda; f; wife; 49
137 Hugh; m; son; 26

138 **WIND**, Christopher; m; father; 56
139 Lillie; f; daughter; 29
140 Thomas; m; son; 25
141 Edgar; m; son; 23

142 **GEORGE**, Betty Wind; f; 31

143 **WHITE**, Sarah; f; mother; 40
144 Annie; f; daughter; 13
145 Eula; f; daughter; 11
146 Joseph; m; son; 9
147 Percival; m; son; 6

148 **WILLIAMS**, Sarah; f; mother; 55
149 Isaac; m; son; 33
150 Oliver; m; son; 28
151 Abe; m; son; 19
152 Albert; m; son; 16
153 Jesse; m; son; 13      Corrected

154 **WOLF**, James; m; 59

155 **WOLFE**, Josiah; m; 35

156 **WALKER**, Catherine; f; 28
157 **Dagnette**, Lucien; m; step-brother; 25

158 **WALKER**, Jacob; m; brother; 12
159 Ethel; f; sister; 11
160 Ida; f; sister; 9

161 **WISTAR**, Thomas; m; father; 40
162 Leo; m; son; 10
163 Willis; m; son; 8
164 Thomas, Jr; m; son; 6

165 **WYRICK**, Lula R. Propeck; f; mother; 24
166 **Propeck**, Roy Hamilton; m; son; 2
167 Frederick; m; son; 6m

*Census of the* **Ottawa** *Indians of* **Quapaw** *Agency,* **Indian Territory** *taken by* **Horace B. Durant, Supt. & Acting** *United States Indian Agent,* **June 30, 1902.** *190*

**KEY:** Number; *Indian Name* [if given]; English Name; Sex; Relation [if given]; Age.

#55- - Lucy Jones- on Census 1901, died     1902
#109 - Alpheus Herron    on Census    1901, died     1902

# Peoria Census
# 1902

*Census of the* **Peoria** *Indians of* **Quapaw** *Agency,* **Indian Territory** *taken by* **Horace B. Durant, Supt. & Acting** *United States Indian Agent,* **June 30, 1902.** *190*

KEY: Number; *Indian Name* [if given]; English Name; Sex; Relation [if given]; Age.

1   **CHARLEY**, Lizzie; f; 45

2   **CHARLEY**, James; m; father; 43
3   Bessie; f; daughter; 13
4   Fannie; f; daughter; 10

5   **EDDY**, Daniel; m; 62
6   Amos; m; grandson; 12
7   Edna; f; grdaughter; 10

8   **PECKHAM**, Thomas; m; father; 51
9   Louis; m; son; 24
10   Blanche; f; daughter; 13
11   Edward; m; son; 11
12   May; f; daughter; 9
13   Ruby; f; daughter; 4
14   Charles; m; son; 1

15   **LaFALIER**, Pearl Peckham; f; 22

16   **SCANLON**, Eliza Peckham; f; mother; 31
17   Carl; m; son; 1

18   **SKY**, George; m; father; 30
19   Jesse; m; son; 10
20   Beatrice; f; daughter; 4
21   Gladys; f; daughter; 1

22   **SKY**, William; m; husband; 34
23   Nancy; f; wife; 37
24   Myrtle; f; daughter; 4
25   Etta May; f; daughter

26   **SKY**, Thomas; m; brother; 21
27   Clarence; m; brother; 12

28   **ROBINSON**, Amos; m; 19

29   **CHARTERS**, Sarah; f; 51

30   **WADSWORTH**, John; m; 58
31   Avery; m; son; 25

*Census of the* **Peoria** *Indians of* **Quapaw** *Agency,* **Indian Territory** *taken by* **Horace B. Durant, Supt. & Acting** *United States Indian Agent,* **June 30, 1902.** *190*

KEY: Number; *Indian Name* [if given]; English Name; Sex; Relation [if given]; Age.

32 **SKY**, Stella; f; 14
33 **Walton**, Mary Ruth; f; half-sister; 12
34 **Walton**, Genevieve; f; " ; 10
35 **Walton**, Naomi; f; " ; 8
36 **Walton**, Richard; m; " brother; 7

37 **MILLER**, Ella; f; mother; 40
38 Albert; m; son; 20

39 **McLANE**, Peter; m; 37

40 **PRATHER**, Emmeline; f; mother; 30
41 Nellie B; f; daughter; 1

42 **BAPTISTE**, Louisa; f; 57
43 Charles; m; son; 36
44 **Myers**, Jane Baptiste; f; wife; 40
45 **Myers**, Ottie; m; step-son; 19

46 **PERRY**[sic], Albert; m; 41
47 **Peery,** Alice; f; wife; 36
48 **Peery,** Albert E; m; son; 1

49 **PEERY**, Samuel; m; brother; 34
50 Eva May (Breeze); f; sister; 23
51 Elsie; f; sister; 23
52 Frank; m; brother; 18

53 **PEERY**, William; m; father; 37
54 Christine; f; daughter; 10
55 Naomi; f; daughter; 8
56 David; m; son; 5

57 **MOORE**, Mary; f; mother; 41
58 Frank; m; son; 24
59 **Palmer**, Ada Moore; f; daughter; 19      Married
60 Ernest; m; son; 16
61 Russell; m; grnd-son; 4
62 Roy; m; " ; 1

63 **STATON**, Stella; f; sister; 15
64 Mabel; f; sister; 12
65 George; m; brother; 9

*Census of the* **Peoria** *Indians of* **Quapaw** *Agency,* **Indian Territory**
*taken by* **Horace B. Durant, Supt. & Acting** *United States Indian Agent,*
**June 30, 1902.** *190*

**KEY:** Number; *Indian Name* [if given]; English Name; Sex; Relation [if given]; Age.

66 **TUCKER**, Silas; m; 35

67 **BLAYLOCK**, Alice Blackhoof; f; mother; 26
68 Rosa; f; daughter; 4
69 Infant

70 **STAND**, Nancy Smith; f; mother; 41
71 Fannie; f; daughter; 19
72 Matilda; f; daughter; 13
73 Leander; m; son; 8
74 Raymond; m; son; 5
75 Wilson; m

76 **PASCHAL**, Grover; m; brother; 15
77 Louis; m; brother; 13
78 **LaFalier**, Cordelia; f; half-sister; 10

79 **FINLEY**, George W; m; father 46
80 Lena; f; daughter 14
81 Leo; m; son; 9

82 **STANLEY**, Charles; m; father; 40
83 Ida S; f; daughter; 16
84 Ramona; f; daughter; 12
85 Sampson Arthur; m; son; 10
86 Ardlus; m; son; 3
87 Infant; m; son

88 **BEAVER**, Frank; m; father; 46
89 Esta; f; daughter; 23

90 **FARRIS**, Nancy; f; mother; 43
91 **Feris**[sic], Guy; m; son; 12
92 William; m; son; 8

93 **MOHAWK**, Orilla Keno; father; 49
94 **Keno**, Henry; m; son; 18

95 **ROBINSON**, Thomas M; m; 13

96 **SACTO**, Louisa; f; sister; 17
97 Mary; f; sister; 18
98 Joseph; m; brother; 12

*Census of the* **Peoria** *Indians of* **Quapaw** *Agency,* **Indian Territory** *taken by* **Horace B. Durant, Supt. & Acting** *United States Indian Agent,* **June 30, 1902.** *190*

**KEY:** Number; *Indian Name* [if given]; English Name; Sex; Relation [if given]; Age.

99 **SACTO**[cont], James; m; brother; 11
100 Agnes; f; sister; 8
101 Nathaniel; m; brother; 7

102 **LARKINS**, Reuben; m; 10

103 **MERRISS**, Justina; f; mother; 43
104 John; m; son; 26
105 Grace; f; daughter; 17
106 Elmer; m; son; 15
107 Lincoln; m; son; 14
108 Alma; f; daughter; 12

109 **MITCHELL**, Winnie Sky; f; mother; 19
110 Clysta; f; daughter

111 **ROCKER**, Sarah Merriss; f; mother; 20
112 Zella; f; daughter; 2

113 **VALLEY**, Joseph; m; brother; 21
114 Josephine; f; sister; 18

115 **FISH**, Minnie; sister; 27
116 Frank; m; brother; 10

**LYKINS**, W. C; m; husband; 54
Annie; f; wife; 46
Charles; m; son; 20
**Wills**, Queenie Lykins; f; daughter; 16   Married
Harry; m; son; 15
Martha; f; daughter; 12

**LYKINS**, Fred; m; father; 24
Lee; m; son; 1

**LYKINS**, E. W; m; father; 52
Elsie; f; daughter; 10
Don; m; son; 8
Willis; m; son; 7

**PEAN**, Salle Welch; f; mother; 40
**Niece**, Charles; m; son; 22
**Welch**, Thomas; m; son; 19
**Welch**, Benjamin; m; son; 12

*Census of the* **Peoria** *Indians of* **Quapaw** *Agency,* **Indian Territory** *taken by* **Horace B. Durant, Supt. & Acting** *United States Indian Agent,* **June 30, 1902.** *190*

**KEY:** Number; *Indian Name* [if given]; English Name; Sex; Relation [if given]; Age.

**LaBEDIE**, Roy; m; brother; 15
Raymond; m; brother; 13
Edna; f; sister; 10

**BUCK**, *Wah-pe-pe-she-quah;* Mrs; f; 63

**BOWLES**, Nancy G; f; 49

**ARCHER**, Nancy; f; 44

**DELAWARE**, Mary; f; 44

**McNAUGHTON**, Clara Peery; f; mother; 38
Willis; m; son; 20
Roy; m; son; 16
Guy; m; son; 14
Pearl; f; daughter; 12

**PASCHAL**, Albert; m; 37

**PROPHET**, Dick; m; 30

150  **ENSWORTH**, Emily; f; mother; 45
151  Fred; m; son; 19
152  Claud; m; son; 17
153  Roy; m; son; 12
154  Umilla; f; daughter; 11
155  W. L; m; son; 4

156  **STATON**, Ella; f; mother; 41
157  Marin; m; son; 17
158  Sherman; m; son; 14
159  Lennie; f; daughter; 13
160  Myrtle; f; daughter; 9

161  **OSBORNE**, Mary; f; mother; 39
162  Arthur; m; son; 10
163  Margaret; f; daughter; 6
164  Christina; f; daughter; 5
165  Patrick; m; son; 2           Left off Census 1901
166  Infant

167  **McBee**, Julia; f; 54

*Census of the* **Peoria** *Indians of* **Quapaw** *Agency,* **Indian Territory** *taken by* **Horace B. Durant, Supt. & Acting** *United States Indian Agent,* **June 30, 1902.** *190*

KEY: Number; *Indian Name* [if given]; English Name; Sex; Relation [if given]; Age.

168 **LaBADIE**, W. G; m; father; 48
169 Leslie; f; daughter; 11
170 Lolo; f; daughter; 7
171 Max; m; son; 5

172 **ABNER**, Joseph; m; 33

173 **ROSS**, Julia Bo b[sic]; f; mother; 27
174 Ruth Mary; f; daughter; 3
175 Christopher Calvin; m; son; 1     Born July 21, 1901

176 **SKY**, Frank; m; 27

**GOODNER**, Maude; f; mother; 29
Clara; f; daughter; 9
Nita; f; daughter; 6

**FROMAN**, Angeline; f; mother; 31
Asa; m; son; 8
Mary; f; daughter; 7
Lizzie; f; daughter; 4
Guy; m; son

**MILLER**, George; m; 23

# Quapaw Census
# 1902

*Census of the* **Quapaw Tribe of** *Indians of* **Quapaw** *Agency,* **Indian Territory** *taken by* **Horace B. Durant, Supt.** *United States Indian Agent,* **June 30, 1902.** *190*

**KEY:** Number; *Indian Name* [if given]; English Name; Sex; Relation [if given]; Age.

1 **ABRAMS**, Abner W; m; 55
2 Melissa J; f; wife; 41
3 Maud E; f; daughter; 17
4 Samuel W; m; son; 15
5 Harrison; m; son; 14
6 Earl Blaine; m; son; 10

7 **ADAMS**, Felicia; f; 40
8 Cora E; f; daughter; 24
9 Edna P; f; daughter; 20
10 Ruth Lee; f; daughter; 5

11 **BALL**, Nellie J; f; 44
12 Samuel Wylie; m; son; 20
13 Minnie; f; daughter; 16
14 William; m; son; 13

15 **BLUEJACKET**, Charles; m; 62

16 **BREWER**, Minnie Dardeene; f; 26
17 Mary C; f; daughter; 6
18 Josephine; f; daughter; 2

19 **BUFFALO**, Joseph; m; 34
20 Sinnie Brown; f; wife; 30
21 Henry; m; son; 6
22 Clara May; f; daughter; 5
23 Hazel Lorena; f; daughter; 2
24 Arthur; m; son; 12
25 Dora; f; daughter; 3/12

26 **BEAVER**, John; m; 44
27 *Meh-hunk-a-zha-ka*; f; wife; 43
28 Alice Anna; f; daughter; 15
29 *Ton-gah-hah*; m; son; 11

30 **BLAKESLEE**, William W; m; 35

31 **CALF**, Mary J; f; 53

32 **CEDAR**, Lizzie; f; 59

33 **CLABBER**, Peter; m; 54
34 *Meh-het-tah,* f; wife; 54

*Census of the* **Quapaw Tribe of** *Indians of* **Quapaw** *Agency,* **Indian Territory** *taken by* **Horace B. Durant, Supt.** *United States Indian Agent,* **June 30, 1902.** *190*

**KEY:** Number; *Indian Name* [if given]; English Name; Sex; Relation [if given]; Age.

35 **CLARK**, Mary Dardeene; f; 37
36 Lillie May; f; daughter; 10
37 William Alexander; m; son; 9
38 Lawrence B; m; son; 6
39 Anna Viola; f; daughter; 4
40 [No name]; f; daughter; 3

41 **SACTO**, Grace Redeagle Coldspring; f; 28
42 **Coldspring**, Walter; m; son; 3

43 **COUSATTE**, Samuel; m; 36
44 Jessie May; f; daughter; 11
45 Ira; m; son; 8
46 Joseph; m son; 4
47 Dewey; m; son; 2

48 **CRAWFISH**, Thomas; m; 41
49 Mary; f; daughter; 6
50 Minnie E; f; daughter; 5
51 Lucy; f; daughter; 3

52 **CRANE**, Effie Imbeau; f; 22
53 Nellie L; f; daughter; 4
54 Earl Floyd; m; son; 3
55 Jay Otis; m; son; 10/12

56 **CRAWFISH**, Harry; m; 34
57 Ethel May; f; daughter; 10
58 Alice; f; daughter; 8

59 **CRAWFISH**, Widow; f; 64

60 **CROW**, John; m; 40

61 **CHOTEAU**, *Zah-me*; Mary; f; 50

62 **CHARTERS**, John; m; 61

63 **COUSATTE**, Benjamin; m; 47
64 Amanda E; f; wife; 35
65 Maggie E; f; daughter; 15
66 Benjamin C; m; son; 13
67 Roza E; f; daughter; 11
68 Joseph; m; son; 9

*Census of the* **Quapaw Tribe of** *Indians of* **Quapaw** *Agency,* **Indian Territory** *taken by* **Horace B. Durant, Supt.** *United States Indian Agent,* **June 30, 1902.** *190*

**KEY:** Number; *Indian Name* [if given]; English Name; Sex; Relation [if given]; Age.

69 **COUSATTE** [cont], Martin Luther; m; son; 7
70 James Ray; m; son; 2

71 **CARDIN**, Louis LaFontaine; m; 27
72 **Connoyer**, Felicia M. Cardin; f; sister; 19
73 Sarah C; f; sister; 16

74 **CARDIN**, William O; m; 24
75 Isa Wade; f; wife; 34

76 **CARDIN**, Alexander; m; 32
77 William Fred; m; son; 7
78 *Wah-me-tah*; Juanita; f; daughter; 2

79 **DAYLIGHT**, Isaac; m; 28
80 Fannie Crawfish; f; wife; 26
81 Mary; f; daughter; 6
82 Jesse; m; son; 2
    Eldo; m; son    (Born Mar. 10, 1902, Died Apr. 12, 1902)

83 **DARDEENE**[sic], Benjamin, Jr; m; 22

84 **DARDENNE**, Anna Edna; f; 9
85 Abraham F; m; brother; 6

86 **DARDENNE**, Benjamin; m; 62
87 Martha A; f; wife; 45

88 **DARDENNE**, Lawrence; m; 40
89 Clara; f; daughter; 18
90 Lawrence, Jr; m; son; 15
91 Elsie; f; daughter; 14

92 **DARDENNE**, Felix; m; 30
93 Della D; f; daughter; 4
94 Ruby C; f; daughter; 5/12

95 **DARDENNE**, Matgaret[sic]; f; 51
96 Abram; m; son; 22

97 **DARDENNE**, Willie; m; 30
98 Willie W; m; son; 8
99 Robert; m; son; 6

*Census of the* **Quapaw Tribe of** *Indians of* **Quapaw** *Agency,* **Indian Territory** *taken by* **Horace B. Durant, Supt.** *United States Indian Agent,* **June 30, 1902.** *190*

KEY: Number; *Indian Name* [if given]; English Name; Sex; Relation [if given]; Age.

100 **DARDENNE**[cont], Gertrude; f; daughter; 3
101 Daisy Ellen; f; daughter; 3/12

102 **DOUTHAT**, Frances; f; 41
103 Zahne A; m; son; 21
104 Minnie E; f; daughter; 16
105 Charles A; f; son; 14
106 Sarah A; f; daughter; 10
107 Jessie; f; daughter; 6

108 **DOUTHIT**, William A; m; 45
109 Samuel A; m; son; 14
110 William B; m; son; 11
111 Pearl E; f; daughter; 9
112 Clarence Ray; m; son; 5
113 Florence G; f; daughter; 3

114 **DYSON**, Katy Logan; f; 33
115 Daniel H; m; son; 11
116 Frances L; f; daughter; 7
117 Myrtle E; f; daughter; 5
118 Lassia Mabel; f; daughter; 3
119 **Edgar**, William; m; son; 2
120 Edith; f; daughter; 6/12

121 **ANGELL**, Louis; m; 61

122 **FISH**, Leander J; m; 51

123 **GEBOE**, Charles C; m; 24

124 **GILMORE**, Agnes Dardenne; f; 26
125 Orville; m; son; 6
126 Clara; f; daughter; 4

127 **GRIFFIN**, Victor; m; 25
128 *Cha-dah-squie*; f; wife; 28

129 **GREENBACK**, Antoine; m; 51
130 Julia Whitebird; f; wife; 19
131 Joseph; m; son; 16
132 Alice; f; daughter; 12
133 Alphonso; m; son; 1

*Census of the* **Quapaw Tribe of** *Indians of* **Quapaw** *Agency,* **Indian Territory** *taken by* **Horace B. Durant, Supt.** *United States Indian Agent,* **June 30, 1902.** *190*

KEY: Number; *Indian Name* [if given]; English Name; Sex; Relation [if given]; Age.

134 **GRANDEAGLE**, *Kah-dah-ska-hun-ka*; m; 43
135 *Khah-dah*; f; wife; 44

136 **GOODEAGLE**; Francis Quapaw; m; 47
137 *Wat-tah-nah-zhe*; f; wife; 32
138 Charles; m; son; 19
139 Merton; m; son; 16
140 Levi; m; son; 11
141 Francis, Jr; m; son; 1

142 **GOODEAGLE**, *Ho-gom-me*; f; 42
143 Fannie; f; daughter; 11

144 **GORDON**, Roza; f; 17
145 Harry A; m; brother; 15
146 Harvey O; m; brother; 13
147 Sarah E; f; sister; 11
148 Harley E; m; brother; 9
149 Bessie; f; sister; 7

150 **CONNER**, Minnie Greenback; f; 22
151 Infant; m; son; 2

152 **HUNT**, Joseph W; m; 19

153 **ANDERSON**, Isabella Harrison; f; 24

154 **IMBEAU**, Louis; m; 56
155 Melissa; f; wife; 54
156 Harvey; m; son; 21
157 Frank; m; son; 19
158 Lizzie; f; daughter; 17
159 Catherine; f; daughter; 15

160 **BUFFALO**, John; m; 6

161 **LANE**, Mary; f; 12

162 **LEWIS**, Alexander; m; 24
163 Amos Alphonso; m; son; 9/12

164 **MADISON**, James; m; 32

*Census of the* **Quapaw Tribe of** *Indians of* **Quapaw** *Agency,* **Indian Territory** *taken by* **Horace B. Durant, Supt.** *United States Indian Agent,* **June 30, 1902.** *190*

**KEY:** Number; *Indian Name* [if given]; English Name; Sex; Relation [if given]; Age.

165 **McCOY**, Martha Angel; f; 31
166   John Henry; m; son; 7
167   Martha Ellen; f; daughter; 5

168 **McKENZIE**, Isabel Z; f; 59

169 **NEWHOUSE**, Amos; m; 55

170 **NEWMAN**, James A; m; 54
171   James Lemuel; m; son; 22
172 **Warner**, Minnie Newman; f; daughter; 18
173   Ada A; f; daughter; 15
174   David A; m; son; 11
175   Leona May; f; daughter; 7
176   Sophia Viola; f; daughter; 4
177   Leroy; m; son; 2

178 *OH-STA-WET-TAH*; f; 56

179 **PORTIS**, Mary; f; 57

180 **LOTTSON**, Robert; m; 22
181 *Mis-kah-get-tah*; f; 53

182 *MEH-NO-DAH*; f; 37

183 **BLACKHAWK**, Charley Quapaw; m; 66

184 **QUAPAW**, John; m; 44

185 **QUAPAW**, Red-Sun; f; wife; 60
186   Frances; f; daughter; 16

187 **QUAPAW**, Solomon; m; 34
188 *Meh-ska-na-ba-nah*; Sigdah Track; f; wife; 17
189   Bertha; f; daughter; 11
190   Anna; f; daughter; 9
191   Jesse; m; son; 6
192   Cookie; f; daughter; 4
193   Leo; m; son; 9/12

194 **QUAPAW**, Dick; m; 38
195 *Tag-ah*; f; wife; 39

*Census of the* **Quapaw Tribe of** *Indians of* **Quapaw** *Agency,* **Indian Territory** *taken by* **Horace B. Durant, Supt.** *United States Indian Agent,* **June 30, 1902.** *190*

**KEY:** Number; *Indian Name* [if given]; English Name; Sex; Relation [if given]; Age.

196 **QUAPAW**, Pius; m; 53
197 *Ta-meeh-eh*; f; wife; 37
198 **Jefferson**, *Ta-meh*; Quapaw; f; daughter; 16

199 **QUAPAW**, Benjamin; m; 44
200 *See-sah*; f; wife; 38

201 **RAY**, Elizabeth; f; 59

202 **RAY**, Frank; m; 29
203 Thomas Abraham; m; son; 2
204 Ruth Elizabeth; f; daughter; 2/12

205 **RAY**, Abraham; m; 28
206 Joseph Dewey; m; son; 3

207 **REDEAGLE**, George; m; 36
208 Minnie O. Goshung; f; wife; 31
209 Sophia Josephine; f; daughter; 14
210 Leroy; m; son; 10
211 Doane S; m; son; 7

212 **SHAPP**, Julia Stafford; f; 31

213 **SULLIVAN**, Malina Hunt; f; 23
214 Eda May; f; daughter; 6
215 Ray Leroy; m; son; 4
216 Roy; m; son; 6/12

217 **SILK**, Frances; f; 59

218 **SHAFER**, Irene Dardenne; f; 25
219 Minnie; f; daughter; 8
220 Ernest Glenn; m; son; 6
221 Bertha; f; daughter; 5
222 Harry; m; son; 2

223 **SPADA**, *Meh-het-tah*; f; 43

224 **THOMPSON**, William; m; 28

225 **THOMPSON**, Robert; m; 21

*Census of the* **Quapaw Tribe of** *Indians of* **Quapaw** *Agency,* **Indian Territory** *taken by* **Horace B. Durant, Supt.** *United States Indian Agent,* **June 30, 1902.** *190*

**KEY:** Number; *Indian Name* [if given]; English Name; Sex; Relation [if given]; Age.

226 **TRACK**, Sigdah; m; 49
227 *Mes-kah-tun-ka*; f; wife; 31
228 *Wah-zhe-meh-tah-heh*; f; daughter; 7
229 Agnes; f; daughter; 4

230 **TOUSEY**, Elizabeth H; f; 64

231 **VALLIER**, James; m; 22

232 **VALLIER**, Amos; m; 32

233 **VALLIER**, Frank; m; 49
234 Alice A; f; wife; 34
235 Benjamin F; m; son; 22
236 Martha F; f; daughter; 8

237 **VALLIER**, George; m; 28
238 Clarissa A; f; daughter; 5
239 Flora E; f; daughter; 3
240 James Amos; m; son; 1

241 **WAID**, Anne Dardenne; f; 25
242 Nellie; f; daughter; 7
243 Park; m; son; 3
244 Bessie; f; daughter; 1

245 **WADE**, Florence A; f; 45

246 **WEBER**, Dillie Dardenne; f; 25
247 Eva; f; daughter; 7
248 Grace J; f; daughter; 5
249 Johnney; m; son; 3
250 Everett; m; son; 2

251 **WILSON**, *Zhe-kah;* Laura Jennie (Beaver); f; 28

252 **WHITEBIRD**, Joseph; m; 44
253 Lena; f; wife; 46
254 Mary; f; daughter; 11
255 Bernard; m; son; 5

256 **WHITEBIRD**, Harry; m; 25
257 Flora Young-Greenback; f; wife; 38
258 **Greenback**, Walter; m; step-son; 10

*Census of the* **Quapaw Tribe of** *Indians of* **Quapaw** *Agency,* **Indian Territory** *taken by* **Horace B. Durant, Supt.** *United States Indian Agent,* **June 30, 1902.** *190*

**KEY:** Number; *Indian Name* [if given]; English Name; Sex; Relation [if given]; Age.

259 **Greenback**, Alphonso; m; step-son; 6
260 Melissa; f; daughter; 2
261 Hugh Wade; m; son; 10/12

262 **WILHOITE**, Mary M; f; 71

263 **OWENS**, Kitty Wade; f; 32
264 Infant
265 Infant

266 **XAVIER**, James; m; 43
267 *Mah-shing-tin-nah*; f; wife; 29
268 Anna; f; daughter; 10
269 Doc Stryker; m; son; 3
270 Baby; m; son

271 **WHITELEY**, Lula Dardenne; f; 32

# Eastern Shawnee Census
# 1903

*Census of the* **Eastern Shawnee** *Indians of* **Quapaw** *Agency,* **Wyandotte, Indian Territory** *taken by* **Horace B. Durant, Supt.** *United States Indian Agent,* **June 30, 1903.** *190*

**KEY:** Number; *Indian Name* [if given]; English Name; Sex; Relation [if given]; Age.

1     **SPICER**, Mitchelothe Ball; f; 55

2     **BEAVER**, Lewis; m; 31

3     **BEAVER**, John; m; 28

4     **HOLDEN**, Ida M. Bluejacket; f; mother; 19
5     Infant; child            Born February 1903

6     **BLUEJACKET**, Carrie; f; mother; 43
7     Walter; m; son; 18
8     Edward; m; son; 15
9     William T; m; son; 9
10    Blanch; f; daughter; 7
11    Amy; f; daughter; 3

12    **BONE**, James; m; 32

13    **CAPTAIN**, Tom; m; father; 48
14    Thomas A; m; son; 17
15    Cordelia; f; daughter; 15
16    Mary Ellen; f; daughter; 14
17    Sarah M; f; daughter; 11
18    William N; m; son; 8
19    Mike; m; son; 7
20    Grace; f; daughter; 6
21    George F; m; son; 3
22    Martha Evaline; f; daughter; 2

23    **DOUGHERTY**, Howard; m; 20
24    George M; brother; 16

25    **DOUGHERTY**, Rosa Bluejacket; f; mother; 26
26    Louisa; f; daughter; 5
27    Susan; f; daughter; 1

28    **PENDER**, Jane Dougherty; f; mother; 39
29    David; m; son; 15
30    Samuel; m; son; 11
31    **Walton**, Minnie Eva; f; daughter; 7

32    **SKY**, Anna Dougherty; f; other; 20
33    Emmett; m; son; 2

*Census of the* **Eastern Shawnee** *Indians of* **Quapaw** *Agency,* **Wyandotte, Indian Territory** *taken by* **Horace B. Durant, Supt.** *United States Indian Agent,* **June 30, 1903.** *190*

**KEY:** Number; *Indian Name* [if given]; English Name; Sex; Relation [if given]; Age.

34   **DICK**, Lucinda; f; 67
35   James; m; son; 26

36   **DUSHANE**, Nancy; f; mother; 57
37   David; m; son; 23
38   Benjamin; m; son; 17

39   **DUSHANE**, Charles; m; father; 27
40   Nina; f; daughter; 6

41   **DUSHANE**, Andrew; m; father; 31
42   Walter; m; son; 8
43   Clifford; m; son; 4
44   Rebecca; f; daughter; 1

45   **PARKER**, Laura Duncan; f; 30

46   **FLINT**, *Sap-a-to-wa-sa*; f; 51

47   **GRINDSTONE**, Elkin B; m; 30

48   **GIBSON**, Mary Quick; f; 12

49   **VANSANDT**, Cora Hampton; f; mother; 34
50   **Hampton**, W. H; m; son; 18
51   **Hampton**, Ora; m; son; 16
52   **Hampton**, Nellie; f; daughter; 10
53   **Hampton**, Fred; m; son; 8
54   **Hampton**, Mark; m; son; 6
55   George; m; son; 2

56   **WALMINGTON**[sic], Zerella Hampton; f; 15

57   **HARVEY**, Rosella Thomas; f; mother; 26
58   **Prophet**, Frank; m; son; 11

59   **HOUSE**, Minnie Turkeyfoot; f; mother; 24
60   Thomas; m; son;

61   **JACKSON**, Anna; f; 52

62   **JACKSON**, Stonewall; m; 45

*Census of the* **Eastern Shawnee** *Indians of* **Quapaw** *Agency,* **Wyandotte, Indian Territory** *taken by* **Horace B. Durant, Supt.** *United States Indian Agent,* **June 30, 1903.** *190*

KEY: Number; *Indian Name* [if given]; English Name; Sex; Relation [if given]; Age.

63 **WILLIAMS**, Matilda Jackson; f; mother; 26
64 Hetty; f; daughter; 1    Born Oct. 14, 1902

65 **LITTLECHIEF**, Martha; f; 29

66 **McLANE**, Fannie Whiteday; 39

67 **MOHAWK**, John; m; 45

68 **MOHAWK**, Sallie; f; daughter; 14

69 **NICHOLAS**, Mary; f; mother; 44
70 **Stand**, William; m; son; 22
71 Levi; m; son; 15

72 **PROPHET**, John; m; father; 27
73 Edna E; f; daughter; 3
74 Theodore; m; son; 1

75 **PROPHET**, William; m; 15

76 **PROPHET**, Maria; f; mother; 40
77 Minnie; f; daughter; 20
78 Ida; f; daughter; 16
79 Esther; f; daughter; 12
80 Franklin; m; son; 10
81 Elmer; m; son; 8
82 Nancy; f; daughter; 6
83 Bertha Maria; f; daughter; 2

84 **PUNCH**, Mary, Sr; f; mother; 55
85 Mary, Jr; f; daughter; 20

86 **STAND**, Thomas; m; 64

87 **THOMAS**, Ella; f; 8

88 **SKA-KAH**, Susan Tomahawk; f; mother; 33
89 Anna; f; daughter; 7
90 Rosa; f; daughter; 5
91 **Chisolm**, Henry; m; son; 18

92 **TOMAHAWK**, Jacob; m; 39

*Census of the* **Eastern Shawnee** *Indians of* **Quapaw** *Agency,* **Wyandotte, Indian Territory** *taken by* **Horace B. Durant, Supt.** *United States Indian Agent,* **June 30, 1903.** *190*

**KEY:** Number; *Indian Name* [if given]; English Name; Sex; Relation [if given]; Age.

93 **TOOLEY**, Mattie; f; mother; 34
94 Etta; f; daughter; 16
95 Ella; f; daughter; 11
96 Effie; f; daughter; 2

97 **TURKEYFOOT**, Milton; m; 26

98 **PASCHAL**, Mary Whiteday; f; 49


Total Census for the year 1902-------------------------100

Deaths-
#47-Census 1902-Jesse Grindstone-Jany 3, 1903
#83-Census 1902-Bessie Prophet-Feby 1, 1903
#63-Census 1902-Andrew Jackson-Nov. 18, 1902
#93-Census 1902) Jennie Chisolm-March 21, 1903
                Total Deaths------------------------4
Births-
# 5-Census-1903-Infant Holden
#64-Census-1903-Hetty Williams
                      Total births---------------------2
                      Total decrease-----------------2
                      Total Census--1903-----------------98

# Modoc Census
# 1903

*Census of the* **Modoc** *Indians of* **Quapaw** *Agency,* **Wyandotte, Indian Territory** *taken by* **Horace B. Durant, Supt.** *United States Indian Agent,* **June 30, 1903.** *190*

**KEY:** Number; *Indian Name* if given; English Name; Sex; Relation if given; Age.

1    **BURNS**, Minnie Snyder; f; mother; 25
2    Marie; f; daughter; 7

3    **BALL**, Samuel; m; 84

4    **BALL**, John; m; father; 43
5    Macey; m; son; 22      Blind

6    **CLINTON**, Daniel; m; husband; 38
7    Jennie; f; wife; 43
8    Gilbert; m; son; 13
9    Horace; m; son; 3

10    **CHARLEY**, Miller; m; 64

11    **CLINTON**, Samuel; m; 44

12    **PLEASANT**, William Faithful; m; 62

13    **GRANT**, U. S.; m; 94      Blind

14    **HOOD**, Charles; m; husband; 37
15    Lucinda; f; wife; 32
16    Rose; f; daughter; 13
17    Tena; f; daughter; 11
18    Mabel; f; daughter; 8
19    F. R; m; son; 6

20    **HOOD**, Hattie; f; 73

21    **HUDSON**, Henry; m; husband; 64
22    Susan; f; wife; 43

23    **HAYMAN**, Cora; f; mother; 41
24    Marion C; m; son; 7
25    Henrietta; f; daughter; 4
26    Bert; m; son; 2

27    **CLARK**, Jim; m; father; 28
28    Viola; f; daughter; 5

29    **KIST**, Amos; m; 29

*Census of the* **Modoc** *Indians of* **Quapaw** *Agency,* **Wyandotte, Indian Territory** *taken by* **Horace B. Durant, Supt.** *United States Indian Agent,* **June 30, 1903.** *190*

**KEY:** Number; *Indian Name* if given; English Name; Sex; Relation if given; Age.

30 **LAWVER**, Samuel; m; husband; 45
31 Dolly; f; wife; 38

32 **LAWVER**, Martha; f; 84

33 **LAWVER**, Benjamin; m; father; 51
34 Lelah M; f; daughter; 5
35 Infant; m; son; 1

36 **MARY**, Princess; f; 63

37 **CLINTON**, Matilda; f; 60

38 **TUTTLE**, Asa; m; 26

39 **ROBBINS**, Myra Grant; f; mother; 48
40 **Grant**, Ruth; f; daughter; 10
41 Amy; f; daughter; 5

42 **SPICER**, Annie; f; mother; 38
43 **Long**, Robert; m; son; 17

44 **WALKER**, May Long; f; 22

45 **WALKER**, Infant; 2[sic]; 1    daughter of #44-should have been on 1902 Census

46 **STANLEY**, Etta; f; 34

47 **HUBBARD**, Frederick Parker; m; 23    Resides in Oregon

48 Infant daughter of #6 ; f    Born March 18, 1903

49 Infant daughter of #14; f    Born March 13, 1903

50 **LAWVER**, William; m; husband; 48
51 Eliza; f; wife; 42

*Census of the* **Modoc** *Indians of* **Quapaw** *Agency,* **Wyandotte, Indian Territory** *taken by* **Horace B. Durant, Supt.** *United States Indian Agent,* **June 30, 1903.** *190*

**KEY:** Number; *Indian Name* if given; English Name; Sex; Relation if given; Age.

Total Census for the Year 1902------------------------------------47

Deaths-
#44-Census-1902-March 24, 1903 Nancy Snyder--------------
Births-　　Total deaths during year 1903-----------------------1
#48-Census-1903
#49-Census-1903
　　　　Total Births during year 1903-----------------------2

#35-Census-1903
#45-Census-1903
#47-Census-1903-should have been on Census-1902-----------3
　　　　Total increase over Census-1902-------------------4-------------4
　　　　　　　　　　-----------------------------------------------------

　　　　　　　TOTAL Census-1903---------------------51

# Miami Census
# 1903

*Census of the* **Miami** *Indians of* **Quapaw** *Agency,* **Wyandotte, Indian Territory** *taken by* **Horace B. Durant, Supt.** *United States Indian Agent,* **June 30, 1903.** *190*

**KEY:** Number; *Indian Name* [if given]; English Name; Sex; Relation [if given]; Age.

1   **AVELINE**, Frank D; m; 39

2   **BILLINGTON**, Mary A; f; mother; 50
3   Milton; m; son; 16
4   Rose; f; daughter; 14
5   Frank; m; son; 13

6   **LUCAS**, Silver Dollar; f; mother; 26
7   Marie A; f; daughter; 1

8   **DOLLAR**, Theodore; m; father; 28
9   Mary Elizabeth; f; daughter; 4/12     Born Feby. 16, 1903

10   **BRIGHT**, Margaret; f; mother; 54
11   Flora; f; daughter; 29
12   Columbus; m; son; 15

13   **BRIGHT**, John; m; 33

14   **BENJAMIN**, Susan; f; 57

15   **BUCK**, Mary; f; mother; 45
16   Frank; m; son; 14

17   **CRAWFISH**, Susan; f; mother; 40
18   Isadore; f; daughter; 22
19   Mary; f; daughter; 10
20   Minnie; f; daughter; 7
21   Thomas; m; son; 1     Born August 5, 1902

22   **DEMO**, Rose; f; mother; 46
23   Charles; m; son; 16
24   Joseph; m; son; 13

25   **GOKEY**, Lizzie; f; mother; 27
26   Adam; m; son; 6
27   Amelia; f; daughter; 1     Born July 13, 1902

28   **DRAKE**, Wayne; m; 36

29   **DRAKE**, Jane; f; mother; 58
30   David; m; son; 28
31   Edward; m; son; 26
32   Milton, Jr; m; son; 21

*Census of the* **Miami** *Indians of* **Quapaw** *Agency,* **Wyandotte, Indian Territory** *taken by* **Horace B. Durant, Supt.** *United States Indian Agent,* **June 30, 1903.** *190*

**KEY:** Number; *Indian Name* [if given]; English Name; Sex; Relation [if given]; Age.

33 **DRAKE** [cont], John Logan; m; son; 19
34 Thomas Summers; m; son; 16
35 Martha; f; daughter; 14
36 Hattie; f; daughter; 13

37 **HARTER**, Sarah Drake; f; 25

38 **VANDUSEN**, Mary Drake; f; mother; 33
39 Ida M; f; daughter; 1

40 **DAGENETTE**, Esther; f; 34

41 **FULKERSON**, Lucy Josephine; f; 42

42 **GEBOE**, Mary; f; 49

43 **GOBIN**, Mary; f; mother; 33
44 Musa; f; daughter; 5
45 Raymond; m; son; 4

46 **HARRIS**, Edward; m; father; 30
47 Viola May; f; daughter; 5
48 Grant Gibson; m; son; 2
49 Helen Ray; f; daughter; 10/12        Born Sept. 29, 1902

50 **LaFALIER**, Sophia Goodboo; f; mother; 40
51 **Goodboo**, Mary; f; daughter; 15
52 **Goodboo**, Ethel; f; daughter; 12
53 **Goodboo**, Franklin; m; son; 10
54 **Goodboo**, Josie; f; daughter; 8

55 **KEAH**, Rosa Ann Kisco; f; 57

56 **LaFALIER**, David; m; 22

57 **YOUNGBLOOD**, Jessie Lafalier; f; 18

58 **LaFALIER**, Henry; m; father; 35
59 Ernest; m; son; 7
60 Beulah; f; daughter; 2

61 **LaFALIER**, Oscar; m; father; 36
62 Mary; f; daughter; 9
63 Forrest; m; son; 3

*Census of the* **Miami** *Indians of* **Quapaw** *Agency,* **Wyandotte, Indian Territory** *taken by* **Horace B. Durant, Supt.** *United States Indian Agent,* **June 30, 1903.** *190*

**KEY:** Number; *Indian Name* [if given]; English Name; Sex; Relation [if given]; Age.

64 **LEONARD**, Louisa; f; mother; 33
65 Wilber; m; son; 12
66 Gabriel; m; son; 10
67 Ernest; m; son; 8
68 Ruby; m; son; 6
69 Pearl; m; son; 3
70 David; m; son; 10/1 [sic]    Born Sept. 29, 1902

71 **LEONARD**, George; m; father; 46
72 Helen; f; daughter; 18
73 Barbara; f; daughter; 17
74 Della; f; daughter; 14
75 Carrie; f; daughter; 9
76 Hazel; f; daughter; 3

77 **LEONARD**, Charles; m; husband; 24
78 Addie Billington; f; wife; 19
79 Irene; f; daughter; 1

80 **MILLER**, Ethel; f; sister; 15
81 Clarence; m; brother; 12
82 Edwin; m; brother; 10

83 **McCOONTZ**, Lizzie; f; mother; 38
84 Joseph; m; son; 3
85 James; m; son; 10/12    Born Sept. 17, 1902

86 **PALMER**, Lizzie; f; 40

87 **PALMER**, Thomas Harley; m; 23

88 **POPE**, Josephine; f; mother; 31
89 Bismark; m; son; 8
90 John Adam, Jr; m; son; 6
91 Douglas; m; son; 2

92 **POOLER**, Mary; f; mother; 46
93 Frank; m; son; 17
94 David Louis; m; son; 15
95 Josephine; f; daughter; 14
96 Mabel; f; daughter; 12
97 Frederick; m; son; 8
98 Ernest; m; son; 4

*Census of the* **Miami** *Indians of* **Quapaw** *Agency,* **Wyandotte, Indian Territory** *taken by* **Horace B. Durant, Supt.** *United States Indian Agent,* **June 30, 1903.** *190*

**KEY:** Number; *Indian Name* [if given]; English Name; Sex; Relation [if given]; Age.

99   **RICHARDSVILLE**, Thomas F; m; father; 73
100  Mary; f; wife; 64
101  Catherine; f; daughter; 28
102  Charles; m; son; 26

103  **ROSEBERRY**, Louisa Drake; f; mother; 36
106  Thomas; m; son; 6
105  Jane; f; daughter; 1

106  **SHAPP**, Peter; m; father; 33
107  Mary; f; daughter; 7
108  Harry W; m; son; 5
109  Thomas; m; son; 2
110  Ernest; m; son; 3/12    Born April 1, 1903

111  **SMITH**, Isadore Labadie; f; mother; 34
112  Frank D; f; son; 3/12    Born May 1, 1903
113  Roth; m; son; 4
114  Ella May; f; daughter; 2

115  **TRINKLE**, Minnie; f; mother; 32
116  Pearl; f; daughter; 12
117  Mabel; f; daughter; 10
118  Ernest; m; son; 9

119  **LaFALIER**, Ruby; f; 5/12    Born Dec. 7, 1902    Daughter of #50

*Census of the* **Miami** *Indians of* **Quapaw** *Agency,* **Wyandotte, Indian Territory** *taken by* **Horace B. Durant, Supt.** *United States Indian Agent,* **June 30, 1903.** *190*

**KEY:** Number; *Indian Name* [if given]; English Name; Sex; Relation [if given]; Age.

Total Census-1902----------------------------------110

Deaths-
#77-Census-1902-Hannah Macmanaman
Total deaths during year 1903---------1

Births-
#9-Census-1903
#21- Do.
#27- Do.
#49- Do.
#70- Do.
#85- Do.
#110- Do.
#112- Do.
#119- Do.
Total births during year 1903--------------9
#51-Census-1903-never put on previous census----------------------------1
Total increase over Census 1902----------9-----------------9

Total Census-1903-----------------------------119

# Ottawa Census
# 1903

*Census of the* **Ottawa** *Indians of* **Quapaw** *Agency,* **Wyandotte, Indian Territory** *taken by* **Horace B. Durant, Supt.** *United States Indian Agent,* **June 30, 1903.** *190*

**KEY:** Number; *Indian Name* [if given]; English Name; Sex; Relation [if given]; Age.

1   **BYRON**, Charles; m; brother; 34
2   William; m; brother; 27

3   **BALDWIN**, Delphine Pelky; f; mother; 43
4   William; m; son; 21
5   Henry; m; son; 27
6   Fred; m; son; 19
7   George; m; son; 15
8   Ella; f; daughter; 11
9   Della; f; daughter; 11
10   Marilla; f; daughter; 7
11   Buddy; f; son; 4
12   Nora; f; daughter; 3
13   Zora; f; daughter; 3

14   **SPINKS**, May Baldwin; f; mother; 17
15   Amos Ison; m; son; 4/12         Born 3-5-1903

16   **CLARK**, Richard; m; father; 59
17   Emmeline; f; daughter; 29

18   **THOMAS**, Esther Clark; f; 27

19   **COOK**, Nannie Wilson; f; mother; 37
20   Eudora; f; daughter; 15
21   Frank; m; son; 14
22   Clifford; m; son; 6
23   Berenice[sic]; f; daughter; 6

24   **CROW**, Julia Pelky; f; 42

25   **CLARK**, Abbie Titus; f; mother; 41
26   Hattie; f; daughter; 13
27   Charles; m; son; 11

28   **EARLY**, John W; m; 68

29   **EMOTHENGE**, George; m; 62

30   **GEBOE**, David; m; 37

31   **GEORGE**, Edward; m; father; 49
32   Philip; m; son; 21

*Census of the* **Ottawa** *Indians of* **Quapaw** *Agency,* **Wyandotte, Indian Territory** *taken by* **Horace B. Durant, Supt.** *United States Indian Agent,* **June 30, 1903.** *190*

**KEY:** Number; *Indian Name* [if given]; English Name; Sex; Relation [if given]; Age.

33 **HOLMES**, Joseph; m; father; 43
34 William; m; son; 16
35 Louisa; f; daughter; 12
36 Ephraim; m; son; 11
37 Nellie; f; daughter; 8

38 **HUTCHINSON**, Henry m; 29
39 Thomas; m; brother; 27

40 **HUBBARD**, Christina R; f; mother; 30
41 Winona; f; daughter; 9
42 Lennox; m; son; 6

43 **HURR**, William; m; father; 70
44 Nicodemus; m; son; 30

45 **HART**, Harvey; m; 47

46 **HARLOW**, Mary; f; mother; 38
47 Fred; m; son; 15

48 **JONES**, Henry M; m; father; 43
49 Wesley K; m; son; 21

50 **JONES**, Ira; m; 23
51 Silas Wilbert; m; brother; 19
52 Emma Belle; f; sister; 13

53 **EDWARDS**, Eliza Jones; f; 23

54 **STULTS**, Matilda Jones; f; 19

55 **OFFUT**, Rachel Jones; f; 16

56 **JONES**, Martha; f; 14
57 Christina; f; sister; 12
58 Nellie; f; sister; 9

59 **JENNISON**, Catherine; f; mother; 49
60 **Robitaille**, Oscar; m; son; 26
61 Charles; m; son; 21
62 Ralph Raymond; m; son; 18
63 Guy; m; son; 16
64 Glenn; m; son; 14

*Census of the* **Ottawa** *Indians of* **Quapaw** *Agency,* **Wyandotte, Indian Territory** *taken by* **Horace B. Durant, Supt.** *United States Indian Agent,* **June 30, 1903.** *190*

KEY: Number; *Indian Name* [if given]; English Name; Sex; Relation [if given]; Age.

65 **JENNISON**[cont], Edna; f; daughter; 13
66 Earl; f; daughter; 13
67 Ruth; f; daughter; 9
68 Doane; m; son; 7
69 Catherine, Jr; f; daughter; 5

70 **BIDDLE**, Mary Jennison; f; mother; 20
71 Erma L; f; daughter; 6/12      Born Jany. 5, 1903

72 **KING**, James; m; father; 30
73 Robert A; m; son; 3
74 Infant; 1

75 **KING**, Joseph; m; father; 66
76 Fred; m; son; 23
77 Charles; m; son; 11
78 Robert; m; son; 9
79 Bert; m; son; 6

80 **BARLOW**, Edith King; f; mother; 18
81 Lucia Erma; f; daughter; 3/12      Born April 15, 1903

82 **KING**, John; m; 20

83 **KEYAH**, Joseph; m; 51

84 **LAVOR**, Lizzie Wolfe; f; mother; 40
85 **King**, Walter; m; son; 22

86 **LEE**, Alice Tyson; f; mother; 40
87 Kitty; f; daughter; 21
88 Fred; m; son; 19
89 Delbert; m; son; 14
90 Walter; m; son; 11
91 Nellie; f; daughter; 8
92 Leonard; m; son; 6
93 [No name]; 1

94 **LANKARD**, Laura Lee; f; mother; 24
95 Madge; f; daughter; 5
96 Clyde; m; son; 4
97 Zach; m; son; 2

*Census of the* **Ottawa** *Indians of* **Quapaw** *Agency,* **Wyandotte, Indian Territory** *taken by* **Horace B. Durant, Supt.** *United States Indian Agent,* **June 30, 1903.** *190*

KEY: Number; *Indian Name* [if given]; English Name; Sex; Relation [if given]; Age.

98  **LOTZ**, Angeline Byron; f; grdmother; 71
99  **Brennan**, Joseph; m; son[sic]; 37
100 **Brennan**, Charles; m; son[sic]; 17

101 **LYKINS**, Lena Williams; f; 30

102 **McCOY**, Isaac; m; 51

103 **GRINNEL**[sic], Rosa McCoontz; f; 21

104 **McCOONTZ**, Sophia; f; 64

105 **McCOONTZ**, Peter; m; 29

106 **NONKESIS**, Ezekiel; m; father; 50
107 **Herron**, Joshua; m; step-son; 23
108 Lottie; f; daughter; 9

109 **LAWVER**, Winnie; f; 20

110 Nutter, Frank; m; brother; 11

111 **PETAH**, Thomas (Poscowa); m; brother; 29
112 **Walker**, Mary Petah; f; sister; 20
113 Sarah; f; sister; 15
114 Joseph; m; brother; 11
115 Frank; m; brother; 9

116 **POOLER**, Moses; m; father; 71
117 Ethel; f; daughter; 20
118 Maude; f; daughter; 19
119 Otis; m; son; 16
120 Charles; m; son; 13
121 Robert; m; son; 12
122 John Albert; m; son; 9

123 **POOLER**, Manford; m; 43

124 **McBRIEN**, Myrtle Pooler; f; mother; 21

125 **STEVENS**, William; m; brother; 16
126 James; m; brother; 14
127 Ruth; f; sister; 9
128 John; m; brother; 7

*Census of the* **Ottawa** *Indians of* **Quapaw** *Agency,* **Wyandotte, Indian Territory** *taken by* **Horace B. Durant, Supt.** *United States Indian Agent,* **June 30, 1903.** *190*

**KEY:** Number; *Indian Name* [if given]; English Name; Sex; Relation [if given]; Age.

129 **CLARK**, Ida L. Stevens; f; mother; 24
130 Amos; m; son; 6/12          Born Dec. 19, 1902

131 **SUPERNAW**, Lizzie Albro; f; 55

132 **LOOKAROUND**, Elmira Staton; f; 27

133 **STATON**, Frank; m; 24

134 **ROPER**, Nettie Staton; f
135 Cecil Ohm; m; son; 812          Born November 1902

136 **WIND**, Joseph; m; husband; 54
137 Matilda; f; wife; 50
138 Hugh K; m; son; 27

139 **WIND**, Christopher; m; father; 57
140 Lillie; f; daughter; 30
141 Thomas; m; son; 25
142 Edgar; m; son; 24

143 **GEORGE**, Elizabeth Wind; f; 32

144 **WHITE**, Sarah; f; mother; 40
145 Annie; f; daughter; 13
146 Eula; f; daughter; 12
147 Joseph; m; son; 10
148 Percival; m; son; 7

149 **WILLIAMS**, Sarah; f; mother; 56
150 Oliver; m; son; 29
151 Abe; m; son; 20
152 Albert; m; son; 17
153 Jesse; m; son; 14

154 **WILLIAMS**, Isaac; m; father; 34
155 Frank; m; son; 9          Never taken on census-has resided in East-

156 **WOLF**, James; m; 60

157 **WOLF**, Josiah; m; 36

158 **WALKER**, Catherine; f; 29
159 **Dagnette**, Lucien; m; step-bro; 26

*Census of the* **Ottawa** *Indians of* **Quapaw** *Agency,* **Wyandotte, Indian Territory** *taken by* **Horace B. Durant, Supt.** *United States Indian Agent,* **June 30, 1903.** *190*

**KEY:** Number; *Indian Name* [if given]; English Name; Sex; Relation [if given]; Age.

160 **WALKER**; Jacob; m; brother; 13
161 Ethel; f; sister; 11
162 Ida; f; sister; 9

163 **WISTAR**, Thomas; m; father; 40
164 Leo; m; son; 11
165 Willis; m; son; 9
166 Thomas, Jr; m; son; 7

167 **WYRICK**, Lula R. Propeck; f; mother; 25
168 **Propeck**, Roy Hamilton; m; son; 3
169 Frederick; m; son; 1

170 **WALKER**, Samuel; m; 1    Born May 1902-son of #112


Total Census for year 1902-------------------------------------------------------167
Deaths-
#30-Census-1902-Pearl May Geboe-Feby. 22, 1903
#31-    Do.    Eliza Wilson Gokey, June 8, 1903
#76     Do.    Louis King- August 30, 1902
#102-   Do.    Gertrude Mudeater Wadsworth, Mar 27, 1903
             Total deaths during year 1903----------------------------4
Births-
#15- Census-1903
#71- Census-1903
#81- Census-1903
#130-Census-1903
#135- Census-1903
#170-Census-1903
                Total births during year 1903--------------------------6
#155-Census-1903-never put on Census previously-----------------------1
                Total increase over Census-1902---------------------3
             -------------------------------------------------------------
                         Total Census-1903------------------------170

141

# Peoria Census
# 1903

*Census of the* **Peoria** *Indians of* **Quapaw** *Agency,* **Wyandotte, Indian Territory** *taken by* **Horace B. Durant, Supt.** *United States Indian Agent,* **June 30, 1903.** *190*

KEY: Number; *Indian Name* [if given]; English Name; Sex; Relation [if given]; Age.

1    **CHARLEY**, Lizzie; f; 46

2    **CHARLEY**, James; f; father; 44
3    Bessie; f; daughter; 14
4    Fannie; f; daughter; 11

5    **EDDY**, Daniel; m; 63
6    Amos; m; grandson; 13
7    Edna; f; grdaughter; 11

8    **PECKHAM**, Thomas; m; father; 52
9    Blanche; f; daughter; 14
10    Edward; m; son; 12
11    May; f; daughter; 10
12    Ruby; f; daughter; 4
13    Charles; m; son; 2

14    **PECKHAM**, Louis; m; father; 25
15    Hazel M; f; daughter; 3/12 Born April 1, 1903

16    **LAFALIER**, Pearl Peckham; f; 23

17    **SCANLON**, Eliza Peckham; f; mother; 32
18    Carl; m; son; 2

19    **SKY**, George; m; father; 31
20    Jesse; m; son; 11
21    Beatrice; f; daughter; 5
22    Gladys; f; daughter; 2

23    **SKY**, William; m; husband; 35
24    Nancy; f; wife; 38
25    Myrtle; f; daughter; 5
26    Etta May; f; daughter; 1

27    **SKY**, Thomas; m; brother; 22
28    Clarence; m; brother; 13

29    **ROBINSON**, Amos; m; 20

30    **CHARTERS**, Sarah; f; 52

31    **WADSWORTH**, John; m; 59

*Census of the* **Peoria** *Indians of* **Quapaw** *Agency,* **Wyandotte, Indian Territory** *taken by* **Horace B. Durant, Supt.** *United States Indian Agent,* **June 30, 1903.** *190*

**KEY:** Number; *Indian Name* [if given]; English Name; Sex; Relation [if given]; Age.

32  **SKY**, Stella; f; 15
33  **Walton**, Mary Ruth; f; halfsister; 13
34  **Walton**, Genevieve; f;  "  ; 11
35  **Walton**, Naomi; f;      "  ; 9
36  **Walton**, Richard; m;  " brother; 8

37  **MILLER**, Ella; f; mother; 41

38  **MILLER**, Albert; m; father; 21

39  **McLANE**, Peter; m; 38

40  **PRATHER**, Emmelin[sic]; f; mother; 31
41  Nellie B; f; daughter; 2

42  **BAPTISTE**, Louisa; f; 58
43  Charles; m; son; 37
44  **Myers**, Jane Baptiste; f; wife; 41
45  **Myers**, Ottie; m; stepson; 20

46  **PEERY**, Albert; m; husband; 42
47  Alice; f; wife; 32
48  Albert E; m; son; 2

49  **PEERY**, Samuel; m; brother; 35
50  Eva May; f; sister; 24
51  Elsie; f; sister; 21
52  Frank; m; brother; 19

53  **PEERY**, William; m; father; 38
54  Christine; f; daughter; 11
55  Naomi; f; daughter; 9
56  David; m; son; 6

57  **MOORE**, Mary; f; mother; 41
58  Ernest; m; son; 17

59  **PALMER**, Ada Moore; f; 20

60  **MOORE**, Frank; m; father; 25
61  Russell; m; son; 5
62  Roy; m; son; 2

*Census of the* **Peoria** *Indians of* **Quapaw** *Agency,* **Wyandotte, Indian Territory** *taken by* **Horace B. Durant, Supt.** *United States Indian Agent,* **June 30, 1903.** *190*

KEY: Number; *Indian Name* [if given]; English Name; Sex; Relation [if given]; Age.

63  **STATON**, Stella; f; sister; 16
64  Mabel; f; sister; 13
65  George Claude; m; brother; 10

66  **TUCKER**, Silas; m; 36

67  **BLAYLOCK**, Alice Blackhoof; f; mother; 27
68  Rosa; f; daughter; 5
69  Infant; f;    "    ; 1

70  **STAND**, Nancy Smith; f; mother; 42
71  Matilda; f; daughter; 14
72  Leander; m; son; 9
73  Raymond; m; son; 6
74  Wilson; m; son; 2

75  **BOYD**, Maggie Smith; f; mother; 20    Corrected from Fannie-
76  Samuel R. A; m; son; 5/12    Born Jany. 30, 1903

77  **PASCHAL**, Grover; m; brother; 16
78  Louis Paschal; m; brother; 14
79  **LaFalier**, Cordelia; f; half-sister; 10

80  **FINLEY**, George W; m; father; 41
81  Lena; f; daughter; 15
82  Leo; m; son; 10

83  **STANLEY**, Charles; m; father; 41
84  Ida; f; daughter; 17
85  Ramona; f;   "  ; 13
86  Sampson Arthur; m; son; 15
87  Katie Artless; f; daughter; 9
88  Ardlus; m; son; 4

89  **BEAVER**, Frank; m; father; 47
90  Esta; f; daughter; 24

91  **FARRIS**, Nancy; f; mother; 44
92  Guy; m; son; 13
93  William; m; son; 9

94  **MOHAWK**, Orilla Keno; f; mother; 50
95  **Keno**, Henry; m; son; 19

*Census of the* **Peoria** *Indians of* **Quapaw** *Agency,* **Wyandotte, Indian Territory** *taken by* **Horace B. Durant, Supt.** *United States Indian Agent,* **June 30, 1903.** *190*

KEY: Number; *Indian Name* [if given]; English Name; Sex; Relation [if given]; Age.

96  **ROBINSON**, Thomas M; m; 14

97  **SACTO**, Louisa; f; sister; 18
98  Mary; f; sister; 17

99  **SACTO,** Joseph; m; brother; 13
100  James; m; brother; 12
101  Nathaniel; m; brother; 8

102  **LARKINS**, Reuben; m; 11

103  **MERRISS**, Justina; f; mother; 44
104  Elmer; m; son; 16
105  Clinton; m; son; 15
106  Alma; f; daughter; 13

107  **MERRISS**, John; m; father; 27
108  Sylvia; f; daughter; 3/12    Born  March 23, 1903

109  **WILLIAMS**, Grace Merriss; f; mother; 18
110  Elthe; f; daughter; 4/12    Born  Feby. 18, 1903

111  **ROCKER**, Sarah Merriss; f; mother; 21
112  Zella; f; daughter; 3

113  **MITCHELL**, Winnie Sky; f; mother; 20
114  Clysta; f; daughter; 2

115  **VALLEY**, Joseph; m; father; 22
116  Joseph N; m; son; 10/12    Born  August 27, 1902

117  **VALLEY**, Josephine; f; 19

118  **FISH**, Minnie; f; sister; 28
119  Frank; m; brother; 11

120  **LYKINS**, W. C; m; husband; 55
121  Annie; f; wife; 47
122  Harry; m; son; 15
123  Martha; f; daughter; 13

124  **LYKINS**, Charles; m; father; 21
125  Nolte Lynn; m; son; 1/2    Born  Dec. 10, 1902

*Census of the* **Peoria** *Indians of* **Quapaw** *Agency,* **Wyandotte, Indian Territory** *taken by* **Horace B. Durant, Supt.** *United States Indian Agent,* **June 30, 1903.** *190*

**KEY:** Number; *Indian Name* [if given]; English Name; Sex; Relation [if given]; Age.

126 **WILLS**, Queenie Lykins; f; mother; 17
127 Ruth M; f; daughter; 5/12          Born Feby. 17, 1903

128 **LYKINS**, Fred; m; father; 25
129 Lee; m; son; 2

130 **LYKINS**, Webster; m; father; 30
131 Carey; m; son; 7
132 Anna; f; daughter; 2

133 **LYKINS**, E. W. W; m; father; 53
134 Elsie; f; daughter; 11
130[sic] Don; m; son; 9
131 Willis; m; son; 8

132 **PENN**, Sallie Welch; f; mother; 41
138[sic] Thomas; m; son; 20
133 Benjamin; m; son; 13

134 **NIECE**, Charles; m; 25

135 **LABEDIE**, Roy; m; brother; 16
136 Raymond; m; brother; 14
137 Edna; f; sister; 11

138 **BUCK**, *Wa-pe-pe-she-quah*, Mrs; f; 64

139 **BOWLES**, Nancy G; f; 50

146[sic] **ARCHER**, Nancy; f; 45

145[sic] **DELAWARE**, Mary; f; 54

147 **McNAUGHTON**, Clara Peery; f; mother; 39
148 Willis; m; son; 20
149 Roy; m; son; 17
150 Guy; m; son; 15
151 Pearl; f; daughter; 13

152 **PASCHAL**, Albert; m; 32

153 **PROPHET**, Dick; m; 31

*Census of the* **Peoria** *Indians of* **Quapaw** *Agency,* **Wyandotte, Indian Territory** *taken by* **Horace B. Durant, Supt.** *United States Indian Agent,* **June 30, 1903.** *190*

**KEY:** Number; *Indian Name* [if given]; English Name; Sex; Relation [if given]; Age.

154  **ENSWORTH**, Emily; f; mother; 46
155  Fred; m; son; 20
156  Claud; m; son; 18
157  Roy; m; son; 13
158  Umilla; f; daughter; 12
159  W. L; m; son; 5

160  **STATON**, Ella; f; mother; 42
161  Marin; m; son; 18
162  Sherman; m; son; 15
163  Lennie; f; daughter; 14
164  Myrtle; f; daughter; 10

165  **OSBORNE**, Mary; f; mother; 40
166  Arthur; m; son; 11
167  Margaret; f; daughter; 7
168  Christina; f; daughter; 6
169  Patrick; m; son; 3
170  Alice; f; daughter; 1

171  **McBEE**, Julia; f; 56

172  **LaBADIE**, W. G; m; father; 49
173  Leslie; f; daughter; 12
174  Lola; f; daughter; 8
175  Max; m; son; 6

176  **ABNER**, Joseph; m; 34

177  **ROSS**, Julia Bobb; f; mother; 28
178  Ruth Mary; f; daughter; 4
179  Lillian Mabel; f; daughter; 1  Born June 25, 1902

180  **GOODNER**, Maude; f; mother; 30
181  Clara; f; daughter; 9
182  Nita; f; daughter; 7

183  **FROMAN**, Angeline; f; mother; 32
184  Asa; m; son; 9
185  Mary; f; daughter; 8
186  Lizzie; f; daughter; 5
187  Guy; m; son; 1

188  **MILLER**, George; m; 23

*Census of the* **Peoria** *Indians of* **Quapaw** *Agency,* **Wyandotte, Indian Territory** *taken by* **Horace B. Durant, Supt.** *United States Indian Agent,* **June 30, 1903.** *190*

**KEY:** Number; *Indian Name* [if given]; English Name; Sex; Relation [if given]; Age.

189  **PECKHAM**, Erma; f; daughter; 2- dau. of #14   Not on Census-1902

190  **SKY**, Frank; m; 28

191  **ROCKER**, Alice J; f; daughter   Born May 17, 1903- to #111

Total Census for year 1902--------------------------------------185

Deaths-
#31-Census-1902-Avery Wadsworth-Aug. 26, 1902
#175-Census-1902-Christopher Calvin Ross, July 27, 1902
#100-Census-1902-Agnes Sacto
Total deaths during year 1903--------------------------3

Births-
#15-Census-1903
#76-Census-1903
#108-Census-1903
#110-Census-1903
#125-Census-1903
#127-Census-1903
#179-Census-1903
#116-Census-1903
#192-Census-1903
Total births during year 1902-------------------------8
#191-[Illegible, handwritten difficult to read...]   1
Total increase over Census-1902----------------------5------6
-----------------------------------------------------------------
Total Census for year 1903-----------------------------190

1901 - 1907 Native American Census

Peorias.

Births-

| | | |
|---|---|---|
| Albert Leroy Miller------------Born July 10, 1903. | | Father-Albert Miller |
| Sylvia Merriss------------------Born March 23, 1903. | | John E. Merriss |
| Elthe Williams------------------Born February 18, 1903 | | Albert Williams |
| Hazel M. Peckham-------------Born April 1, 1903 | | Louis Peckham |
| Alice Osborne------------------Born March 20, 1902 | | Mother   Mollie Osborne |
| Joseph N. Valley---------------Born August 27, 1902 | | Father  Joseph Valley |

Deaths-

Clifford Wadsworth------------Died   July 5, 1902
John Froman--------------------Died   Sept. 12, 1902
Thomas A. Wadsworth--------Died   August 26, 1902

Marriages-

Albert Miller-Dorothea Pradmore------- August 14, 1903
Grace Merriss--Abraham Williams------February 18, 1903
Charles Niece--Lillie Edwards-----------May 10, 1903

# Quapaw Census
# 1903

*Census of the* **Quapaw** *Indians of* **Quapaw** *Agency,* **Wyandotte, Indian Territory** *taken by* **Horace B. Durant, Supt.** *United States Indian Agent,* **June 30, 1903.** *190*

KEY: Number; *Indian Name* if given; English Name; Sex; Relation if given; Age.

1   **ABRAMS**, Abner W; m; husband; 56
2   Melissa J; f; wife; 42
3   Maud E; f; daughter; 18
4   Samuel W; m; son; 16
5   Harrison; m; son; 15
6   Earl Blaine; m; son; 11

7   **ADAMS**, Felicia; f; mother; 41
8   Cora E; f; daughter; 25
9   Edna P; f; daughter; 31
10   Ruth Lee; f; daughter; 6

11   **BALL**, Nellie J; f; mother; 45
12   Samuel Wylie; m; son; 21
13   William; m; son; 14

14   **PETERSON**, Amanda Ball; f; mother; 17     Corrected-
15   Infant; f; daughter; 2/12     Born April 18,1903

16   **BLUEJACKET**, Charles; m; 63

17   **BREWER**, Minnie Dardenne; f; mother; 27
18   Mary C; f; daughter; 7
19   Josephine; f; daughter; 3

20   **BUFFALO**, Senie Brown; f; wife; 31
21   Joseph; m; husband; 35
22   Henry; m; son; 7
23   Clara May; f; daughter; 6
24   Hazel Lorena; f; daughter; 3
25   Arthur; m; son; 13
26   Dora; f; daughter; 1

27   **BEAVER**, John; m; husband; 45
28   *Meh-hunk-a-zha-ka;* f; wife; 44
29   Alice Anna; f; daughter; 16
~~30~~   *Ton-gah-hah*; Frank; m; son; 12     Died Feb. 23

30   **BLAKESLEE**, William W; m; 36

31   **CALF**, Mary J; f; 54

32   **CEDAR**, Lizzie; f; 60

*Census of the* **Quapaw** *Indians of* **Quapaw** *Agency,* **Wyandotte, Indian Territory** *taken by* **Horace B. Durant, Supt.** *United States Indian Agent,* **June 30, 1903.** *190*

KEY: Number; *Indian Name* if given; English Name; Sex; Relation if given; Age.

33 **CLABBER**, Peter; m; husband; 55
34 *Meh-het-tah*; f; wife; 55

35 **CLARK**, Mary Dardenne; f; 38
36 Lillie May; f; daughter; 11
37 William Alexander; m; son; 10
38 Lawrence B; f; son; 7
39 Anna Viola; f; daughter; 5
40 Reba Newton; f; daughter; 4
41 Durward D; m; son; 2

42 **SACTO**, Grace R. C; f; mother; 29
43 **Coldspring**, Walter; m; son; 4

44 **COUSATTE**, Samuel; m; father; 37
45 Jessie May; f; daughter; 12
46 Ira; m; son; 9
47 Joseph; m; son; 5
48 Dewey; m; son; 3

49 **CRAWFISH**, Thomas; m; father; 42
50 Mary; f; daughter; 9
51 Minnie E; f; daughter; 6
52 Lucy; f; daughter; 4

53 **CRANE**, Effie Imbeau; f; mother; 23
54 Nellie L; f; daughter; 5
55 Earl Floyd; m; son; 4
56 Jay Otis; m; son; 1

57 **CRAWFISH**, Harry; m; father; 35
58 Ethel May; f; daughter; 11
59 Alice; f; daughter; 9
  Infant; m; son    Born Dec. 30, 1902-Died-Id.

60 **CRAWFISH**, Widow; f; 65

61 **CROW**, John; m; 41

62 **CHOTEAU**, *Zah-me*, Mary; f; 51

63 **COUSATTE**, Benjamin; m; husband; 48
64 Amanda E; f; wife; 36
65 Maggie E; f; daughter; 16

*Census of the* **Quapaw** *Indians of* **Quapaw** *Agency,* **Wyandotte, Indian Territory** *taken by* **Horace B. Durant, Supt.** *United States Indian Agent,* **June 30, 1903.** *190*

**KEY:** Number; *Indian Name* if given; English Name; Sex; Relation if given; Age.

66  **COUSATTE** [cont], Benjamin C; m; son; 14
67  Roza E; m; daughter; 12
68  Joseph; m; son; 10
69  Martin Luther; m; son; 7
70  James Ray; m; son; 3

71  **CARDIN**, Louis LaFontaine; m; 28
72  Sarah C; f; sister; 17

73  **KENOYER**, Felicia M. Cardin; f; 20

74  **CARDIN**, William O; m; husband; 25
75  Isa Wade; f; wife; 35

76  **CARDIN**, Alexander; m; 33
77  William Fred; m; son; 8
78  *Wah/me-tah*[sic]; Juanita; f; daughter; 3

79  **DAYLIGHT**, Isaac; m; husband; 29
80  Fannie Crawfish; f; wife; 27
81  Mary; f; daughter; 7
82  Jesse; m; son; 3

83  **DARDENNE**, Anna Edna; f; 10
84  Abraham F; m; bro; 7

85  **DARDENNE**, Benjamin, Jr; m; 23

86  **DARDENNE**, Benjamin; m; husband; 63
87  Martha A; f; wife; 46

88  **DARDENNE**, Lawrence; m; father; 41
89  Lawrence, Jr; m; son; 16
90  Elsie; f; daughter; 15

91  **HODGKINS**, Clara Dardenne; f; mother; 19
92  Infant; f; daughter; 3/12    Born April 30, 1903

93  **DARDENNE**, Felix; m; 31
94  Della D; f; daughter; 5
95  Ruby C; f; daughter; 1

96  **DARDENNE**, Margaret; f; 52
97  Abram; m; son; 23

*Census of the* **Quapaw** *Indians of* **Quapaw** *Agency,* **Wyandotte, Indian**
**Territory** *taken by* **Horace B. Durant, Supt.** *United States Indian Agent,*
**June 30, 1903.** *190*

KEY: Number; *Indian Name* if given; English Name; Sex; Relation if given; Age.

98   **DARDENNE**, Willie; m; father; 31
99   Willie W; m; son; 9
100  Robert; m; son; 7
101  Gertrude; f; daughter; 4
102  Daisy Ellen; f; daughter; 1

103  **DAUTHAT**, Frances; f; mother; 42
104  Zahne A; m; son; 22
105  Minnie E; f; daughter; 17
106  Charles A; m; son; 15
107  Sarah A; f; daughter; 11
108  Jessie; f; daughter; 7

109  **DOUTHIT**, William A; m; father; 46
110  Samuel A; m; son; 15
111  William B; m; son; 12
112  Pearl E; f; daughter; 10
113  Clarence Ray; m; son; 6
114  Florence G; f; daughter; 4

115  **DYSON**, Katy Logan; f; mother; 34
116  Daniel H; m; son; 12
117  Frances L.; f; daughter; 8
118  Myrtle E; f; daughter; 6
119  Lassia Mabel; f; daughter; 4
120  William Edgar; m; son; 3
121  Edith; f; daughter; 1

122  **ANGELL**, Louis; m; 62

123  **FISH**, Leander J; m; 52

124  **GEBOE**, Charles C; m; 25

125  **GILMORE**, Agnes Dardenne; f; mother; 27
126  Orville; m; son; 7
127  Clara; f; daughter; 5

128  **GRIFFIN**, Victor; m; 26
129  *Cha-dah-squie*; f; wife; 29

130  **GREENBACK**, Antoine; m; husband; 52
131  Julia Whitebird; f; wife; 20
132  Joseph; m; son; 16

*Census of the* **Quapaw** *Indians of* **Quapaw** *Agency,* **Wyandotte, Indian Territory** *taken by* **Horace B. Durant, Supt.** *United States Indian Agent,* **June 30, 1903.** *190*

**KEY:** Number; *Indian Name* if given; English Name; Sex; Relation if given; Age.

133    **GREENBACK** [cont], Alice; f; daughter; 13
134    Alphonso; m; son; 21

135    **GRANDEAGLE**, *Kan-dah-ska-hun-ka*; m; husband; 44
136    *Khah-dah*; f; wife; 45

137    **GOODEAGLE**, Francis Quapaw; m; husband; 48
139[sic] *Wat-tah-nah-zhe*; f; wife; 33
140    Charles; m; son; 20
141    Merton; m; son; 17
142    Levi; m; son; 12
143    Francis, Jr; m; son; 2
144    Infant; m; son; 6/12          Born Dec. 1902

145    **GOODEAGLE**, *Ho-gom-me*; f; mother; 43
146    Fannie; f; daughter; 12

147    **GORDON**, Roza; f; 18
148    Harry A; m; brother; 16
149    Harvey O; m; brother; 14
150    Sarah E; f; sister; 12
151    Harley E; m; brother; 10
152    Bessie; f; sister; 8

152[sic] **CONNER**, Minnie Greenback; f; 23

153    **HUNT**, Joseph W; m; 20

154    **ANDERSON**, Isabelle Harrison; f; 25

155    **IMBEAU**, Louis; m; husband; 57
156    Melissa; f; wife; 55
157    Harvey; m; son; 22
158    Frank; m; son; 20
159    Lizzie; f; daughter; 16
160    Catherine; f; daughter; 16

161    **BUFFALO**, John; m; 7

162    **LANE**, Mary; f; 13

163    **LEWIS**, Alexander; m; 25
164    Amos Alphonso; m; son; 1

*Census of the* **Quapaw** *Indians of* **Quapaw** *Agency,* **Wyandotte, Indian Territory** *taken by* **Horace B. Durant, Supt.** *United States Indian Agent,* **June 30, 1903.** *190*

**KEY:** Number; *Indian Name* if given; English Name; Sex; Relation if given; Age.

     **MADISON**, James; m; 33     Killed April 5, 1903.

165    **McCOY**, Martha Angell; f; 32
166    John Henry; m; son; 8
167    Martha Ellen; f; daughter; 6
168    Anna May; f; daughter; 1     Born July 20, 1902

169    **McKENZIE**, Isabel Z; f; 60

170    **NEWHOUSE**, Amos; m; 56

171    **NEWMAN**, James A; m; father; 55
172    Ada A; f; daughter; 16
173    David A; m; son; 12
174    Leona May; f; daughter; 8
175    Sophia Viola; f; daughter; 5
176    Leroy; m; son; 3

177    **NEWMAN**, James Lemuel; m; 23

178    **WARNER**, Minnie Newman; f; daughter; 19

179    *OH-STA-WET-TAH*, f; 57

180    **PORTIS**, Mary; f; 58

181    **LOTTSON**, Robert; m; 23

182    *MIS-KAH-GET-TAH*; F; 54

183    *MEH-NE-DAH*; f; 38

184    **BLACKHAWK**, Charley Quapaw; m; 67

185    **QUAPAW**, John; m: 45

186    **QUAPAW**, Red-sun; f; wife; 61
187    Frances; f; daughter; 17

188    **QUAPAW**, Solomon; m; 35
189    *Mes-ka-nah-bah-nah*; Sigdah Track; f; wife; 18
190    Bertha; f; daughter; 12
191    Anna; f; daughter; 10
192    Jesse; m; son; 7

*Census of the* **Quapaw** *Indians of* **Quapaw** *Agency,* **Wyandotte, Indian Territory** *taken by* **Horace B. Durant, Supt.** *United States Indian Agent,* **June 30, 1903.** *190*

**KEY:** Number; *Indian Name* if given; English Name; Sex; Relation if given; Age.

193   **QUAPAW** [cont], Cookie; f; daughter; 5
194   Leo; m; son; 1

195   **QUAPAW**, Dick; m; 39
196   *Tag-ah*; f; wife; 40

197   **QUAPAW**, Pius; m; 54
198   *Ta-meeh-eh*; f; wife; 38
199   **Jefferson**, *Ta-meh* Quapaw; f; daughter; 17

200   **QUAPAW**, Benjamin; m; 45
201   *See-sah*; f; wife; 39

202   **RAY**, Elizabeth; f; 60

203   **RAY**, Frank; m; 30
204   Thomas Abraham; m; son; 3
205   Ruth Elizabeth; f; daughter; 1

206   **RAY**, Abraham; m; 29
207   Joseph Dewey; m; son; 4

208   **REDEAGLE**, Minnie O. Goshung; f; wife; 32
209   George; m; husband; 31
210   Sophia Josephine; f; daughter; 15
211   Leroy; m; son; 11
212   Doane S; m; son; 8

213   **SHAPP**, Julia Stafford; f; 32

214   **SULLIVAN**, Malina Hunt; f; 24
215   Eda May; f; daughter; 7
216   Ray Leroy; m; son; 5
217   Roy; m; son; 1

218   **SILK**, Frances; f; 60

219   **SHAFER**, Irene Dardenne; f; 26
220   Minnie; f; daughter; 9
221   Ernest Glenn; m; son; 7
222   Bertha; f; daughter; 6
223   Harry; m; son; 3

224   **SPADA**, *Meh-het-tah*; f; 44

*Census of the* **Quapaw** *Indians of* **Quapaw** *Agency,* **Wyandotte, Indian Territory** *taken by* **Horace B. Durant, Supt.** *United States Indian Agent,* **June 30, 1903.** *190*

KEY: Number; *Indian Name* if given; English Name; Sex; Relation if given; Age.

225 **THOMPSON**, William; m; 29

226 **THOMPSON**, Robert; m; 22

227 **TRACK**, *Sigdah*; m; 50
228 *Mes-kah-tun-kah*; f; wife; 32
229 *Wah-zhe-meh-tah-heh*; f; daughter; 8
230 Agnes; f; daughter; 5

231 **TOUSEY**, Elizabeth H; f; 65

232 **VALLIER**, James; m; 23

233 **VALLIER**, Amos; m; 33

234 **VALLIER**, Frank; m; 49
235 Alice; f; wife; 35
236 Benjamin F; m; son; 12
237 Martha F; f; daughter; 9

238 **WAIDE**, Anne Dardenne; f; 26
239 Nellie; f; daughter; 8
240 Park; m; son; 4
241 Bessie; f; daughter; 2
242 **Vallier**, Clarissa A; f; sister; 6
243 **Vallier**, Flora E; f; sister; 4
244 **Vallier**, James Amos; f; son; 2

245 **WADE**, Florence A; f; 46

246 **WEBER**, Dillie Dardenne; f; mother; 26
247 Eva; f; daughter; 8
248 Grace J; f; daughter; 6
249 Johnney; m; son; 4
250 Everett; m; son; 3

251 **WILSON**, Laura Jennie; f; mother; 29
252 Infant; m; son    Born June 20,1903   Died June 22,1903

253 **WHITEBIRD**, Joseph; m; 45
254 Lena; f; wife; 47
255 Mary; f; daughter; 12
256 Bernard; m; son; 8

*Census of the* **Quapaw** *Indians of* **Quapaw** *Agency,* **Wyandotte, Indian Territory** *taken by* **Horace B. Durant, Supt.** *United States Indian Agent,* **June 30, 1903.** *190*

**KEY:** Number; *Indian Name* if given; English Name; Sex; Relation if given; Age.

257 **WHITEBIRD**, Harry; m; 26
258 Flora Young Greenback; f; wife; 39
259 **Greenback**, Walter; m; stepson; 11
260 **Greenback**, Alphonso; m; stepson; 7
261 Melissa; f; daughter; 3
262 Hugh Wade; m; son; 1

263 **WILHOITE**, Mary M; f; 72

264 **OWENS**, Kitty Wade; f; mother; 33
265 Infant (Hugh); f; daughter; 3
266 Infant (Elizabeth); f; daughter; 2
    " ; f;     " ; 1/12     Born June 1903

267 **XAVIER**, James; m; husband; 44
268 *Mah-shing-tin-nah*; f; wife; 30
269 Anna; f; daughter; 11
270 Doc Stryker; m; son; 4
271 Infant; m; son; 6/12     Born Dec. 13,1902

272 **WHITELY**, Lula Dardenne; f; 33

273 **QUAPAW**, Infant; m; 3/12     Born Apr. 9, 1903-son of No. 188-

    Total Census for year 1902----------------------------------------------------------271

Deaths-
#62-Census-1902-John Charters-March 28, 1903.
#29- Do. Ton-gah-hah Beaver, Feby 23, 1903
#164- Do. James Madison-Apr. 5, 1903
#196-Census-1903-Tag-ah Quapaw-May 22, 1903
#237-Census-1902-George Vallier-Feby. 19, 1903.
Births-     Total deaths during year 1903-------------------------5
#15- Census-1903
#92- Census-1903.
#143-Census-1903
#168-Census-1903
271 -Census-1903
#272-Census-1903
        Total births during year 1903-------------------------6
        Total increase over Census-1902---------------------1-------------1

                Total Census-1903------------------------272
#196-Tag-ah Quapaw-should not be on Census for 1903

# Seneca Census
# 1903

*Census of the* **Seneca** *Indians of* **Quapaw** *Agency,* **Wyandotte Indian Territory** *taken by* **Horace B. Durant, Supt.** *United States Indian Agent,* **June 30, 1903.** *190*

**KEY:** Number; *Indian Name* if given; English Name; Sex; Relation if given; Age.

1   **ARMSTRONG**, Jack; m; husband; 54
2   Elizabeth; f; wife; 54
3   Susan; f; daughter; 20
4   Thomas; m; son; 19
5   Barnabas; m; son; 16
6   **Cherloe**, Ethel Myrtle; f; grndauter; 11

7   **ARMSTRONG**, James; m; father; 71
8   Charles; m; son; 13

9   **DENNEY**, Nora; f; 20

10   **BALL**, Lucinda; f; mother; 53
11   Andrew; m; son; 17
12   Lydia; f; daughter; 14

13   **BASSETT**, Joseph; m; 44
14   Frances King; f; 32

15   **BEARSKIN**, Susan; f; mother; 47
16   Ernest; m; son; 15
17   Lena; f; daughter; 10
18   John W; m; son; 7
19   Maggie; f; daughter; 6
20   Leslie; m; son; 3

21   **BEARSKIN**, Wallace; m; husband; 18
22   Elizabeth Smith; f; wife; 20

23   **JOHNSON**, Mary Bearskin; f; mother; 29
24   Lillian; f; daughter; 3
25   Eugene; m; son; 2

26   **GEBOE**, Lucy Bearskin; f; mother; 23
27   Inez M; f; daughter; 3/12     Born March 27, 1903

28   **BEARSKIN**, Bessie; f; 26

29   **BEARSKIN**, Rose Garrett; f; mother; 37
30   Gladys; f; daughter; 6
31   Mildred; f; daughter; 4
32   Leonard; m; son; 2
     Ramona; f; daughter     Born Feby. 16, 1903   Died Feby. 27, 1903

*Census of the* **Seneca** *Indians of* **Quapaw** *Agency,* **Wyandotte Indian Territory** *taken by* **Horace B. Durant, Supt.** *United States Indian Agent,* **June 30, 1903.** *190*

**KEY:** Number; *Indian Name* if given; English Name; Sex; Relation if given; Age.

33    **BEE**, Kate; f; 58

34    **BOMBARY**, Joseph; m; husband; 69
35    Eliza; f; wife; 52
36    Julia; f; daughter; 20
37    Christy; m; son; 18
38    Levi; m; son; 16

39    **BROWN**, Susan Kariho; f; mother; 26
40    Rosanna Irene; f; daughter; 2
41    Callie; f; daughter; 4/12      Born Feby. 20, 1903

42    **BROWN**, Julia S. Kariho; f; mother; 28
43    **Spicer**, Ida; f; daughter; 9
44    Howard; m; son; 2

45    **KARIHO**, John, Sr; m; husband; 53
46    Susan Buck; f; wife; 35
47    **Buck**, Peter; m; step-son; 17
48    **Crow**, Jennie; f; step-daugh; 7
49    **Crow**, Angeline; f;    "    ; 5
50    Mary; f; daughter; 2

51    **CAPTAIN**, Jesse; m; father; 37
52    Bertha; f; daughter; 11

53    **CAYUGA**, Malinda; f; sister; 18
54    Lena M; f; sister; 17
55    Delia; f; sister; 14

56    **CHERLOE**, Henry; m; husband; 36
57    Minnie; f; wife; 30
58    Nellie; f; daughter; 7
59    Fayette; m; son; 5
60    David; m; son; 3
61    Oliver; m; son; 11/12      Born August 12, 1902

62    **CHOTEAU**, George E; m; husband; 28
63    Clara Whitecrow; f; wife; 22
64    Sidney; m; son; 3
65    Lillian; f; daughter; 2

66    **CHOTEAU**, Elizabeth L; f; 31
67    Olive; f; sister; 24

*Census of the* **Seneca** *Indians of* **Quapaw** *Agency,* **Wyandotte Indian**
**Territory** *taken by* **Horace B. Durant, Supt.** *United States Indian Agent,*
**June 30, 1903.** *190*

KEY: Number; *Indian Name* if given; English Name; Sex; Relation if given; Age.

68 **CONNER**, Ebeneezer; m; father; 37
69 William; m; son; 3
70 Lucy; f; daughter; 2

71 **CONNER**, Simpson; m; 16

72 **COON**, Susan; f; 47

73 **CRAWFORD**, George; m; 31

74 **CRAWFORD**, Joseph; m; brother; 28

75 **CROW**, John; m; father; 44
76 Susan; f; daughter; 25
77 Jerry; m; son; 23

78 **CROW**, Amos; m; husband; 51
79 Margaret A. Young; f; wife; 28
80 Moses; m; son; 24
81 Samuel; m; son; 19
82 Lucinda; f; daughter; 16
83 Louis; m; son; 11/12    Born July 19, 1902

84 **DAVIS**, Daylight; m; father; 56
85 Lewis N; m; son; 23

86 **DAVIS**, Taylor; m; father; 45
87 Elizabeth N; f; daughter; 22
88 John; m; son; 19
89 Ida; f; daughter; 12
90 Bert; m; son; 4
91 Annie; f; daughter; 3

92 **DICK**, John; m; husband; 38
93 Rachel K. Ball; f; wife; 24
94 Maud; f; daughter; 14
95 Flora; f; daughter; 1

96 **EVANS**, Malinda; f; stepmother; 38
97 Eliza; f; daughter; 19
98 Blanch; f; daughter; 17
99 Alfred; m; son; 15
100 Curtle; f; daughter; 9

*Census of the* **Seneca** *Indians of* **Quapaw** *Agency,* **Wyandotte Indian Territory** *taken by* **Horace B. Durant, Supt.** *United States Indian Agent,* **June 30, 1903.** *190*

**KEY:** Number; *Indian Name* if given; English Name; Sex; Relation if given; Age.

101 **TYNER**, Delia Evans; f; wife; 18

102 **FINLEY**, Rose Denney; f; mother; 30
103 **Gentry**, Clinton; m; son; 12
104 **Gentry**, Earl; m; son; 10
105 Beatrice; f; daughter; 5
106 Claude; m; son; 2

107 **FISHER**, Sarah Armstrong; f; mother; 26
108 Lena; f; daughter; 7
109 Eva Marie; f; daughter; 6
110 Alfred; m; son; 4
111 Minerva; f; daughter; 3
112 Winona Elizabeth; f; daughter; 3/4    Born Feby? 18, 1903

113 **HARDY**, Susan Whitecrow; f; mother; 28
114 James; m; son; 6
115 Valentine; m; son; 5
116 Percy; m; son; 3
117 Irene; f; daughter; 1    Born July 31, 1902

118 **HENRY**, Richard; m; 17

119 **HUBBARD**, Charles B; m; father; 30
120 Chester A; m; son; 4
121 Esther Ethel; f; daughter; 3
122 Florence Isabelle; f; daughter; 2

123 **HUNT**, Oscar J; m; 22

124 **JACKSON**, Andrew; m; 29

125 **JAMISON**, Lucy; f; mother; 50
126 Stewart; m; son; 22

127 **JAMISON**, Ellen; f; mother; 33
128 Lydia; f; daughter; 17
129 Sadie; f; daughter; 13
130 Amos Bert; m; son; 10
131 Eva L; f; daughter; 7
132 Alex Smoke; m; son; 4

133 **JAMISON**, George; m; 40

*Census of the* **Seneca** *Indians of* **Quapaw** *Agency,* **Wyandotte Indian**
**Territory** *taken by* **Horace B. Durant, Supt.** *United States Indian Agent,*
**June 30, 1903.** *190*

**KEY:** Number; *Indian Name* if given; English Name; Sex; Relation if given; Age.

134 **JOHNSON**, Annie Crow; f; mother; 29
135 Arthur, Jr; m; son; 7
136 Edna Dorcas; f; daughter; 2
137 Ruth Adelia; f; daughter; 1

138 **JOHNSON**, Maggie; f; mother; 46
139 Anna; f; daughter; 14
140 Jackson; m; son; 9
141 Mary Ida; f; daughter; 4

142 **KARIHO**, John K; m; husband; 36
143 Rose Mary; f; wife; 28
144 Josie; f; daughter; 11
145 Elizabeth; f; daughter; 9
146 Sarah C; f; daughter; 6
147 Ruth; f; daughter; 3
148 Mary Jane; f; daughter; 2

149 **KARIHO**, Service; m; husband; 30
150 Fannie Winney; f; wife; 24

151 **KARIHO**, Naomi; f; 28

152 **KELLY**, Mary Whitewing; f; 37

153 **KINGFISHER**, Sarah Ellen; f; 40

154 **LAYNE**, Betsey Bombary; f; mother; 26
155 Edna Reed; f; daughter; 4
156 Joseph St. Clair; m; son; 2

157 **LEWIS**, Anna Elizabeth; f; 24

158 **LEWIS**, Sarah; f; mother; 46
159 Thomas; m; son; 13
160 Clara; f; daughter; 9
161 Melissa; f; daughter; 21
162 Jacob; m; son; 25

163 **LOGAN**, James; m; husband; 55
164 Mary T. Young; f; wife; 37
165 **Crow**, Solomon; m; son; 18
166 **Young**, Colonel Summers; m; son; 13
167 **Young**, Solorena; f; daughter; 10

*Census of the* **Seneca** *Indians of* **Quapaw** *Agency,* **Wyandotte Indian Territory** *taken by* **Horace B. Durant, Supt.** *United States Indian Agent,* **June 30, 1903.** *190*

**KEY:** Number; *Indian Name* if given; English Name; Sex; Relation if given; Age.

168 **Young**, Downing; m; son; 7
169 **Young**, Mamie A; f; daughter; 3
170 James, Jr; m; son; 1    Born July 7, 1902

171 **MASON**, Clem H; m; husband; 59
172 Hattie; f; wife; 59
173 Winona; f; grnd-daughter; 4

174 **MONONCUE**, Susan T; f; 62

175 **MINGO**, Edward T; m; husband; 36
176 Ida; f; wife; 29
177 Sophronia L; f; daughter; 4
178 Onnie May; f; daughter; 2

179 **MUSH**, Widow; f; mother; 76
180 William; m; son; 36    (imbecile)

181 **GIAMIE**, Sallie Mush; f; mother; 26
182 Ida M; f; daughter; 1

183 **NELSON**, Mary J. Winney; f; mother; 29
184 Vincent; m; son; 3

185 **NICHOLAS**, Alex; m; husband; 43
186 Mary; f; wife; 45
187 Matilda; f; daughter; 24
188 Alice; f; daughter; 20
189 Malinda; f; daughter; 17
190 Susie; f; daughter; 16
191 Silver; f; daughter; 13
192 Josie Belle; f; daughter; 11
193 Alexander; m; son; 9
194 Julia; f; daughter; 7

195 **NICHOLAS**, Smith; m; husband; 74
196 Lucy; f; wife; 51

197 **NICHOLAS**, William; m; 40

198 **PEACOCK**, Isaac; m; father; 49
199 Thomas; m; son; 19
200 James Bearskin; m; son; 18

*Census of the* **Seneca** *Indians of* **Quapaw** *Agency,* **Wyandotte Indian Territory** *taken by* **Horace B. Durant, Supt.** *United States Indian Agent,* **June 30, 1903.** *190*

**KEY:** Number; *Indian Name* if given; English Name; Sex; Relation if given; Age.

201 **RINEHART**, Hannah Jack; f; mother; 30
202 Flenoid Ivy; m; son; 3
203 Victor Royal; m; son; 2
204 Maureine; f; daughter; 2

205 **SCHIFFBAUER**, Robert; m; father; 35
206 Cyril; m; son; 9
207 Roy Russel; m; son; 7
208 Frank; m; son; 3
209 Alice; f; daughter; 1    Born August 8, 1902

210 **SCHIFFBAUER**, Fred; m; 30
211 Minnie; f; sister; 31

212 **SCHRIMPSHER**, Eliza; f; 56

213 **SCHRIMPSHER**, John; m; father; 40
214 James; m; son; 18
215 Silas; m; son; 16
216 Mathias; m; son; 14
217 Lucy; f; daughter; 9
218 Ida; f; daughter; 8
219 Rena; f; daughter; 6
220 Abbie G; f; daughter; 2
221 Abraham; m; son; 6/12    Born Dec. 4, 1902

222 **PEACOCK**, Mary Johnson Smith; f; mother; 27
223 **Smith**, George L; m; son; 4

224 **SMITH**, Hiram; m; husband; 25
225 Lucy Spicer; f; wife; 25
226 Rufus; m; son; 3
227 Christina; f; daughter; 1

228 **SMITH**, Luke; m; husband; 26
229 Mary D; f; wife; 25
230 Artie Y; f; daughter; 6
231 Malinda; f; daughter; 3
232 Rosa May; f; daughter; 7/12    Born October 22, 1902

233 **SMITH**, Silas; m; husband; 42
234 Amanda; f; wife; 28
235 William; m; son; 9
236 Mary; f; daughter; 4

*Census of the* **Seneca** *Indians of* **Quapaw** *Agency,* **Wyandotte Indian Territory** *taken by* **Horace B. Durant, Supt.** *United States Indian Agent,* **June 30, 1903.** *190*

**KEY:** Number; *Indian Name* if given; English Name; Sex; Relation if given; Age.

    **SMITH**[cont], Silas, Jr; m; son     Born Dec. 31, 1901    Died May - 1902
    Should have been put on 1902 Census
237 Elizabeth; f; daughter; 4/12    Born Feby? 24, 1903

238 **SMITH**, John; m; husband; 50
239 Mary; f; wife; 51
240 Nannie; f; daughter; 18
241 Albert; m; son; 17
242 Harvey; m; son; 14

243 **SMITH**, Jacob; m; father; 24
244 Walter Martin; m; son; 6/12    Born Jany. 14, 1903

245 **WARRIOR**, James; m; husband; 41
246 Lucinda Smith; f; wife; 44
247 **Smith**, Samuel; m; stepson; 24
248 **Smith**, Sallie; f;    " dauter[sic]; 17

249 **SPICER**, Daniel, Sr; m; father; 62
250 Charles; m; son; 12

251 **SPICER**, Sallie; f; mother; 51
252 Lewis Whitewing; m; son; 24
253 Caroline; f; daughter; 17

254 **SPICER**, Alexander Z; m; father; 35
255 Ora Bernard; m; son; 6
256 Rio A; m; son; 4
257 Ilus; m; son; 2

258 **SPICER**, Daniel, Jr; m; 26

259 **SPICER**, Jack; m; father; 36
260 Sherman; m; son; 9

261 **SPICER**, Ida; f; mother; 54
262 Jacob; m; son; 24

263 **SPICER**, James; m; father; 36
264 Ethel Lucinda; f; daughter; 11
265 Lemuel Jasper; m; son; 9
266 Evaline; f; daughter; 5
267 Georgia; f; daughter; 3
268 Lorena; f; daughter; 7/12    Born November 1902

*Census of the* **Seneca** *Indians of* **Quapaw** *Agency,* **Wyandotte Indian Territory** *taken by* **Horace B. Durant, Supt.** *United States Indian Agent,* **June 30, 1903.** *190*

**KEY:** Number; *Indian Name* if given; English Name; Sex; Relation if given; Age.

269 **SPICER**, Mitchell; m; father; 37
270 Esther; f; daughter; 11
271 Hattie; f; daughter; 9
272 Clem H; m; son; 6
273 Joseph; m; son; 3

274 **SPICER**, Betsey; f; 67

275 **SPICER**, John; m; husband; 42
276 Jessie Davis; f; wife; 37
277 **Davis**, Minnie Spicer; f; step-dau; 17
278 **Davis**, Blanch Crawford; f; " ; 14
279 Charles; m; son; 5
280 Noah; m; son; 3
281 Francis Marion; m; son; 2

282 **SPLITLOG**, Jacob; m; brother; 24
283 Inez; f; sister; 23
284 Julia; f; sister; 21
285 John; m; brother; 20
286 Alexander; m; brother; 30

287 **SPLITLOG**, Henry B; m; father; 46
288 Grover C; m; son; 17
289 Edna N; f; daughter; 14
290 Ethel K; f; daughter; 12
291 Carrie B; f; daughter; 7

292 **HARPER**, Bertha Splitlog; f; 19   Married Mch. 10, to Harry Harper.

293 **SPLITLOG**, Gordon B; m; 17

294 **STANDSTONE**, Fannie; f; 46

295 **TURKEY**, Abe; m; husband; 36
296 Mary Logan; f; wife; 49
297 **Logan**, John; m; step-son; 17
298 **Logan**, Louis; m;   " ; 19
299 **Logan**, Charles; m;   " ; 16
300 **Logan**, Rosie; f; step-dau; 13

301 **TURKEY**, David; m; 32

*Census of the* **Seneca** *Indians of* **Quapaw** *Agency,* **Wyandotte Indian Territory** *taken by* **Horace B. Durant, Supt.** *United States Indian Agent,* **June 30, 1903.** *190*

KEY: Number; *Indian Name* if given; English Name; Sex; Relation if given; Age.

302  **VANDAL**, Mary J. Whitecrow; f; mother; 30
303  Susan L; f; daughter; 5   Transferred from Dakota
304  Gertrude; f; daughter; 3   Rolls-Auth. 76791-7/14/02

305  **WHITECROW**, Alfred; m; husband; 36
306  Mary; f; wife; 32
307  Mayo; m; son; 10
308  Walter; m; son; 8
309  Gertrude; f; daughter; 5
310  Madonna; f; daughter; 3
311  Elsie; f; daughter; 6/12   Born Jany. 9, 1903

312  **SPLITLOG**, Malinda Whitecrow; f; 59

313  **WHITETREE**, Lizzie Cherloe; f; mother; 24
314  Harry; m; son; 5
315  Ogle; m; son; 3
316  Gertie W; f; daughter; 1

317  **WHITETREE**, Alva; m; 9
318  Roy; m; brother; 5
319  Jesse; m; brother; 3

320  **WHITETREE**, Break-et-nail; m; husband; 53
321  Susan; f; wife; 45
322  Ida; f; daughter; 20
323  William; m; son; 19
324  Thomas; m; son; 16
325  Ernest; m; son; 11
326  Rene; f; daughter; 7
327  Arizona; f; daughter; 3

328  **WHITETREE**, Eva; f; mother; 35
329  Susie; f; daughter; 19
330  Scott; m; son; 15
331  Frank; m; son; 11

332  **WINNEY**, Malinda; f; mother; 50
333  Thomas; m; son; 29
334  Hattie; f; daughter; 27

335  **WINNEY**, Isaac; m; husband; 53
336  Margaret; f; wife; 53

*Census of the* **Seneca** *Indians of* **Quapaw** *Agency,* **Wyandotte Indian Territory** *taken by* **Horace B. Durant, Supt.** *United States Indian Agent,* **June 30, 1903.** *190*

**KEY:** Number; *Indian Name* if given; English Name; Sex; Relation if given; Age.

337  **HINMAN**, Fannie Scott Winney f; 27

338  **WINNEY**, Reed B; m; husband; 32
339  Julia Crawford; f; wife; 25
340  Clarence; m; son; 5
341  Mary Esther; f; daughter; 3

342  **YOUNG**, Fannie Smith; f; mother; 19
343  Lizzie; f; daughter; 1

344  **YOUNG**, Mary Choteau; f; 52

345  **YOUNG**, Adam; m; husband; 48
346  Mary; f; wife; 42
347  Thompson; m; son; 23
348  Louisa; f; daughter; 10

349  **DARITY**, Susannah Young; f; daughter; 22
350  Lavinia; f; daughter; 1

351  **EUNEAU**, Louis; m; father; 44
352  Thomas A; m; son; 22
353  Howard E; m; son; 17
354  Edith; f; daughter; 10

355  **WORCESTER**, Mattie Logan; f; mother; 33
356  Mamie; f; daughter; 4

357  **LOGAN**, Mary S; f; 50
358  [Illegible]


Total Census for the year 1902----------------------------------351
Deaths-
#13-Census-1902- Ollie Ball-July 24, 1902
#169    Do.    George Bearskin-June 22, 1903.
#77     Do.    Jerry Crow-Nov. 22, 1902.
#95     Do.    Young Doctor, Oct. 6, 1902.
#122    Do.    Isaac Jack, April   1903.
#220    Do.    Eunice G. Peacock-July    1902.
#267    Do.    Naomi Spicer-July 15, 1902.
#289    Do.    Thomas Standstone-June 5, 1903.
#309    Do.    John Whitetree-Aug. 16, 1902
#335    Do.    Alexander Adam Young, Oct. 5, 1902

*Census of the* **Seneca** *Indians of* **Quapaw** *Agency,* **Wyandotte Indian Territory** *taken by* **Horace B. Durant, Supt.** *United States Indian Agent,* **June 30, 1903.** *190*

**KEY:** Number; *Indian Name* if given; English Name; Sex; Relation if given; Age.

#351    Do.    Mary Whitetree, Sept. 29, 1902
                          Total deaths-------------11

Births-
#27-Census-1903-Inez M. Geboe
#41-Callie Brown
#61-Oliver Cherloe
#83-Louis Crow
#112-Winona Elizabeth Fisher
#117-Irene Hardy
#170-James Logan, Jr.
#209-Alice Shiffbauer
#221-Abraham Schrimpsher
#232-Rosa May Smith
#244-Walter Martin Smith
#268-Lorena Spicer
#311-Elsie Whitecrow
#237-Elizabeth Smith       Total births-----------14
#358 [Illegible]

Brought forward -
    Total Census for the year 1902-------------------------------------351

        Total deaths during year 1903------------------11
        Births during year 1903-------------------------15
                          Increase    4
#303-Susan L. Vandal
#304-Gertrude Vandal - transferred from
Dakota Rolls-Auth. 76791-7/14/02.       2
                                        6
#357-Census-1903-was left off of Census-1902------1

        Total Increase over Census-1902------------6--------------------- 6
                        Total Census-1903-------------------357

Silas Smith, Jr. born Dec. 31, 1901-
    Died March 22, 1902-and
should have been on Census-1902,
    thus noted.
Ramona Bearskin, born Feby. 16, 1903-
    Died Feby. 27, 1903-and is
    so noted on Census-1903.

# Wyandot Census
# 1903

*Census of the* **Wyandot**[sic] *Indians of* **Quapaw** *Agency,* **Wyandotte Indian Territory** *taken by* **Horace B. Durant, Supt.** *United States Indian Agent,* **June 30, 1903.** *190*

**KEY:** Number; *Indian Name* [if given]; English Name; Sex; Relation [if given]; Age.

1   **ALLEN**, Ida J; f; mother; 36
2   Florence Esther; f; daughter; 5

3   **ARMSTRONG**, Maynard C; m; 57

4   **ARMSTRONG**, Silas; m; 60

5   **BARNETT**, Thomas; m; husband; 34

6   **BARNETT**, Emma; f; wife; 39
7   **Bland**, Sadie; f; daughter; 11
8   Milton; m; son; 9
9   Thomas, Jr; m; son; 7
10   Ruth; f; daughter; 4

11   **VELLENIENIE**, Florence Walton; f; 28

12   **BARNETT**, John; m; 69

13   **BEARSKIN**, Sarah; f; mother; 64
14   John; m; son; 38
15   Wesley; m; son; 27

16   **BEARSKIN**, George; m; 44

17   **BENNETT**, Jefferson; m; husband; 40
18   Vernice; f; wife; 28
19   Ida; f; daughter; 12
20   Aileen; f; daughter; 10
21   Lottie; f; daughter; 8
22   Mary Jane; f; daughter; 6
23   Frank; m; son; 4

24   **BLAND**, John; m; husband; 36
25   Lula; f; wife; 32
26   Nora; f; daughter; 6

27   **BLACKABY**, Hannah; f; mother; 47
28   Maude; f; daughter; 17
29   Sherman; m; son; 15

30   **BOONE**, Octavius C; m; brother; 28
31   Alice R; f; sister; 23
32   Charlotte D; f; sister; 18

*Census of the* **Wyandot**[sic] *Indians of* **Quapaw** *Agency,* **Wyandotte Indian Territory** *taken by* **Horace B. Durant, Supt.** *United States Indian Agent,* **June 30, 1903.** *190*

**KEY:** Number; *Indian Name* [if given]; English Name; Sex; Relation [if given]; Age.

33   **BOONE** [cont], Walker L; m; brother; 15
34   Cecile M; f; sister; 11

35   **BROWN**, John D; m; father; 55
36   Lee; m; son; 26
37   John D, Jr; m; son; 24
38   Annie L; f; daughter; 22
39   Lothia; m; son; 19

40   **BROWN**, Alpheus; m; father; 28
41   Julius M; m; son; 4/12       Born March 30, 1903

42   **BUZZARD**, Stella; f; sister; 16
43   Reed; m; brother 12

44   **CHERLOE**, Henry; m; father; 54
45   Jerry; m; son; 23

46   **COON**, John; m; 58

47   **COTTER**, Elizabeth; f; 58

48   **COTTER**, Jefferson; m 42

49   **HOLT**, Hulda Cotter; f; mother; 26
50   Joel; m; son; 2

51   **COTTER**, Joel; m; husband; 40
52   Sarah; f; wife; 27
53   Claud B; m; son; 7
54   Mabel; f; daughter; 3

55   **DAWSON**, R. A; m; husband; 61
56   Nannie; f; wife; 58
57   Philip Raymond; m; son; 31
58   Silas; m; son; 27
59   Naomi; f; daughter; 22

60   **BONNIN**, Jerdinia Dawson; f; 24

61   **DUSHANE**, Rebecca; f; mother 33
62   George; m; son; 15

63   **ELLIOT**, Isaac; m; 29

*Census of the* **Wyandot**[sic] *Indians of* **Quapaw** *Agency,* **Wyandotte Indian Territory** *taken by* **Horace B. Durant, Supt.** *United States Indian Agent,* **June 30, 1903.** *190*

**KEY:** Number; *Indian Name* [if given]; English Name; Sex; Relation [if given]; Age.

64 **ELLIOT**, Louisa; f; 59

65 **FABER**, John; m; husband; 34
66 Cora; f; wife; 33
67 Leonard; m; son; 10
68 Hattie; f; daughter; 7
69 Viola May; f; daughter; 1

70 **GECK**, Lucy; f; mother; 51
71 Florence; f; daughter; 23
72 Robert M; m; son; 15

73 **TOBEY**, Josephine Geck; f; 27

74 **GECK**, Richard; m; husband; 29
75 Nellie Rose; f; wife; 27
76 Famona Jeanette; f; daughter; 3

77 **STAND**, Henry; m; 42

78 **GIAMEE**, Charles; m; brother; 25
79 Martha; f; sister; 24
80 Jane; f; sister; 22

81 **BROWN**, Eldridge; f; husband; 55
82 Malinda; f; wife; 53
83 Mariam; f; daughter; 15

84 **BROWN**, James; m; 26

85 **COTTER**, James; m; husband; 53
86 Cora; f; wife; 37 (white)
87 Norma; f; daughter; 15
88 Milton; m; son; 13
89 Nora; f; daughter; 11
90 Bessie; f; daughter; 9

91 **COOK**, Lawson; m; 35

92 **HILL**, Eudora Cook; f; 62

93 **HOAG**, Wilhelmina Cook; f; 33

*Census of the* **Wyandot**[sic] *Indians of* **Quapaw** *Agency,* **Wyandotte Indian Territory** *taken by* **Horace B. Durant, Supt.** *United States Indian Agent,* **June 30, 1903.** *190*

**KEY:** Number; *Indian Name* [if given]; English Name; Sex; Relation [if given]; Age.

94  **DYER**, Lucinda; f; 73
95  **Young**, Emma V; f; 23  adopted

96  **GRINDROD**, Kate; f; 31

97  **HACKLEMAN**, Arizona; f; mother; 39
98  Marjorie; f; daughter; 6
99  Jeannette; f; daughter; 2

100 **HARRIS**, John; m; father; 50
101 Jane; f; wife; 36  (white)
102 Mary; f; daughter; 18
103 Matilda; f; daughter; 14
104 Susie; f; daughter; 12
105 Randolph; m; son; 10
106 George; m; son; 8

107 **HICKS**, Henry; m; father; 57
108 Melissa; f; wife; 42  (white)
109 Frank; m; son; 21
110 John; m; son; 15

111 **TINDAL**, Hettie; f; mother; 26
112 Infant; m; son; 3/12     Born April 1903

113 **MAUPIN**, Cordelia Hicks; f; mother; 33
114 Anna Alberta; f; daughter; 1     Born August 10, 1902

115 **LADUE**, Cassandra Hicks; f; mother; 27
116 William; m; son; 6

117 **HICKS**, George; m; 33

118 **JOHNSON**, Allen, Sr; m; husband; 62
119 Catherine; f; wife; 49

120 **JOHNSON**, Allen, Jr; m; 31

121 **JOHNSON**, Arthur; m; 29

122 **JOHNSON**, Robert; m; husband; 35
123 Helen; f; wife; 30  (white)
124 Harold; m; son; 6

*Census of the* **Wyandot**[sic] *Indians of* **Quapaw** *Agency,* **Wyandotte Indian Territory** *taken by* **Horace B. Durant, Supt.** *United States Indian Agent,* **June 30, 1903.** *190*

KEY: Number; *Indian Name* [if given]; English Name; Sex; Relation [if given]; Age.

125   **JOHNSON**[cont], Gwendolyn; f; daughter; 5
126   Eunice; f; daughter; 2

127   **JOHNSON**, George M; m; husband; 33
128   Dorcas; f; wife; 31

129   **PRESTON**, Eva Johnson; f; mother; 31
130   Dorothy Sarah; f; daughter; 1

131   **JOHNSON**, Wilbur; m; husband; 23
132   Dolly Stiltz; f; wife; 22

133   **DAY**, Josephine L. A. Jones; f; mother; 42
134   **Stewart**, Clarence; m; son; 18
135   **Adkins**, Charles; m; son; 16
136   **Adkins**, Audrey; f; daughter; 14

137   **BOND**, Minnie S. Wainscot; f; mother; 23
138   Charles Clyde; m; son; 4

139   **KARIHO**, Mary Jane; f; 37
140   **Bland**, Charles; m son; 18

141   **KENNEDY**, Rebecca; f; mother; 56
142   James; m; son; 27
143   Lee; m; son; 23
144   Allan; m; son; 18

145   **KIRKBRIDE**, Frank; m; 36
146   Eugene; m; brother; 40

147   **WEAVER**, Susan Kygar; f; mother; 44
148   Dollie; f; daughter; 16
149   Minnie; f; daughter; 14
150   Pearl; f; daughter; 11
151   Stella; f; daughter; 9
152   Bessie; f; daughter; 2

153   **LONG**, William P; m; husband; 35
154   Alberta Sarahas; f; wife; 25
155   Elmer; m; son; 3
156   William P, Jr; m; son; 2

*Census of the* **Wyandot**[sic] *Indians of* **Quapaw** *Agency,* **Wyandotte Indian Territory** *taken by* **Horace B. Durant, Supt.** *United States Indian Agent,* **June 30, 1903.** *190*

**KEY:** Number; *Indian Name* [if given]; English Name; Sex; Relation [if given]; Age.

157 **LONG**, Fred; m; husband; 39
158 Lydia; f; wife; 34 (white)
159 Vera; f; daughter; 12
160 Byron; m; son; 7

161 **LONG**, James M; m; father; 72
162 Fannie M; f; wife; 54
163 Kate; f; daughter; 32
164 Irvin P; m; son; 23
165 James, Jr; m; son; 19

166 **LONG**, Frank; m; 30

167 **DICKEY**, Myrtle Long; f; mother; 26
168 Byron; m; son; 6/12    Born Dec. 1903

169 **LONG**, Isaac Z; m; father; 73
170 Samuel; m; son; 29
171 Thomas; m; son; 25
172 George; m; son; 23
173 Julia; f; daughter; 19
174 Grover C; m; son; 18
175 Albert; m; son; 16
176 Nancy; f; daughter; 13
177 Walter; m; son; 9

178 **KING**, May Long; f; mother; 21
179 Nicholas; m; son; 2
    Estelle; f; daughter    Born July 7, 1903

180 **MISENHIMER**, Susan; f; mother; 41
181 Ella; f; daughter; 16
182 James; m; son; 11
183 John; m; son; 6

184 **JONES**, Arizona Misenhimer; f; mother; 20
185 William Elias; m; son; 2

186 **McKEE**, Mary; f; 62

187 **MURDOCK**, Blanche Walker; f; mother; 44
188 Rhoda; f; daughter; 10

*Census of the* **Wyandot**[sic] *Indians of* **Quapaw** *Agency,* **Wyandotte Indian Territory** *taken by* **Horace B. Durant, Supt.** *United States Indian Agent,* **June 30, 1903.** *190*

**KEY:** Number; *Indian Name* [if given]; English Name; Sex; Relation [if given]; Age.

189  **MUDEATER**, Benjamin; m; father; 53
190  Sidney; f; wife; 45 (white)
191  Doane; m; son; 8
192  Fred Roschi; m; son; 2/12      Born May 18, 1903

193  **MUDEATER**, Florence; f; 20

194  **MUDEATER**, Alfred; m; husband; 49
195  Julia; f; wife; 39

196  **MUDEATER**, Irvin; m; father; 54
197  Julia; f; daughter; 8

198  **MUNCH**, Oella; f; 54

199  **MUSH**, Mary; f; 74

200  **PEACOCK**, Maggie; f; mother; 44
201  Lottie; f; daughter; 20
202  Katy; f; daughter; 18
203  Alex; m; son; 6
204  Philip; m

205  **PUNCH**, Margaret; f; 54

206  **ROBITAILLE**, James; m; father; 41
207  Emma; f; wife; 32 (white)
208  Grace; f; daughter; 12
209  Homer; m; son; 10
210  Wolford; m; son; 9
211  Arthur; m; son; 6

212  **ROUBIDOUX**, Josie; f; 27

213  **ROBITAILLE**, Frank; m; brother; 34
214  Ernest; m; brother; 31
215  Lena; f; sister; 25
216  Charles Z; m; brother; 23

217  **SARAHAS**, Jane; f; 74
218  Jane, Jr; f; 60

219  **SARAHAS**, Wesley; m; Husband; 54
220  Martha; f; wife; 39 (white)

*Census of the* **Wyandot**[sic] *Indians of* **Quapaw** *Agency,* **Wyandotte Indian Territory** *taken by* **Horace B. Durant, Supt.** *United States Indian Agent,* **June 30, 1903.** *190*

**KEY:** Number; *Indian Name* [if given]; English Name; Sex; Relation [if given]; Age.

221 **SARAHAS**, Richard; m; 46

222 **BEGGS**, Alice S; f; mother; 43
223 **Schiffbauer**, Amelia; f; daughter; 17
224 **Schiffbauer**, Bert; m; daughter[sic]; 19
225 **Schiffbauer**, Pearl; f; daughter; 13
226 **Schiffbauer**, Joseph; m; son; 11
227 Julia Leon; f; daughter; 5

228 **FRENCH**, Mary E. Wind; f; 23

229 **SCHRIMPSHER**, Hattie; f; 34

230 **SEYMOUR**, Mary Brown; f; mother; 24
231 Mamie Aretha; f; daughter; 2
232 Inez Pearl; f; daughter; 6/12    Born Jany. 5, 1903

233 **EUNEAU**, Nancy Smith; f; mother; 43
234 **Smith**, Artie; f; daughter; 23
235 **Smith**, Benjamin; m; son; 19
236 **Smith**, Eulalia; f; daughter; 17
237 **Smith**, Roy; m; son; 15

238 **SOLOMON**, Isaac; m; father; 42
239 [No name]; f

240 **SOLOMON**, [No name]; m

241 **SPICER**, Rena C; f; 26

242 **SPYBUCK**, Henry; m; father; 46
243 Flossie Barlow; f; wife; 19  (white)
244 Roy; m; son; 12
245 Ruth; f; daughter; 7

246 **SPYBUCK**, Eliza; f; 64

247 **SPLITLOG**, James; m; 58

248 **STANNARD** Nancy; f; mother; 44
249 Walter N; m; son; 8
250 Jeannette; f; daughter; 6

251 **RYAN**, Caroline Faber; f; 26

*Census of the* **Wyandot**[sic] *Indians of* **Quapaw** *Agency,* **Wyandotte Indian Territory** *taken by* **Horace B. Durant, Supt.** *United States Indian Agent,* **June 30, 1903.** *190*

**KEY:** Number; *Indian Name* [if given]; English Name; Sex; Relation [if given]; Age.

252 **FABER**, Jerdinia; f; nephew; 24
253 **Staton**, Thomas; m; nephew; 20

254 **BALLARD**, Loyd; m; nephew; 4

255 **TOBIEN**, Lula M. Walker; f; mother; 39
256 Earl Walker; m; son; 15
257 J. Danforth; m; son; 9

258 **TUSSINGER**, Jessie G; f; mother; 22
259 [No name]; m; son; 4

260 **TUSSINGER**, Lizzie G; f; mother; 47
261 **Giamee**, Rosanna; f; daughter; 11
262 Mark L; m; son; 6
263 Josephine; f; daughter; 5

264 **WALKER**, Malcolm; m; 54

265 **WALKER**, Thomas G; m; 67

266 **WALKER**, Mary; f; mother; 73
267 B. N. O; m; son; 32
268 **Hamlin**, Paul I; m; grandson; 23

269 **GORDON**, Carrie Hamlin; f; mother; 27
270 Herbert Francis; m; son; 11/12    Born September 20, 1902

271 **WALKER**, Isaac S; m; husband; 38
272 Eva Lemon; f; wife; 31 (white)

273 **WALKER**, Clarence; m; 51

274 **WALLACE**, Jane Z; f; mother; 31
275 Everett; m; son; 10

276 **WANO**, Ellen L; f; mother; 32
277 William; m; son; 7
278 Eugene; m; son; 5

279 **WOLFENBERGER**, Ollie; f; sister; 7
280 Josephine; f; sister; 5

*Census of the* **Wyandot**[sic] *Indians of* **Quapaw** *Agency,* **Wyandotte Indian Territory** *taken by* **Horace B. Durant, Supt.** *United States Indian Agent,* **June 30, 1903.** *190*

**KEY:** Number; *Indian Name* [if given]; English Name; Sex; Relation [if given]; Age.

281 **WRIGHT**, James; m; father; 49
282 William; m; son; 25
283 George; m; son; 22
284 Grant; m; son; 20
285 Charles; m; son; 18
286 Henry; m; son; 14
287 Hattie; f; daughter; 7

288 **YOUNG**, Star; m; father; 52
289 Henry; m; son; 32
290 Lizzie; f; daughter; 29

291 **YOUNG**, William; m; husband; 27
292 Lula; f; wife; 27 (white)
293 John; m; son; 6
294 Clifford; m; son; 4

295 **ZANE**, Susan; f; 28

296 **ZANE**, Buchanan; m; 25

297 **ZANE**, John; m; husband; 31
298 Bertha; f; wife; 27 (white)
299 William; m; son; 5

300 **ZANE**, Isaac; m; husband; 77
301 Elizabeth; f; wife; 77 (white)

302 **ZANE**, Isaac; m; husband; 52
303 Winnie; f; wife; 25 (white)
304 Iona; f; daughter; 9        Not on previous census-
305 Susanne Jane; f; daughter; 7
306 Louisa; f; daughter; 5
307 Isaac J; m; son; 3

308 **ZANE**, Mary Ann; f; 77

309 **ZANE**, Lee; m; father; 45
310 Emma; f; wife; 37 (white)
311 Myrtle; f; daughter; 15
312 Oscar; m; son; 13
313 Ollie; f; daughter; 11
314 Lawrence; m; son; 7
315 J. Clarence; m; son; 6

*Census of the* **Wyandot**[sic] *Indians of* **Quapaw** *Agency,* **Wyandotte Indian Territory** *taken by* **Horace B. Durant, Supt.** *United States Indian Agent,* **June 30, 1903.** *190*

KEY: Number; *Indian Name* [if given]; English Name; Sex; Relation [if given]; Age.

316 **McCART**, Lacy Zane; f; mother; 55   (white)
317 **Zane**, Noah; m; son; 24
318 **Zane**, Julia; f; daughter; 19
320[sic] **Zane**, Henry; m; son; 15
321 **Zane**, Pearl; f; daughter; 12

322 **HARPER**, Oella Zane; f; mother; 21
323 [No name]; f; daughter; 4

324 **CULP**, Jennie Zane; f; 42  (white)

325 **HODGKISS**, Rosetta; f; mother; 40
326 Maud; f; daughter; 18
327 Elmo; m; son; 13
328 Natalie; f; daughter; 11
329 Lawrence F; m; son; 4
330 Darthula; f; daughter; 8

331 **JOHNSON**, Ella; f; mother; 34 (white)
332 Bertha; f; step-dau; 20
333 Preston; m; " son; 18
334 Donald; m; son; 9
335 Cordelia; f; daughter; 7

336 **LOFLAND**, Caroline; f; mother; 58
337 Charles; m; son; 24

338 **TOURTILOTTE**, Annie L; f; 21

339 **VOLZ**, Josephine Lofland; f; mother; 29
340 Julia; f; daughter; 3
341 Jeanette M; f; daughter; 2

342 **LIDER**, Rose L. M; f; mother; 37
343 **Lute**, Frank; f; son; 14
344 **McClellan**, Lucretia; f; daughter; 10
345 Infant; f; daughter; 2

346 **PUNCH**, Alex; m; 55

347 **WRIGHT**, Martha; f; 78
348 Martha Jane; f; grdauter[sic]; 22

349 **SCHIFFBAUER**, Azilda; f; 29

*Census of the* **Wyandot**[sic] *Indians of* **Quapaw** *Agency,* **Wyandotte Indian Territory** *taken by* **Horace B. Durant, Supt.** *United States Indian Agent,* **June 30, 1903.** *190*

**KEY:** Number; *Indian Name* [if given]; English Name; Sex; Relation [if given]; Age.

350 **CROTZER**, Catherine; f; mother; 43
351     Archibald V; m; son; 23
352     Ethel; f; daughter; 17
353     John; m; son; 15
354     Grace; f; daughter; 10
355     Ona May; f; daughter; 8
356     Esther Rose; f; daughter; 6

357 **MONTGALL**, William; m; 19

358 **ZANE**, Ethan; m; 56

359 **WALKER**, Thomas E; m; father; 44
360     Kenneth; m; son; 12

       Total Census for year 1902----------------------------------------354

Deaths-
#137-Census-1902-Noah Kariho-March 2, 1903
#190-Census-1902-Infant Mudeater-
#203-Census-1902-Infant Peacock-
       Total deaths during year 1902----------------------3
Taken Off Census Roll- #63-Daisy Elliot-white-divorcee
#278-Census-1902-Catherine Whitewing-No such person-
#353-Census-1902-Same person as #78-Census-1903
       Total taken off Census 1902-----------------------3
       -----------------------------------------------------------
       Total Decrease from Census -1902----------------6

*Census of the* **Wyandot**[sic] *Indians of* **Quapaw** *Agency,* **Wyandotte Indian Territory** *taken by* **Horace B. Durant, Supt.** *United States Indian Agent,* **June 30, 1903.** *190*

KEY: Number; *Indian Name* [if given]; English Name; Sex; Relation [if given]; Age.

Births-
#41-Census-1903
#112-Census-1903
#114-Census-1903
#168-Census-1903
#192-Census-1903
#232-Census-1903
#270-Census-1903
        Total births during year 1903---------------------7
  Not taken up on previous Census-
#304-Census-1903
#305-Census-1903
#306-Census-1903
#307-1903
        Total taken up -not on previous Census--------4
        Total increase during year 1903-----------------11
        -------------------------------------------------
        Total increase over Census of 1902-------------5----------------5

                ---------------------------------------------------------------
                Total Census for year 1903--------------------------369

# Eastern Shawnee Census
1904

*Census of the* **Eastern Shawnee** *Indians of* **Quapaw** *Agency,* **Wyandotte, Indian Territory** *taken by* **Horace B. Durant Supt. & Acting** *United States Indian Agent,* **June 30, 1904.** *190*

**KEY:** Number; *Indian Name* [if given]; English Name; Sex; Relation [if given]; Age.

1   **SPICER**, Mitchelothe Ball; f; 56

2   **BEAVER**, Lewis; m; 32

3   **BEAVER**, John; m; 29

4   **HOLDEN**, Ida M. Bluejacket; f; mother; 20
5   Edith; f; daughter; 1

6   **BLUEJACKET**, Carrie; f; mother; 44
7   Walter; m; son; 19
8   Edward; m; son; 16
9   William T; m; son; 10
10   Blanch; f; daughter; 8
11   Amy; f; daughter; 4

12   **BONE**, James; m; 33

13   **CAPTAIN**, Tom; m; father; 49
14   Thomas; m; son; 18
15   Mary Ellen; f; daughter; 15
16   Sarah M; f; daughter; 12
17   William N; m; son; 9
18   Mike; m; son; 8
19   Grace; f; daughter; 7
20   George F; m; son; 4
21   Martha Evaline; f; daughter; 3

22   **CAPTAIN**, Cordelia; f; 16

23   **DOUGHERTY**, Howard; m; 23

24   **DOUGHERTY**, George; m; 21

25   **DOUGHERTY**, Rosa Bluejacket; f; mother; 26
26   Louisa; f; daughter; 6
27   Susan; f; daughter; 2

28   **PENDER**, Jane D; f; mother; 40
29   **Dougherty**, David; m; son; 16
30   **Dougherty**, Samuel; m; son; 12
31   **Walton**, Minnie Eva; f; daughter; 8

*Census of the* **Eastern Shawnee** *Indians of* **Quapaw** *Agency,* **Wyandotte, Indian Territory** *taken by* **Horace B. Durant Supt. & Acting** *United States Indian Agent,* **June 30, 1904.** *190*

KEY: Number; *Indian Name* [if given]; English Name; Sex; Relation [if given]; Age.

32  **SKY**, Anna D; f; mother; 21
33  Emmett; m; son; 3

34  **DICK**, Lucinda; f; 68
35  **DICK**, James; m; 27

36  **DUSHANE**, Nancy; f; mother; 58
37  David; m; son; 24
38  Benjamin; m; son; 18

39  **DUSHANE**, Charles; m; father; 28
40  Nina; f; daughter; 7
41  Infant; f; daughter         Born Feby., 1904

42  **DUSHANE**, Andrew; m; father; 32
43  Walter; m; son; 9
44  Clifford; m; son; 5
45  Rebecca; f; daughter; 2

46  **PARKER**, Laura Duncan; f; 31

47  *Sa-pa-[*illegible]

48  **GIBSON**, Mary Quick; f; 13

49  **VANSANDT**, Cora H; f; mother; 35
50  **Hampton**, W. H; m; son; 19
51  **Hampton**, Ora; m; son; 17
52  **Hampton**, Nellie; f; daughter; 11
53  **Hampton**, Fred; m; son; 9
54  **Hampton**, Mark; m; son; 7
55  George; m; son; 3

56  **WORMINGTON**, Hampton Zerella; f; 15

57  **HARVEY**, Rosella Thomas; f; mother; 27
58  **Prophet**, Frank; m; son; 12

59  **HOUSE**, Minnie Turkeyfoot; f; mother; 25
60  Thomas; m; son; 2

61  **JACKSON**, Anna; f; 53

62  **JACKSON**, Stonewall; m; 46

*Census of the* **Eastern Shawnee** *Indians of* **Quapaw** *Agency,* **Wyandotte, Indian Territory** *taken by* **Horace B. Durant Supt. & Acting** *United States Indian Agent,* **June 30, 1904.** *190*

**KEY:** Number; *Indian Name* [if given]; English Name; Sex; Relation [if given]; Age.

63   **WILLIAMS**, Matilda Jackson; f; mother; 27
64   Hetty; f; daughter; 2

65   **LITTLECHIEF**, Martha; f; 30

66   **McLANE**, Fannie Whiteday; f; 40

67   **MOHAWK**, John; m; 46

68   **MOHAWK**, Sarah; f; 15

69   **STAND**, William; m; 23

70   **NICHOLS**, Levi; m; 16

71   **PROPHET**, John; m; father; 28
72   Edna E; f; daughter; 4
73   Theodore; m; son; 2

74   **PROPHET**, William; m; 16

75   **PROPHET**, Maria; f; mother; 41
76   Minnie; f; daughter; 21
77   Ida; f; daughter; 17
78   Estella; f; daughter; 13
79   Franklin; m; son; 11
80   Elmer; m; son; 9
81   Nancy; f; daughter; 7
82   Bertha Maria; f; daughter; 3

83   **PUNCH**, Mary, Sr; f; mother; 56
84   Mary, Jr; f; daughter; 21

85   **THOMAS**, Ella; m[sic]; 11

86   **SKAKAH**, Susan Tomahawk; f; mother; 34
87   Anna; f; daughter; 8
88   Rosa; f; daughter; 6

89   **TOMAHAWK**, Jacob; m; 40

90   **TOOLEY**, Mattie; f; mother; 35
91   Etta; f; daughter; 17

*Census of the* **Eastern Shawnee** *Indians of* **Quapaw** *Agency,* **Wyandotte, Indian Territory** *taken by* **Horace B. Durant Supt. & Acting** *United States Indian Agent,* **June 30, 1904.** *190*

**KEY:** Number; *Indian Name* [if given]; English Name; Sex; Relation [if given]; Age.

92　**TOOLEY**[cont], Ella; f; daughter; 12
93　Effie; f; daughter; 3

94　**TURKEYFOOT**, Milton; m; 27

95　**PASCHAL**, Mary Whiteday; f; 50


　　　　Total Census for the year 1903-----------------------------------------98

Deaths-
#47-1903- June 26, 1904---Elkin B. Grindstone
#69-1903- Jan. 1904-------Mary Nicholas
#86-1903- Aug. 1903-------Thomas Stand
　　　　Total deaths during year----------------------------3

#91-1903-Henry Chisolm-taken off roll-relinquished-
his allottment[sic]-enrolled with Creeks---------------------- 1

Births -
#41-1904-Infant Dushane
　　　　Total births during year---------------------------1
　　　　Total decrease-----------------------------------------3-----------------------3
　　　　　　　　　　　　　　　　　　　　　　　　　　　　　　-------------------------------------
　　　　Total Census--1904-------------------------------------------------------95

# Miami Census
# 1904

*Census of the* **Miami** *Indians of* **Quapaw** *Agency,* **Wyandotte, Indian Territory** *taken by* **Horace B. Durant, Supt. & Acting** *United States Indian Agent,* **June 30, 1904.** *190*

**KEY:** Number; *Indian Name* [if given]; English Name; Sex; Relation [if given]; Age.

1  **AVELINE**, Frank D; m; 40

2  **BILLINGTON**, Mary A; f; mother; 51
3  Milton N; m; son; 17
4  Rose A; f; daughter; 15
5  Frank; m; son; 14

6  **LUCAS**, Silver Dollar; f; mother; 27
7  Marie A; f; daughter; 2
8  Amber; f; 3  Born April 20, 1901-not reported until Dec. 1903.

9  **DOLLAR**, Theodore; m; father; 29
10 Mary Elizabeth; f; daughter; 1

11 **BRIGHT**, Margaret; f; mother; 55
12 Flora; f; daughter; 30
13 Columbus; m; son; 16

14 **BRIGHT**, John; m; 34

15 **BENJAMIN**, Susan; f; 58

16 **BUCK**, Mary; f; mother; 46
17 Frank; m; son; 15

18 **CRAWFISH**, Susan; f; mother; 41
19 Lucy; f; daughter; 11    Mary incorrect-corrected
20 Minnie; f; 8

21 **BEAVER**, Isadore Crawfish; f; mother; 23
22 Amos; m; son; 3
   Victor; m; son;   d. 11/19/03        Births not reported until December, 1903-

23 **DEMO**, Rose A; f; mother; 47
24 Charles M; m; son; 17
25 Joseph F; m; son; 14

26 **GOKEY**, Lizzie (nee Mahiner); f; 28
   No's 26 & 27 on Census of 1903-children of #26 taken off Miami Roll and carried on Sac & Fox Rolls of Oklahoma with father.

27 **DRAKE**, Wayne; m; 37

*Census of the* **Miami** *Indians of* **Quapaw** *Agency,* **Wyandotte, Indian Territory** *taken by* **Horace B. Durant, Supt. & Acting** *United States Indian Agent,* **June 30, 1904.** *190*

**KEY:** Number; *Indian Name* [if given]; English Name; Sex; Relation [if given]; Age.

| | |
|---|---|
| 28 | **DRAKE**, Jane; f; mother; 59 |
| 29 | David; m; son; 29 |
| 30 | Milton, Jr; m; son; 22 |
| 31 | John Logan; m; son; 20 |
| 32 | Thomas Summers; m; son; 17 |
| 33 | Martha; m; daughter; 15 |
| 34 | Patrick; m; son; 14    #36-on Census -1903-corrected |
| | |
| 35 | **DRAKE**, Edward; m; father; 27 |
| 36 | Dorma; f; daughter; 1  Born May 27, 1903-not reported until Dec. 1903 |
| | |
| 37 | **HORTON**, Sarah Drake; f; 26    Corrected- |
| | |
| 38 | **VANDUSEN**, Ida M; f; sister; 2 |
| 39 | March; m; brother; 1  Born Sept. 18, 1903 |
| | |
| 40 | **DAGENETTE**, Esther; f; 35 |
| | |
| 41 | **FULKERSON**, Lucy Josephine; f; 43 |
| | |
| 42 | **GEBOE**, Mary B; f; 50 |
| | |
| 43 | **GOBIN**, Mary (nee LaFalier); f; mother; 34 |
| 44 | Musa; f; daughter; 5 |
| 45 | Raymond; m; son; 5 |
| | |
| 46 | **HARRIS**, Edward; m; father; 31 |
| 47 | Viola May; f; daughter; 6 |
| 48 | Grant Gibson; m; son; 3 |
| 49 | Helen Ray; f; daughter; 2 |
| | |
| 50 | **LaFALIER**, Sophia Goodboo; f; mother; 41 |
| | No. 51 on Census-1903-stricken off-carried on Pottawatomie-Okla. Rolls |
| 51 | **Goodboo**, Ethel; f; daughter; 13 |
| 52 | **Goodboo**, Francis; f; son; 11 |
| 53 | **Goodboo**, Josie; f; daughter; 9 |
| 54 | **Goodboo**, Thomas; m; son; 6    Born-July 15, 1898, not reported until Dec., '03- |
| 55 | Ruby; f; daughter; 1 |
| | |
| 56 | **KEAH**, Rosa Ann Kisco; f; 58 |
| | |
| 57 | **LaFALIER**, David; m; 23 |
| | |
| 58 | **YOUNGBLOOD**, Jessie L; f; 19 |

*Census of the* **Miami** *Indians of* **Quapaw** *Agency,* **Wyandotte, Indian Territory** *taken by* **Horace B. Durant, Supt. & Acting** *United States Indian Agent,* **June 30, 1904.**   *190*

**KEY:** Number; *Indian Name* [if given]; English Name; Sex; Relation [if given]; Age.

59  **LaFALIER**, Henry; m; father; 36
60  Ernest; m; son; 8
61  Beulah; f; daughter; 3

62  **LaFALIER**, Oscar; m; father; 37
63  Mary; f; daughter; 10
64  Forrest; m; son; 4

65  **LEONARD**, Louisa; f; mother; 34
66  Wilber; m; son; 13
67  Gabriel S; m; son; 11
68  Ernest; m; son; 9
69  Ruby; m; son; 7
70  Pearl; f; daughter; 4
71  David; m; son; 1

72  **LEONARD**, George W; m; father; 47
73  Barbara; f; daughter; 18
74  Della; f; daughter; 15
75  Carrie; f; daughter; 10
76  Hazel; f; daughter; 4

77  **SIMMS**, Helen Leonard; f; 19

78  **LEONARD**, Charles W; m; husband; 25
79  Addie Billington; f; wife; 20
80  Irene; f; daughter; 2
81  Elmer Charles; f; son   Born Sept. 7, 1903.

82  **MILLER**, Ethel A; f; sister; 16
83  Clarence; m; brother; 13
84  Louis Edward; m; brother; 11     corrected name

85  **McCOONTZ**, Lizzie; f; mother; 39
86  Joseph; m; son; 4
87  James; m; son; 2

88  **PALMER**, Lizzie; f; 41

89  **PALMER**, Thomas Harley; f; son; 23

90  **POPE**, Josephine; f; mother; 32
91  Bismark Milton; m; son; 9

*Census of the* **Miami** *Indians of* **Quapaw** *Agency,* **Wyandotte, Indian Territory** *taken by* **Horace B. Durant, Supt. & Acting** *United States Indian Agent,* **June 30, 1904.** *190*

**KEY:** Number; *Indian Name* [if given]; English Name; Sex; Relation [if given]; Age.

92   **POPE** [cont], John Adams, Jr; m; son; 7
93   Douglas; m; son; 3

94   **POOLER**, Mary; f; mother; 47
95   Frank C; m; son; 18
96   Louis David; m; son; 16
97   Josephine; f; daughter; 15
98   Mabel P; f; daughter; 13
99   Frederick R; m; son; 9
100  Ernest; m; son; 5

101  **RICHARDVILLE**, Thomas F; m; husband; 74
102  Mary; f; wife; 65

103  **SIMPSON**, Catherine R; f; 29

104  **RICHARDVILLE**, Charles; m; father; 27
105  Thomas Henry; m; son; 1   Born Nov. 8, 1903

106  **ROSEBERRY**, Louisa Drake; f; mother; 37
107  Thomas; m; son; 7
108  Jane C; f; daughter; 2

109  **SHAPP**, Peter; m; father; 34
110  Mary; f; daughter; 8
111  Harry W; m; son; 6
112  Thomas; m; son; 3
113  Ernest; m; son; 1

114  **SMITH**, Isadore Labadie; f; mother; 35
115  Roth; m; son; 5
116  Ella May; f; daughter; 3
117  Frank D; m; son; 1

118  **TRINKLE**, Minnie; f; mother; 33
119  Pearl; f; daughter; 13
120  Mabel; f; daughter; 11
121  Ernest; m; son; 10

*Census of the* **Miami** *Indians of* **Quapaw** *Agency,* **Wyandotte, Indian Territory** *taken by* **Horace B. Durant, Supt. & Acting** *United States Indian Agent,* **June 30, 1904.** *190*

**KEY:** Number; *Indian Name* [if given]; English Name; Sex; Relation [if given]; Age.

Total Census-1903----------------------------------------------------119

Deaths -#38-Census-1903- Nov. 6, 1903.
        #21-    Do.    March 3, 1904.
        Total deaths during year 1904-    ----------------------2

Births-
#39-Census-1904
#81-    Do.
#105-  Do.
    Total births during 1904                                3
Births-not heretofore reported-
#8-Census-1904
#22-    Do.
#36-    Do.
#54-    Do.
    Total number added-not on previous census----------------------4

Stricken off - carried on Census Rolls elsewhere-
#26-Census-1903
#27-    Do.
#51-    Do.
    Total number stricken off-                      3
    Total increase over Census-1903----------------------------------2-----2

                  Total Census-1904--------------------------------121

# Modoc Census
# 1904

*Census of the* **Modoc** *Indians of* **Quapaw** *Agency,* **Wyandotte, Indian Territory** *taken by* **Horace B. Durant, Superintendent** *United States Indian Agent,* **June 30, 1904.** *190*

**KEY:** Number; *Indian Name* [if given]; English Name; Sex; Relation [if given]; Age.

1    **BURNS**, Minnie Snyder; f; mother; 26
2    Marie; f; dau; 8

3    **BALL**, Samuel; m; 25

4    **BALL**, John; m; father; 43
5    Macy; m; son; 23         Blind

6    **CLINTON**, Daniel; m; husband; 39
7    Jennie; f; wife; 44
8    Gilbert; m; son; 14
9    Horace; m; son; 2

10    **CHARLEY**, Miller; m; 64

11    **CLINTON**, Samuel; m; 45
12    Paul; m; son         Born Jany. 6, 1904-

13    **PLEASANT**, William Faithful; m; 63

14    **GRANT**, U. S; m; 95      Blind

15    **HOOD**, Charles; m; husband; 38
16    Lucinda; f; wife; 33
17    Rose; f; dau; 14
18    Tena; f; dau; 12
19    Mabel; f; dau; 9
20    F. R; m; son; 7

21    **HOOD**, Hattie; f; 74

22    **HUDSON**, Henry; m; husband; 65
23    Susan; f; wife; 44

24    **HAYMAN**, Cora; f; mother; 42
25    Marion C; m; son; 8
26    Henrietta; f; dau; 5
27    Bert; m; son; 3
28    Infant; f; dau; 1       Born August 20, 1903

29    **CLARK**, James; m; father; 29
30    Viola; f; mother; 6

31    **KIST**, Amos; m; 30

*Census of the* **Modoc** *Indians of* **Quapaw** *Agency,* **Wyandotte, Indian Territory** *taken by* **Horace B. Durant, Superintendent** *United States Indian Agent,* **June 30, 1904.** *190*

**KEY:** Number; *Indian Name* [if given]; English Name; Sex; Relation [if given]; Age.

32 **LAWVER**, Samuel; m; husband; 46
33 Dolly; f; wife; 39

34 **LAWVER**, Martha; f; 25

35 **LAWVER**, Benjamin; m; father; 52
36 Lelah M; f; dau; 6
37 Benjamin, Jr; m; son; 2
38 Infant; m            Born Feby. 15, 1904

39 **MARY**, Princess; f; 64

40 **CLINTON**, Matilda; f; 61

41 **TUTTLE**, Asa; m; 27

42 **ROBBINS**, Myra Grant; f; mother; 49
43 **Grant**, Ruth; f; dau; 11
44 Amy; f; dau; 6

45 **SPICER**, Annie; f; mother; 39
46 **Long**, Robert; m; son; 18

47 **WALKER**, May Long; f; mother; 23
48 Infant; f; dau; 6m      Born December 4, 1903
49 Alma; f; dau; 2

50 **STANLEY**, Etta; f; 35

51 **HUBBARD**, Frederick Parker; m; 24      Resides in Oregon

52 **CLINTON**, Jane; f; 1-12      Daughter of No. 6

53 **HOOD**, Lucy; f; 1-1/2[sic]      Daughter of No. 15

54 **LAWVER**, Eliza; f; 43

*Census of the* **Modoc** *Indians of* **Quapaw** *Agency,* **Wyandotte, Indian Territory** *taken by* **Horace B. Durant, Superintendent** *United States Indian Agent,* **June 30, 1904.** *190*

**KEY:** Number; *Indian Name* [if given]; English Name; Sex; Relation [if given]; Age.

                Total Census for the year 1903--------------------------------------51

Deaths-
#50-Census-1903-William Lawver- -killed by lightening
                      September 1, 1903------------------
Total deaths during year 1903----                    1
Births-
#12-1904
#28-1904
#38-1904
#48-1904
Total births during year-1904---------------------------------------4
       Total increase over Census-1903-------------------------------3---------------3
                                                       -------------------------------
                      Total Census-1904----------------------------54

# Ottawa Census
# 1904

*Census of the* **Ottawa** *Indians of* **Quapaw** *Agency,* **Wyandotte, Indian Territory** *taken by* **Horace B. Durant, Supt. & Acting** *United States Indian Agent,* **June 30, 1904.** *190*

**KEY:** Number; *Indian Name* [if given]; English Name; Sex; Relation [if given]; Age.

1   **BYRON**, Charles; m; brother; 35
2   William; m; brother; 28

3   **BALDWIN**, Delphina Pelky; f; mother; 44
4   Fred; m; son; 20
5   George; m; son; 16
6   Ella; f; daughter; 12
7   Della; f; daughter; 12
8   Marilla; f; daughter; 8
9   Buddy; f; son; 6
10  Nora; f; daughter; 4
11  Zora; f; daughter; 4

12  **BALDWIN**, Henry; m; 28
13  William; m; 22

14  **SPINKS**, May Baldwin; f; mother; 18
15  Amos Ison; m; son; 1

16  **CLARK**, Richard; m; father; 60
17  Emmeline; f; daughter; 30

18  **THOMAS**, Esther Clark; f; 28

19  **COOK**, Nannie Wilson; f; mother; 38
20  Eudora; f; daughter; 16
21  Frank; m; son; 15
22  Clifford; m; son; 7
23  Berenice; f; daughter; 7
24  Infant; f; daughter           Born-June 1904

25  **CROW**, Julia Pelky; f; 43

26  **CLARK**, Abbie Titus; f; mother; 42
27  Hattie; f; daughter; 14
28  Charles; m; son; 12

29  **EARLY**, John W; m; 69

30  **EMOTINGE**[sic], George; m; 63

31  **GEBOE**, David; m; 38

*Census of the* **Ottawa** *Indians of* **Quapaw** *Agency,* **Wyandotte, Indian Territory** *taken by* **Horace B. Durant, Supt. & Acting** *United States Indian Agent,* **June 30, 1904.** *190*

KEY: Number; *Indian Name* [if given]; English Name; Sex; Relation [if given]; Age.

32 **GEORGE**, Edward; m; father; 50
33 Philip; m; son; 22

34 **HOLMES**, Joseph; m; father; 43
35 William; m; son; 17
36 Louisa; f; daughter; 13
37 Ephraim; m; son; 12
38 Nellie; f; daughter; 9

39 **HUTCHINSON**, Henry; m; 30

40 **HUTCHINSON**, Thomas; m; father; 28
41 Ethel Emmeline; f; daughter; 2    Born March 9, 1902

42 **HUBBARD**, Christina R; f; mother; 31
43 Winona; f; daughter; 10
44 Lennox; m; son; 7

45 **HURR**, William; m; 71

46 **HURR**, Nicodemus; m; 31

47 **HART**, Harvey; m; 48

48 **HARLOW**, Mary; f; mother; 39
49 Fred; m; son; 16

50 **JONES**, Henry M; m; father; 44
51 Wesley K; m; son; 22

52 **JONES**, Ira; m; father; 24
53 Effie Margaret; f; daughter    Born Jany. 14, 1904-

54 **JONES**, Silas Wilbert; m; brother; 20
55 Emma Belle; f; sister; 14

56 **EDWARDS**, Eliza Jones; f; 24

57 **STULTZ**, Matilda Jones; f; mother; 20
58 Inez Jewel; f; daughter; 1    Born Sept. 20, 1903

59 **OFFUT**, Rachel Jones; f; mother; 17
60 Infant; f; daughter    Born March, 1904

*Census of the* **Ottawa** *Indians of* **Quapaw** *Agency,* **Wyandotte, Indian Territory** *taken by* **Horace B. Durant, Supt. & Acting** *United States Indian Agent,* **June 30, 1904.** *190*

**KEY:** Number; *Indian Name* [if given]; English Name; Sex; Relation [if given]; Age.

61 **JONES**, Martha; f; sister; 15
62 Christina; f; sister; 13
63 Nellie; f; sister; 10

64 **JENNISON**, Catherine; f; mother; 50
65 **Robitaille**, Oscar; m; son; 27
66 Ralph Raymond; m; son; 19
67 Guy; m; son; 17
68 Glenn; m; son; 15
69 Edna; f; daughter; 14
70 Earl; m; son; 12
71 Ruth; f; daughter; 10
72 Doane; m; son; 8
73 Catherine, Jr; f; daughter; 6

74 **JENNISON**, Charles; m; 22

75 **BIDDLE**, Mary Jennison; f; mother; 21
76 Erma Louise; f; daughter; 1
77 James Walter; m; son          Born April 29, 1904-

78 **KING,** James; m; father; 67
79 Robert A; m; son; 4
80 Lydia F; f; daughter; 2

81 **KING,** Joseph; m; father; 67
82 Fred; m; son; 24
83 Charles; m; son; 12
84 Robert; m; son; 10
85 Bert; m; son; 7

86 **BARLOW,** Edith King; f; mother; 19
87 Lucia Erma; f; daughter; 1

88 **KING,** John; m; 21

89 **KEYAH,** Joseph; m; 52

90 **LAVORE,** Lizzie Wolfe; f; mother; 41
91 **King**, Walter; m; son; 23

92 **LEE**, Alice Tyson; f; mother; 41
93 Fred; m; son; 20
94 Delbert; m; son; 15

*Census of the* **Ottawa** *Indians of* **Quapaw** *Agency,* **Wyandotte, Indian Territory** *taken by* **Horace B. Durant, Supt. & Acting** *United States Indian Agent,* **June 30, 1904.** *190*

**KEY:** Number; *Indian Name* [if given]; English Name; Sex; Relation [if given]; Age.

95    **LEE**[cont], Walter; m; son; 12
96    Nellie; f; daughter; 9
97    Leonard; m; son; 7
98    Grace; f; daughter; 2

99    **TAYLOR**, Kitty Lee; f; 22

100    **LANKARD**, Laura Lee; f; mother; 25
101    Madge; f; daughter; 6
102    Clyde; m; son; 5
103    Zach; m; son; 3
104    Don; m; son; 1           Born 1903

105    **LOTZ**, Angeline Byron; f; grdmother; 72
106    **Brennan**, Joseph; m; son; 38
107    **Brennan**, Charles; m; son; 18

108    **LYKINS**, Lena Williams; f; 31

109    **McCOY**, Isaac; m; 52

110    **GRINNEL**, Rosa McCoontz; f; 22

111    **McCOONTZ**, Sophia; f; 65

112    **McCOONTZ**, Peter; m; 30

113    **NONKESIS**, Ezekiel; m; father; 51
114    Lottie; f; daughter; 10
115    **Nutter**, Frank; m; orphan; 12
116    **Herron**, Joshua; m; 24

117    **CRIM**, Winnie Lawver; f; mother; 21
118    George; m; son          Born April 15, 1904

119    **PETAH**, Thomas (Poscawa); m; brother; 30
120    Sarah; f; sister; 16

121    **PETAH**, Joseph; m; brother; 12
122    Frank; m; brother; 10

123    **WALKER**, Mary Petah; f; mother; 21
124    Samuel; m; son; 2

*Census of the* **Ottawa** *Indians of* **Quapaw** *Agency,* **Wyandotte, Indian Territory** *taken by* **Horace B. Durant, Supt. & Acting** *United States Indian Agent,* **June 30, 1904.** *190*

**KEY:** Number; *Indian Name* [if given]; English Name; Sex; Relation [if given]; Age.

125 **POOLER**, Moses; m; father; 72
126 Otis; m; son; 17
127 Charles; m; son; 14
128 Robert; m; son; 13
129 John Albert; m; son; 10

130 **HOLLIS**, Ethel Pooler; f; mother; 21
131 Sherman; m; son        Born 1903

132 **BERGEN**, Maude Pooler; f; 20

133 **POOLER**, Manford; m; 44

134 **McBRIEN**, Myrtle Pooler; f; mother; 22
135 Harley; m; son; 1        Born July 16, 1903

136 **STEVENS**, William; m; brother; 17
137 James; m; brother; 15
138 Ruth; f; sister; 10
139 John; m; brother; 8

140 **CLARK**, Ida L. Stevens; f; mother; 25
141 Amos; m; son; 1

142 **SUPERNAW**, Lizzie Albro; f; 56

143 **LOOKAROUND**, Elmira Staton; f; 28

144 **STATON**, Frank; m; 25

145 **ROPER**, Nettie Staton; f; mother; 22
146 Cecil Ohm; m; son; 1

147 **WIND**, Joseph; m; husband; 55
148 Matilda; f; wife; 51
149 Hugh K; m; son; 28

150 **WIND**, Christopher; m; father; 58
151 Lillian; f; daughter; 31
152 Thomas; m; son; 26
153 Edgar; m; son; 25

154 **GEORGE**, Elizabeth W; f; 33

200

*Census of the* **Ottawa** *Indians of* **Quapaw** *Agency,* **Wyandotte, Indian Territory** *taken by* **Horace B. Durant, Supt. & Acting** *United States Indian Agent,* **June 30, 1904.** *190*

**KEY:** Number; *Indian Name* [if given]; English Name; Sex; Relation [if given]; Age.

155 **WHITE**, Sarah; f; mother; 41
156 Eula; f; daughter; 13
157 Joseph; m; son; 11
158 Percival; m; son; 8

159 **WILLIAMS**, Sarah; f; mother; 57
160 Oliver; m; son; 30
161 Albert; m; son; 18
162 Jesse; m; son; 15

163 **WILLIAMS**, Abraham; m; 21

164 **WILLIAMS**, Isaac; m; father; 35
165 Frank; m; son; 10

166 **WOLFE**, James; m; 61

167 **WOLFE**, Josiah; m; 37

168 **WALKER**, Catherine; f; 30

169 **DAGENETTE**, Lucien; m; 27

170 **WALKER**, Jacob; m; brother; 14
171 Ethel; f; sister; 12
172 Ida; f; sister; 10

173 **WISTAR**, Leo; m; brother; 12
174 Willis; m; brother; 10
175 Thomas, Jr; m; brother; 8

176 **WYRICK**, Lula R. Propeck; f; mother; 26
177 **Propeck**, Roy Hamilton; m; son; 4
178 Frederick; m; son; 2
179 Ada; f; daughter; 1                Born Nov. 8, 1903-

*Census of the* **Ottawa** *Indians of* **Quapaw** *Agency,* **Wyandotte, Indian Territory** *taken by* **Horace B. Durant, Supt. & Acting** *United States Indian Agent,* **June 30, 1904.** *190*

**KEY:** Number; *Indian Name* [if given]; English Name; Sex; Relation [if given]; Age.

           Total Census for 1903----------------------------------------------170

Deaths-
#145- 1903-March 20, 1904--Annie White
#163-1903-May 28, 1904
           Total deaths during year----------------------------2

Births-
| | |
|---|---|
| #24-1904- | #104-1904- |
| #41-1904 | #118-1904 |
| #53-1904 | #131-1904 |
| #58-1904 | #135-1904 |
| #60-1904 | #179-1904 |

#77-1904    Total births during year----------------------------11
           Total increase over Census 1903------------------9------------------9
                                                      --------------------------------
                      Total Census, 1904-------------------------179

# Peoria Census
# 1904

*Census of the* **Peoria** *Indians of* **Quapaw** *Agency,* **Wyandotte, Indian Territory** *taken by* **Horace B. Durant, Supt. & Acting** *United States Indian Agent,* **June 30, 1904.** *190*

**KEY:** Number; *Indian Name* [if given]; English Name; Sex; Relation [if given]; Age.

1   **CHARLEY**, Lizzie; f; 47

2   **CHARLEY**, James; m; father; 45
3   Bessie W; f; daughter; 15
4   Fannie; f; daughter; 12

5   **EDDY**, Daniel; m; Grdfather; 64
6   Amos; m; grandson; 14
7   Edna; f; granddaughter; 12

8   **PECKHAM**, Thomas; m; father; 53
9   Blanche; f; daughter; 15
10   Edward; m; son; 13
11   May; f; daughter; 11
12   Ruby; f; daughter; 5
13   Charles; m; son; 3
14   Thomas M; m; son; 1    Born June 9, 1903    Not reported until Dec. 1903

15   **PECKHAM**, Hazel M; f; sister; 1
16   Erma; f;              " ; 3

17   **LAFALIER**, Pearl Peckham; f; 24

18   **SCANLAND**, Eliza Peckham; f; mother; 33
19   Carl; m; son; 3

20   **SKY**, George; m; father; 32
21   Jesse; m; son; 12
22   Beatrice; f; daughter; 6
23   Gladys; f; daughter; 3

24   **SKY**, William; m; father; 36
25   Nancy; f; wife; 39
26   Myrtle; f; daughter; 6
27   Wannetta; f; daughter; 2

28   **SKY**, Thomas; m; brother; 23
29   Clarence; m; brother; 14

30   **ROBINSON**, Amos; m; 21

31   **CHARTERS**, Sarah; f; 53

32   **WADSWORTH**, John; m; 60

*Census of the* **Peoria** *Indians of* **Quapaw** *Agency,* **Wyandotte, Indian Territory** *taken by* **Horace B. Durant, Supt. & Acting** *United States Indian Agent,* **June 30, 1904.** *190*

KEY: Number; *Indian Name* [if given]; English Name; Sex; Relation [if given]; Age.

33  **SKY**, Stella; f; 16
34  **Walton**, Mary Ruth; f; 1/2 sister; 14
35  **Walton**, Genevieve; f;     "     ; 12
36  **Walton**, Naomi; f;         "     ; 10
37  **Walton**, Richard; m;       " brother; 9

38  **BLACKFISH**, Ella Miller; f; mother; 42

39  **MILLER**, Albert; m; father; 22
40  Albert Leroy; m; son; 1          Born July 15, 1903

41  **McLANE**, Peter; m; 39

42  **PRATHER**, Emmeline; f; mother; 32
43  Nellie B; f; daughter; 3
44  Beulah; f; daughter; 1          Born Mar. 30, 1903-not reported until Dec. 1903

45  **BAPTISTE**, Louisa; f; 59

46  **BAPTISTE**, Charles; m; husband; 38
47  Jane Myers; f; wife; 42

48  **MYERS**, Ottie; m; father; 21
49  Opal; f; daughter; 2          Born Sept. 11, 1902-not reported until Dec. 1903

50  **PEERY**, Albert J; m; husband; 43
51  Alice S; f; wife; 38
52  Albert E; m; son; 3

53  **PEERY**, Samuel C; m; brother; 36
54  Eva May; f; sister; 25
55  Frank C; m; brother; 20

56  **THOMPSON**, Elsie E. Peery; f; 22

57  **PEERY**, William B; m; father; 39
58  Christine; f; daughter; 12
59  Naomi; f; daughter; 10
60  David; m; son; 7

61  **MOORE**, Mary; f; mother; 42
62  Ernest; m; son; 18

63  **PALMER**, Ada Moore; f; 21

*Census of the* **Peoria** *Indians of* **Quapaw** *Agency,* **Wyandotte, Indian Territory** *taken by* **Horace B. Durant, Supt. & Acting** *United States Indian Agent,* **June 30, 1904.** *190*

KEY: Number; *Indian Name* [if given]; English Name; Sex; Relation [if given]; Age.

64 **MOORE**, Frank D; m; father; 26
65 Russel; m; son; 6

66 **STATON**, Stella; f; sister; 17
67 Mabel L; f; sister; 14
68 George Claude; m; brother; 11

69 **TUCKER**, Silas; m; 37

70 **BLAYLOCK**, Alice Blackhoof; f; 28
    No. 68-69-stricken off Peoria roll-enrolled with Cherokee Shawnees

71 **STAND**, Nancy Smith; f; mother; 43
72 Matilda; f; daughter; 15
73 Leander; m; son; 10
74 Raymond; m; son; 7
75 Wilson; m; son; 3

76 **BOYD**, Maggie Smith; f; mother; 21
77 Samuel R. A; m; son; 1

78 **PASCHAL**, Grover C; m; brother; 17
79 Louis; m; brother; 15
    No. 79-1903 stricken off-enrolled with Cherokee Shawnees

80 **FINLEY**, George W; m; father; 42
81 Lena; f; daughter; 16
82 Leo; m; son; 11

83 **STANLEY**, Charles; m; father; 42
84 Ramona; f; daughter; 14
85 Sampson Arthur; m; son; 16
86 Katie Artless; f; daughter; 10
87 Ardlus; m; son; 5
88 Goldie; f; daughter; 1    Born May 16, 1903-not reported until Dec. 1903

89 **LARGE**, Ida Stanley; f; 18

90 **BEAVER**, Frank; m; 48

91 **BEAVER**, Esta; f; 25

*Census of the* **Peoria** *Indians of* **Quapaw** *Agency,* **Wyandotte, Indian Territory** *taken by* **Horace B. Durant, Supt. & Acting** *United States Indian Agent,* **June 30, 1904.** *190*

KEY: Number; *Indian Name* [if given]; English Name; Sex; Relation [if given]; Age.

92 **FARRIS**, Nancy; f; mother; 45
93 Guy; m; son; 14
94 William; m; son; 10

95 **MOHAWK**, Orilla Keno; f; mother; 50
96 **Keno**, Henry; m; son; 20

97 **ROBINSON**, Thomas M; m; 15

98 **SACTO**, Louisa; f; sister; 19
99 Mary; f; sister; 18
100 Joseph; m; brother; 14
101 James; m; brother; 13
102 Nathaniel; m; brother; 9

103 **LARKINS**, Reuben; m; 12

104 **MERRISS**, Justina; f; mother; 45
105 Elmer; m; son; 17
106 Clinton; m; son; 16
107 Alma; f; daughter; 14

108 **MERRISS**, John; m; father; 28
109 Sylvia; f; daughter; 1

110 **WILLIAMS**, Grace Merriss; f; mother; 19
111 Lula Elsie; f; daughter; 1

112 **ROCKER**, Sarah Merriss; f; mother; 22
113 Zella; f; daughter; 4
114 Alice J; f; daughter; 1    Born May 17, 1903-not reported until Dec. 1903-

115 **MITCHELL**, Winnie Sky; f; mother; 21
116 Clysta; f; daughter; 3
117 Olive; f; daughter; 1    Born Oc[sic]. 2, 1903-

118 **VALLEY**, Joseph; m; father; 23
119 Joseph N; m; son; 2

120 **VALLEY**, Josephine; f; 20

121 **FISH**, Minnie; f; sister; 29
122 Frank; m; brother; 12

*Census of the* **Peoria** *Indians of* **Quapaw** *Agency,* **Wyandotte, Indian Territory** *taken by* **Horace B. Durant, Supt. & Acting** *United States Indian Agent,* **June 30, 1904.** *190*

**KEY:** Number; *Indian Name* [if given]; English Name; Sex; Relation [if given]; Age.

123 **LYKINS**, W. C; m; husband; 56
124 Annie; f; wife; 48
125 Harry; m; son; 15
126 Martha; f; daughter; 14

127 **LYKINS**, Charles; m; father; 22
128 Nolte Lynn; m; son; 1

129 **WILLS**, Queenie Lykins; f; mother; 18
130 Ruth M; f; daughter; 1

131 **LYKINS**, Fred C; m; father; 26
132 Lee F; m; son; 3

133 **LYKINS**, Webster; m; father; 31
134 Carey M; son; 8
135 Anna; f; daughter; 3

136 **LYKINS**, E. W. W; m; father; 54
137 Elsie; f; daughter; 12
138 David; m; son; 10
139 Willis; m; son; 9

140 **PEAN**, Sallie Welch; f; mother; 42
141 **Welch**, Benjamin; m; son; 14

142 **NIECE**, Charles; m; father; 24
143 Sarah; f; daughter          Born   May 4, 1904

144 **LaBADIE**, Roy C; m; brother; 17
145 Raymond; m; brother; 15
146 Edna; f; sister; 12

147 **BUCK**, *Wa-pe-pe-she-quah*, Mrs; f; 65

148 **KNOX**, Nancy Archer; f; 46

149 **DELAWARE**, Mary; f; 55

150 **McNAUGHTON**, Clara E; f; mother; 40
151 Willis; m; son; 22
152 Ray; m; son; 18
153 Guy; m; son; 16
154 Pearl; f; daughter; 14

*Census of the* **Peoria** *Indians of* **Quapaw** *Agency,* **Wyandotte, Indian Territory** *taken by* **Horace B. Durant, Supt. & Acting** *United States Indian Agent,* **June 30, 1904.** *190*

**KEY:** Number; *Indian Name* [if given]; English Name; Sex; Relation [if given]; Age.

155 **PASCHAL**, Albert; m; 39

156 **PROPHET**, Dick; m; 32

157 **ENSWORTH**, Emily; f; mother; 47
158 Fred; m; son; 21
159 Claud; m; son; 19
160 Roy; m; son; 14
161 Umilla; f; daughter; 13
162 Wm. L; m; son; 6

163 **STATON**, Ella; f; mother; 43
164 Marion; m; son; 19
165 Sherman; m; son; 16
166 Lennie; f; daughter; 15

167 **OSBORNE**, Mary; f; mother; 41
168 Arthur; m; son; 12
169 Margaret; f; daughter; 8
170 Christina; f; daughter; 7
171 Patrick; m; son; 4
172 Alice; f; daughter; 2

173 **McBEE**, Julia; f; 56

174 **LaBADIE**, W. G; m; father; 50
175 Leslie; f; daughter; 13
176 Lola; f; daughter; 9

177 **ABNER**, Joseph; m; 35

178 **ROSS**, Julia Bobb; f; mother; 29
179 Ruth Mary; f; daughter; 5
180 Lillian Mabel; f; daughter; 2

181 **BOYLES**, Maude Goodner; f; mother; 31
182 Clara; f; daughter; 10
183 Nita; f; daughter; 8

184 **FROMAN**, Angeline; f; mother; 33
185 Asa; m; son; 10
186 Mary; f; daughter; 9
187 Lizzie; f; daughter; 5

*Census of the* **Peoria** *Indians of* **Quapaw** *Agency,* **Wyandotte, Indian Territory** *taken by* **Horace B. Durant, Supt. & Acting** *United States Indian Agent,* **June 30, 1904.** *190*

**KEY:** Number; *Indian Name* [if given]; English Name; Sex; Relation [if given]; Age.

188 **FROMAN** [cont], Guy; m; son; 2
189 Rosetta; f; daughter; 6m           Born Jany. 1, 1904-

190 **MILLER**, George; m; 24

191 **SKY**, Frank; m; 29

        Total Census for year 1903-----------------------------------------190

Deaths-
#62-Census-1903-June, 1904-Roy Moore
#138-    Do.    Dec. 15, 1903--Thomas Welch
#145-    Do.    May-1904--    Nancy G. Bowles
#164-1903---------July -1900------Myrtle Staton
#175--1903--------May 15, 1904---Max Labadie
#14-1903---------May 16, 1904----Louis Peckham
        Total deaths-----------------------------------------6

Stricken off Rolls-
#68-1903
#69-1903
#79-1903
        Total stricken off Peoria Rolls--------------------3
Births-
#14-1904--Thomas M. Peckham
#40-1904--Albert Leroy Miller
#44-1904--Beulah Prather
#49-1904--Opal Myers
#88-1904--Goldie Stanley
#114-1904-Alice J. Rocker
#117-1904-Olive Mitchell
#143-1904-Sarah Niece
#189-1904-Rosetta Froman
        Total births during year 1904--------------------9
        Taken up to correct error---------------------------1
Owing to duplicate number-146 on Census-1903-total should have been 191

        Total increase over Census-1903---------------------------1

        Total Census for year 1904-----------------------------------192

# Quapaw Census
# 1904

*Census of the* **Quapaw** *Indians of* **Quapaw** *Agency,* **Wyandotte, Indian Territory** *taken by* **Horace B. Durant, Supt. & Acting** *United States Indian Agent,* **June 30, 1904.** *190*

**KEY:** Number; *Indian Name* if given; English Name; Sex; Relation if given; Age.

1 **ABRAMS**, Abner W; m; husband; 57
2 Melissa J; f; wife; 43
3 Maud E; f; daughter; 19
4 Samuel W; m; son; 17
5 Harrison; m; son; 16
6 Earl Blaine; m; son; 12

7 **ADAMS**, Felicia; f; mother; 42
8 Cora E; f; daughter; 26
9 Edna P; f; daughter; 22
10 Ruth Lee; f; daughter; 7

11 **BALL**, Nellie J; f; mother; 46
12 Samuel Wylie; m; son; 22
13 William; m; son; 15

14 **PETERSON**, Amanda Ball; f; mother; 18
15 Infant; f; daughter; 1

16 **BLUEJACKET**, Charles; m; 64

17 **BREWER**, Minnie Dardenne; f; mother; 28
18 Mary C; f; daughter; 8
19 Josephine; f; daughter; 4
20 Infant; f; daughter         Born Dec. 1903-

21 **BUFFALO**, Senie Brown; f; wife; 32
22 Joseph; m; husband; 35
23 Henry; m; son; 8
24 Clara May; f; daughter; 7
25 Hazel Lorena; f; daughter; 4
26 Arthur; m; son; 14
27 Dora; f; daughter; 2
    Infant; m; son         Born and died 1903

28 **BEAVER**, John; m; husband; 46
29 *Meh-hunk-a-zha-ka*; f; wife; 45
30 Alice Anna; f; daughter; 17

31 **BLAKESLEE**, William W; m; 37

32 **CALF**, Mary J; f; 55

33 **CEDAR**, Lizzie; f; 61

*Census of the* **Quapaw** *Indians of* **Quapaw** *Agency,* **Wyandotte, Indian Territory** *taken by* **Horace B. Durant, Supt. & Acting** *United States Indian Agent,* **June 30, 1904.** *190*

**KEY:** Number; *Indian Name* if given; English Name; Sex; Relation if given; Age.

| | | |
|---|---|---|
| 34 | **CLABBER**, Peter; m; husband; 56 | |
| 35 | *Meh-het-tah*; f; wife; 56 | |
| | | |
| 36 | **CLARK**, Mary Dardenne; f; mother; 39 | |
| 37 | Lillie May; f; daughter; 12 | |
| 38 | William Alexander; m; son; 11 | |
| 39 | Lawrence B; f; son; 8 | |
| 40 | Anna Viola; f; daughter; 6 | |
| 41 | Reba Newton; f; daughter; 5 | |
| 42 | Durward D; m; son; 2 | Not on Census-1903 |
| 43 | John D; m; son | Born June 1, 1904- |
| | | |
| 44 | **SACTO**, Grace R. G; f; mother; 30 | |
| 45 | **Coldspring**, Walter; m; son; 5 | |
| | | |
| 46 | **COUSATTE**, Samuel; m; father; 38 | |
| 47 | Jessie May; f; daughter; 13 | |
| 48 | Ira; m; son; 10 | |
| 49 | Joseph Dewey; m; son; 6 | |
| 50 | Claude Theodore; m; son; 4 | |
| 51 | Hendrix; m; son | Not on prvious[sic] census |
| | | |
| 52 | **CRAWFISH**, Thomas; m; father; 43 | |
| 53 | Mary; f; daughter; 10 | |
| 54 | Minnie E; f; daughter; 6 | |
| 55 | Lucy; f; daughter; 5 | |
| | | |
| 56 | **CRANE**, Effie Imbeau; f; mother; 24 | |
| 57 | Nellie L; f; daughter; 6 | |
| 58 | Earl Floyd; m; son; 5 | |
| 59 | Jay Otis; m; son; 3 | corrected age |
| 60 | Gladys Adalaide; f; daughter; 1 | Not on previous census |
| 61 | Andrew Louis; m; son | Born March 23, 1904- |
| | | |
| 62 | **CRAWFISH**, Widow; f; 66 | |
| | | |
| 63 | **CROW**, John; m; 42 | |
| | | |
| 64 | **CHOTEAU**, *Zah-me,* Mary; f; 52 | |
| | | |
| 65 | **COUSATTE**, Benjamin; m; husband; 49 | |
| 66 | Amanda E; f; wife; 37 | |
| 67 | Maggie E; f; daughter; 17 | |
| 68 | Benjamin C; m; son; 15 | |

*Census of the* **Quapaw** *Indians of* **Quapaw** *Agency,* **Wyandotte, Indian Territory** *taken by* **Horace B. Durant, Supt. & Acting** *United States Indian Agent,* **June 30, 1904.** *190*

KEY: Number; *Indian Name* if given; English Name; Sex; Relation if given; Age.

69 **COUSATTE** [cont], Roza E; f; daughter; 13
70 Joseph; m; son; 11
71 Martin Luther; m; son; 8
72 James Ray; m; son; 4

73 **CARDIN**, Louis LaFontaine; m; 29
74 Sarah C; f; sister; 18

75 **KENOYER**, Felicia M. Cardin; f; 21

76 **CARDIN**, William O; m; Husband; 26
77 Isa Wade; f; wife; 36

78 **CARDIN**, Alexander; m; 34
79 William Fred; m; son; 9
80 Juanita; f; daughter; 4

81 **DAYLIGHT**, Isaac; m; 30

82 **DAYLIGHT**, Fannie Crawfish; f; mother; 28
83 Mary; f; daughter; 8
84 Jesse; m; son; 4

85 **DARDENNE**, Anna Edna; f; sister; 11
86 Abraham F; m; brother; 8

87 **DARDENNE**, Benjamin, Jr; m; 24

88 **DARDENNE**, Benjamin; m; husband; 64
89 Martha A; f; wife; 47

90 **DARDENNE**, Lawrence; m; father; 42
91 Lawrence, Jr; m; son; 17
92 Elsie; f; daughter; 16

93 **HODGKINS**, Clara D; f; mother; 20
94 Edwin; m; son; 1

95 **DARDENNE**, Felix; m; father; 32
96 Della D; f; daughter; 6
97 Ruby C; f; daughter; 2

98 **McCULLOGH**[sic], Margaret Dardenne; f; mother; 53
99 **Dardenne**, Abram; m; son; 24

*Census of the* **Quapaw** *Indians of* **Quapaw** *Agency,* **Wyandotte, Indian Territory** *taken by* **Horace B. Durant, Supt. & Acting** *United States Indian Agent,* **June 30, 1904.** *190*

KEY: Number; *Indian Name* if given; English Name; Sex; Relation if given; Age.

100  **McCULLOGH**[cont], John; m; son; 15    Not on previous census
101  Clarence; m; son; 11                     Do.
102  A. Henry; m; son; 2                      Do.

103  **DARDENNE**, Willie; m; father; 32
104  Willie W; m; son; 10
105  Robert; m; son; 8
106  Gertrude; f; daughter; 5
107  Daisy Ellen; f; daughter; 2
108  James Frederick; m; son        Born Feby. 11, 1904

109  **DAUTHAT**, Frances; f; mother; 43
110  Zahne; m; son; 23
111  Minnie E; f; daughter; 18
112  Charles A; m; son; 16
113  Sarah A; f; daughter; 12
114  Jessie; f; daughter; 8

115  **DOUTHIT**, William A; m; father; 47
116  **Dauthat**[sic], Samuel A; m; son; 16
117  **Dauthit**[sic], William B; m; son; 13
118  Pearl E; f; daughter; 11
119  Clarence Ray; m; son; 7
120  Florence G; f; daughter; 5

121  **DYSON**, Katy Logan; f; mother; 35
122  Daniel H; m; son; 12
123  Frances L; f; daughter; 9
124  Myrtle Alma; f; daughter; 7
125  Lassia Mabel; f; daughter; 5
126  William Edgar; m; son; 4
127  Edith; f; daughter; 2
128  Infant                          Born 1903

129  **ANGELL**, Louis; m; 63

130  **FISH**, Leander J; m; 53

131  **GEBOE**, Charles C; m; 26

132  **GILMORE**, Agnes D; f; mother; 28
133  Orville; m; son; 8
134  Clara; f; daughter; 6

*Census of the* **Quapaw** *Indians of* **Quapaw** *Agency,* **Wyandotte, Indian Territory** *taken by* **Horace B. Durant, Supt. & Acting** *United States Indian Agent,* **June 30, 1904.** *190*

KEY: Number; *Indian Name* if given; English Name; Sex; Relation if given; Age.

135 **GRIFFIN**, Victor; m; 27

136 **GREENBACK**, Antione; m; husband; 53
137 Julia W; f; wife; 21
138 Joseph; m; son; 17
139 Alice; f; daughter; 14
140 Alphonso; m; son; 3
141 Infant                   Born 1903

142 **GRANDEAGLE**, *Kah-dah-ska-hun-ka;* m; husband; 45
143 *Khah-dah*; f; wife; 46

144 **GOODEAGLE**, Francis Quapaw; m; husband; 49
145 *Wa-tah-nah-zhe*; f; wife; 34
146 Charles; m; son; 21
147 Merton; m; son; 18
148 Levi; m; son; 13
149 Francis, Jr; m; son; 3
150 Infant; m; son; 1

151 **GOODEAGLE**, *Ho-gom-me*; f; mother; 44
152 Fannie; f; daughter; 13

153 **GORDON**, Roza; f; sister; 19
154 Harry A; m; brother; 17
155 Harvey O; m; brother; 15
156 Sarah E; f; sister; 13
157 Harley E; m; brother; 11
158 Bessie; f; sister; 9

159 **CONNER**, Minnie Greenback; f; 24

160 **HUNT**, Joseph W; m; 21

161 **ANDERSON**, Isabelle H; f; 26

162 **IMBEAU**, Louis; m; husband; 58
163 Melissa; f; wife; 56
164 Harvey; m; son; 25
165 Frank; m; son; 21
166 Lizzie; f; daughter; 17
167 Catherine; f; daughter; 17

168 **BUFFALO**, John; m; 8

*Census of the* **Quapaw** *Indians of* **Quapaw** *Agency,* **Wyandotte, Indian Territory** *taken by* **Horace B. Durant, Supt. & Acting** *United States Indian Agent,* **June 30, 1904.** *190*

**KEY:** Number; *Indian Name* if given; English Name; Sex; Relation if given; Age.

169  **LANE**, Mary; f; 14

170  **LEWIS**, Alexander; m; 26
171  Amos Alphonse; m; son; 2

172  **McCOY**, Martha Angell; f; mother; 33
173  John Henry; m; son; 9
174  Martha Ellen; f; daughter; 7
175  Anna May; f; daughter; 2

176  **McKENZIE**, Isabel Z; f; 61

177  **NEWHOUSE**, Amos; m; 57

178  **NEWMAN**, James A; m; father; 56
179  Ada A; f; daughter; 17
180  David A; m; son; 13
181  Leona May; f; daughter; 9
182  Sophie Viola; f; daughter; 6
183  Leroy; m; son; 4
184  Goldie M; f; daughter; 1          Born August 13, 1903

185  **NEWMAN**, James Lemuel; m; 24

186  **WARNER**, Minnie Newman; f; mother; 20
187  Frances May; f; daughter; 1          Born July 30, 1903

188  **PORTIS**, Mary; f; 59

189  **LOTTSON**, Robert; m; 24

190  *MIS-KAH-GET-TAH*; f; 55

191  *MEH-NE-DAH*; f; 39

192  **BLACKHAWK**, Charley Quapaw; m; 48

193  **QUAPAW**, John; m; 46

194  **QUAPAW**, Red-sun; m; wife; 62
195  Frances; f; daughter; 18

196  **QUAPAW**, Solomon; m; husband; 36
197  Sigdah Track; f; wife; 19

*Census of the* **Quapaw** *Indians of* **Quapaw** *Agency,* **Wyandotte, Indian Territory** *taken by* **Horace B. Durant, Supt. & Acting** *United States Indian Agent,* **June 30, 1904.** *190*

**KEY:** Number; *Indian Name* if given; English Name; Sex; Relation if given; Age.

198 **QUAPAW** [cont], Bertha; f; daughter; 13
199 Anna; f; daughter; 11
200 Jesse; m; son; 8
201 Kittie; f; daughter; 6
202 Leo; m; son
 Rheba; f; daughter          Born and died 1903

203 **QUAPAW**, Dick; m; 40
204 *Tag-ah*; f; wife; 41

205 **QUAPAW**, Pius; m; husband; 55
206 *Ta-meeh-ah*; f; wife; 39
207 **Jefferson**, *Ta-meh* Quapaw; f; daughter; 18

208 **QUAPAW**, Benjamin; m; 46
209 *See-sah*; f; wife; 40

210 **RAY**, Elizabeth; f; 61

211 **RAY**, Frank; m; father; 31
212 Thomas Abraham; m; son; 4
213 Ruth Elizabeth; f; daughter; 2

214 **RAY**, Abraham; m; father; 30
215 Joseph Dewey; m; son; 5

216 **REDEAGLE**, Minnie O; f; wife; 33
217 George; m; husband; 32
218 Sophia Josephine; f; daughter; 16
219 Leroy; m; son; 12
220 Doane S; m; son; 9

221 **SHAPP**, Julia Stafford; m; 33

222 **SULLIVAN**, Malina Hunt; f; mother; 25
223 Eda May; f; daughter; 8
224 Ray Leroy; m; son; 6
225 Roy; m; son; 2

226 **SILK**, Frances; f; 61

227 **SHAFER**, Irene Dardenne; f; mother; 27
228 Minnie; f; daughter; 10
229 Ernest Glenn; m; son; 8

*Census of the* **Quapaw** *Indians of* **Quapaw** *Agency,* **Wyandotte, Indian Territory** *taken by* **Horace B. Durant, Supt. & Acting** *United States Indian Agent,* **June 30, 1904.** *190*

**KEY:** Number; *Indian Name* if given; English Name; Sex; Relation if given; Age.

230 **SHAFER** [cont], Bertha; f; daughter; 7
231 Harry; m; son; 4

232 **SPADA**, *Meh-het-tah*; f; 45

233 **THOMPSON**, Robert; m; 23

234 **TRACK**, *Sig-dah*; m; husband; 51
235 *Mes-kah-tun-kah*; f; wife; 33
236 *Wah-zhe-meh-tah-heh*; f; daughter; 9
237 Agnes; f; daughter; 6

238 **TOUSEY**, Elizabeth H; f; 66

239 **VALLIER**, James; m; 24

240 **VALLIER**, Amos; m; 34

241 **VALLIER**, Frank; m; husband; 50
242 Alice; f; wife; 36
243 William B; m; son; 13     corrected
244 Martha F; f; daughter; 10

245 **WAIDE**, Anne Dardenne; f; mother; 27
246 Nellie; f; daughter; 9
247 Park; m; son; 5
248 Bessie; f; daughter; 3
249 Birdie; f; daughter; 1     Born August 2, 1903
250 Infant; m; son     Born May 20, 1904

251 **VALLIER**, Clarissa A; f; sister; 7
252 Flora E; f; sister; 5
253 James Amos; f; brother; 3
254 Georgia; f; sister; 1     Born March 25, 1903

255 **WADE**, Florence A; f; 47

256 **WEBER**, Dillie D; f; mother; 27
257 Eva; f; daughter; 9
258 Grace J; f; daughter; 7
259 Johnney; m; son; 5
260 Everett; m; son; 4

261 **WILSON**, Laura Jennie; f; mother; 30

*Census of the* **Quapaw** *Indians of* **Quapaw** *Agency,* **Wyandotte, Indian Territory** *taken by* **Horace B. Durant, Supt. & Acting** *United States Indian Agent,* **June 30, 1904.** *190*

**KEY:** Number; *Indian Name* if given; English Name; Sex; Relation if given; Age.

262 **WHITEBIRD**, Joseph; m; husband; 46
263 Lena; f; wife; 48
264 Mary; f; daughter; 13
265 Bernard; m; son; 7

266 **WHITEBIRD**, Harry; m; husband; 27
267 Flora G; f; wife; 40
268 Walter; m; stepson; 12
269 Alphonso; m; " ; 8
270 Melissa; f; daughter; 4

271 **WILHOITE**, Mary M; f; 73

272 **OWENS**, Kitty Wade; f; mother; 34
273 Hugh; m; son; 5
274 **Ownes**[sic], Elizabeth; f; daughter; 4
    Kitty, Jr                    Born and died 1904

275 **XAVIER**, James; m; husband; 45
276 *Mah-shing-tin-nah*; f; wife; 31
277 Anna; f; daughter; 12
278 Doc Stryker; m; son; 5
279 Infant; m; son; 1

280 **CRAWFISH**, Harry; m; father; 36     #57-1903
281 Ethel May; f; daughter; 12         #58-1903
282 Alice; f; daughter; 10             #59-1903

283 **WHITELY**, Lula Dardenne; f; 34

        Total Census for 1903-------------------------------------------------271
Deaths-
#128-1903-Dec. 13, 1903---Cha-dah-squie Griffin
#224-1903-May 22-1904----William Thompson
#260-1903-Dec. 23-1904----Hugh Wade Whitebird
#271-1903 July, 1903------Infant Quapaw
        Total deaths----------------------------------------4
Births-
#20-1903--#43--#108--#128--#141--#184--#187--#249--#250--#254
        Total                    10
Not on previous Census-#42-51-60-100-101-102----------- 6
        Total increase for 1904-------------------------------------------13
                              Census-1904--------283

# Seneca Census
# 1904

*Census of the* **Seneca** *Indians of* **Quapaw** *Agency,* **Wyandotte, Indian Territory** *taken by* **Horace B. Durant, Supt. & Acting** *United States Indian Agent,* **June 30, 1904.** *190*

KEY: Number; *Indian Name* [if given]; English Name; Sex; Relation [if given]; Age.

1 **ARMSTRONG**, Jack; m; husband; 55
2 Elizabeth; f; wife; 55
3 Susan; f; daughter; 21
4 Thomas; m; son; 20
5 Barnabas; m; son; 17
6 **Cherloe**, Ethel Myrtle; f; grndaught; 12

7 **ARMSTRONG**, James; m; father; 72
8 Charles; m; son; 14

9 **DENNEY**, Elnora; f; 21

10 **BALL**, Lucinda; f; mother; 54
11 Andrew; m; son; 18
12 Lydia; f; daughter; 15

13 **BASSETT**, Joseph; m; 45

14 **BEARSKIN**, Susan; f; mother; 48
15 Ernest; m; son; 16
16 Lena; f; daughter; 11
17 John W; m; son; 8
18 Maggie; f; daughter; 7
19 Leslie; m; son; 4

20 **BEARSKIN**, Wallace; m; husband; 22
21 Elizabeth S; f; wife; 21

22 **JOHNSON**, Mary Bearskin; f; mother; 30
23 Lillian; f; daughter; 4
24 Eugene; m; son; 3
25 Lawrence W; m; son; 1        Born Nov. 18, 1903--

26 **GEBOE**, Lucy Bearskin; f; mother; 24
27 Inez M; f; daughter; 1

28 **BEARSKIN**, Bessie; f; 27

29 **BEARSKIN**, Rose Garrett; f; mother; 38
30 Gladys; f; daughter; 7
31 Mildred; f; daughter; 5
32 Leonard; m; son; 3

33 **BEE**, Kate; f; 59

*Census of the* **Seneca** *Indians of* **Quapaw** *Agency,* **Wyandotte, Indian Territory** *taken by* **Horace B. Durant, Supt. & Acting** *United States Indian Agent,* **June 30, 1904.** *190*

**KEY:** Number; *Indian Name* [if given]; English Name; Sex; Relation [if given]; Age.

34 **BOMBARY**, Joseph; m; husband; 70
35 Eliza; f; wife; 53
36 Christy; m; son; 19
37 Levi; m; son; 17

38 **LYMAN**, Julia Bombary; f; mother; 21
39 Infant; m; son      Born - 1903-

40 **BROWN**, Susan Kariho; f; mother; 27
41 Rosanna Irene; f; daughter; 3
42 Callie; m; son; 1

43 **BROWN**, Julia S. Kariho; f; mother; 29
44 **Spicer**, Ida; f; daughter; 10
45 Howard; m; son; 3

46 **KARIHO**, John, Sr; m; father; 54
47 **Buck**, Peter; m; step-son; 18
48 **Crow**, Jennie; f;  "  daughter; 8
49 **Crow**, Angeline; f;  "  ; 6
50 Mary; f; daughter; 3

51 **CAPTAIN**, Bertha; f; 12

52 **CAYUGA**, Malinda; f; sister; 19
53 Lena M; f; sister; 18
54 Delia; f; sister; 15

55 **CHERLOE**, Henry; m; husband; 37
56 Minnie; f; wife; 31
57 Nellie; f; daughter; 8
58 Fayette; m; son; 6
59 David; m; son; 4
60 Oliver; m; son; 2
61 Ernest; m; son      Born June 18, 1904--

62 **CHOTEAU**, George E; m; husband; 29
63 Clara W; f; wife; 23
64 Sidney; m; son; 4
65 Lillian; f; daughter; 3

66 **CHOTEAU**, Elizabeth K; f; sister; 32
67 Olive; f; sister; 25

*Census of the* **Seneca** *Indians of* **Quapaw** *Agency,* **Wyandotte, Indian Territory** *taken by* **Horace B. Durant, Supt. & Acting** *United States Indian Agent,* **June 30, 1904.** *190*

**KEY:** Number; *Indian Name* [if given]; English Name; Sex; Relation [if given]; Age.

68  **CONNER**, Ebeneezer; m; father; 38
69  William; m; son; 4

70  **CONNER**, Simpson; m; 17

71  **COON**, Susan; f; 48

72  **CRAWFORD**, George; m; 32

73  **CRAWFORD**, Joseph; m; 29

74  **CROW**, John; m; husband; 45
75  Francis King; f; wife; 33     #14-1903

76  **CROW**, Susan; f; sister; 26
77  Jerry; m; brother; 24

78  **CROW**, Margaret A. Y; mother; 29
79  Louis; m; son; 2

80  **CROW**, Moses; m; brother; 25
81  Samuel; m; brother; 20
82  Lucinda; f; sister; 17

83  **DAVIS**, Daylight; m; 57

84  **DAVIS**, Lewis N; m; 24

85  **DAVIS**, Taylor; m; father; 46
86  Elizabeth N; f; daughter; 23
87  John; m; son; 20
88  Ida; f; daughter; 13
89  Bert; m; son; 5
90  Annie; f; daughter; 4

91  **DICK**, John; m; husband; 39
92  Rachel K. Ball; f; wife; 25
93  Maud; f; daughter; 15
94  Flora; f; daughter; 2

95  **EVANS**, Malinda; f; step-mother; 39
96  Eliza; f; daughter; 20
97  Blanch; f;     "    ; 18

*Census of the* **Seneca** *Indians of* **Quapaw** *Agency,* **Wyandotte, Indian Territory** *taken by* **Horace B. Durant, Supt. & Acting** *United States Indian Agent,* **June 30, 1904.** *190*

KEY: Number; *Indian Name* [if given]; English Name; Sex; Relation [if given]; Age.

98　**EVANS** [cont], Alfred; m; son; 16
99　Curtle; f; daughter; 10

100　**TYNER**, Delia Evans; f; 19

101　**FINLEY**, Rosa Denney; f; mother; 31
102　**Gentry**, Clinton; m; son; 13
103　**Gentry**, Earl; m; son; 11
104　Beatrice; f; daughter; 6
105　Claude; m; son; 3

106　**FISHER**, Sarah Armstrong; f; mother; 27
107　Lena; f; daughter; 8
108　Eva Marie; f; daughter; 7
109　Alfred; m; son; 5
110　Minerva; f; daughter; 4
111　Winona Elizabeth; f; daughter; 1

112　**HARDY**, Susan Whitecrow; f; mother; 29
113　James; m; son; 7
114　Valentine; m; son; 6
115　Percy; m; son; 4
116　Irene; f; daughter; 2

117　**HENRY**, Richard; m; 18

118　**HUBBARD**, Charles B; m; father; 31
119　Chester A; m; son; 5
120　Esther Ethel; f; daughter; 4
121　Florence Isabel; f; daughter; 3

122　**HUNT**, Oscar J; m; 23

123　**JACKSON**, Andrew; m; 30

124　**JAMISON**, Lucy; f; mother; 51
125　Stewart; m; son; 23

126　**JAMISON**, Ellen; f; mother; 34
127　Sadie; f; daughter; 14
128　Amos Bert; m; son; 11
129　Eva L; f; daughter; 7
130　Alex Smoke; m; son; 5

*Census of the* **Seneca** *Indians of* **Quapaw** *Agency,* **Wyandotte, Indian Territory** *taken by* **Horace B. Durant, Supt. & Acting** *United States Indian Agent,* **June 30, 1904.** *190*

**KEY:** Number; *Indian Name* [if given]; English Name; Sex; Relation [if given]; Age.

131   **JAMISON**, George; m; 41

132   **JOHNSON**, Annie Crow; f; mother; 30
133   Arthur, Jr; m; son; 8
134   Edna Dorcas; f; daughter; 3
135   Ruth Adelia; f; daughter; 2
136   John Logan; m; son           Born June 14, 1904

137   **JOHNSON**, Maggie; f; mother; 47
138   Anna; f; daughter; 15
139   Jackson; m; son; 10
140   Mary Ida; f; daughter; 5

141   **KARIHO**, John K; m; husband; 37
142   Rose Mary; f; wife; 29
143   Josephine; f; daughter; 12
144   Elizabeth; f; daughter; 10
145   Sarah C; f; daughter; 7
146   Ruth; f; daughter; 4

147   **KARIHO**, Service; m; husband; 31
148   Fannie Winney; f; wife; 25

149   **KARIHO**, Naomi; f; 29

150   **KELLEY**, Mary Whitewing; F; 38

151   **LAYNE**, Betsey Bombary; f; mother; 27
152   Edna Reed; f; daughter; 5
153   Joseph St. Clair; m; son; 3

154   **AZUL**, Anna E. Lewis; f; mother; 25
155   Myrtle Ethel; f; daughter         Born April 15, 1904-

156   **LEWIS**, Sarah; f; mother; 47
157   Thomas; m; son; 14
158   Clara; f; daughter; 10
159   Jacob; m; son; 26

160   **GIFFRIN**[sic], Melissa Lewis; f; 22

161   **LOGAN**, James; m; husband; 56
162   Mary T. Young; f; wife; 38
163   **Crow**, Solomon; m; stepson; 19

*Census of the* **Seneca** *Indians of* **Quapaw** *Agency,* **Wyandotte, Indian Territory** *taken by* **Horace B. Durant, Supt. & Acting** *United States Indian Agent,* **June 30, 1904.** *190*

**KEY:** Number; *Indian Name* [if given]; English Name; Sex; Relation [if given]; Age.

164 **Young**, Colonel Summers; m; stepson; 14
165 **Young**, Solorena; f; stepdaught; 11
166 **Young**, Downing; m; stepson; 8
167 **Young**, Mamie A; f;   " daught; 4
168 James, Jr; m; son; 2

169 **MASON**, Clem H; m; husband; 60
170 Hattie; f; wife; 60
171 Winona; f; grdaughter; 5

172 **MINGO**, Edward T; m; husband; 37
173 Ida; f; wife; 30
174 Sophronia L; f; daughter; 5
175 Onnie May; f; daughter; 3
176 James N; m; son; 6m          Born Dec. 24, 1903

177 **MUSH**, William; 37  (Imbecile)

178 **GIAMIE**, Sallie Mush; f; mother; 27
179 Ida M; f; daughter; 2

180 **NELSON**, Mary J. Winney; f; mother; 30
181 Vincent; m; son; 4
182 Louis Dana; m; son; 1m          Born May 28, 1904

183 **NICHOLAS**, Alex; m; husband; 44
184 Mary; f; wife; 46
185 Matilda; f; daughter; 25
186 Alice; f; daughter; 21
187 Malinda; f; daughter; 18
188 Susie; f; daughter; 17
189 Silver; f; daughter; 14
190 Josie Belle; f; daughter; 12
191 Alexander; m; son; 10
192 Julia; f; daughter; 8

193 **NICHOLAS**, Smith; m; husband; 75
194 Lucy; f; wife; 52

195 **NICHOLAS**, William; m; 41

196 **PEACOCK**, Isaac; m; father; 50
197 James; m; son; 19

*Census of the* **Seneca** *Indians of* **Quapaw** *Agency,* **Wyandotte, Indian Territory** *taken by* **Horace B. Durant, Supt. & Acting** *United States Indian Agent,* **June 30, 1904.** *190*

KEY: Number; *Indian Name* [if given]; English Name; Sex; Relation [if given]; Age.

198 **PEACOCK**, Thomas; m; husband; 20
199 Lizzie C. W; f; wife; 25          #313-14-15-16--1903
200 **Whitetree**, Harry; m; stepson; 6
201 **Whitetree**, Ogle; m;     "    ; 4
202 **Whitetree**, Gertrude W; f; st-daughter; 2

203 **RINEHART**, Hannah Jack; f; mother; 31
204 Flenoid Ivy; m; son; 4
205 Victor Royal; m; son; 3
206 Maureine; f; daughter; 3

207 **SCHIFFBAUER**, Robert; m; father; 36
208 Cyril; m; son; 10
209 Roy Russell; m; son; 8
210 Frank; m; son; 4
211 Alice; f; daughter; 2

212 **SCHIFFBAUER**, Fred; m; brother; 31
213 Minnie; f; sister; 32

214 **SCHRIMPSHER**, Eliza; f; 57

215 **SCHRIMPSHER**, John; m; father; 41
216 James; m; son; 19
217 Silas; m; son; 17
218 Mathias; m; son; 15
219 Lucy; f; daughter; 10
220 Ida; f; daughter; 9
221 Rena; f; daughter; 7
222 Abbie G; f; daughter; 3
223 Abraham; m; son; 1

224 **SMITH**, Mary Johnson; f; mother; 28
225 George L; m; son; 5

226 **SMITH**, Hiram; m; husband; 26
227 Lucy Spicer; f; wife; 26
228 Rufus; m; son; 4
229 Christina; f; daughter; 2

230 **SMITH**, Luke; m; husband; 27
231 Mary D; f; wife; 26
232 Artie Y; f; daughter; 7
233 Malinda; f; daughter; 4

*Census of the* **Seneca** *Indians of* **Quapaw** *Agency,* **Wyandotte, Indian Territory** *taken by* **Horace B. Durant, Supt. & Acting** *United States Indian Agent,* **June 30, 1904.** *190*

**KEY:** Number; *Indian Name* [if given]; English Name; Sex; Relation [if given]; Age.

234  **SMITH**[cont], Rosa May; f; daughter; 2
235  Eugene; m; son; 5m    Born Jany. 27, 1904-

236  **SMITH**, Silas; m; husband; 43
237  Amanda; f; wife; 29
238  William; m; son; 10
239  Mary; f; daughter; 5
240  Elizabeth; f; daughter; 1

241  **SMITH**, John; m; husband; 52
242  Mary; f; wife; 52
243  Albert; m; son; 18
244  Harvey; m; son; 15

245  **BROKAW**, Nannie Smith; f; 19

246  **SMITH**, Jacob; m; father; 25
247  Walter Matin[sic]; m; son; 1

248  **WARRIOR**, Lucinda Smith; f; mother; 45
249  Samuel; m; son; 25
250  Sallie; f; daughter; 18

251  **SPICER**, Daniel, Sr; m; father; 63
252  Charles; m; son; 19

253  **SPICER**, Sallie; f; mother; 52
254  Lewis Whitewing; m; son; 25
255  Caroline; f; daughter; 18   (mute)

256  **SPICER**, Alexander Z; m; father; 36
257  Ora Barnard; m; son; 7
258  Rio A; m; son; 5
259  Ilus; m; son; 3

260  **SPICER**, Daniel, Jr; m; 27

261  **SPICER**, Jack; m; father; 37
262  Sherman; m; son; 10

263  **SPICER**, Ida; f; mother; 55
264  Jacob; m; son; 25

*Census of the* **Seneca** *Indians of* **Quapaw** *Agency,* **Wyandotte, Indian Territory** *taken by* **Horace B. Durant, Supt. & Acting** *United States Indian Agent,* **June 30, 1904.** *190*

**KEY:** Number; *Indian Name* [if given]; English Name; Sex; Relation [if given]; Age.

265 **SPICER**, James; M; Father; 37
266 Ethel Lucinda; f; daughter; 12
267 Lemuel Jasper; m; son; 10
268 Evaline; f; daughter; 6
269 Georgia; f; daughter; 4
270 Lorena; f; daughter; 1

271 **SPICER**, Mitchell; m; father; 38
272 Esther; f; daughter; 12
273 Hattie; f; daughter; 10
274 Clem H; m; son; 7
275 Joseph; m; son; 4
276 Inez; f; daughter; 1         Born July 24, 1903

277 **SPICER**, Betsey; f; 68

278 **SPICER**, John; m; husband; 43
279 Jessie Davis; f; wife; 38
280 **Davis**, Minnie Spicer; f; st-daugh; 18
281 **Davis**, Blanch Crawford; f; " ; 15
282 Charles; m; son; 6
283 Noah; m; son; 4
284 Francis Marion; m; son; 3
285 Dorothy Mary; f; daughter; 1       Born August 16, 1903

286 **SPLITLOG**, Jacob; m; brother; 25
287 Inez; f; sister; 24
288 Julia; f; sister; 22
289 John; m; brother; 21
290 Alexander; m; brother; 31

291 **SPLITLOG**, Henry B; m; father; 47
292 Grover C; m; son; 18
293 Edna N; f; daughter; 15
294 Ethel K; f; daughter; 13
295 Carrie B; f; daughter

296 **HARPER**, Bertha Splitlog; f; mother; 20
297 Granville M; m; son; 1

298 **SPLITLOG**, Gordon B; m; 18

299 **STANDSTONE**, Fannie; f; 47

*Census of the* **Seneca** *Indians of* **Quapaw** *Agency,* **Wyandotte, Indian Territory** *taken by* **Horace B. Durant, Supt. & Acting** *United States Indian Agent,* **June 30, 1904.** *190*

**KEY:** Number; *Indian Name* [if given]; English Name; Sex; Relation [if given]; Age.

300 **TURKEY**, Abe; m; husband; 37
301 Mary Logan; f; wife; 50
302 **Logan**, John; m; step-son; 18
303 **Logan**, Louis; m; " ; 10
304 **Logan**, Rosie; f; " daughter; 14

305 **TURKEY**, David; m; 33

306 **VANDAL**, Susan L; f; daughter; 6
307 Mary J. Whitecrow; f; mother; 31
308 Gertrude; f; daughter; 4

309 **WHITECROW**, Alfred; m; husband; 37
310 Mary; f; wife; 33
311 Mayo; m; son; 11
312 Walter; m; son; 9
313 Gertrude; f; daughter; 6
314 Madonna; f; daughter; 4
315 Elsie; f; daughter; 1

316 **SPLITLOG**, Malinda Whitecrow; f; 60

317 **WHITETREE**, Alva; m; brother; 10
318 Ray; m; brother; 6
319 Jesse; m; brother; 4

320 **WHITETREE**, Break-it-nail; m; husband; 54
321 Susan; f; wife; 46
322 Ida; f; daughter; 21
323 William; m; son; 20
324 Thomas; m; son; 17
325 Ernest; m; son; 12
326 Rene; f; daughter; 8
327 Arizona; f; daughter; 4

328 **WHITETREE**, Eva; f; mother; 36
329 Susie; f; daughter; 20
330 Scott; m; son; 16
331 Frank; m; son; 12

332 **WINNEY**, Malinda; f; mother; 51
333 Thomas; m; son; 30

334 **HENSLEY**, Hattie Winney; f; 28

*Census of the* **Seneca** *Indians of* **Quapaw** *Agency,* **Wyandotte, Indian Territory** *taken by* **Horace B. Durant, Supt. & Acting** *United States Indian Agent,* **June 30, 1904.** *190*

**KEY:** Number; *Indian Name* [if given]; English Name; Sex; Relation [if given]; Age.

335 **WINNEY**, Isaac; m; husband; 54
336 Margaret; f; wife; 54

337 **HINMAN**, Fannie Scott Winney; f; mother; 28
338 Infant                   Born during 1904

339 **WINNEY**, Reed B; m; husband; 33
340 Julia Crawford; f; wife; 26
341 Clarence; m; son; 5
342 Mary Esther; f; daughter; 4
343 Mildred L; f; daughter; 6m        Born March 27, 1904

344 **YOUNG**, Fannie Smith; f; mother; 20
345 Lizzie; f; daughter; 2

346 **YOUNG**, Mary Choteau; f; 53

347 **YOUNG**, Adam; m; husband; 49
348 Mary; f; wife; 43
349 Thompson; m; son; 24
350 Louisa; f; daughter; 11

351 **DARITY**, Susannah Young; f; daughter; 23
352 Lavinia; f; daughter; 2

353 **EUNEAU**, Louis; m; father; 45
354 Thomas A; m; son; 23

355 **EUNEAU**, Howard E; m; son; 18
356 Edith; f; daughter; 11

357 **WORCESTER**, Mattie Logan; f; mother; 34
358 Mamie; f; daughter; 5

359 **LOGAN**, Mary S; f; 51

360 **JACK**, Isaac; m; 36     #122-1902-wrongfully reported dead on Census-1903

*Census of the* **Seneca** *Indians of* **Quapaw** *Agency,* **Wyandotte, Indian Territory** *taken by* **Horace B. Durant, Supt. & Acting** *United States Indian Agent,* **June 30, 1904.** *190*

**KEY:** Number; *Indian Name* [if given]; English Name; Sex; Relation [if given]; Age.

       Total Census for the year 1903------------------------------------------358
Deaths-
#46-1903--August 5, 1903-------Susan Buck Kariho
#51-1903--Jany. 10, 1904--------Jesse Captain
#70-1903--July 21, 1903---------Lucy Conner
#78-1903--April 22, 1904--------Amos Crow
#128-1903--Jany. 7, 1904--------Lydia Jamison
#148-1903--March 23, 1904-----Mary Jane Kariho
#153-1903--July 27, 1903--------Sarah Ellen Kingfisher
#174-1903--Sept. 26, 1903-------Susan T. Mononcue
#179-1903--June 6, 1903---------Widow Mush
#245-1903--Jany. 25, 1903-------James Warrior
#299-1903--March 24, 1904-----Charles Logan
       Total number of deaths during the year-----------------------11

Births-
#25-1904       #285-1904
#39-1904       #338-1904
#61-1904       #343-1904
$$$$$$$$$$
#136-1904
#155-1904
176--1904
#182-1904
#235-1904
#276-1904
       Total Number of births during the year--------------12

       Taken up to correct error on Census-1903-
       wrongfully reported dead-#122-Isaac Jack-------------------1

       Total increase over census of 1903---------------------------------------- 2

       Total Census for the year 1904 -----------------------------------360

# Wyandot Census
# 1904

*Census of the* **Wyandot**sic *Indians of* **Quapaw** *Agency,* **Wyandotte, Indian Territory** *taken by* **Horace B. Durant, Supt. & Acting** *United States Indian Agent,* **June 30, 1904.** *190*

**KEY:** Number; *Indian Name* [if given]; English Name; Sex; Relation [if given]; Age.

1 **ALLEN**, Ida J; f; mother; 39
2 Florence Esther; f; daughter; 6

3 **ARMSTRONG**, Maynard C; m; 58

4 **ARMSTRONG**, Silas; m; 62

5 **BARNETT**, Thomas; m; husband; 35
6 Emma; f; wife; 40
7 **Bland**, Sadie; f; daughter; 18
8 Milton; m; son; 10
9 Thomas, Jr; m; son; 8
10 Ruth; f; daughter; 5

11 **VELLENENIE**, Florence W; f; 29

12 **BARNETT**, John; m; 70

13 **BEARSKIN**, Sarah B; f; mother; 65
14 John; m; son; 39
15 Wesley; m; son; 28

16 **BENNETT**, Jefferson; m; husband; 41
17 Vernice[sic]; f; wife; 29
18 Ida; f; daughter; 13
19 Aileen; f; daughter; 11
20 Lotta; f; daughter; 9
21 Mary Jane; f; daughter; 7
22 Frank; m; son; 5

23 **BLAND**, John; m; husband; 37
24 Lula; f; wife; 33
25 Nora; f; daughter; 7
26 Eliza; f; daughter; 5

27 **BLACKABY**, Hannah; f; mother; 48
28 Maude; f; daughter; 18
29 Sherman; f[sic]; daughter[sic]; 16

30 **BOONE**, Octavius C; m; brother; 29
31 Alice R; f; sister; 24
32 Charlotte D; f; sister; 18
33 Walker L; m; brother; 16
34 Cecile M; f; sister; 12

*Census of the* **Wyandot**sic *Indians of* **Quapaw** *Agency,* **Wyandotte, Indian Territory** *taken by* **Horace B. Durant, Supt. & Acting** *United States Indian Agent,* **June 30, 1904.** *190*

**KEY:** Number; *Indian Name* [if given]; English Name; Sex; Relation [if given]; Age.

35 **BROWN**, John D; m; father; 56
36 Lee; m; son; 27
37 John D, Jr; m; son; 25
38 Annie L; f; daughter; 23
39 Lothia; m; son; 20

40 **BROWN**, Alpheus; m; father; 29
41 Julius M; m; son; 1

42 **BUZZARD**, Stella; f; sister; 17
43 Reed; m; son; 13

44 **CHERLOE**, Henry; m; father; 55
45 Jerry; m; son; 24

46 **COON**, John; m; 59

47 **COTTER**, Elizabeth; f; 59

48 **COTTER**, Jefferson; m; 43

49 **HOLT**, Hulda Cotter; f; mother; 27
50 Joel; m; son; 3

51 **COTTER**, Joel; m; husband; 41
52 Sarah; f; wife; 28
53 Claud B; m; son; 8
54 [No name]; m; 6       Not on previous census
55 Mabel; f; daughter; 4

56 **DAWSON**, R. A; m; husband; 62
57 Nannie; f; wife; 59
58 Philip Raymond; m; son; 32
59 Silas; m; son; 28
60 Naomi; f; daughter; 23

61 **BONNIN**, Jerdinia D; f; daughter; 25

62 **DUSHANE**, Rebecca; f; mother; 34
63 George; m; son; 16

64 **ELLIOT**, Isaac; m; 30

65 **ELLIOT**, Louisa; f; 60

*Census of the* **Wyandot**sic *Indians of* **Quapaw** *Agency,* **Wyandotte, Indian Territory** *taken by* **Horace B. Durant, Supt. & Acting** *United States Indian Agent,* **June 30, 1904.** *190*

**KEY:** Number; *Indian Name* [if given]; English Name; Sex; Relation [if given]; Age.

66 **FABER**, John; m; husband; 35
67 Cora; f; wife; 34
68 Leonard; m; son; 11
69 Hattie; f; daughter; 8
70 Viola May; f; daughter; 2

71 **GECK**, Lucy; f; mother; 52
72 Florence M; f; daughter; 24
73 Robert M; m; son; 16

74 **TOBEY**, Josephine Geck; f; 28

75 **GECK**, Richard C; m; husband; 30
76 Nellie Rose; f; wife; 28
77 Ramona Jeanette; f; daughter; 4

78 **STAND**, Henry; m; 43

79 **GIAMEE**, Charles; m; brother; 26
80 Martha; f; sister; 25
81 Mary Jane; f; sister; 23

82 **GIAMEE**, James; m; 53  Wyandot by blood-regularly adopted in 1874-but was away and received no allottment[sic]-

83 **BROWN**, Eldridge; m; husband; 56
84 Malinda; f; wife; 54
85 Mariam; f; daughter; 16

86 **BROWN**, James; m; 27

87 **COTTER**, James; m; husband; 54
88 Cora; f; wife; 38
89 Norma; f; daughter; 16
90 Milton; m; son; 14
91 Nora; f; daughter; 12
92 Bessie; f; daughter; 10

93 **COOK**, Dawson; m; 36

94 **HILL**, Eudora Cook; f; 64

95 **HOAG**, Wilhelmina Cook; f; 34

*Census of the* **Wyandot**sic *Indians of* **Quapaw** *Agency,* **Wyandotte, Indian Territory** *taken by* **Horace B. Durant, Supt. & Acting** *United States Indian Agent,* **June 30, 1904.** *190*

**KEY:** Number; *Indian Name* [if given]; English Name; Sex; Relation [if given]; Age.

96  **DYER**, Lucinda; f; 74
97  **Young**, Emma V; f; adopted daugh; 24

98  **GRINDROD**, Kate; f; 32

99  **HACKLEMAN**, Arizona; f; mother; 40
100 Marjorie; f; daughter; 7
101 Jeanette; f; daughter; 3

102 **HARRIS**, John; m; father; 51
103 Jane; f; wife; 37  white
104 Mary; f; daughter; 19
105 Matilda; f; daughter; 15
106 Susie; f; daughter; 13
107 Randolph; m; son; 11
108 George; m; son; 9

109 **HICKS**, Henry; m; father; 58
110 Melissa; f; wife; 43    (white)
111 Frank; m; son; 22
112 John; m; son; 16

113 **TINDAL**, Hettie; f; mother; 27
114 Infant; m; son; 1

115 **MAUPIN**, Cordelia H; f; mother; 34
116 Anna Alberta; f; daughter; 2
117 Blanch Mildred; f; daughter; 10m    Born Sept. 10, 1903

118 **LaDUE**, Cassandra Hicks; f; mother; 28
119 **Hicks**, William; m; son; 7

120 **HICKS**, George; m; 34

121 **JOHNSON**, Allen; m; husband; 63
122 Catherine; f; wife; 50

123 **JOHNSON**, Allen, Jr; m; 32

124 **JOHNSON**, Robert; m; husband; 36
125 Helen; f; wife; 31    (white)
126 Harold; m; son; 7
127 Gwendolyn; f; daughter; 6
128 Eunice; f; daughter; 3

*Census of the* **Wyandot**sic *Indians of* **Quapaw** *Agency,* **Wyandotte, Indian Territory** *taken by* **Horace B. Durant, Supt. & Acting** *United States Indian Agent,* **June 30, 1904.** *190*

KEY: Number; *Indian Name* [if given]; English Name; Sex; Relation [if given]; Age.

129 **JOHNSON**, George M; m; husband; 34
130 Dorcas; f; wife; 32 (white)

131 **PRESTON**, Eva Johnson; f; mother; 32
132 Dorothy Sarah; f; daughter; 2

133 **DAY**, Josephine L. A; f; mother; 43
134 **Stewart**, Clarence; m; son; 19
135 **Adkins**, Charles; m; son; 17
136 **Adkins**, Audrey; f; daughter 15

137 **BOND**, Minnie S; f; mother; 24
138 Charles Clyde; m; son; 5

139 **KARIHO**, Mary Jane; f; mother; 38
140 **Bland**, Charles; m; son; 5

141 **KENNEDY**, Rebecca; f; mother; 57
142 James; m; son; 28
143 Lee; m; son; 24
144 Allan; m; son; 19

145 **JOHNSON**, Wilbur; m; husband; 24
146 Dolly Stiltz; f; wife; 23

147 **KIRKBRIDE**, Frank; m; brother; 37
148 Eugene; m; brother; 41

149 **KYGAR**, Dolly; f; sister; 17
150 Minnie; f; sister; 15
151 Pearl; f; sister; 12
152 Stella; f; sister; 10
153 **Weaver**, Bessie; f; sister; 3

154 **LONG**, William P; m; husband; 36
155 Alberta S; f; wife; 26
156 Elmer; m; son; 4
157 Lucien; m; son; 3
158 Lucile; f; daughter; 8m    Born Oct. 1903

159 **LONG**, Fred; m; husband; 40
160 Lydia; f; wife; 35 (white)
161 Vera; f; daughter; 13
162 Byron; m; son; 8

*Census of the* **Wyandot**sic *Indians of* **Quapaw** *Agency,* **Wyandotte, Indian Territory** *taken by* **Horace B. Durant, Supt. & Acting** *United States Indian Agent,* **June 30, 1904.** *190*

**KEY:** Number; *Indian Name* [if given]; English Name; Sex; Relation [if given]; Age.

163 **LONG**, James M; m; husband; 73
164 Fannie M; f; wife; 55
165 Kate; f; daughter; 33
166 Irvin P; m; son; 24
167 James, Jr; m; son; 20

168 **LONG**, Frank; m; 31

169 **DICKEY**, Myrtle Long; f; mother; 27
170 Byron; m; son; 1

171 **LONG**, Samuel; m; 30

172 **LONG**, Thomas; m; brother; 26
173 George; m; brother; 24
174 Julia; f; sister; 20
175 Grover C; m; brother; 19
176 Albert; m; brother; 17
177 Nancy; f; sister; 14
178 Walter; m; brother; 10

179 **KING**, May Long; f; mother; 22
180 Nicholas; m; son; 3
181 Estelle; f; daughter; 1  Born July 7, 1903

182 **MISENHIMER**, Susan; f; mother; 42
183 Ella; f; daughter; 17
184 James; m; son; 12
185 John; m; son; 7

186 **JONES**, Arizona Misenhimer; f; mother; 21
187 William Elias; m; son; 3

188 **McKEE**, Mary; f; 63

189 **MURDOCK**, Blanche Walker; f; mother; 45
190 Rhoda; f; daughter; 11

191 **MUDEATER**, Benjamin; m; husband; 54
192 Sidney; f; wife; 46  white
193 Doane; m; son; 9
194 Fred Roschi; m; son; 1

195 **MUDEATER**, Florence; f; 21

*Census of the* **Wyandot**sic *Indians of* **Quapaw** *Agency,* **Wyandotte, Indian Territory** *taken by* **Horace B. Durant, Supt. & Acting** *United States Indian Agent,* **June 30, 1904.** *190*

**KEY:** Number; *Indian Name* [if given]; English Name; Sex; Relation [if given]; Age.

196 **MUDEATER**, Alfred; m; husband; 50
197 Julia; f; wife; 40

198 **MUNCH**, Oella; f; 55

199 **MUSH**, Mary; f; 75

200 **PEACOCK**, Maggie; f; mother; 44
201 Lottie; f; daughter; 21
202 Alex; m; son; 7
203 Philip; m; son; 10

204 **SPICER**, Katy P; f; 19

205 **ROBITAILLE**, James; f; husband; 42
206 Emma; f; wife; 33 (white)
207 Grace; f; daughter; 13
208 Homer; m; son; 11
209 Wolferd[sic]; m; son; 10
210 Arthur; m; son; 7

211 **ROUBIDOUX**, Josephine; f; 28

212 **ROBITAILLE**, Frank; m; brother; 35
213 Lena; f; sister; 26
214 Charles Z; m; brother; 24

215 **ROBITAILLE**, Ernest; m; 32

216 **SARAHAS**, Jane; f; 75

217 **SARAHAS**, Jane, Jr; f; 61

218 **SARAHAS**, Wesley; m; husband; 55
219 Martha; f; wife; 40 (white)

220 **SARAHAS**, Richard; m; father; 47
221 Frank; m; son; 19 Omitted on previous Census

222 **BEGGS**, Alice S; f; mother; 45
223 **Schiffbauer**, Amelia; f; daughter; 18
224 **Schiffbauer**, Bert; m; son; 20
225 **Schiffbauer**, Pearl; f; daughter; 14
226 **Schiffbauer**, Joseph; m; son; 12

*Census of the* **Wyandot**sic *Indians of* **Quapaw** *Agency,* **Wyandotte, Indian Territory** *taken by* **Horace B. Durant, Supt. & Acting** *United States Indian Agent,* **June 30, 1904.** *190*

**KEY:** Number; *Indian Name* [if given]; English Name; Sex; Relation [if given]; Age.

227  **BEGGS**[cont], Julia Leon; f; daughter; 6

228  **FRENCH**, Mary E. Wind; f; 24

229  **SCHRIMPSHER**, Hattie; f; 35

230  **SEYMOUR**, Mary Brown; f; mother; 25
231  Mary Aretha; f; daughter; 3
232  Inez Pearl; f; daughter; 1

233  **EUNEAU**, Nancy Smith; f; mother; 45
234  **Smith**, Benjamin; m; son; 20
235  **Smith**, Eulalia; f; daughter; 18
236  **Smith**, Roy; m; son; 16

237  **PEACORE**, Artie Smith; f; 26

238  **SOLOMON**, Isaac (Macomb); m; father; 43    Has resided in Osage
239  Infant                                        country-for some years
240  Infant                                        age and sex of children unknown.

241  **SPICER**, Rena C; f; 27

242  **SPYBUCK**, Henry; m; father; 47
243  Flossie B; f; wife; 20    (white)
244  Roy; m; son; 13
245  Ruth; f; daughter; 8
246  Infant; m; son            Born during 1903

247  **SPYBUCK**, Eliza; f; 65

248  **SPLITLOG**, James; m; 59

249  **STANNARD**, Nancy; f; mother; 45
250  Walter N; m; son; 9
251  Jeanette; f; daughter; 7

252  **RYAN**, Caroline Faber; f; 27

253  **FABER**, Jerdinia; f; 25
254  **Staton**, Thomas; m; nephew; 21
255  **Ballard**, Lloyd; m; nephew; 5

*Census of the* **Wyandot**sic *Indians of* **Quapaw** *Agency,* **Wyandotte, Indian Territory** *taken by* **Horace B. Durant, Supt. & Acting** *United States Indian Agent,* **June 30, 1904.** *190*

**KEY:** Number; *Indian Name* [if given]; English Name; Sex; Relation [if given]; Age.

256 **TOBIEN**, Lula M. Walker; f; mother; 40
257 Earl Walker; m; son; 16
258 June Danforth; m; son; 10

259 **TUSSINGER**, Jessie G; f; mother; 23
260 [No name]; m; son; 5

261 **TUSSINGER**, Lizzie G; f; mother; 48
262 **Giamee**, Rosanna; f; daughter; 12
263 Mark L; m; son; 7
264 Josephine; f; daughter; 6

265 **WALKER**, Malcolm; m; 55

266 **WALKER**, Thomas G; m; 68

267 **WALKER**, Mary; f; mother; 74
268 B. N. O; m; son; 33
269 **Hamlin**, Paul; m; grandson; 24

270 **GORDON**, Carrie Hamlin; f; 28

271 **WALKER**, Isaac S; m; husband; 39
272 Eva L; f; wife; 32     (white)

273 **WALKER**, Clarence; m; 52

274 **WALLACE**, Jane Z; f; mother; 32
275 Everett; m; son; 3

276 **WANO**, Ellen; f; mother; 33
277 William; m; son; 8
278 Eugene; m; son; 6
279 Katie; f; daughter; 4     Born during 1900
280 Myrtle; f; daughter; 1     Born 1903

281 **WOLFENBERGER**, Olive; f; sister; 8
282 Josephine; f; sister; 6

283 **WRIGHT**, James; m; father; 50
284 William; m; son; 26
285 George; m; son; 23
286 Grant; m; son; 21

*Census of the* **Wyandot**sic *Indians of* **Quapaw** *Agency,* **Wyandotte, Indian Territory** *taken by* **Horace B. Durant, Supt. & Acting** *United States Indian Agent,* **June 30, 1904.** *190*

**KEY:** Number; *Indian Name* [if given]; English Name; Sex; Relation [if given]; Age.

287 **WRIGHT**[cont], Charles; m; son; 19
288 Henry; m; son; 15
289 Hattie; f; daughter; 8

290 **YOUNG**, Star; m; father; 53
291 Henry; m; son; 33
292 Lizzie; f; daughter; 30

293 **YOUNG**, William; m; husband; 28
294 Lula; f; wife; 28 (white)
295 John; m; son; 7
296 Clifford; m; son; 5

297 **ZANE**, Susan; f; 29

298 **ZANE**, Buchanan; m; 26

299 **ZANE**, John; m; husband; 32
300 Bertha; f; wife; 28 (white)
301 William; m; son; 6

302 **ZANE**, Isaac R; m; husband; 78
303 Elizabeth; f; wife; 78 (white)

304 **ZANE**, Isaac; m; husband; 53
305 Winnie; f; wife; 26 (white)
306 Iona; f; daughter; 10
307 Susanne Jane; f; daughter; 8
308 Louisa; f; daughter; 6
309 Isaac J; m; son; 4

310 **ZANE**, Lee; m; father; 46
311 Emma; f; wife; 38 (white)
312 Myrtle; f; daughter; 16
313 Oscar; m; son; 14
314 Olive; f; daughter; 12
315 J. Clarence; m; son; 8
316 Katie; f; daughter; 7

317 **McCART**, Lacy Zane; f; mother; 56 (white)
318 **Zane**, Noah; m; son; 25
319 **Zane**, Julia; f; daughter; 20
320 **Zane**, Henry; m; son; 16
321 **Zane**, Pearl; f; daughter; 13

*Census of the* **Wyandot**sic *Indians of* **Quapaw** *Agency,* **Wyandotte, Indian Territory** *taken by* **Horace B. Durant, Supt. & Acting** *United States Indian Agent,* **June 30, 1904.** *190*

KEY: Number; *Indian Name* [if given]; English Name; Sex; Relation [if given]; Age.

322 **HARPER**, Oella Z; f; mother; 22
323 [No name]; f; daughter; 5

324 **CULP**, Jennie Zane; f; 43

325 **HODGKISS**, Rosetta; f; mother; 41
326 Elmo; m; son; 14
327 Natalie; f; daughter; 12
328 Lawrence F; m; son; 5
329 Darthula; f; daughter; 9

330 **FRASSE**, Maud H; f; 19

331 **JOHNSON**, Ella; f; mother; 35 white
332 Bertha; f; step-dau; 21
333 Preston; m; son; 19
334 Donald; m; son; 10
335 Cordelia; f; daughter; 8

336 **LOFLAND**, Caroline; f; mother; 59
337 Charles; m; son; 25

338 **TOURTILOTTE**, Annie L; f; mother; 22
339 [No name]; f; daughter    Born Jany. 1903

340 **VOLZ**, Josephine L; m; mother; 30
341 Julia; f; daughter; 4
342 Janet M; f; daughter; 3
343 Infant; m; son    Born Dec. 1903

344 **LIDER**, Rose M; f; mother; 38
345 **Lute**, Frank; m; son; 15
346 **McClellan**, Lucretia; f; daughter; 11
347 Infant; f; daughter; 3

348 **PUNCH**, Alex; m; 57

349 **WRIGHT**, Martha; f; 79
350 Martha Jane; f; grdaughter; 23

351 **SCHIFFBAUER**, Azilda; f; 30

352 **CROTZER**, Catherine; f; mother; 44
353 Archibald V; m; son; 25

*Census of the* **Wyandot**sic *Indians of* **Quapaw** *Agency,* **Wyandotte, Indian Territory** *taken by* **Horace B. Durant, Supt. & Acting** *United States Indian Agent,* **June 30, 1904.** *190*

**KEY:** Number; *Indian Name* [if given]; English Name; Sex; Relation [if given]; Age.

354 **CROTZER** [cont], Ethel; f; daughter; 18
355   John; m; son; 16
356   Grace; f; daughter; 11
357   Ona May; f; daughter; 9
358   Esther Rose; f; daughter; 7

359 **ZANE**, Ethan; m; 58

360 **WALKER**, Thomas E; m; father; 45
361   Kenneth; m; son; 13

362 **JOHNSON**, Arthur; m; 30      #121-1903

363 **MUDEATER**, Irvin; m; father; 55      #196-1903
364   Julia; f; daughter; 8                        #197-1903

365 **HODGKISS**, Paul Norvell; m; 10m      Born July 26, 1903-son of #325-1904-

   Total Census for the year 1903------------------------------------------359
Deaths-
#16-1903---Jany. 1904----George Bearskin
#147-1903-August 7, 1903-Susan Kygar Weaver
#169-1903-Sept. 18, 1903-Isaac Z. Long
#205-1903-Dec. 1903-----Margaret Punch
#270-1903-Sept. 9, 1903--Herbert Francis Gordon
#308-1903-August 27, 1903-Mary Ann Zane
   Total deaths during the year 1903--------------------------6

Births-
#117-1904      #280-1904
#158-1904      #339-1904
#181-1904      #343-1904
#246-1904      #365-1904
#279-1904
   Total births during the year---------------------------------9

   Omitted on previous Census Rolls-
#54-1904
#82-1904
#221-1904
   Total-------------------------------------------------------------3
   Total increase over 1903-----------------------------------6------------------6
   Total Census for year 1904----------------------------------------365

# Peoria Census
# 1905

*Census of the* **Peoria** *Indians of* **Quapaw** *Agency,* **Wyandotte, Indian Territory** *taken by* **Horace B. Durant, Supt.** *United States Indian Agent,* **June 30, 1905.** *190*

**KEY:** Number; *Indian Name* [if given]; English Name; Sex; Relation [if given]; Age.

1   **CHARLEY**, Lizzie; f; 48

2   **CHARLEY**, James; m; father; 46
3   Bessie M; f; daughter; 16
4   Fannie; f; daughter; 13

5   **EDDY**, Amos; m; brother; 15
6   Edna; m; sister; 13

7   **PECKHAM**, Thomas; m; father; 54
8   Blanche; f; daughter; 16
9   Edward; m; son; 14
10   May; f; daughter; 12
11   Ruby; f; daughter; 6
12   Charles; m; son; 4
13   Thomas M; m; son; 2

14   **PECKHAM**, Hazel; f; sister; 2
15   Erma; f; sister; 4

16   **LaFALIER**, Pearl Peckham; f; mother; 25
17   Esther; f; daughter     Born Sept. 15, 1904

18   **SCANLAN**, Eliza Peckham; f; mother; 34
19   Earl; m; son; 4     corrected-
20   Lloyd; m; son     Born Feby 27, 1905

21   **SKY**, George; m; father; 33
22   Jesse; m; son; 13
23   Beatrice; f; daughter; 7
24   Gladys; f; daughter; 4
25   Hazel; f; daughter     Born March 24, 1905

26   **SKY**, William; m; father; 37
27   Nancy; f; wife; 40
28   Myrtle; f; daughter; 7
29   Juanita; f; daughter; 3

30   **SKY**, Thomas; m; brother; 24
31   Clarence; m; brother; 15

32   **ROBINSON**, Amos; m; 22

33   **WANSWORTH**, John; m; 51

*Census of the* **Peoria** *Indians of* **Quapaw** *Agency,* **Wyandotte, Indian Territory** *taken by* **Horace B. Durant, Supt.** *United States Indian Agent,* **June 30, 1905.** *190*

**KEY:** Number; *Indian Name* [if given]; English Name; Sex; Relation [if given]; Age.

34    **SKY**, Stella; f; 17
35    **Walton**, Mary Ruth; f; 1/2 sister; 15
36    **Walton**, Genevieve; f;   "   ; 13
37    **Walton**, Naomi; f;   "   ; 11
38    **Walton**, Richard; m;    brother; 10

39    **BLACKFISH**, Ella Miller; f; 43

40    **MILLER**, Albert; m; father; 23
41    Albert Leroy; m; son; 2
42    Cora Esther; f; daughter        Born Sept. 19, 1904

43    **McLANE**, Peter; m; 40

44    **PRATHER**, Emmeline; f; mother; 33
45    Nellie B; f; daughter; 4
46    Beulah; f; daughter; 2

47    **BAPTISTE**, Louisa; f; 60

48    **BAPTISTE**, Charles; m; husband; 39
49    Jane Myers; f; wife; 48

50    **MYERS**, Ottie; m; father; 22
51    Opal; f; daughter; 3

52    **PEERY**, Albert J; m; husband; 44
53    Alice S; f; wife; 39
54    Albert E; m; son; 4

55    **PEERY**, Samuel L; m; brother; 37
56    Eva May; f; sister; 26
57    Frank C; m; brother; 21

58    **THOMPSON**, Elsie E. Peery; f; 23

59    **PEERY**, William B; m; father; 40
60    Christine; f; daughter; 13
61    Naomi; f; daughter; 11
62    David; m; son; 8

63    **MOORE**, Mary; f; mother; 43
64    Ernest; m; son; 19

*Census of the* **Peoria** *Indians of* **Quapaw** *Agency,* **Wyandotte, Indian Territory** *taken by* **Horace B. Durant, Supt.** *United States Indian Agent,* **June 30, 1905.** *190*

KEY: Number; *Indian Name* [if given]; English Name; Sex; Relation [if given]; Age.

65 **PALMER**, Ada Moore; f; 21

66 **MOORE**, Frank D; m; father; 27
67 Russel; m; son; 7

68 **STATON**, Stella; f; sister; 18
69 Mabel; f; sister; 15
70 George Claude; m; brother; 12

71 **TUCKER**, Silas; m; 38

72 **BLAYLOCK**, Alice Blackhoof; f; 29

73 **STAND**, Nancy Smith; f; mother; 44
74 Matilda; f; daughter; 18
75 Leander; m; son; 11
76 Raymond; m; son; 8
77 Wilson; m; son; 4

78 **BOYD**, Maggie Smith; f; mother; 22
79 Samuel R. A; m; son; 2

80 **PASCHAL**, Grover C; m; brother; 18
81 Louis; m; brother; 16

82 **FINLEY**, George W; m; father; 43
83 Leo; m; son; 12

84 **BERNARD**, Lena; f; 17

85 **STANLEY**, Charles; m; father; 43
86 Ramona; f; daughter; 15
87 Sampson Arthur; m; son; 17
88 Katie Artless; f; daughter; 11
89 Ardlus; m; son; 6
90 Goldie; f; daughter; 2
91 Infant                    Born March 25, 1905

92 **LARGE**, Ida Stanley; f; 19

93 **BEAVER**, Frank; m; 49
94 Esta; f; daughter; 26

*Census of the* **Peoria** *Indians of* **Quapaw** *Agency,* **Wyandotte, Indian Territory** *taken by* **Horace B. Durant, Supt.** *United States Indian Agent,* **June 30, 1905.** *190*

**KEY:** Number; *Indian Name* [if given]; English Name; Sex; Relation [if given]; Age.

95  **FARRIS**, Nancy; f; mother; 46
96  Guy; m; son; 15
97  William; m; son; 11

98  **MOHAWK**, Orilla Keno; f; mother; 51
99  Henry; m; son; 21

100 **ROBINSON**, Thomas M; m; 16

101 **SACTO**, Louisa; f; sister; 20
102 Mary; f; sister; 19
103 Joseph; m; brother; 15
104 Nathaniel; m; brother; 10

105 **LARKINS**, Reuben; m; 13

106 **MERRISS**, Justina; f; mother; 44
107 Elmer; m; son; 18
108 Clinton; m; son; 17

109 **MERRISS**, John; m; father; 29
110 Sylvia; f; daughter; 2

111 **WILLIAMS**, Grace Merriss; f; mother; 20
112 Lula Elsie; f; daughter; 2
113 Abram; m; son          Born April, 1905

114 **ROCKER**, Sarah M; f; mother; 23
115 Zella; f; daughter; 5
116 Ernest; m; son          Born Feby. 11, 1905

117 **MITCHELL**, Winnie Sky; f; mother; 22
118 Clysta; f; daughter; 4
119 Olive; f; daughter; 2

120 **VALLEY**, Joseph; m; father; 24
121 Joseph N; m; son; 3

122 **VALLEY**, Josephine; f; 21

123 **FISH**, Minnie; f; sister; 30
124 Frank; m; brother; 13

*Census of the* **Peoria** *Indians of* **Quapaw** *Agency,* **Wyandotte, Indian Territory** *taken by* **Horace B. Durant, Supt.** *United States Indian Agent,* **June 30, 1905.** *190*

**KEY:** Number; *Indian Name* [if given]; English Name; Sex; Relation [if given]; Age.

125 **LYKINS**, W. G; m; husband; 57
126 Annie; f; wife; 49
127 Harry; m; son; 17
128 Martha; f; daughter; 15

129 **LYKINS**, Charles; m; father; 25
130 Nolte Lynn; m; son; 2

131 **WILLS**, Queenie Lykins; f; mother; 19
132 Ruth M; f; daughter; 1

133 **LYKINS**, Fred C; m; father; 27
134 Lee F; m; son; 4

135 **LYKINS**, Webster; m; father; 32
136 Carey; m; son; 9
137 Anna; f; daughter; 4

138 **LYKINS**, E. W. W; m; father; 55
139 Elsie; f; daughter; 13
140 David; m; son; 11
141 Willis; m; son; 10

142 **BEAN**, Sallie Welch; f; mother; 43
143 **Welch**, Benjamin; m; son; 15

144 **NIECE**, Charles; m; father; 28
145 Sarah; f; daughter; 1

146 **LaBADIE**, Roy C; m; brother; 18
147 Raymond; m; brother; 16
148 Edna; f; sister; 13

149 **BUCK**, Mrs; f; 86

150 **KNOX**, Nancy Archer; f; 47

151 **DELAWARE**, Mary; f; 56

152 **McNAUGHTON**, Clara E; f; mother; 41
153 Ray; m; son; 19
154 Guy; m; son; 17
155 Pearl; f; daughter; 15

*Census of the* **Peoria** *Indians of* **Quapaw** *Agency,* **Wyandotte, Indian Territory** *taken by* **Horace B. Durant, Supt.** *United States Indian Agent,* **June 30, 1905.** *190*

**KEY:** Number; *Indian Name* [if given]; English Name; Sex; Relation [if given]; Age.

156 **McNAUGHTON**, Willis; m; 23

157 **PASCHAL**, Albert; m; 40

158 **ENSWORTH**, Emily; f; mother; 48
159 Fred; m; son; 22
160 Claud; m; son; 26
161 Roy; m; son; 15
162 Umilla; f; daughter; 14
163 Wm. L; m; son; 7

164 **STATON**, Ella; f; mother; 44
165 Marion; m; son; 20
166 Sherman; m; son; 17
167 Lennie; f; daughter; 16

168 **OSBORNE**, Mary; f; mother; 42
169 Arthur; m; son; 13
170 Margaret; f; daughter; 9
171 Christina; f; daughter; 8
172 Patrick; m; son; 5
173 Alice; f; daughter; 3

174 **McBEE**, Julia; f; 57

175 **LaBADIE**, W. G; m; father; 51
176 Leslie; f; daughter; 14
177 Lola; f; daughter; 10

178 **ABNER**, Joseph; m; 36

179 **ROSS**, Julia Bobb; f; mother; 30
180 Ruth Mary; f; daughter; 6
181 Lillian Mabel; f; daughter; 3
182 Beulah Esther; f; daughter; 1          Born August , 1904

183 **BOYLES**, Maude Goodner; f; mother; 32
184 Clara; f; daughter; 11
185 Nita; f; daughter; 9

186 **FROMAN**, Angeline; f; mother; 34
187 Asa; m; son; 11
188 Mary; f; daughter; 10
189 Lizzie; f; daughter; 6

*Census of the* **Peoria** *Indians of* **Quapaw** *Agency,* **Wyandotte, Indian Territory** *taken by* **Horace B. Durant, Supt.** *United States Indian Agent,* **June 30, 1905.** *190*

**KEY:** Number; *Indian Name* [if given]; English Name; Sex; Relation [if given]; Age.

190 **FROMAN**[cont], Guy; m; son; 3
191 Rosetta; f; daughter; 1

192 **MILLER**, George; m; 25

193 **SKY**, Frank; m; 30

194 **MERRISS**, Wendal[sic] Eugene; m    Born Aug. 26, 1904- son of #109

195 **ROCKER**, Alice J; 2-daughter of #114
             Total census for year 1904-------        191

Deaths-1904
#5-Daniel Eddy
#31-Sarah Charters
#101-James Sacto
#107-Alma Merriss
#154-Dick Prophet
             Total deaths during year-        5

Births-
#17-1905
#20-1905
#25-1905
#42-1905
#91-1905
#113-1905
#116-1905
#182-1905
#194-1905
             Total births during 1905-        9

                    Total increase over '04-    4

             Total Census for 1905            195

# Eastern Shawnee Census
1905

*Census of the* **Eastern Shawnee** *Indians of* **Quapaw** *Agency,* **Wyandotte, Indian Territory** *taken by* **Horace B. Durant, Supt. & Acting** *United States Indian Agent,* **June 30, 1905.** *190*

**KEY:** Number; *Indian Name* [if given]; English Name; Sex; Relation [if given]; Age.

1    **SPICER**, Mitchelothe Ball; f; 57

2    **BEAVER**, Lewis; m; 33

3    **BEAVER**, John; m; 30

4    **HOLDEN**, Ida M. Bluejacket; f; mother; 21
5    Edith; f; daughter; 2

6    **BLUEJACKET**, Carrie; f; mother; 45
7    Walter; f; son; 20
8    Edward; m; son; 17
9    William T; m; son; 11
10   Blanche; f; daughter; 9
11   Amy; f; daughter; 5

12   **BONE**, James; m; 34

13   **CAPTAIN**, Tom; m; father; 50
14   Thomas; m; son; 19
15   Mary Ellen; f; daughter;
16   Sarah M; f; daughter; 13
17   William N; m; son; 10
18   Mike; m; son; 9
19   Grace; f; daughter; 8
20   George F; m; son; 5
21   Martha Evaline; f; daughter; 4
22   Sophronia Ann; f; daughter; 2         Born July 2, 1903--

23   **DAUGHERTY**, Howard; m; 24

24   **DAUGHERTY**, George; m; 22

25   **DAUGHERTY**, Rosa Bluejacket; f; mother; 27
26   Louisa; f; daughter; 7
27   Susan; f; daughter; 3
28   Joshua; m; son             Born March 3, 1905

29   **PENDER**, Jane D; f; mother; 41
30   **Daugherty**, David; m; son; 17
31   **Daugherty**, Samuel; m; son; 13
32   **Walton**, Minnie Eva; f; daughter; 9

*Census of the* **Eastern Shawnee** *Indians of* **Quapaw** *Agency,* **Wyandotte, Indian Territory** *taken by* **Horace B. Durant, Supt. & Acting** *United States Indian Agent,* **June 30, 1905.** *190*

**KEY:** Number; *Indian Name* [if given]; English Name; Sex; Relation [if given]; Age.

33  **SKY**, Anna D; f; mother; 22
34  Emmett; m; son; 4

35  **DICK**, Lucinda; f; 69

36  **DICK**, James; m; 28

37  **DUSHANE**, Nancy; f; mother; 59
38  David; m; son; 25
39  Benjamin; m; son; 19

40  **DUSHANE**, Charles; m; father; 29
41  Nina; f; daughter; 8
42  Infant; f; daughter; 1

43  **DUSHANE**, Andrew; m; father; 33
44  Walter; m; son; 10
45  Clifford; m; son; 6
46  Rebecca; f; daughter; 3
47  Naomi; f; daughter; 1        Born Sept. 27, 1904

48  **PARKER**, Laura Duncan; f; 32

49  **FLINT**, *Sa-pa-to-wa-sa*; f; 55

50  **GIBSON**, Mary Quick; f; 14

51  **VANSANDT**, Cora H; f; mother; 36
52  **Hampton**, Ora; m; son; 18
53  **Hampton**, Nellie; f; daughter; 12
54  **Hampton**, Fred; m; son; 10
55  **Hampton**, Mark; m; son; 8
56  George; m; son; 4

57  **HAMPTON**, W. H; m; husband; 20
58  Cornelia Captain; f; wife; 17
59  Ozina Annabel; f; daughter; 1    Born Dec. 27, 1903
60  Eudora May; f; daughter         Born April 9, 1905

61  **WORMINGTON**, Zerella H; f; 17

62  **HARVEY**, Rosella Thomas; f; mother; 28
63  **Prophet**, Frank; m; son; 13

*Census of the* **Eastern Shawnee** *Indians of* **Quapaw** *Agency,* **Wyandotte, Indian Territory** *taken by* **Horace B. Durant, Supt. & Acting** *United States Indian Agent,* **June 30, 1905.** *190*

**KEY:** Number; *Indian Name* [if given]; English Name; Sex; Relation [if given]; Age.

64     **HOUSE**, Minnie T; f; mother; 26
65     Thomas; m; son; 3

66     **JACKSON**, Anna; f; 54

67     **JACKSON**, Stonewall; m; 47

68     **WILLIAMS**, Matilda Jackson; f; mother; 28
69     Hetty; f; daughter; 3

70     **LITTLECHIEF**, Martha; f; 31

71     **McLANE**, Fannie Whiteday; f; 41

72     **MOHAWK**, John; m; 47

73     **MOHAWK**, Sarah; f; 16

74     **STAND**, William; m; 24

75     **NICHOLS**, Levi; m; 17

76     **PROPHET**, John; m; father; 29
77     Edna E; f; daughter; 5
78     Theodore; m; son; 3
79     Harriet; f; daughter          Born November 11, 1904

80     **PROPHET**, William; m; 17

81     **PROPHET**, Maria; f; mother; 42
82     Minnie; f; daughter; 22
83     Ida; f; daughter; 18
84     Estella; f; daughter; 14
85     Franklin; m; son; 12
86     Elmer; m; son; 10
87     Nancy; f; daughter; 8
88     Bertha Maria; f; daughter; 4

89     **PUNCH**, Mary, Sr; f; mother; 57
90     Mary, Jr; f; daughter; 22

91     **THOMAS**, Ella; f; 12

*Census of the* **Eastern Shawnee** *Indians of* **Quapaw** *Agency,* **Wyandotte, Indian Territory** *taken by* **Horace B. Durant, Supt. & Acting** *United States Indian Agent,* **June 30, 1905.** *190*

KEY: Number; *Indian Name* [if given]; English Name; Sex; Relation [if given]; Age.

92 **SKAKAH**, Susan Tomahawk; f; mother; 35
93 Anna; f; daughter; 9
94 Rosa; f; daughter; 7

95 **TOMAHAWK**, Jacob; m; 41

96 **TOOLEY**, Mattie; f; mother; 36
97 Etta; f; daughter; 18
98 Ella; f; daughter; 13
99 Effie; f; daughter; 3

100 **TURKEYFOOT**, Milton; m; 28

101 **PASCHAL**, Mary Whiteday; f; 51

Total Census for the year 1904-------------------------------------95

No Deaths-

Births--
No. 22--Sophronia Ann Captain
No. 28--Joshua Daugherty
No. 47--Naomi Dushane
No. 59--Ozina Annabel Hampton    -not reported previously-
No. 60 --Eudora May Hampton
No. 79--Harriet Prophet

Total increase over census of 1904----------------------------------6
-------------------------------------------

Total Census for 1905-101

# Miami Census
# 1905

*Census of the* **Miami** *Indians of* **Quapaw** *Agency,* **Wyandotte, Indian Territory** *taken by* **Horace B. Durant, Supt. & Acting** *United States Indian Agent,* **June 30, 1905.** *190*

**KEY:** Number; *Indian Name* [if given]; English Name; Sex; Relation [if given]; Age.

1 **AVELINE**, Frank N; m; 41

2 **BILLINGTON**, Mary A; f; mother; 52
3 Milton N; m; son; 18
4 Rose A; f; daughter; 16
5 Frank; m; son; 15

6 **LUCAS**, Silver Dollar; f; mother; 28
7 Marie A; f; daughter; 3
8 Edward Joseph; m; son   Born March 17, 1905
9 Amber; f; daughter; 4

10 **DOLLAR**, Theodore; m; father; 30
11 Mary Elizabeth; f; daughter; 2

12 **BRIGHT**, Margaret; f; mother; 56
13 Flora; f; daughter; 31
14 Columbus; m; son; 17

15 **BRIGHT**, John; m; 35

16 **BENJAMIN**, Susan; f; 59

17 **BUCK**, Mary; f; mother; 47
18 Frank; m; son; 16

19 **CRAWFISH**, Susan; f; mother; 32
20 Mary; f; daughter; 12
21 Minnie; f; daughter; 9
22 Lucy; f; daughter; 6   Not previously reported

23 **BEAVER**, Isadore C; f; mother; 24
24 Amos; m; son;

25 **DEMO**, Rose A; f; mother; 48
26 Charles; m; son; 18
27 Joseph; m; son; 15

28 **GOKEY**, Lizzie; f; 29

29 **DRAKE**, Wayne; m; 38

30 **DRAKE**, Jane; f; mother; 60
31 David; m; son; 30

*Census of the* **Miami** *Indians of* **Quapaw** *Agency,* **Wyandotte, Indian Territory** *taken by* **Horace B. Durant, Supt. & Acting** *United States Indian Agent,* **June 30, 1905.** *190*

**KEY:** Number; *Indian Name* [if given]; English Name; Sex; Relation [if given]; Age.

32  **DRAKE** [cont], Milton; m; son; 23
33  John Logan; m; son; 21
34  Thomas; m; son; 18
35  Martha; f; daughter; 16
36  Patrick; m; son; 15

37  **DRAKE**, Edward; m; father; 28
38  Dorma; f; daughter; 2

39  **HORTON**, Sarah D; f; 27

40  **VANDUSEN**, Ida M; f; sister; 3
41  March; m; brother; 2

42  **DAGENETTE**, Esther; f; 36

43  **FULKERSON**, Lucy Josephine; f; 44

44  **GEBOE**, Mary B; f; 51

45  **GOBIN**, Mary; f; mother; 35
46  Musa; f; daughter; 6
47  Raymond; m; son; 6

48  **HARRIS**, Edward; m; father; 32
49  Viola May; f; daughter; 5
50  Grant Gibson; m; son; 4
51  Helen Ray; f; daughter; 3

52  **LaFALIER**, Sophia Goodboo; f; mother; 42
53  Goodboo, Ethel; f; daughter; 14
54  Goodboo, Francis; m; son; 12
55  Goodboo, Josie; f; daughter; 10
56  Goodboo, Thomas; m; son; 7
57  Ruby; f; daughter; 2

58  **KEAH**, Rosa Ann Kiser; f; 59

59  **LaFALIER**, David; m; 24

60  **YOUNGBLOOD**, Jessie L; f; 20

*Census of the* **Miami** *Indians of* **Quapaw** *Agency,* **Wyandotte, Indian Territory** *taken by* **Horace B. Durant, Supt. & Acting** *United States Indian Agent,* **June 30, 1905.** *190*

**KEY:** Number; *Indian Name* [if given]; English Name; Sex; Relation [if given]; Age.

61   **LaFALIER**, Henry; m; father; 37
62   Ernest; m; son; 9
63   Beulah; f; daughter; 4

64   **LaFALIER**, Oscar; m; father; 39
65   Mary; f; daughter; 11
66   Forrest L; m; son; 5

67   **LEONARD**, Louisa; f; mother; 35
68   Wilbur; m; son; 14
69   Gabriel S; m; son; 12
70   Ernest; m; son; 10
71   Ruby; f; daughter; 8
72   Pearl; f; daughter; 5
73   David; m; son; 2

74   **LEONARD**, George W; m; father; 46
75   Barbara; f; daughter; 19
76   Della; f; daughter; 16
77   Carrie; f; daughter; 11
78   Hazel; f; daughter; 5

79   **SIMMS**, Helen Leonard; f; mother; 20
80   Albert Ray; m; son; 1         Born August 6, 1904

81   **LEONARD**, Charles W; m; husband; 26
82   Addie B; f; wife; 21
83   Irene; f; daughter; 3
84   Elmer Charles; m; son; 2

85   **MILLER**, Ethel A; f; sister; 17
86   Clarence; f; brother; 14
87   Louis Edward; m; brother; 12

88   **McCOONTZ**, Lizzie; f; mother; 40
89   Joseph; m; son; 5
90   James; m; son; 3

91   **PALMER**, Lizzie; f; 42

92   **PALMER**, Thomas Harley; m; 24

93   **POPE**, Josephine; f; mother; 33
94   Bismark Milton; m; son; 10

*Census of the* **Miami** *Indians of* **Quapaw** *Agency,* **Wyandotte, Indian Territory** *taken by* **Horace B. Durant, Supt. & Acting** *United States Indian Agent,* **June 30, 1905.** *190*

**KEY:** Number; *Indian Name* [if given]; English Name; Sex; Relation [if given]; Age.

95 **POPE** [cont], John Adams, Jr; m; son; 8
96 Douglas; m; son; 4

97 **POOLER**, Mary; f; mother; 48
98 Frank C; m; son; 19
99 Louis David; m; son; 17
100 Josephine; f; daughter; 16
101 Mabel P; f; daughter; 14
102 Frederick B; m; son; 10
103 Ernest; m; son; 6

104 **RICHARDVILLE**, Thomas F; m; husband; 75
105 Mary; f; wife; 66

106 **SIMPSON**, Catherine R; f; 30

107 **RICHARDVILLE**, Charles; m; father; 28
108 Thomas Henry; m; son; 2

109 **ROSEBERRY**, Louisa Drake; f; mother; 38
110 Thomas; m; son; 8
111 Jane C; f; daughter; 3

112 **SHAPP**, Peter; m; father; 35
113 Mary; f; daughter; 9
114 Harry W; m; son; 7
115 Thomas; m; son; 4
116 Ernest; m; son; 2

117 **SMITH**, Isadore Labadie; f; mother; 36
118 Roth; m; son; 6
119 Ella May; f; daughter; 4
120 Frank D; m; son; 2

121 **TRINKLE**, Minnie; f; mother; 34
122 Pearl; f; daughter; 14
123 Mabel; f; daughter; 12
124 Ernest; m; son; 11

*Census of the* **Miami** *Indians of* **Quapaw** *Agency,* **Wyandotte, Indian Territory** *taken by* **Horace B. Durant, Supt. & Acting** *United States Indian Agent,* **June 30, 1905.** *190*

**KEY:** Number; *Indian Name* [if given]; English Name; Sex; Relation [if given]; Age.

Total census-1904　　　　　　　　　　　　121

No. deaths- none

No. births-

#8-1905
#22-1905-
#80-1905
Total births during 1905-　　　　　　　　3

　　　　Total census, 1905----　　　　　124

# Modoc Census
# 1905

*Census of the* **Modoc** *Indians of* **Quapaw** *Agency,* **Wyandotte, Indian Territory** *taken by* **Horace B. Durant, Supt. &** *United States Indian Agent,* **June 30, 1905.** *190*

KEY: Number; *Indian Name* [if given]; English Name; Sex; Relation [if given]; Age.

1    **BURNS**, Minnie Snyder; f; mother; 27
2    Mamie; f; daughter; 9
3    **Robbins**, Hiram Richard; m; son; 1      Born February 10, 1904-

4    **BALL**, Samuel; m; 86

5    **BALL**, John; m; father; 45
6    Macy; m; son; 24

7    **CLINTON**, Daniel; m; husband; 40
8    Jennie; f; wife; 45
9    Gilbert; m; son; 15
10    Horace; m; son; 5

11    **CHARLEY**, Miller; m; 65

12    **CLINTON**, Samuel; m; father; 45
13    Paul; m; son; 1

14    **PLEASANT**, William Faithful; m; 64

15    **GRANT**, U. S; m; 96      Blind

16    **HOOD**, Charles; m; husband; 39
17    Lucinda; f; wife; 34
18    Rose; f; daughter; 15
19    Tena; f; daughter; 13
20    Mabel; f; daughter; 10
21    F. R; m; son; 8

22    **HOOT**, Hattie; f; 75

23    **HUDSON**, Henry; m; husband; 66
24    Susan; f; wife; 45

25    **HAYMAN**, Cora; f; mother; 43
26    Marion C; m; son; 9
27    Henrietta; f; daughter; 6
28    Bert; m; son; 4
29    Infant; f; daughter; 2

30    **CLARK**, James; m; father; 30
31    Viola; f; daughter; 7
32    Clyde; m; son; 5      Not previously reported-

*Census of the* **Modoc** *Indians of* **Quapaw** *Agency,* **Wyandotte, Indian Territory** *taken by* **Horace B. Durant, Supt. &** *United States Indian Agent,* **June 30, 1905.** *190*

**KEY:** Number; *Indian Name* [if given]; English Name; Sex; Relation [if given]; Age.

33  **KIST**, Amos; m; 31

34  **LAWVER**, Samuel; m; husband; 47
35  Dolly; f; wife; 40

36  **LAWVER**, Martha; f; 86

37  **LAWVER**, Benjamin; m; father; 53
38  Lelah M; f; daughter; 7
39  Benjamin, Jr; m; son; 3
40  Thomas L; m; son; 1

41  **MARY**, Princess; f; 65

42  **CLINTON**, Matilda; f; 62

43  **TUTTLE**, Asa; m; 28

44  **ROBBINS**, Myra Grant; f; mother; 50
45  Annie E; f; daughter; 7   name changed from 1904
46  Charles Frederick; m; son; 5   Not previously reported

47  **SPICER**, Annie; f; mother; 40
48  **Long**, Robert; m; son; 19

49  **WALKER**, May Long; f; mother; 24
50  Alma; f; daughter; 3
51  Infant; f; daughter; 1

52  **STANLEY**, Etta; f; 36

53  **HUBBARD**, Frederick Parker; m; 25

54  **CLINTON**, Nancy Jane; f; 2   Daughter of No. 7-

55  **HOOD**, Lucy; f; 2   Daughter of No. 16-

56  **LAWVER**, Eliza; f; 44

*Census of the* **Modoc** *Indians of* **Quapaw** *Agency,* **Wyandotte, Indian Territory** *taken by* **Horace B. Durant, Supt. &** *United States Indian Agent,* **June 30, 1905.** *190*

**KEY:** Number; *Indian Name* [if given]; English Name; Sex; Relation [if given]; Age.

    Total Census for the year 1904-      54

No Deaths.

Births-
No. 3- Robbins-
No. 32-Clark-not previously reported-

    Total increase      2

    Total Census-1905-      56

# Ottawa Census
# 1905

*Census of the* **Ottawa** *Indians of* **Quapaw** *Agency,* **Indian Territory** *taken by* **Horace B. Durant, Supt. & Acting** *United States Indian Agent,* **June 30, 1905.** *190*

**KEY:** Number; *Indian Name* [if given]; English Name; Sex; Relation [if given]; Age.

1    **BYRON**, Charles; m; brother; 36
2    William; m;          "    ; 29

3    **BALDWIN**, Delphina Pelky; f; mother; 45
4    George; m; son; 17
5    Ella; f; daughter; 13
6    Della; f; daughter; 13
7    Marilla; f; daughter; 9
8    Buddy; m; son; 7
9    Nora; f; daughter; 5
10   Zora; f; daughter; 5

11   **BALDWIN**, Henry; m; 29

12   **BALDWIN**, William; m; 23
13   Infant; m; son; 3      Not previously reported

14   **SPINKS**, May Baldwin; f; mother; 19
15   Amos Ison; m; son; 2

16   **BALDWIN**, Fred; m; 21

17   **CLARK**, Richard; m; father; 61
18   Emmeline; f; daughter; 31

19   **THOMAS**, Esther Clark; f; mother; 29
20   Pearl; f; daughter; 6      Enrolled under instructions
21   Clarence M; m; son; 4      I.O. letter Oct. 13, 1904
22   Lydia T; f; daughter; 1      Land-55672-1904-09774-04

23   **COOKE**, Nannie Wilson; f; mother; 39
24   Eudora; f; daughter; 17
25   Frank; m; son; 16
26   Clifford; m; son; 8
27   Berenice; f; daughter; 8
28   Iona; f; daughter; 1

29   **CROW**, Julia Pelky; f; 14

30   **CLARK**, Abbie Titus; f; mother; 43
31   Hattie; f; daughter; 15
32   Charles; m; son;

33   **EARLY**, John W; m; 70

*Census of the* **Ottawa** *Indians of* **Quapaw** *Agency,* **Indian Territory**
*taken by* **Horace B. Durant, Supt. & Acting** *United States Indian Agent,*
**June 30, 1905.** *190*

KEY: Number; *Indian Name* [if given]; English Name; Sex; Relation [if given]; Age.

34  **EMOTINGE**, George; m; 64

35  **GEBOE**, David; m; 39

36  **GEORGE**, Edward; m; father; 51
37  Philip; m; son; 23

38  **HOLMES**, Joseph; m; father; 44
39  William; m; son; 18
40  Louisa; f; daughter; 14
41  Ephraim; m; son; 13
42  Nellie; f; daughter; 10

43  **HUTCHINSON**, Henry; m; 31

44  **HUTCHINSON**, Thomas; m; father; 29
45  Ethel Emmeline; f; daughter; 3

46  **HUBBARD**, Christina R; f; mother; 32
47  Winona; f; daughter; 11
48  Lennox; m; son; 8

49  **HURR**, William; m; 72

50  **HURR**, Nicodemus; m; 32

51  **HART**, Harvey; m; 49

52  **HARLOW**, Mary; f; mother; 40
53  Fred; m; son; 17

54  **JONES**, Henry M; m; father; 45
55  Wesley K; m; son; 23

56  **JONES**, Ira; m; father; 25
57  Effie Margaret; f; daughter; 1

58  **JONES**, Silas Wilber; m; brother; 21
59  Emma Belle; f; sister; 15

60  **EDWARDS**, Eliza Jones; f; mother; 25
61  Isabel; f; daughter; 5    Not previously reported

*Census of the* **Ottawa** *Indians of* **Quapaw** *Agency,* **Indian Territory** *taken by* **Horace B. Durant, Supt. & Acting** *United States Indian Agent,* **June 30, 1905.** *190*

**KEY:** Number; *Indian Name* [if given]; English Name; Sex; Relation [if given]; Age.

62 **STULTZ**, Matilda Jones; f; mother; 21
63 Inez Jewel; f; daughter; 2

64 **OFFUT**, Rachel Jones; f; mother; 18
65 M; f; daughter; 1

66 **JONES**, Martha; f; sister; 16
67 Christina; f; sister; 14
68 Nellie; f; sister; 11

69 **JENNISON**, Catherine; f; mother; 51
70 **Robitaille**, Oscar; m; son; 28
71 Ralph Raymond; m; son; 20
72 Guy; m; son; 18
73 Glenn; m; son; 16
74 Edna; f; daughter; 15
75 Earl; m; son; 13
76 Ruth; f; daughter; 11
77 Doane; m; son; 9
78 Catherine, Jr; f; daughter; 7

79 **JENNISON**, Charles; m; father; 23
80 Edward M; m; son; 1    Born Sept. 12, 1904

81 **BIDDLE**, Mary Jennison; f; mother; 22
82 Erma Louise; f; daughter; 2
83 James Walter; m; son; 1

84 **KING**, James; m; father; 32
85 Robert A; m; son; 5
86 Lydia E; f; daughter; 3

87 **KING**, Joseph; m; father; 68
88 Fred; m; son; 15
89 Charles; m; son; 13
90 Robert; m; son; 11
91 Bert; m; son; 8

92 **BARLOW**, Edith King; f; mother; 20
93 Lucia Emma; f; daughter; 2

94 **KING**, John; m; 22

95 **KEYAH**, Joseph; m; 53

*Census of the* **Ottawa** *Indians of* **Quapaw** *Agency,* **Indian Territory** *taken by* **Horace B. Durant, Supt. & Acting** *United States Indian Agent,* **June 30, 1905.** *190*

**KEY:** Number; *Indian Name* [if given]; English Name; Sex; Relation [if given]; Age.

96 **LAVERE**, Lizzie Wolfe; f; mother; 42
97 **King**, Walter; m; son; 24

98 **LEE**, Alice Tyson; f; mother; 42
99 Fred; m; son; 21
100 Delbert; m; son; 16
101 Walter; m; son; 13
102 Nellie; f; daughter; 10
103 Leonard; m; son; 8
104 Grace; f; daughter; 3

105 **TAYLOR**, Kitty Lee; f; 23

106 **LANKARD**, Laura Lee; f; mother; 26
107 Madge; f; daughter; 7
108 Clyde; m; son; 6
109 Zach; m; son; 4
110 Don; m; son; 2

112[sic] **LOTZ**, Angeline Byron; f; grdmother; 73
113 **Brennan**, Joseph; m; grandson; 39
114 **Brennan**, Charles; m; grandson; 19

115 **LYKINS**, Lena Williams; f; 32

116 **McCOY**, Isaac; m; 53

117 **GRINNELL**, Rosa McCoontz; f; mother; 23
118 Robert; m; son; 6    Not previously reported
119 Joseph; m; son; 4

120 **McCOONTZ**, Sophia; f; 66

121 **McCOONTZ**, Peter; m; 31

122 **NONKESIS**, Ezekiel; m; father; 52
123 Lottie; f; daughter; 11

124 **NUTTER**, Frank; m; orphan; 13

125 **HERRON**, Joshua; m; 25

126 **CRIM**, Winnie Lawver; f; mother; 22
127 George; m; son; 1

*Census of the* **Ottawa** *Indians of* **Quapaw** *Agency,* **Indian Territory** *taken by* **Horace B. Durant, Supt. & Acting** *United States Indian Agent,* **June 30, 1905.** *190*

KEY: Number; *Indian Name* [if given]; English Name; Sex; Relation [if given]; Age.

128 **PETAH**, Thomas Poscawa; m; brother; 31   A son born to Thomas Petah and wife, T. R. Petah, born Aug. 30, 1904 and died March 21, 1905.
129 Sarah; f; 17
130 Joseph; m; brother; 13
131 Frank; m; brother; 11

132 **WALKER**, Mary Petah; f; mother; 22
133 Samuel; m; son; 3

134 **POOLER**, Moses; m; father; 73
135 Otis; m; son; 18
136 Charles; m; son; 15
137 Robert; m; son; 14
138 John Albert; m; son; 11

139 **HOLLIS**, Ethel Pooler; f; mother; 22
140 Beryl Gladys; f; daughter; 2   Corrected
141 Rolla Jehu; m; son   Born May 4, 1905

142 **BURGIN**, Maude Pooler; f; mother; 21
143 Clarence O; m; son; 1   Born Dec. 17, 1904

144 **POOLER**, Manford; m; 45

145 **McBRIEN**, Myrtle Pooler; f; mother; 23
146 Harley; m; son; 2
147 Fay; f; daughter   Born Dec. 15, 1904

148 **STEVENS**, William; m; brother; 18
149 James; m; brother; 16
150 Ruth; f; sister; 11
151 John; m; brother; 9

152 **CLARK**, Ida L. Stevens; f; mother; 26
153 Amos; m; son; 2

154 **SUPERNAW**, Lizzie Albro; f; 57

155 **LOOKAROUND**, Elmira Staton; f; 29

156 **STATON**, Frank; m; father; 26
157 Treavere[sic]; m; son; 2   Not reported July 28, 1903
158 Floyd; m; son;   Born January 15, 1905

*Census of the* **Ottawa** *Indians of* **Quapaw** *Agency,* **Indian Territory** *taken by* **Horace B. Durant, Supt. & Acting** *United States Indian Agent,* **June 30, 1905.** *190*

**KEY:** Number; *Indian Name* [if given]; English Name; Sex; Relation [if given]; Age.

159  **ROPER**, Nettie Staton; f; mother; 23
160  Cecil; m; son; 2

161  **WIND**, Joseph; m; husband; 56
162  Matilda; f; wife; 52
163  Hugh; m; son; 29

164  **WIND**, Christopher; m; father; 59
165  Lillian; f; daughter; 32
166  Thomas; m; son; 27
167  Edgar; m; son; 26

168  **GEORGE**, Elizabeth W; f; 34

169  **WHITE**, Sarah; f; mother; 42
170  Eula; f; daughter; 14
171  Joseph; m; son; 12
172  Percival; m; son; 9

173  **WILLIAMS**, Sarah; f; mother; 58
174  Oliver; m; son; 31
175  Albert; m; son; 19
176  Jesse; m; son; 16

177  **WILLIAMS**, Abraham; m; 22

178  **WILLIAMS**, Isaac; m; father; 36
179  Frank; m; son; 11

180  **WOLFE**, James; m; 62

181  **WOLFE**, Josiah; m; 38

182  **WALKER**, Catherine; f; 31

183  **DAGENETTE**, Lucien; m; 28

184  **WALKER**, Jacob; m; brother; 15
185  Ethel; f; sister; 13
186  Ida; f; sister; 11

187  **WISTAR**, Leo; m; brother; 13
188  Willis; m; brother; 11
189  Thomas; m; brother; 9

*Census of the* **Ottawa** *Indians of* **Quapaw** *Agency,* **Indian Territory** *taken by* **Horace B. Durant, Supt. & Acting** *United States Indian Agent,* **June 30, 1905.** *190*

**KEY:** Number; *Indian Name* [if given]; English Name; Sex; Relation [if given]; Age.

190 **WYRICK**, Lula R. Propeck; f; mother; 27
191 Roy Hamilton; m; son; 5
192 Frederick; m; son; 3
193 Ada; f; daughter; 2

Total Census for the year 1904-------------------------------------------179

Births during year--and those not previously reported.
No.   13
Nos.  20
      21
      22
No. . 61
No.   80
No.   118
No.   119
No.   141
No.   143
No.   147
No.   157
No.   158

Total increase over census of 1904---------------------------13
Total Census for 1905---------------------------     192

Note: An error occurs on this census between the 110th and 112th persons enumerated, 111 being omitted.

# Quapaw Census
# 1905

*Census of the* **Quapaw** *Indians of* **Quapaw** *Agency,* **Wyandotte, Indian Territory** *taken by* **Horace B. Durant, Supt. & Acting** *United States Indian Agent,* **June 30, 1905.** *190*

**KEY:** Number; *Indian Name* [if given]; English Name; Sex; Relation [if given]; Age.

1 **ABRAMS**, Abner W; m; husband; 58
2 Melissa J; f; wife; 44
3 Maud E; f; daughter; 20
4 Samuel W; m; son; 18
5 Harrison; m; son; 17
6 Earl Blaine; m; son; 13

7 **ADAMS**, Felicia; f; mother; 43
8 Cora E; f; daughter; 27
9 Edna P; f; daughter; 23
10 Ruth Lee; f; daughter; 8

11 **BALL**, Nellie J; f; mother; 46
12 Samuel Wylie; m; son; 22
13 William; m; son; 17

14 **PETERSON**, Amanda Ball; f; mother; 19
15 Infant; f; daughter; 2

16 **BLUEJACKET**, Charles; m; 65

17 **BREWER**, Minnie Dardenne; f; mother; 29
18 Mary E; f; daughter; 9
19 Josephine; f; daughter; 5
20 Bessie; f; daughter; 3
21 Mattie; f; daughter    Born Dec. 5, 1904

22 **BUFFALO**, Senie Brown; f; wife; 33
23 Joseph; m; husband; 36
24 Henry; m; son; 9
25 Clara May; f; daughter; 8
26 Hazel Lorena; f; daughter; 5
27 Arthur; f; son; 15
28 Dora; f; daughter; 3

29 **BEAVER**, John; m; husband; 47
30 *Meh-hunk-a-zha-ka*; f; wife; 46
31 Alice Anna; f; daughter; 18

32 **BLAKESLEE**, William W; m; 38

33 **CALF**, Mary J; f; 56

34 **CEDAR**, Lizzie; f; 62

*Census of the* **Quapaw** *Indians of* **Quapaw** *Agency,* **Wyandotte, Indian Territory** *taken by* **Horace B. Durant, Supt. & Acting** *United States Indian Agent,* **June 30, 1905.** *190*

KEY: Number; *Indian Name* [if given]; English Name; Sex; Relation [if given]; Age.

35 **CLABBER**, Peter; m; husband; 56
36 *Meh-het-tah*; f; wife; 57

37 **CLARK**, Mary Dardenne; f; mother; 40
38 Lillie May; f; daughter; 13
39 William Alexander; m; son; 12
40 Lawrence B; m; son; 9
41 Anna Viola; f; daughter; 7
42 Reba Newton; f; daughter; 6
43 Durward D; m; son; 3
44 John D; m; son; 1

45 **SACTO**, Grace R; f; mother; 31
46 **Coldspring**, Walter; m; son; 6
47 Marie; f; daughter    Born May 25, 1905

48 **COUSATTE**, Samuel; m; father; 39
49 Jessie May; f; daughter; 14
50 Ira; m; son; 10
51 Joseph D; m; son; 7
52 Claud Theodore; m; son; 5
53 Hendrix; m; son; 12

54 **CRAWFISH**, Thomas; m; father; 44
55 Mary; f; daughter; 11
56 Minnie B; f; daughter; 9
57 Lucy; f; daughter; 6

58 **CRANE**, Effie Imbeau; f; mother; 25
59 Nellie L; f; daughter; 7
60 Earl Floyd; m; son; 6
61 Jay Otis; m; son; 4
62 Gladys Adaleide; f; daughter; 2
63 Andrew Louis; m; son; 1

64 **CRAWFISH**, Widow; f; 67

65 **CROW**, John; m; 43

66 **CHOTEAU**, *Za-me*, Mary; f; 53

67 **COUSATTE**, Benjamin; m; husband; 50
68 Benjamin C; m; son; 16
69 Roza E; f; daughter; 14

*Census of the* **Quapaw** *Indians of* **Quapaw** *Agency,* **Wyandotte, Indian Territory** *taken by* **Horace B. Durant, Supt. & Acting** *United States Indian Agent,* **June 30, 1905.** *190*

**KEY:** Number; *Indian Name* [if given]; English Name; Sex; Relation [if given]; Age.

70    **COUSATTE**[cont], Joseph; m; son; 12
71    Martin Luther; m; son; 9
72    James Ray; m; son; 5

73    **CARDIN**, Louis LaFontaine; m; 30
74    Sarah C; f; sister; 19

75    **KENOYER**, Felicia M. C; f; 22

76    **CARDIN**, William O; m; husband; 35
77    Isa Wade; f; wife; 37

78    **CARDIN**, Alexander; m; 35
79    William Fred; m; son; 10
80    Juanita; f; daughter; 5

81    **DAYLIGHT**, Isaac; m; 31

82    **DAYLIGHT**, Fannie Crawfish; f; mother; 29
83    Mary; f; daughter; 9
84    Jesse; m; son; 5

85    **DARDENNE**, Anna Edna; f; sister; 12
86    Abraham F; m; brother; 9

87    **DARDENNE**, Benjamin, Jr; m; 24

88    **DARDENNE**, Benjamin; m; husband; 65
89    Martha A; f; wife; 48

90    **DARDENNE**, Lawrence; m; father; 43
91    Lawrence, Jr; m; son; 18
92    Elsie; f; daughter; 17

93    **HODKINS**[sic], Clara D; f; mother; 21
94    Edwin; m; son; 2

95    **DARDENNE**, Felix; m; father; 33
96    Della D; f; daughter; 7
97    Ruby C; f; daughter; 3

98    **McCULLOUGH**, Margaret Dardenne; f; mother; 54
99    **Dardenne**, Abram; m; son; 25
100    A. Henry; m; son; 3

*Census of the* **Quapaw** *Indians of* **Quapaw** *Agency,* **Wyandotte, Indian Territory** *taken by* **Horace B. Durant, Supt. & Acting** *United States Indian Agent,* **June 30, 1905.** *190*

**KEY:** Number; *Indian Name* [if given]; English Name; Sex; Relation [if given]; Age.

101 **FISH**, Leander J; m; 54

102 **GEBOE**, Charles C; m; 27

103 **DARDENNE**, Willie; m; father; 33
104 Willie W; m; son; 11
105 Robert; m; son; 9
106 Gertrude; f; daughter; 6
107 Daisy Ellen; f; daughter; 3
108 James Frederick; m; son; 1

109 **DAUTHAT**, Frances; f; mother; 44
110 Minnie E; f; daughter; 19
111 Charles A; m; son; 17
112 Sarah A; f; daughter; 13
113 Jessie; f; daughter; 9

114 **DAUTHAT**, Zahne; m; 24

115 **DOUTHIT**, William A; m; father; 48
116 Samuel A; m; son; 17
117 William B; m; son; 14
118 Pearl E; f; daughter; 12
119 Clarence Ray; m; son; 8
120 Florence G; f; daughter; 6

121 **DYSON**, Katy Logan; f; mother; 36
122 Daniel H; m; son; 13
123 Frances L; f; daughter; 10
124 Lassia Mabel; f; daughter; 6
125 William Edgar; m; son; 5
126 Edith; f; daughter; 3
127 Infant; f; daughter; 1

128 **ANGELL**, Louis; m; 64

129 **GILMORE**, Agnes D; f; mother; 29
130 Orville; m; son; 9
131 Clara; f; daughter; 7
132 [Illegible]

133 **GRIFFIN**, Victor; m; 28

*Census of the* **Quapaw** *Indians of* **Quapaw** *Agency,* **Wyandotte, Indian Territory** *taken by* **Horace B. Durant, Supt. & Acting** *United States Indian Agent,* **June 30, 1905.** *190*

**KEY:** Number; *Indian Name* [if given]; English Name; Sex; Relation [if given]; Age.

134 **GREENBACK**, Antoine; m; husband; 54
135 Julia W; f; wife; 22
136 Joseph; m; son; 18
137 Alice; f; daughter; 15
138 Alphonso; m; son; 4
139 [Illegible]

140 **GRANDEAGLE**, *Kah-dah-ska-hun-ka*; m; husband; 46
141 *Khah-dah*; f; wife; 47

142 **GOODEAGLE**, Francis Quapaw; m; husband; 50
143 *Wa-tah-nah-zhe*; f; wife; 35
144 Charles; m; son; 22
145 Merton; m; son; 19
146 Levi; m; son; 14
147 Francis, Jr; m; son; 4
148 John; m;
149 Martha; f;

150 **GOODEAGLE**, *Ho-gom-me*; f; mother; 45
151 Fannie; f; daughter; 14

152 **GORDON**, Roza; f; sister; 20
153 Harry A; m; brother; 18
154 Harvey O; m; brother; 16
155 Sarah E; f; sister; 14
156 Harley E; m; brother; 12
157 Bessie; f; sister; 10

158 **CONNER**, Minnie G; f; 25

159 **HUNT**, Joseph W; m; 22

160 **ANDERSON**, Isabelle H; f; 27

161 **IMBEAU**, Louis; m; husband; 59
162 Melissa; f; wife; 57
163 Harvey; m; son; 26
164 Catherine; f; daughter; 18

165 **IMBEAU**, Frank; m; son; 22

166 **WEISS**, Lizzie Imbeau; f; wife; 18

*Census of the* **Quapaw** *Indians of* **Quapaw** *Agency,* **Wyandotte, Indian Territory** *taken by* **Horace B. Durant, Supt. & Acting** *United States Indian Agent,* **June 30, 1905.** *190*

**KEY:** Number; *Indian Name* [if given]; English Name; Sex; Relation [if given]; Age.

167 **BUFFALO**, John; m; 9

168 **LANE**, Mary; f; 15

169 **LEWIS**, Alexander; m; father; 27
170 Amos Alphonse; m; son; 3

171 **McCOY**, Martha Angell; f; d 5-1905
172 John Henry; m; brother; 10
173 Martha Ellen; f; sister; 8
174 Anna May; f; daughter; 3

175 **McKENZIE**, Isabel Z; f; 62

176 **NEWHOUSE**, Amos; m; 58

177 **NEWMAN**, James A; m; father; 57
178 Ada A; f; daughter; 18
179 David A; m; son; 14
180 Leona May; f; daughter; 10
181 Sophie Viola; f; daughter; 7
182 Leroy; m; son; 5
183 Goldie M; f; daughter; 2

184 **NEWMAN**, James Lemuel; m; 25

185 **WARNER**, Minnie N; f; mother; 21
186 Frances May; f; daughter; 2
187 Bertha Marie; f; daughter; Born [Illegible] 26, 1904

188 **PORTIS**, Mary; f; 60

189 **LOTTSON**, Robert; m; 25

190 *MIS-KEH-GET-TAH*; f; 56

191 *MEH-NE-DAH*; f; 40

192 **BLACKHAWK**, Charley Quapaw; m; 49

193 **QUAPAW**, John; m; 47
194 Red-sun; f; wife; 63
195 Frances; f; daughter; 19

*Census of the* **Quapaw** *Indians of* **Quapaw** *Agency,* **Wyandotte, Indian Territory** *taken by* **Horace B. Durant, Supt. & Acting** *United States Indian Agent,* **June 30, 1905.** *190*

KEY: Number; *Indian Name* [if given]; English Name; Sex; Relation [if given]; Age.

196 **QUAPAW**, Solomon; m; husband; 37
197 *Minne Sigdah*; f; wife; 20
198 Bertha; f; daughter; 14
199 Anna; f; daughter; 12
200 Jesse; m; son; 9
201 Kittie; f; daughter; 7
202 Leo; m; son;

203 **QUAPAW**, Dick; m; husband; 41
204 *Tag-ah*; f; wife; 42

205 **QUAPAW**, Pius; m; husband; 56
206 *Ta-meeh-ah*; f; wife; 40
207 **Jefferson**, *Ta-meh* Q; f; daughter; 19

208 **QUAPAW**, Benjamin; m; husband; 47
209 *See-sah*; f; wife; 41

210 **RAY**, Benjamin Elizabeth; f; 62

211 **RAY**, Frank; m; father; 32
212 Thomas Abram; m; son; 5
213 Ruth Elizabeth; f; daughter; 3

214 **RAY**, Abraham; m; father; 31
215 [Illegible]

216 **REDEAGLE**, Minnie O; f; wife; 34
217 George; m; husband; 33
218 Sophia Josephine; f; daughter; 17
219 Leroy; m; son; 13
220 Doane S; m; son; 10

221 **SHAPP**, Julia Stafford; f; 34

222 **SULLIVAN**, Malina Hunt; f; mother; 26
223 Eda May; f; daughter; 9
224 Ray Leroy; m; son; 7
225 Roy; m; son; 3

226 **SILK**, Frances; f; 62

227 **SHAFER**, Irene; f; mother; 28
228 Minnie; f; daughter; 11

*Census of the* **Quapaw** *Indians of* **Quapaw** *Agency,* **Wyandotte, Indian Territory** *taken by* **Horace B. Durant, Supt. & Acting** *United States Indian Agent,* **June 30, 1905.** *190*

**KEY:** Number; *Indian Name* [if given]; English Name; Sex; Relation [if given]; Age.

229 **SHAFER**[cont], Ernest Glenn; m; son; 9
230 Bertha; f; daughter; 8
231 Harry; m; son; 5

232 **SPADA**, *Meh-het-tah*; f; 46

233 **THOMPSON**, Robert; m; 24

234 **TRACK**, *Sig-dah*; m; husband; 52
235 *Me-kan-tun-kah*; f; wife; 34
236 *Wah-zhe-meh-tah-heh*; f; daughter; 10
237 Agnes; f; daughter; 7

238 **TOUSEY**, Elizabeth H; f; 67

239 **VALLIER**, James; m; 24

240 **VALLIER**, Amos; m; 35

241 **VALLIER**, Frank; m; husband; 51
242 William B; m; son; 14
243 Martha F; f; daughter; 11

244 **WADE (Waide)**, Anne Dardenne; f; mother; 28
245 Nellie; f; daughter; 10
246 Park; m; son; 6
247 Birdie; f; daughter; 2
248 Infant; m; son; 1
249 Bessie; f; daughter; 4

250 **VALLIER**, Clarissa A; f; sister; 8
251 Flora E; f; sister; 6
252 James Amos; m; brother; 4
253 Georgia; f; sister; 2

254 **WADE**, Florence A; f; 48

255 **WEBER**, Dillie D; f; mother; 28
256 Eva; f; daughter; 10
257 Grace J; f; daughter; 8
258 Johnney; m; son; 6
259 Everett Gilbert; m; son; 5
260 William; m; son; 2     Not previously reported
261 Lillian; f; daughter     Born 1905

*Census of the* **Quapaw** *Indians of* **Quapaw** *Agency,* **Wyandotte, Indian Territory** *taken by* **Horace B. Durant, Supt. & Acting** *United States Indian Agent,* **June 30, 1905.** *190*

**KEY:** Number; *Indian Name* [if given]; English Name; Sex; Relation [if given]; Age.

262 **WILSON**, Laura Jennie; f; mother; 31

263 **WHITEBIRD**, Joseph; m; husband; 28
264 Lena; f; wife; 49
265 Mary; f; daughter; 14
266 Bernard; m; son; 8

267 **WHITEBIRD**, Harry; m; husband; 28
268 Flora G; f; wife; 41
269 **Greenback**, Walter; m; stepson; 13
270 **Greenback**, Alphonso; m; stepson; 9
271 Melissa; f; daughter; 5

272 **WILHOITE**, Mary M; f; 74

273 **OWENS**, Kitty Wade; f; mother; 35
274 Hugh; m; son; 6
275 Elizabeth; f; daughter; 5
276 Infant; m; son; b 1905

277 **XAVIER**, James; m; husband; 46
278 *Mah-shing-tih-nah*; f; wife; 32
279 Anna; f; daughter; 13
280 Doc Stryker; m; son; 6
281 Infant; m; son; 2

282 **CRAWFISH**, Harry; m; father; 37
283 Ethel May; f; daughter; 13
284 Alice; f; daughter; 11

285 **WHITELY**, Lula Dardenne; f; 35

# Seneca Census
# 1905

*Census of the* **Seneca** *Indians of* **Quapaw** *Agency,* **Wyandotte, Indian Territory** *taken by* **Horace B. Durant, Supt. & Acting** *United States Indian Agent,* **June 30, 1905.** *190*

**KEY:** Number; *Indian Name* [if given]; English Name; Sex; Relation [if given]; Age.

1 **ARMSTRONG**, Jack; m; husband; 56
2 Elizabeth; f; wife; 56
3 Susan; f; daughter; 22
4 Thomas; m; son; 21
5 Barnabas; m; son; 18
6 **Cherloe**, Ethel Myrtle; f; grdaughter; 13

7 **ARMSTRONG**, James; m; father; 73
8 Charles; m; son; 15

9 **DENNEY**, Elnora; f; 22

10 **BALL**, Lucinda; f; mother; 55
11 Andrew; m; son; 19
12 Lydia; f; daughter; 16

13 **BASSETT**, Joseph; m; 46

14 **BEARSKIN**, Susan; f; mother; 49
15 Ernest; m; son; 17
16 Lena; f; daughter; 12
17 John W; m; son; 9
18 Maggie; f; daughter; 8
19 Leslie; m; son; 5

20 **BEARSKIN**, Wallace; m; husband; 23
21 Elizabeth S; f; wife; 22

22 **JOHNSON**, Mary Bearskin; f; mother; 31
23 Lillian; f; daughter; 5
24 Eugene; m; son; 4
25 Lawrence W; m; son; 2

26 **GEBOE**, Lucy Bearskin; f; 25

27 **BEARSKIN**, Bessie; f; 28

28 **BEARSKIN**, Rose Garrett; f; mother; 39
29 Gladys; f; daughter; 8
30 Mildred; f; daughter; 6
31 Leonard; m; son; 4

32 **BEE**, Kate; f; 60

*Census of the* **Seneca** *Indians of* **Quapaw** *Agency,* **Wyandotte, Indian Territory** *taken by* **Horace B. Durant, Supt. & Acting** *United States Indian Agent,* **June 30, 1905.** *190*

**KEY:** Number; *Indian Name* [if given]; English Name; Sex; Relation [if given]; Age.

33    **BOMBARY**, Joseph; m; husband; 71
34    Eliza; f; wife; 54
35    Christy; m; son; 20
36    Levi; m; son; 18

37    **LYMAN**, Julia Bombary; f; mother; 22
38    Infant; m; son; 1

39    **BROWN**, Susan K; f; mother; 28
40    Rosanna Irene; f; daughter; 4
41    Albert E; m; son; 2     Not previously reported
42    Alvin C; m; son     Born June, 1905

43    **BROWN**, Julia S. Kariho; f; mother; 30
44    **Spicer**, Ida; f; daughter; 11
45    Howard; m; son; 4
46    Callie; m; son; 2     Corrected No. 1904

47    **KARIHO**, John, Sr; m; father; 55
48    **Buck**, Peter; m; stepson; 19
49    **Crow**, Jennie; f; stepdaugh; 9
50    **Crow**, Angeline; f; stepdaugh; 7
51    Mary; f; daughter; 3

52    **CAPTAIN**, Bertha; f; 13

53    **CAYUGA**, Malinda; f; sister; 20
54    Lena M; f; sister; 19
55    Delia; f; sister; 16

56    **CHERLOE**, Henry; m; husband; 38
57    Minnie; f; wife; 32
58    Nellie; f; daughter; 10
59    Fayette; m; son; 7
60    David; m; son; 5
61    Oliver; m; son; 3
62    Ernest; m; son; 1

63    **CHOTEAU**, George E; m; husband; 29
64    Clara W; f; wife; 24
65    Sidney; m; son; 5
66    Lillian; f; daughter; 4

*Census of the* **Seneca** *Indians of* **Quapaw** *Agency,* **Wyandotte, Indian Territory** *taken by* **Horace B. Durant, Supt. & Acting** *United States Indian Agent,* **June 30, 1905.** *190*

**KEY:** Number; *Indian Name* [if given]; English Name; Sex; Relation [if given]; Age.

67 **CHOTEAU**, Elizabeth K; f; sister; 33
68 Olive; f; sister; 26

69 **CONNER**, Ebeneezer; m; father; 39
70 Simpson; m; son;

71 **COON**, Susan; f; 49

72 **CRAWFORD**, George; m; 33
73 Joseph; m; 30

74 **CROW**, John; m; husband; 46
75 Frances King; f; wife; 34

76 **CROW**, Susan; f; sister; 27
77 Jerry; m; brother; 25

78 **CROW**, Margaret A. Y; f; mother; 30
79 Louis; m; son; 3

80 **CROW**, Moses; m; brother; 26
81 Samuel; m; brother; 21
82 Lucinda; f; sister; 17

83 **DAVID**, Daylight; m; 58
84 Lewis N; m; 25
85 Infant; m; son    Not previously reported

86 **DAVIS**, Taylor; m; father; 47
87 Elizabeth N; f; daughter; 24
88 John; m; son; 21
89 Ida; f; daughter; 14
90 Bert; m; son; 6
91 Annie; f; daughter; 5

92 **DICK**, Rachel K. Ball; f; mother; 26
93 Maud; f; daughter; 16
94 Flora; f; daughter; 3

95 **EVANS**, Malinda; f; stepmother; 40
96 Eliza; f; stepdaugh; 21
97 Blanch; f; stepdaugh; 19
98 Alfred; m; son[sic]; 17
99 Curtis; m; stepson; 11

*Census of the* **Seneca** *Indians of* **Quapaw** *Agency,* **Wyandotte, Indian Territory** *taken by* **Horace B. Durant, Supt. & Acting** *United States Indian Agent,* **June 30, 1905.** *190*

KEY: Number; *Indian Name* [if given]; English Name; Sex; Relation [if given]; Age.

100 **TYNER**, Delia Evans; f; 20

101 **FINLEY**, Rosa Denney; f; mother; 32
102 **Gentry**, Clinton; m; son; 14
103 **Gentry**, Earl; m; son; 12
104 Beatrice; f; daughter; 7
105 Claud; m; son; 4

106 **FISHER**, Sarah A; f; mother; 28
107 Lena; f; daughter; 9
108 Eva Marie; f; daughter; 8
109 Alfred; m; son; 6
110 Minerva; f; daughter; 5
111 Winona Elizabeth; f; daughter; 2
112 Peter J; m; son      Born May 12, 1905

113 **HARDY**, James; m; brother; 9
114 Valentine; m; brother; 7
115 Percy; m; brother; 5
116 Irene; f; sister; 3

117 **HENRY**, Richard; m; 19

118 **HUBBARD**, Charles B; m; father; 32
119 Chester A; m; son; 6
120 Esther Ethel; f; daughter; 5
121 Florence Isabel; f; daughter; 4
122 Mabel I; f; daughter      Born Feby. 1905

123 **HUNT**, Oscar J; m; 24

124 **JACKSON**, Andrew; m; 31

125 **JAMISON**, Lucy; f; mother; 52
126 Stewart; m; son; 24

127 **JAMISON**, Ellen; f; mother; 35
128 Sadie; f; daughter; 15
129 Amos Bert; m; son; 12
130 Eva L; f; daughter; 8
131 Alex Smoke; m; son; 6

132 **JAMISON**, George; m; 42

Census of the Seneca Indians of Quapaw Agency, Wyandotte, Indian Territory *taken by* Horace B. Durant, Supt. & Acting United States Indian Agent, June 30, 1905. *190*

**KEY:** Number; *Indian Name* [if given]; English Name; Sex; Relation [if given]; Age.

133 **JOHNSON**, Annie Crow; f; mother; 31
134 Arthur, Jr; m; son; 9
135 Edna Dorcas; m; daughter; 4
136 Ruth Adelia; f; daughter; 2
137 John Logan; m; son; 1

138 **JOHNSON**, Maggie; f; mother; 48
139 Anna; f; daughter; 16
140 Jackson; m; son; 11
141 Mary Ida; f; daughter; 5

142 **KARIHO**, John; m; husband; 38
143 Rose Mary; f; wife; 30
144 Josephine; f; daughter; 13
145 Elizabeth; f; daughter; 11
146 Sarah C; f; daughter; 8
147 Ruth; f; daughter; 5

148 **KARIHO**, Service; m; husband; 32
149 Fannie W; f; wife; 26

150 **KARIHO**, Naomi; f; 30

151 **KELLEY**, Mary Whitewing; f; 39

152 **LAYNE**, Betsey Bombary; f; mother; 28
153 Edna Reed; f; daughter; 6
154 Joseph St. Clair; son; 4

155 **AZUL**, Annie E. Lewis; f; mother; 26
156 Myrtle Ethel; f; daughter; 1

157 **LEWIS**, Sarah; f; mother; 48
158 Thomas; m; son; 15
159 Clara; f; daughter; 11
160 Jacob; m; son; 27

161 **GRIFFIN**, Melissa Lewis; f; 23

162 **LOGAN**, James; m; husband; 57
163 Mary T.Y; f; wife; 39
164 **Crow**, Solomon; m; stepson; 20
165 **Young**, Summers; m; stepson; 15
166 **Young**, Solorena; f; stepdaugh; 12

*Census of the* **Seneca** *Indians of* **Quapaw** *Agency,* **Wyandotte, Indian Territory** *taken by* **Horace B. Durant, Supt. & Acting** *United States Indian Agent,* **June 30, 1905.** *190*

**KEY:** Number; *Indian Name* [if given]; English Name; Sex; Relation [if given]; Age.

167 **Young**, Downing; m; stepson; 9
168 **Young**, Mamie A; f; stepdaugh; 5

169 **MASON**, Clem H; m; husband; 61
170 Hattie; f; wife; 61
171 Winona; f; grdaughter; 6

172 **MINGO**, Edward T; m; husband; 38
173 Ida; f; wife; 31
174 Sophronia L; f; daughter; 6
175 Onnie May; f; daughter; 4
176 James N; m; son; 1

177 **MUSH**, William; m; 38     (Imbecile)

178 **GIAMIE**, Sallie Mush; f; mother; 28
179 Ida M; f; daughter; 3

180 **NELSON**, Mary J. Winney; f; mother; 31
181 Vincent; m; son; 5
182 Louis Dana; m; son; 1

183 **NICHOLAS**, Alex; m; husband; 45
184 Mary; f; wife; 47
185 Matilda; f; daughter; 26
186 Alice; f; daughter; 22
187 Malinda; f; daughter; 19
188 Susie; f; daughter; 18
189 Silver; f; daughter; 15
190 Josie Belle; f; daughter; 13
191 Alexander; m; son; 11
192 Julia; f; daughter; 9

193 **NICHOLAS**, Smith; m; husband; 76
194 Lucy; f; wife; 53

195 **NICHOLAS**, William; m; 42

196 **PEACOCK**, Isaac; m; father; 51
197 James; m; son; 20

198 **PEACOCK**, Thomas; m; husband; 21
199 Lizzie C. W; f; wife; 26
200 **Whitetree**, Harry; m; stepson; 7

*Census of the* **Seneca** *Indians of* **Quapaw** *Agency,* **Wyandotte, Indian Territory** *taken by* **Horace B. Durant, Supt. & Acting** *United States Indian Agent,* **June 30, 1905.** *190*

**KEY:** Number; *Indian Name* [if given]; English Name; Sex; Relation [if given]; Age.

201 **Whitetree**, Ogle; m; stepson; 5
202 **Whitetree**, Gertrude W; f; stepdaugh; 3

203 **RINEHART**, Hannah Jack; f; mother; 32
204 Flenoid Ivy; m; son; 5
205 Victor Royal; m; son; 4
206 Maurine; f; daughter; 4

207 **SCHIFFBAUER**, Robert; m; father; 37
208 Cyril; m; son; 11
209 Roy Russell; m; son; 9
210 Alice; f; daughter; 3
211 Frank; m; son; 5

212 **SCHIFFBAUER**, Fred; m; brother; 32
213 Minnie; f; sister; 33

214 **SCHRIMPSHER**, Eliza; f; 58

215 **SCHRIMPSHER**, John; m; father; 42
216 James; m; son; 20
217 Silas; m; son; 18
218 Mathias; m; son; 16
219 Lucy; f; daughter; 11
220 Ida; f; daughter; 10
221 Rena; f; daughter; 8
222 Abbie G; f; daughter; 4
223 Abraham; m; son; 2

224 **SMITH**, Mary Johnson; f; mother; 29
225 George L; m; son; 6

226 **SMITH**, Hiram; m; husband; 27
227 Lucy Spicer; f; wife; 27
228 Rufus; m; son; 5
229 Christina; f; daughter; 3
230 Doran; m; son        Born Nov. 16, 1904

231 **SMITH**, Mary D; f; wife; 27
232 Artie Y; f; daughter; 8
233 Malinda; f; daughter; 5
234 Rosa May; f; daughter; 3
235 Eugene; m; son; 1

*Census of the* **Seneca** *Indians of* **Quapaw** *Agency,* **Wyandotte, Indian Territory** *taken by* **Horace B. Durant, Supt. & Acting** *United States Indian Agent,* **June 30, 1905.** *190*

KEY: Number; *Indian Name* [if given]; English Name; Sex; Relation [if given]; Age.

236 **SMITH**, Silas; m; husband; 44
237 Amanda; f; wife; 30
238 William; m; son; 11
239 Mary; f; daughter; 6
240 Elizabeth; f; daughter; 2

241 **SMITH**, John; m; husband; 53
242 Mary; f; wife; 53
243 Albert; m; son; 19
244 Harvey; m; son; 16

245 **BROKAW**, Nannie Smith; f; 20
    Infant       Born 1/9/05   Died 2/27/05

246 **SMITH**, Jacob; m; father; 26
247 Walter Martin; m; son; 2
248 Infant        Born Oct, 1904

249 **KINGFISHER**, Lucinda S. W; f; mother; 46
250 **Smith**, Sallie; f; daughter; 19

251 **SMITH**, Samuel; m; husband; 26
252 Inez Splitlog; f; wife; 25        #287-1904

253 **SPICER**, Daniel, Sr; m; father; 64
254 Charles; m; son; 20

255 **SPICER**, Sallie; f; mother; 53
256 Lewis Whitewing; m; son; 26
257 Caroline; f; daughter; 19    (mute)

258 **SPICER**, Alexander Z; m; father; 37
259 Ora Bernard; m; son; 8
260 Rio A; m; son; 6
261 Ilus; m; son; 4
262 Elvas K; m; son        Born Dec. 7, 1904

263 **SPICER**, Daniel, Jr; m; 28

264 **SPICER**, Jack; m; father; 38
265 Sherman m; son; 11
266 Infant; m; son     Born 1904

*Census of the* **Seneca** *Indians of* **Quapaw** *Agency,* **Wyandotte, Indian Territory** *taken by* **Horace B. Durant, Supt. & Acting** *United States Indian Agent,* **June 30, 1905.** *190*

KEY: Number; *Indian Name* [if given]; English Name; Sex; Relation [if given]; Age.

267 **SPICER**, Ida; f; mother; 56
268 Jacob; m; son; 26

269 **SPICER**, James; m; father; 38
270 Ethel Lucinda; f; daughter; 13
271 Lemuel Jasper; m; son; 11
272 Evaline; f; daughter; 7
273 Georgia; f; daughter; 5
274 Lorena; f; daughter; 2
275 Masie; m; son    Born Feb. 1905

276 **SPICER**, Mitchell; m; father; 39
277 Esther; f; daughter; 13
278 Hattie; f; daughter; 11
279 Clem H; m; son; 8
280 Joseph; m; son; 5
281 Inez; f; daughter; 2

282 **SPICER**, Betsey; f; 69

283 **SPICER**, John; m; husband; 44
284 Jessie Davis; f; wife; 39
285 **Davis**, Minnie Spicer; f; stepdaugh; 18
286 **Davis**, Blanch Crawford; f; stepdaugh; 16
287 Charles; m; son; 7
288 Noah; m; son; 5
289 Francis Marion; m; son; 4
290 Dorothy Mary; f; daughter; 2

291 **SPLITLOG**, Jacob; m; brother; 26
292 John; m; brother; 22
293 Alexander; m; brother; 32

294 **NUCKELS**, Julia Splitlog; f; 23

295 **SPLITLOG**, Henry B; m; father; 48
296 Grover C; m; son; 19
297 Edna N; f; daughter; 16
298 Ethel K; f; daughter; 14
299 Carrie B; f; daughter; 10

300 **HARPER**, Bertha S; f; mother; 21
301 Granville M; m; son; 2

*Census of the* **Seneca** *Indians of* **Quapaw** *Agency,* **Wyandotte, Indian Territory** *taken by* **Horace B. Durant, Supt. & Acting** *United States Indian Agent,* **June 30, 1905.** *190*

**KEY:** Number; *Indian Name* [if given]; English Name; Sex; Relation [if given]; Age.

302  **SPLITLOG**, Gordon B; m; 19

303  **STANDSTONE**, Fannie; f; 48

304  **TURKEY**, Abe; m; husband; 38
305  Mary Logan; f; wife; 51
306  **Logan**, John; m; stepson; 19
307  **Logan**, Louis; m; stepson; 21
308  **Logan**, Rosie; f; stepdaugh; 15

309  **TURKEY**, David; m; 34

310  **VANDAL**, Mary J. Whitecrow; f; mother; 32
311  Susan L; f; daughter; 7
312  Gertrude; f; daughter; 5

313  **WHITECROW**, Alfred; m; husband; 38
314  Mary; f; wife; 34
315  Mayo; m; son; 12
316  Walter; m; son; 10
317  Gertrude; f; daughter; 7
318  Madonna; f; daughter; 5
319  Elsie; f; daughter; 2

320  **SPLITLOG**, Malinda W; f; 61

321  **WHITETREE**, Alva; m; brother; 11
322  Ray; m; brother; 7
323  Jesse; m; brother; 5

324  **WHITETREE**, Break-it-nail; m; husband; 55
325  Susan; f; wife; 47
326  William; m; son; 21
327  Thomas; m; son; 18
328  Ernest; m; son; 13
329  Rene; f; daughter; 9
330  Arizona; f; daughter; 5

331  **WHITETREE**, Eva; f; mother; 37
332  Susie; f; daughter; 21
333  Scott; m; son; 17
334  Frank; m; son; 13
335  Infant; m; son

Census of the **Seneca** Indians of **Quapaw** Agency, **Wyandotte, Indian Territory** taken by **Horace B. Durant, Supt. & Acting** United States Indian Agent, **June 30, 1905.** *190*

KEY: Number; *Indian Name* [if given]; English Name; Sex; Relation [if given]; Age.

336 **WINNEY**, Malinda; f; mother; 52
337 Thomas; m; son; 31

338 **HENSLEY**, Hattie Winney; f; mother; 29
339 Chas. Newland; m; son    Born Nov. 29, 1904

340 **WINNEY**, Isaac; m; husband; 55
341 Margaret; f; wife; 55

342 **HINMAN**, Fannie Scott W; f; mother; 29
343 Infant; f; daughter; 1

344 **WINNEY**, Reed B; m; husband; 34
345 Julia Crawford; f; wife; 27
346 Clarence; m; son; 6
347 Mary Esther; f; daughter; 5
348 Mildred L; f; daughter; 1

349 **PEACOCK**, Fannie S. Y; f; mother; 22
350 **Young**, Lizzie; f; daughter; 3

351 **YOUNG**, Mary Choteau; f; 54

352 **YOUNG**, Adam; m; husband; 50
353 Mary; f; wife; 44
354 Thompson; m; son; 25
355 Louisa; f; daughter; 12

356 **DARITY**, Susannah Y; f; mother; 24
357 Lavinia; f; daughter; 3
358 Noah; m; son; 1    Born 1904

359 **EUNEAU**, Louis; m; father; 46
360 Thomas; m; son; 24
361 Howard; m; son; 19
362 Edith; f; daughter; 12

363 **WORCESTER**, Mattie Logan; f; mother; 35
364 Mamie; f; daughter; 6

365 **LOGAN**, Mary S; f; 62

366 **JACK**, Isaac; m; 37

*Census of the* **Seneca** *Indians of* **Quapaw** *Agency,* **Wyandotte, Indian Territory** *taken by* **Horace B. Durant, Supt. & Acting** *United States Indian Agent,* **June 30, 1905.** *190*

**KEY:** Number; *Indian Name* [if given]; English Name; Sex; Relation [if given]; Age.

        Total Census for the year 1904----------------------------------360
        Error on census of 1904-#253 correct count-census-04    361

Deaths-
#27-1904-Inez M. Geboe-August 11, 1904
#69-1904-William Conner-October 26, 1904
#91-1904-John Dick-died in Canada-date unknown
#112-1904-Susan Whitecrow Hardy-April 15, 1905
#168-1904-James Logan, Jr.-February 7, 1905
#230-1904-Luke Smith-August 16, 1904
#322-1904-Ida Whitetree-August 19, 1904

        Total deaths during 1905--        7

Births-
#42-1905
#112-1905
#122-1905
#230-1905
#248-1905
#262-1905
#266-1905
#335-1905
#339-1905
#358-1905
        Total births during 1905        10

Not Previously reported
#41-1905
#86-1905
        Total [illegible…]

        Total increase over census        5

        Census for 1905    366

# Wyandot Census
# 1905

*Census of the* **Wyandot**sic *Indians of* **Quapaw** *Agency,* **Wyandotte, Indian Territory** *taken by* **Horace B. Durant, Supt. & Acting** *United States Indian Agent,* **June 30, 1905.** *190*

**KEY:** Number; *Indian Name* [if given]; English Name; Sex; Relation [if given]; Age.

1  **ALLEN**, Ida J; f; mother; 40
2  Florence Esther; f; daughter; 7

3  **ARMSTRONG**, Maynard C; m; 59

4  **ARMSTRONG**, Silas; m; 63

5  **BARNETT**, Thomas; m; husband; 36
6  Emma; f; wife; 41
7  **Bland**, Sadie; f; daughter; 19
8  Milton; m; son; 11
9  Thomas, Jr; m; son; 9
10 Ruth; f; daughter; 6

11 **VILLANIEVE**, Florence W; f; 30

12 **BARNETT**, John; m; 71

13 **BEARSKIN**, Sarah; f; mother; 66
14 Wesley; m; son; 29

15 **BEARSKIN**, John; m; husband; 40
16 Myrtle; f; wife (white) married-
17 David; m; son; 7        Not previously reported
18 Joseph; m; son; 4       same
19 Susan; f; daughter; 1   same
20 Frank; m; son; 1        same- twins

21 **BENNETT**, Jefferson; m; husband; 42
22 Vernice; f; wife; 30    (white)
23 Ida; f; daughter; 14
24 Aileen; f; daughter; 12
25 Lotta; f; daughter; 10
26 Mary Jane; f; daughter; 8
27 Frank; m; son; 6
28 Ella; f; daughter        Born June, 1904

29 **BLAND**, John; m; husband; 38
30 Lula; f; wife; 34 (white)
31 Nora; f; daughter; 8
32 Eliza; f; daughter; 6

*Census of the* **Wyandot**sic *Indians of* **Quapaw** *Agency,* **Wyandotte, Indian Territory** *taken by* **Horace B. Durant, Supt. & Acting** *United States Indian Agent,* **June 30, 1905.** *190*

KEY: Number; *Indian Name* [if given]; English Name; Sex; Relation [if given]; Age.

33 **BLACKABY**, Hannah; f; mother; 49
34 Maude; f; daughter; 19
35 Sherman; m; son; 17

36 **BOONE**, Octavius; m; brother; 30
37 Charlotte; f; sister; 19
38 Walker L; m; brother; 17
39 Cecile M; f; sister; 13

40 **CLARK**, Alice Boone; f; 25

41 **BROWN**, John D; m; father; 57
42 Lee; m; son; 28
43 John D, Jr; m; son; 26
44 Annie L; f; daughter; 24
45 Lothia; m; son; 21

46 **BROWN**, Alpheus; m; father; 30
47 Julius M; m; son; 2

48 **BUZZARD**, Stella; f; sister; 18
49 Reed; m; son; 14

50 **CHERLOE**, Henry; m; father; 56
51 Jerry; m; son; 25

52 **COON**, John; m; 60

53 **COTTER**, Elizabeth; f; 60

54 **COTTER**, Jefferson; m; 44

55 **HOLT**, Hulda Cotter; f; mother; 28
56 Joel; m; son; 4

57 **COTTER**, Joel; m; husband; 42
58 Sarah; f; wife; 29 (white)
59 Claud B; m; son; 9
60 Clarence R; m; son; 7   Not previously reported
61 Mabel; f; daughter; 4
62 Homer; m; son; 2   Not previously reported

*Census of the* **Wyandot**sic *Indians of* **Quapaw** *Agency,* **Wyandotte, Indian Territory** *taken by* **Horace B. Durant, Supt. & Acting** *United States Indian Agent,* **June 30, 1905.** *190*

KEY: Number; *Indian Name* [if given]; English Name; Sex; Relation [if given]; Age.

63 **DAWSON**, R. A; m; husband; 63
64 Nannie; f; wife; 60
65 Philip; m; son; 33
66 Silas; m; son; 29
67 Naomi; f; daughter; 24

68 **BONNIN**, Jerdina D; f; 26

69 **DUSHANE**, Rebecca; f; mother; 35
70 George; m; son; 17

71 **ELLIOT**, Isaac; m; 31

72 **ELLIOT**, Louisa; f; 61

73 **FABER**, Cora; f; mother; 35
74 Leopard; m; son; 12
75 Harriet; f; daughter; 9
76 Viola May; f; daughter; 3

77 **GECK**, Lucy; f; mother; 53
78 Florence; f; daughter; 25
79 Robert M; m; son; 17

80 **TOBEY**, Josephine Geck; f; 29

81 **GECK**, Richard C; m; husband; 31
82 Nellie Rose; f; wife; 29
83 Ramona Jeanette; f; daughter; 5

84 **STAND**, Henry; m; 44

85 **GIAMEE**, Charles; m; 27

86 **GIAMEE**, Martha; f; sister; 26
87 Mary Jane; f; sister; 24

88 **GIAMEE**, James; m; 54     Wyandot by blood-regularly adopted in 1874 but was away and received no allotment[sic]

89 **BROWN**, Eldridge; m; husband; 57
90 Malinda; f; wife; 55

*Census of the* **Wyandot**sic *Indians of* **Quapaw** *Agency,* **Wyandotte, Indian Territory** *taken by* **Horace B. Durant, Supt. & Acting** *United States Indian Agent,* **June 30, 1905.** *190*

KEY: Number; *Indian Name* [if given]; English Name; Sex; Relation [if given]; Age.

91   **CONES**, Mariam Brown; f; 17

92   **BROWN**, James; m; 28

94[sic] **COTTER**, James; m; husband; 55
95   Cora; f; wife; 39   (white)
96   Norma; f; daughter; 17
97   Milton; m; son; 15
98   Nora; f; daughter; 13
99   Bessie; f; daughter; 11
100  Mont A; m; son   Born March 1, 1905

101  **COOK**, Dawson; m; father; 37
102  Eloise; f; daughter; 5   Not previously reported

103  **HILL**, Eudora Cook; f; 64

104  **HOAG**, Wilhelmina C; f; 35

105  **DYER**, Lucinda; f; 75

106  **YOUNG**, Emma V; f; 25

107  **HACKLEMAN**, Arizona; f; mother; 41
108  Marjorie; f; daughter; 8
109  Jeannette; f; daughter; 4

110  **HARRIS**, John; m; husband; 52
111  Jane; f; wife; 38  (white)
112  Mary; f; daughter; 20
113  Matilda; f; daughter; 16
114  Susie; f; daughter; 14
115  Randolph; m; son; 12
116  George; m; son; 10

117  **HICKS**, Henry; m; husband; 59
118  Melissa; f; wife; 44  (white)
119  Frank; m; son; 23
120  John; m; son; 17

121  **TINDAL**, Hettie; f; mother; 28
122  Infant; m; son; 2

*Census of the* **Wyandot**sic *Indians of* **Quapaw** *Agency,* **Wyandotte, Indian Territory** *taken by* **Horace B. Durant, Supt. & Acting** *United States Indian Agent,* **June 30, 1905.** *190*

**KEY:** Number; *Indian Name* [if given]; English Name; Sex; Relation [if given]; Age.

123 **MAUPIN**, Cordelia H; f; mother; 35
124 Anna Alberta; f; daughter; 3
125 Blanche Mildred; f; daughter; 2

126 **LADUE**, Cassandra H; f; mother; 29
127 **Hicks**, William; m; son; 8

128 **HICKS**, George; m; 35

129 **JOHNSON**, Allen; m; husband; 64
130 Catherine; f; wife; 51

131 **JOHNSON**, Allen, Jr; m; 33

132 **JOHNSON**, Robert; m; husband; 37
133 Helen; f; wife; 32 (white)
134 Harold; m; son; 8
135 Gwendolyn; f; daughter; 7
136 Eunice; f; daughter; 4
137 Rita May; f; daughter; 2    Not previously reported
138 Eloise; f; daughter    Born Sept. 1904

139 **JOHNSON**, George M; m; husband; 35
140 Dorcas; f; wife; 33 (white)

141 **PRESTON**, Eva Johnson; f; mother; 33
142 Dorothy Sarah; f; daughter; 3

143 **DAY**, Josephine L. A; f; mother; 44
144 **Stewart**, Clarence; m; son; 20
145 **Adkins**, Charles; m; son; 18
146 **Adkins**, Audrey; f; daughter; 16

147 **BOND**, Minnie S; f; mother; 25
148 Charles Clyde; m; son; 6

149 **ADAMS**, Mary Jane K; f; mother; 39
150 **Bland**, Charles; m; son 18

151 **KENNEDY**, Rebecca; f; mother; 58
152 James; m; son; 29
153 Lee; m; son; 25
154 Allan; m; son; 20

*Census of the* **Wyandot**sic *Indians of* **Quapaw** *Agency,* **Wyandotte, Indian Territory** *taken by* **Horace B. Durant, Supt. & Acting** *United States Indian Agent,* **June 30, 1905.** *190*

KEY: Number; *Indian Name* [if given]; English Name; Sex; Relation [if given]; Age.

155 **JOHNSON**, Wilbur M; m; husband; 25
156 Dolly A; f; wife; 24

157 **KIRKBRIDE**, Frank; m; brother; 38
158 Eugene; m; brother; 42

159 **MARSH**, Dolly Kygar; f; 18

160 **KYGAR**, Minnie; f; sister; 16
161 Pearl; f; sister; 13
162 Stella; f; sister; 11
163 **Weaver**, Bessie; f; sister; 4

164 **LONG**, William P; m; husband; 37
165 Alberta S; f; wife; 27
166 Elmer; m; son; 5
167 Lucien; m; son; 4
168 Lucile; f; daughter; 2
169 Infant          Born February 1905

170 **LONG**, Fred; m; husband; 41
171 Lydia; f; wife; 36    (white)
172 Vera; f; daughter; 14
173 Byron; m; son; 9

174 **LONG**, James M; m; husband; 74
175 Fannie M; f; wife; 56
176 Kate; f; daughter; 34
177 Irvin B; m; son; 25
178 James, Jr; m; son; 21

179 **LONG**, Frank; m; 32

180 **DICKEY**, Myrtle L; f; mother; 28
181 Byron; m; son; 2

182 **LONG**, Samuel; m; 31

183 **LONG**, Thomas; m; brother; 27
184 George; m; brother; 25
185 Julia; f; sister; 21
186 Grover C; m; brother; 20
187 Albert; m; brother; 18

*Census of the* **Wyandot**sic *Indians of* **Quapaw** *Agency,* **Wyandotte, Indian Territory** *taken by* **Horace B. Durant, Supt. & Acting** *United States Indian Agent,* **June 30, 1905.** *190*

KEY: Number; *Indian Name* [if given]; English Name; Sex; Relation [if given]; Age.

188 **LONG**[cont], Nancy; f; sister; 15
189 Walter; m; brother; 11

190 **KING**, May Long; f; mother; 23
191 Nicholas; m; son; 4
192 Estelle; f; daughter; 2

193 **MISENHEIMER**, Susan; f mother; 43
194 Ella; f; daughter; 18
195 James; m; son; 13
196 John; m; son; 8
197 Roy; m; son        Born Oct. 7, 1904

198 **JONES**, Arizona M; f; mother; 22
199 William Elias; m; son; 4

200 **McKEE**, Mary; f; 64

201 **MURDOCK**, Blanch Walker; f; mother; 46
202 Rhoda; f; daughter; 12

203 **MUDEATER**, Benjamin; m; husband; 55
204 Sidney; f; wife; 47     (white)
205 Doane; m; son; 10
206 Fred Roschi; m; son; 2

207 **MUDEATER**, Florence; f; 22

208 **MUDEATER**, Alfred J; m; husband; 51
209 Julia; f; wife; 41

210 **MUNCH**, Oella; f; 56

211 **MUSH**, Mary; f; 76

212 **PEACOCK**, Maggie; f; mother; 45
213 Lottie; f; daughter; 22
214 Alex; m; son; 8
215 Philip; m; son; 11

216 **SPICER**, Katy P; f; 20

217 **ROBITAILLE**, James; m; husband; 43
218 Emma; f; wife; 34     (white)

*Census of the* **Wyandot**sic *Indians of* **Quapaw** *Agency,* **Wyandotte, Indian Territory** *taken by* **Horace B. Durant, Supt. & Acting** *United States Indian Agent,* **June 30, 1905.** *190*

**KEY:** Number; *Indian Name* [if given]; English Name; Sex; Relation [if given]; Age.

219 **ROBITAILLE**[cont], Grace; f; daughter; 13
220 Homer; m; son; 12
221 Wolferd; m; son; 11
222 Arthur; m; son; 8

223 **ROUBIDOUX**, Josephine; f; 29

224 **ROBITAILLE**, Frank; m; brother; 36
225 Lena; f; sister; 28
226 Charles Z; m; brother; 25

227 **ROBITAILLE**, Ernest; m; 33

228 **SARAHAS**, Jane; f; 76

229 **SARAHAS**, Jane, Jr; f; 62

230 **SARAHAS**, Wesley; m; husband; 56
231 Martha; f; wife; 41 (white)

232 **SARAHAS**, Richard; m; 48

233 **SARAHAS**, Frank; m; son; 20

234 **BEGGS**, Alice S; f; mother; 46
235 **Schiffbauer**, Amelia; f; daughter; 19
236 **Schiffbauer**, Bert; m; son; 21
237 **Schiffbauer**, Pearl; f; daughter; 15
238 **Schiffbauer**, Joseph; m; son; 13
239 Julia Leona; f; daughter; 7

240 **FRENCH**, Mary E. Wind; f; 25

241 **SCHRIMPSHER**, Hattie; f; 36

242 **SEYMOUR**, Mary Brown; f; mother; 26
243 Mary Aretha; f; daughter; 4
244 Inez Pearl; f; daughter; 2
245 Rumsey E; m; son        Born January 6, 1905

246 **EUNEAU**, Nancy Smith; f; mother; 46
247 **Smith**, Benjamin; m; son; 21
248 **Smith**, Roy; m; son; 17

*Census of the* **Wyandot**sic *Indians of* **Quapaw** *Agency,* **Wyandotte, Indian Territory** *taken by* **Horace B. Durant, Supt. & Acting** *United States Indian Agent,* **June 30, 1905.** *190*

KEY: Number; *Indian Name* [if given]; English Name; Sex; Relation [if given]; Age.

249 **ANGELL**, Eulalia Smith; f; 19

250 **PEACORE**, Artie Smith; f; 27

251 **SOLOMON**, Isaac Macomb; m; father; 44 — Has resided in Osage country
252 Infant — for some years
253 Infant — age and sex of children unknown

254 **SPICER**, Rena C; f; 28

255 **SPYBUCK**, Henry; m; father; 48
256 Flossie B; f; wife; 21 (white)
257 Roy; m; son; 14
258 Ruth; f; daughter; 9
259 Albert; m; son; 2

260 **SPYBUCK**, Eliza; f; 46

261 **SPLITLOG**, James; m; 60

262 **STANNARD**, Nancy; f; mother; 46
263 Walter N; m; son; 10
264 Jannette; f; daughter; 8

265 **RYAN**, Caroline F; f; 28

266 **FABER**, Jerdine[sic]; f; 26
267 **Staton**, Thomas; m; nephew; 22
268 **Ballard**, Lloyd; m; nephew; 6

269 **TOBIEN**, Lula M. Walker; f; mother; 41
270 Earl Walker; m; son; 17
271 Junior Danforth; m; son; 11

272 **TUSSINGER**, Jessie G; f; mother; 24
273 [No name]; m; son; 6

274 **TUSSINGER**, Lizzie G; f; mother; 49
275 **Giamee**, Rosanna; f; daughter; 13
276 Mark L; m; son; 8
277 Josephine; f; daughter; 7

278 **WALKER**, Malcolm; m; 56

*Census of the* **Wyandot**sic *Indians of* **Quapaw** *Agency,* **Wyandotte, Indian Territory** *taken by* **Horace B. Durant, Supt. & Acting** *United States Indian Agent,* **June 30, 1905.** *190*

**KEY:** Number; *Indian Name* [if given]; English Name; Sex; Relation [if given]; Age.

279 **WALKER**, Thomas G; m; 69

280 **WALKER**, Mary; f; mother; 75
281 B.N.O; m; son; 34
282 **Hamlin**, Paul; m; grandson; 25

283 **GORDON**, Carrie Hamlin; f; 29

284 **WALKER**, Isaac S; m; husband; 40
285 Eva L; f; wife; 33 (white)

286 **WALKER**, Clarence; m; 53

287 **WALLACE**, Jane Z; f; mother; 33
288 Everett Zane; m; son; 14

289 **WANO**, Ellen; f; mother; 34
290 William; m; son; 9
291 Eugene; m; son; 7
292 Katie; f; daughter; 5
293 Myrtle; f; daughter; 2

294 **WOLFENBERGER**, Olive; f; sister; 9
295 Josephine; f; sister; 7

296 **WRIGHT**, James; m; father; 51
297 William; m; son; 27
298 George; m; son; 24
299 Grant; m; son; 22
300 Charles; m; son; 20
301 Henry; m; son; 16
302 Hattie; f; daughter; 9

303 **YOUNG**, Star; m; father; 54
304 Henry; m; son; 34
305 Lizzie; f; daughter; 31

306 **YOUNG**, William; m; husband; 29
307 Eva Lula; f; wife; 29 (white)
308 John; m; son; 8
309 Clifford; m; son; 6
310 Lena; f; daughter; 3          Not previously reported
311 Dale; m; son; 1                Born July 8, 1904

*Census of the* **Wyandot**sic *Indians of* **Quapaw** *Agency,* **Wyandotte, Indian Territory** *taken by* **Horace B. Durant, Supt. & Acting** *United States Indian Agent,* **June 30, 1905.** *190*

**KEY:** Number; *Indian Name* [if given]; English Name; Sex; Relation [if given]; Age.

312　**ZANE**, Susan; f; 30

313　**ZANE**, Buchanan; m; 27

314　**ZANE**, John; m; husband; 33
315　Bertha; f; wife; 29　(white)
316　William; m; son; 7

317　**ZANE**, Isaac R; m; husband; 79
318　Elizabeth; f; wife; 79　(white)

319　**ZANE**, Isaac; m; husband; 54
320　Winnie; f; wife; 27　(white)
321　Iona; f; daughter; 11
322　Susanne Jane; f; daughter; 9
323　Louisa; f; daughter; 7
324　Isaac J; m; son; 5

325　**ZANE**, Lee; m; husband; 47
326　Emma; f; wife; 39　(white)
327　Oscar; m; son; 15
328　Olive; f; daughter; 13
329　J. Clarence; m; son; 9
330　Laurence; m; son; 8
331　Katie; f; daughter; 7

332　**HARPER**, Oella Z; f; mother; 23
333　[No name]; f; daughter; 6

334　**CULP**, Jennie Zane; f; 44　(white)

335　**HODGKISS**, Rosetta; f; mother; 42
336　Elmo; m; son; 15
337　Natalie; f; daughter; 13
338　Darthula; f; daughter; 10
339　Lawrence F; m; son; 6
　　　Paul Norvell; m; son　　Died April 12, 1905

340　**FRASSE**, Maud H; f; 20
　　　Lucille Mabel　　Born Jan. 8-05-Died Apl. 24-1905

341　**JOHNSON**, Ella; f; mother; 36　(white)
342　Bertha; f; step-dau; 22
343　Preston; m; step-son; 20

*Census of the* **Wyandot**sic *Indians of* **Quapaw** *Agency,* **Wyandotte, Indian Territory** *taken by* **Horace B. Durant, Supt. & Acting** *United States Indian Agent,* **June 30, 1905.** *190*

KEY: Number; *Indian Name* [if given]; English Name; Sex; Relation [if given]; Age.

344 **JOHNSON**[cont], Donald; m; son; 11
345 Cordelia; f; daughter; 9

346 **LOFLAND**, Caroline; f; mother; 60
347 Charles; m; son; 26

348 **TOURTILLOTTE**, Annie L; f; mother; 23
349 Josephine; f; daughter; 1

350 **VOLZ**, Josephine L; f; mother; 31
351 Julia; f; daughter; 5
352 Janet M; f; daughter; 4
353 Frederick Rudolph; m; son; 1

354 **LIDER**, Rose M; f; mother; 40
355 **Lute**, Frank; f; son; 16
356 **McClellan**, Lucretia; f; daughter; 12
357 Infant; f; daughter; 4

358 **PUNCH**, Alex; m; 58

359 **WRIGHT**, Martha; f; 80
360 Martha Jane; f; daughter; 24

361 **SCHIFFBAUER**, Azilda; f; 31

362 **CROTZER**, Catherine; f; mother; 45
363 Ethel; f; daughter; 19
364 John; m; son; 17
365 Grace; f; daughter; 12
366 Ona May; f; daughter; 10
367 Esther Rose; f; daughter; 8

368 **ZANES**[sic], Ethan; m; 59

369 **WALKER**, Thomas E; m; father; 46
370 Kenneth; m; son; 14

371 **JOHNSON**, Arthur; m; 31

372 **MUDEATER**, Irvin; m; father; 56
373 Julia; f; daughter; 9

*Census of the* **Wyandot**sic *Indians of* **Quapaw** *Agency,* **Wyandotte, Indian Territory** *taken by* **Horace B. Durant, Supt. & Acting** *United States Indian Agent,* **June 30, 1905.** *190*

**KEY:** Number; *Indian Name* [if given]; English Name; Sex; Relation [if given]; Age.

373 **McCART**, Lacy Zane; f; mother; 58 (white)
374 **Zane**, Noah; m; son; 26
375 **Zane**, Henry; m; son; 17
376 **Zane**, Pearl; f; daughter; 14

377 **ZANE**, Julia; f; 21

378 **CROTZER**, Archibald V; m; 26


Error on 3rd page- #93 omitted.
| | | | | |
|---|---|---|---|---|
| 373 | Lacy Zane McCart (white) | f | mother | 58 |
| 374 | Noah Zane | m | son | 26 |
| 375 | Henry Zane | m | son | 17 |
| 376 | Pearl Zane | f | daughter | 14 |
| 377 | Julia Zane--------------- | f | | 21 |
| 378 | Archibald Crotzer V. | m | | 26 |

Total Census for year 1904          365

Deaths:
#54-1904----------------Cotter--February 1905
#66-1904--John Faber-- September 1904
#98-1904--Kate Grindrod--January 19, 1905
#365-1904--Paul Norvell Hodgkiss--April 12, 1905

Total deaths during 1905-      4

Added to census-1905-not previously reported:
Nos. 16-17-18-19-20-60-62-102-137-310-Total      10

Births during 1905-
Nos. 28-100-138-169-197-245-311--Total      7

Total increase over Census 1904-      13

Total census for the year 1905---------------------378 persons.

# Quapaw Census
# 1906

*Census of the* **Quapaw** *Indians of* **Quapaw** *Agency,* **Indian Territory**
*taken by* **Horace B. Durant, Supt. &** *United States Indian Agent,*
**June 30, 1906.** *190*

**KEY:** Number; *Indian Name* [if given]; English Name; Sex; Relation [if given]; Age.

1   **ABRAMS**, Abner W; m; husband; 59
2   Melissa J; f; wife; 45
3   Maude E; f; daughter; 21
4   Samuel W; m; son; 19
5   B. Harrison; m; son; 17
6   Earl Blaine; m; son; 14

7   **ADAMS**, Felicia; f; mother; 44
8   Ruth Lee; f; daughter; 9

9   **ANDERSON**, Isabel Harrison; f; 28

10   **ANGELL**, Louis (Tallchief); m; 65

11   **BALL**, Nellie J; f; mother; 48
12   Samuel W; m; son; 24
13   William; m; son; 17

14   **BEAVER**, John; m; husband; 48
15   *Ma-hun-ka-she-ka*; f; wife; 47
16   Alice Anna; f; daughter; 19

17   **BLACKHAWK**, Charley Quapaw; m; 70

18   **BLAKESLEY**, William W; m; 39

19   **BLANSITT**, Fannie Q. D; f; mother; 30
20   **Daylight**, Mary; f; daughter; 10
21   **Daylight**, Jesse; m; son; 6
22   **Daylight**, Ida; f; daughter; 2     Born March 31, 1904
23   William Robertson; m; son     Born March 16, 1906

24   **BLUEJACKET**, Charles; m; 66

25   **BREWER**, Minnie Dardenne; f; mother; 30
26   Mary C; f; daughter; 9
27   Josephine; f; daughter; 5     Alias-Lucy Elizabeth
28   Bessie Lillian; f; daughter; 3
29   Mattie Pearl; f; daughter; 1

30   **BUFFALO**, John; m; 10     (Son of Frank & Alice)

31   **BUFFALO**, Joe; m; husband; 38
32   Senie Brown; f; wife; 34

*Census of the* **Quapaw** *Indians of* **Quapaw** *Agency,* **Indian Territory** *taken by* **Horace B. Durant, Supt. &** *United States Indian Agent,* **June 30, 1906.** *190*

**KEY:** Number; *Indian Name* [if given]; English Name; Sex; Relation [if given]; Age.

33  **BUFFALO**[cont], Henry; m; son; 10
34  Clara May; f; daughter; 9
35  Hazel Lorena; f; daughter; 6
36  Norah; f; daughter; 4    Formerly Dora
37  Willie; m; son; 3    Not previously enrolled

38  **BUFFALO**, Arthur; m; 16    (Son of Joe & Ollie)

39  **CALF**, Mary J; f; 56

40  **CARDIN**, Louis LaFontaine; m; 31

41  **CARDIN**, Alexander; m; father; 36
42  Juanita; f; daughter; 5
43  Wm. Fred; m; son; 12

44  **CARDIN**, William O; m; husband; 28
45  Isa Wade; f; wife; 38

46  **CEDAR**, Lizzie; f; 63

47  **CHOTEAU**, Mary; (*Zah-me*); f; 54

48  **CLABBER**, Peter; m; husband; 58
49  *Me-het-ta*; f; wife; 58

50  **CLARK**, Mary Dardenne; f; mother; 41
51  Lillian May; f; daughter; 13
52  William Alexander; m; son; 12
53  Lawrence B; m; son; 9
54  Anna Viola; f; daughter; 7
55  Rheba N; m; son; 6
56  Durward D; m; son; 4
57  John D; m; son; 1

58  **CONNER**, Minnie Greenback; f; 26

59  **COUSATTE**, Benjamin; m; father; 51
60  Benjamin C; m; son; 17
61  Roza E; f; daughter; 14
62  Joseph; m; son; 12
63  Martin Luther; m; son; 10
64  James Ray; m; son; 5

*Census of the* **Quapaw** *Indians of* **Quapaw** *Agency,* **Indian Territory**
*taken by* **Horace B. Durant, Supt. &** *United States Indian Agent,*
**June 30, 1906.** *190*

**KEY:** Number; *Indian Name* [if given]; English Name; Sex; Relation [if given]; Age.

65 **COUSATTE**, Samuel; m; father; 40
66 Jessie May; f; daughter; 14
67 Ira Wright; m; son; 11
68 Ivy Irene; f; daughter; 9
69 Joseph Dewey; m; son; 6
70 Claude Theodore; m; son; 4

71 **COCKERELL**, Cora E. Adams; f; mother; 28
72 Fannie Myrtle; f; daughter; 5    Not on previous census
73 James Edgar; m; son; 2                Do.

74 **CRANE**, Effie Imbeau; f; mother; 26
75 Nellie L; f; daughter; 8
76 Earl Floyd; m; son; 6
77 Jay Otis; m; son; 5
78 Gladys Adelaide; f; daughter; 3
79 Andrew Louis; m; son; 2
80 James Leroy; m; son         Born Nov. 6, 1905

81 **CRAWFISH**, Widow; f; 68    (Mother of Tom & Harry)

82 **CRAWFISH**, Harry; m; father; 38
83 Ethel May; f; daughter; 14
84 Alice; f; daughter; 12

85 **CRAWFISH**, Thomas; m; father; 45
86 Mary; f; daughter; 13

87 **CROW**, John; m; 44

88 **DARDENNE**, Benjamin, Sr; m; husband; 66
89 Martha; f; wife; 49

90 **DARDENNE**, Benjamin, Jr; m; father; 26
91 Edna Alice; f; daughter; 3    Not on previous census

92 **DARDENNE**, Anna Edna; f; sister; 13
93 Abraham F; m; brother; 10

94 **DARDENNE**, Felix; m; father; 34
95 Delia D; f; daughter; 8
96 Ruby C. C; f; daughter; 4

97 **DARDENNE**, Abram; m; 26

*Census of the* **Quapaw** *Indians of* **Quapaw** *Agency,* **Indian Territory**
*taken by* **Horace B. Durant, Supt. &** *United States Indian Agent,*
**June 30, 1906.** *190*

KEY: Number; *Indian Name* [if given]; English Name; Sex; Relation [if given]; Age.

98　**DARDENNE**, Lawrence, Jr; m; 21

99　**DARDENNE**, Willie; m; father; 34
100　Willie W; m; son; 12
101　Robert; m; son; 10
102　Gertrude; f; daughter; 7

103　**DAYLIGHT**, Isaac; m; 32

104　**DERRIEUSSEAUX**, Mary; f; 82

105　**DAUTHAT**, Zahn; m; 24

106　**DAUTHAT**, Frances; f; mother; 45
107　Minnie E; f; daughter; 20
108　Charles A; m; son; 18
109　Sarah A; f; daughter; 14
110　Jessie; f; daughter; 10

111　**DAUTHAT**, William A; m; father; 48
112　Samuel A; m; son; 17
113　William E; m; son; 15
114　Pearl E; f; daughter; 12
115　Clarence Ray; m; son; 8
116　Florence G; f; daughter; 6

117　**DYSON**, Katie Logan; f; mother; 34
118　Daniel H; m; son; 13
119　Frances L; f; daughter; 11
120　Lassia Mabel; f; daughter; 7
121　William Edgar; m; son; 6
122　Iva Edith; f; daughter; 4

123　**FISH**, Leander J; m; 56

124　**GEBOE**, Charles C; m; 28

125　**GILMORE**, Agnes Dardenne; f; mother; 30
126　Orville; m; son; 9
127　Clara; f; daughter; 7
128　Thelma; f; daughter; 1

129　**GOODEAGLE**, Francis Quapaw; m; husband; 51
130　*Wa-tah-nah-zhe*; f; wife; 36

*Census of the* **Quapaw** *Indians of* **Quapaw** *Agency,* **Indian Territory**
*taken by* **Horace B. Durant, Supt. &** *United States Indian Agent,*
**June 30, 1906.** *190*

KEY: Number; *Indian Name* [if given]; English Name; Sex; Relation [if given]; Age.

131  **GOODEAGLE**[cont], Charles; m; son; 23
132  Merton; m; son; 20
133  Levi; m; son; 12
134  Paul; m; son; 6
135  Martha; f; daughter; 1

136  **GOODEAGLE**, Fannie; f; 14

137  **GORDON**, Roza A; f; sister; 23
138  Harry A; m; brother; 18
139  Harvey O; m; brother; 20
140  Sarah E; f; sister; 16
141  Harley E; m; brother; 12
142  Bessie M; f; sister; 11

143  **GRANDEAGLE**, *Kah-dus-ka-hun-ka*; m; husband; 46
144  *Khah-dah*; f; wife; 47

145  **GREENBACK**, Antoine; m; husband; 55
146  Julia W; f; wife; 23
147  Joseph; m; son; 20   (Son of Antoine)
148  Alice; f; daughter; 16
149  Alphonso; m; son; 5
150  Emma; f; daughter; 2

151  **GRIFFIN**, Victor; m; father; 29
152  Victor, Jr; m; son; 1   Born July 1, 1905

153  **HODGKINS**, Clara Dardenne; f; mother; 23
154  Laurence E; m; son; 3
155  Leonard B; m; son   Born November 23, 1905

156  **HUNT**, Joseph W; m; father; 23
157  Layo W; m; son   Born February 21, 1906

158  **IMBEAU**, Louis; m; husband; 60
159  Melissa; f; wife; 58
160  Catherine; f; daughter; 19

161  **IMBEAU**, Harvey; m; 25

162  **IMBEAU**, Frank; m; 23

163  **KENOYER**, Felicia M. Cardin; f; mother; 23

Census of the Quapaw Indians of Quapaw Agency, **Indian Territory**
taken by **Horace B. Durant, Supt. &** *United States Indian Agent,*
**June 30, 1906.** *190*

**KEY:** Number; *Indian Name* [if given]; English Name; Sex; Relation [if given]; Age.

164 **LANE**, Mary; f; 14

165 **LEWIS**, Alexander; m; father; 27
166 Mary Frances; f; daughter    Born April 9, 1905

167 **LOTTSON**, Robert; m; 26

168 **McDONALD**, Maggie E. Cousatte; f; 19

169 **McCULLOUGH**, Margaret Dardenne; f; 55

170 **McCOY**, John Henry; m; brother; 10
171 Martha L; f; sister; 8
172 Anna Thomas; f; sister; 4
173 James Thomas; m; brother; 2    Born February 12, 1904    not on previous census

174 **McKENZIE**, Isabel; f; 63

175 **MOHAWK**, *Ho-ga-mee* G; f; 46

176 *MES-KAH-GET-TA*H; f; 57

177 **NEWHOUSE**, Amos; m; 59

178 **NEWMAN**, James A; m; father; 58
179 Ada A; f; daughter; 17
180 David A; m; son; 14
181 Leona A; f; daughter; 10
182 Sophia Viola; f; daughter; 8
183 Leroy; m; son; 5
184 Goldie M; f; daughter; 2

185 **NEWMAN**, James L; m; 26

186 **OWENS**, Kitty Wade; f; mother; 36
187 Hugh Wade; m; son; 6
188 Elizabeth; f; daughter; 5
189 Louis Martin; m; son; 1

190 **PETERSON**, Amanda Ball; f; mother; 20
191 Beatrice; f; daughter; 3

192 **PORTIS**, Mary; f; 60

| Census of the | **Quapaw** | *Indians of* | **Quapaw** | *Agency,* | **Indian Territory** |
|---|---|---|---|---|---|
| *taken by* | | **Horace B. Durant, Supt. &** | | *United States Indian Agent,* | |
| **June 30, 1906.** | | *190* | | | |

**KEY:** Number; *Indian Name* [if given]; English Name; Sex; Relation [if given]; Age.

193 **QUAPAW**, John; m; husband; 48
194 Red-sun; f; wife; 64

195 **QUAPAW**, Frances; f; 20

196 **QUAPAW**, Pius; m; husband; 57
197 *Ta-me-ah*; f; wife; 41

198 **QUAPAW**, Benjamin; m; husband; 48
199 *Se-sah*; f; wife; 42

200 **QUAPAW**, Solomon; m; husband; 38
201 Minnie Sigdah; f; wife; 21
202 Bertha; f; daughter; 15
203 Annie; f; daughter; 13
204 Jesse; m; son; 10
205 Katie; f; daughter; 8
206 Charley; m; son; 2   Born May 24, 1904   not on previous census

207 **QUAPAW**, Dick; m; husband; 42
208 *Ne-wau-kis*; f; wife; 20
209 Homer James; m; son   Born November 12, 1905

210 **RUTLEDGE**, Edna P. Adams; f; 24

211 **RAY**, Elizabeth; f; 63

212 **RAY**, Frank; m; father; 33
213 Thomas A; m; son; 5
214 Ruth Elizabeth; f; daughter; 4
215 Minnie Frances; f; daughter; 2  Born November 15, 1904   not on previous census

216 **RAY**, Abraham; m; father; 32
217 Eula Matilda; f; daughter; 1

218 **REDEAGLE**, George; m; husband; 40
219 Minnie O; f; wife; 35
220 Sophia Josephine; f; daughter; 18
221 Leroy; m; son; 14
222 Doane S; m; son; 11

223 **SILK**, Frances; f; 63

*Census of the* **Quapaw** *Indians of* **Quapaw** *Agency,* **Indian Territory**
*taken by* **Horace B. Durant, Supt. &** *United States Indian Agent,*
**June 30, 1906.** *190*

**KEY:** Number; *Indian Name* [if given]; English Name; Sex; Relation [if given]; Age.

224 **SACTO**, Grace R.C; f; mother; 32
225 **Coldspring**, Walter; m; son; 6
226 Mary E. Gladys; f; daughter; 2

227 **SHAFER**, Irene Dardenne; f; mother; 29
228 Minnie; f; daughter; 12
229 Ernest Glenn; m; son; 10
230 Bertha; f; daughter; 9
231 Harry; m; son; 8

232 **SHAPP**, Julia Stafford; f; mother; 35
233 Frances; m; son; 1    Born July 2, 1905

234 **SHALER**[sic], Elsie Dardenne; f; 18

235 **SPA-DA**, *Me-het-ta*; f; 47

236 **STATON**, Sarah C. Cardin; m; mother; 20
237 Treverse[sic]; m; son; 2    Previously enrolled
238 Lloyd; m; son; 1    on Ottawa census

239 **SULLIVAN**, Maline Hunt; f; mother; 27
240 Edna May; f; daughter; 10
241 Ray Leroy; m; son; 7
242 Roy; m; son; 3
243 Grace Pearl; f; daughter    Born October 26, 05-    Not on previous census

244 **THOMPSON**, *Ha-dus-kah-tun-kah*; Robert; m; 26

245 **TOUSEY**, Elizabeth H; f; 68

246 **TRACK**, *Sig-dah*; m; husband; 53
247 *Mes-ka-tun-kah*; f; wife; 35
248 *Wa-sha-me-ta-neh*; Martha; f; daughter; 11
249 *Ha-deh-te-ehor*; Agnes; f; daughter; 8

250 **VALLIER**, James; m; 26

251 **VALLIER**, Amos; m; father; 36
252 Amelia Ivy; f; daughter;    Born October 7, 1905

253 **VALLIER**, Frank; m; father; 53
254 Benjamin F; m; son; 14    William B. on prior cen-
255 Martha F; f; daughter; 11

*Census of the* **Quapaw** *Indians of* **Quapaw** *Agency,* **Indian Territory**
*taken by* **Horace B. Durant, Supt. &** *United States Indian Agent,*
**June 30, 1906.** *190*

**KEY:** Number; *Indian Name* [if given]; English Name; Sex; Relation [if given]; Age.

256 **VALLIER**, Clarissa; f; sister; 8
257 Flora E; f; sister; 6
258 James Amos; m; brother; 4
259 Georgia Alice; f; sister; 2

260 **WADE**, Florence A; f; 49

261 **WAIDE**, Anna Dardenne; f; mother; 28
262 Nellie; f; daughter; 7
263 Parke; m; son; 5
264 Bessie; f; daughter; 4
265 Bertie; f; daughter; 2
266 Clarke; m; son; 1

267 **WARNER**, Minnie N; f; mother; 22
268 Frances May; f; daughter; 2
269 Bertha Marie; f; daughter; 1

270 **WEBER**, Dillie Dardenne; f; mother; 29
271 Eva Lena; f; daughter; 11
272 Grace J; f; daughter; 9
273 John C; m; son; 7
274 Everett G; m; son; 5
275 William; m; son; 3
276 Lillian May; f; daughter; 1

277 **WEISS**, Lizzie Imbeau; f; 21

278 **WILSON**, Laura Jennie; f; mother; 25
279 Irvin; m; son; 1    Not on previous census

280 **WHITEBIRD**, Lena; f; mother; 50
281 Mary; f; daughter; 15
282 Bernard; m; son; 9

283 **WHITEBIRD**, Harry; m; husband; 29
284 Flora; f; wife; 41
285 **Greenback**, Walter; m; son; 14
286 Alphonso; m; son; 10
287 Melissa; f; daughter; 6

288 **XAVIER**, James; m; husband; 47
289 *Ma-shing-tin-nah*; f; wife; 33
290 Doc Stryker; m; son; 5

*Census of the* **Quapaw** *Indians of* **Quapaw** *Agency,* **Indian Territory**
*taken by* **Horace B. Durant, Supt. &** *United States Indian Agent,*
**June 30, 1906.** *190*

**KEY:** Number; *Indian Name* [if given]; English Name; Sex; Relation [if given]; Age.

291 **XAVIER**[cont], [No name]; m; son; 2
292 Anna; f; daughter; 14

[Remaining illegible]

# Seneca Census
# 1906

*Census of the* **Seneca** *Indians of* **Quapaw** *Agency,* **Wyandotte, Indian Territory** *taken by* **Horace B. Durant, Supt. &** *United States Indian Agent,* **June 30, 1906.** *190*

KEY: Number; *Indian Name* if given; English Name; Sex; Relation if given; Age.

1    **ARMSTRONG**, Jack; m; husband; 57
2    Elizabeth; f; wife; 57
3    Susan; f; daughter; 23
4    Barnabas; m; son; 19
5    **Cherloe**, Ethel Myrtle; f; grdaughter; 14

6    **ARMSTRONG**, Thomas; m; 22

7    **ARMSTRONG**, James; m; father; 74
8    Charles; m; son; 16

9    **AZUL**, Annie Lewis; f; mother; 27
10    Myrtle Ethel; f; daughter; 2

11    **BALL**, Lucinda; f; mother; 56
12    Andrew; m; son; 20
13    Lydia; f; daughter; 17

14    **BASSETT**, Joseph; m; 47

15    **BEARSKIN**, Susan; f; mother; 50
16    Ernest; m; son; 18
17    Lena; f; daughter; 13
18    John W; m; son; 10
19    Maggie; f; daughter; 9
20    Leslie; m; son; 6

21    **BEARSKIN**, Wallace; m; husband; 24
22    Elizabeth S; f; wife; 23

23    **BEARSKIN**, Bessie; f; mother; 29
24    Infant          Born August 1905

25    **BEARSKIN**, Rose Garrett; f; mother; 40
26    Gladys; f; daughter; 9
27    Mildred; f; daughter; 6
28    Leonard; m; son; 5
29    Infant; f; daughter      Born during 1906

30    **BEE**, Kate; f; 61

31    **BILL**, Rachel K.B.B; f; mother; 27
32    **Dick**, Maud; f; step-daug; 17
33    **Flora**[sic], Dick; f; daughter; 4

*Census of the* **Seneca** *Indians of* **Quapaw** *Agency,* **Wyandotte, Indian Territory** *taken by* **Horace B. Durant, Supt. &** *United States Indian Agent,* **June 30, 1906.** *190*

KEY: Number; *Indian Name* if given; English Name; Sex; Relation if given; Age.

34  **BOMBARY**, Joseph; m; husband; 72
35  Eliza; f; wife; 55
36  Christy; m; son; 21
37  Levi; m; son; 19

38  **BROKAW**, Nannie Smith; f; mother; 21
39  Infant; m; son; 1

40  **BROWN**, Susan K; f; mother; 29
41  Rosanna Irene; f; daughter; 5
42  Albert E; m; son; 3
43  Alvin C; m; son; 1

44  **BROWN**, Julia S.K; f; mother; 31
45  **Spicer**, Ida; f; daughter; 12
46  Howard; m; son; 5
47  Callie; m; son; 3
48  Hobart; m; son     Born during 1906

49  **CAPTAIN**, Bertha; f; orphan; 14

50  **CAYUGA**, Malinda; f; sister; 21
51  Delia; f; sister; 17

52  **CAYUGA**, Lena; f; mother; 20
53  Infant     Born during 1906

54  **CHERLOE**, Henry; m; husband; 39
55  Minnie; f; wife; 33
56  Nellie; f; daughter; 10
57  Fayette; m; son; 8
58  David; m; son; 8
59  Oliver; m; son; 4
60  Ernest; m; son; 2
61  Infant     Born during 1906

62  **CHOUTEAU**, George K; m; husband; 31
63  Clara W; f; wife; 25
64  Sidney; m; son; 6
65  Lillian; f; daughter; 5

66  **CHOUTEAU**, Elizabeth L; f; 34

67  **COON**, Susan; f; 50

*Census of the* **Seneca** *Indians of* **Quapaw** *Agency,* **Wyandotte, Indian Territory** *taken by* **Horace B. Durant, Supt. &** *United States Indian Agent,* **June 30, 1906.** *190*

**KEY:** Number; *Indian Name* if given; English Name; Sex; Relation if given; Age.

68    **CONNER**, Ebeneezer; m; father; 40
69    Simpson; m; son; 19

70    **CRAWFORD**, George; m; brother; 34
71    Joseph; m; brother; 31

72    **CROW**, John; m; husband; 47
73    Francis King; f; wife; 35

74    **CROW**, Susan; f; sister; 28
75    Jerry; m; brother; 26

76    **CROW**, Margaret A. Y; f; mother; 31
77    Louis; m; son; 4
78    Infant        Born during 1905

79    **CROW**, Moses; m; brother; 27
80    Samuel; m; brother; 22
81    Lucinda; f; sister; 19

82    **LEWIS**, Daylight; m; 59

83    **DAVIS**, Lewis; m; father; 26
84    [No name]; m; son; 2

85    **DAVIS**, Taylor; m; father; 48
86    Elizabeth N; f; daughter; 25
87    Ida; f; daughter; 15
88    Bert; m; son; 7
89    Annie; f; daughter; 6

90    **DAVIS**, John; m; 22

91    **DARITY**, Susannah Y; f; mother; 25
92    Lavinia; f; daughter; 4
93    Noah; m; son; 2

94    **EUNEAU**, Louis; m; father; 47
95    Thomas; m; son; 25
96    Howard E; m; son; 20
97    Edith; f; daughter; 13

98    **EVANS**, Malinda; f; step-mother; 41
99    Eliza; f; step-dau; 22

*Census of the* **Seneca** *Indians of* **Quapaw** *Agency,* **Wyandotte, Indian Territory** *taken by* **Horace B. Durant, Supt. &** *United States Indian Agent,* **June 30, 1906.** *190*

**KEY:** Number; *Indian Name* if given; English Name; Sex; Relation if given; Age.

100 **EVANS**[cont], Blanche; f; step-dau; 20
101 Alfred; m; step-son; 18
102 Curtle; f; step-dau; 12

103 **FINLEY**, Rosa Penny; f; mother; 33
104 **Gentry**, Clinton; m; son; 15
105 **Gentry**, Earl; m; son; 13
106 Beatrice; f; daughter; 8
107 Claude; m; son; 5

108 **FISHER**, Sarah A; f; mother; 29
109 Rena; f; daughter; 10
110 Eva Marie; f; daughter; 9
111 Alferd; m; son; 7
112 Minerva; f; daughter; 6
113 Winona F; f; daughter; 3
114 Peter J; m; son; 2

115 **GEBOE**, Lucy B; f; 33

116 **GIAMEE**, Sallie Mush; f; mother; 29
117 Ida M; f; daughter; 4

118 **GRIFFIN**, Melissa Lewis; f; 24

119 **HARDY**, James; m; brother; 10
120 Valentine; m; brother; 8
121 Percy; m; brother; 6
122 Irene; f; sister; 4

123 **HARPER**, Bertha S; f; mother; 22
124 Granville M; m; son; 3
125 Dennis Houston; m; son; 1

126 **HENRY**, Richard; m; 20

127 **HENSLEY**, Harriet Winney; f; mother; 30
128 Charles Newland; m; son; 2

129 **HINMAN**, Fannie Scott W; f; mother; 30
130 Infant; f; daughter; 2
131 Infant; m; son    Born during 1905

*Census of the* **Seneca** *Indians of* **Quapaw** *Agency,* **Wyandotte, Indian Territory** *taken by* **Horace B. Durant, Supt. &** *United States Indian Agent,* **June 30, 1906.** *190*

**KEY:** Number; *Indian Name* if given; English Name; Sex; Relation if given; Age.

132 **HUBBARD**, Charles B; m; father; 33
133 Chester A; m; son; 7
134 Esther Ethel; f; daughter; 6
135 Florence Isabel; f; daughter; 5
136 Mabel I; f; daughter; 1

137 **HUNT**, Oscar J; m; 24

138 **JACK**, Isaac; m; 38

139 **JACKSON**, Andrew; m; 32

140 **JAMISON**, Lucy; f; mother; 53
141 Stewart; m; son; 25

142 **JAMISON**, Ellen; f; mother; 36
143 Sadie; f; daughter; 16
144 Amos Bert; m; son; 13
145 Eva L; f; daughter; 9
146 Alex Smoke; m; son; 7

147 **JAMISON**, George; m; 42

148 **JOHNSON**, Annie Crow; f; mother; 32
149 Arthur, Jr; m; son; 10
150 Edna Dorcas; f; daughter; 5
151 Ruth Adelia; f; daughter; 4
152 John Hogan; m; son; 2

153 **JOHNSON**, Maggie; f; mother; 49
154 Annie; f; daughter; 17
155 Jackson; m; son; 12
156 Mary Ida; f; daughter; 6

157 **JOHNSON**, Mary B; f; mother; 32
158 Lillian; f; daughter; 6
159 Eugene; m; son; 5
160 Laurence W; m; son; 3

161 **KARIHO**, John, Sr; m; father; 56
162 **Buck**, Peter; m; step-son; 20
163 **Crow**, Janie; f; step-dau; 10
164 **Crow**, Angeline; f; step-dau; 8
165 Mary; f; daughter; 4

*Census of the* **Seneca** *Indians of* **Quapaw** *Agency,* **Wyandotte, Indian Territory** *taken by* **Horace B. Durant, Supt. &** *United States Indian Agent,* **June 30, 1906.** *190*

**KEY:** Number; *Indian Name* if given; English Name; Sex; Relation if given; Age.

166  **KARIHO**, John K; m; husband; 39
167  Rose Mary; f; wife; 31
168  Josephine; f; daughter; 14
169  Elizabeth; f; daughter; 12
170  Sarah C; f; daughter; 9
171  Ruth; f; daughter; 6
172  [No name]   Born 1905

173  **KARIHO**, Service; m; husband; 33
174  Fannie W; f; wife; 27

175  **KELLY**, Mary Whitewing; f; 40

176  **KENNEDY**, Ollie Shouteau; f; mother; 27
177  Ethel; f; daughter; Born 1906

178  **KINGFISHER**, Lucinda S.W; f; mother; 47
179  **Smith**, Callie; f; daughter; 20

180  **LAYNE**, Betsey Bombary; f; mother; 29
181  Edna Reed; f; daughter; 7
182  Joseph St. Clair; m; son; 5

183  **LEWIS**, Sarah; f; mother; 49
184  Thomas; m; son; 16
185  Clara; f; daughter; 12
186  Jacob; m; son; 28

187  **LOGAN**, James; m; husband; 58
188  Mary T.Y; f; wife; 40
189  **Crow**, Solomon; m; step-son; 21
190  **Young**, Summers[sic]; m; step-son; 16
191  **Young**, Solorena; f; step-dau; 13
192  **Young**, Downing; m; step-son; 10
193  **Young**, Mamie A; f; step-dau; 6
194  [No name]; m; son; Born 1905

195  **LOGAN**, Mary S; f; 53

196  **LYMAN**, Julia Bombary; f; mother; 23
197  Infant; m; son; 2

*Census of the* **Seneca** *Indians of* **Quapaw** *Agency,* **Wyandotte, Indian Territory** *taken by* **Horace B. Durant, Supt. &** *United States Indian Agent,* **June 30, 1906.**   *190*

**KEY:** Number; *Indian Name* if given; English Name; Sex; Relation if given; Age.

198  **MASON**, Clem H; m; husband; 62
199  Harriet; f; wife; 62
200  Winona; f; grdaughter; 7

201  **MINGO**, Edward T; m; husband; 39
202  Ida; f; wife; 32
203  Sophronia L; f; daughter; 7
204  Annie May; f; daughter; 5
205  James N; m; son; 2
206  [No name]   Born 1905

207  **MUSH**, William; m; 39

208  **NELSON**, Mary J. W; f; mother; 31
209  Vincent; m; son; 6
210  Louis; m; son; 2

211  **NICHOLS**, Alex; m; husband; 46
212  Mary; f; wife; 48
213  Matilda; f; daughter; 27
214  Alice; f; daughter; 23
215  Malinda; f; daughter; 20
216  Silver; f; daughter; 16
217  Josie Belle; f; daughter; 14
218  Alexander; m; son; 12
219  Julia; f; daughter; 10

220  **NICHOLS**, Smith; m; husband; 77
221  Lucy; f; wife; 54

222  **NICHOLS**, William; m; 43

223  **NUCKOLS**, Julia Splitlog; f; mother; 24
224  Jasper; m; son; 1   Born August 17, 1905

225  **PEACOCK**, Isaac; m; father; 52
226  James; m; son; 21

227  **PEACOCK**, Thomas; m; husband; 22
228  Lizzie C.W; f; wife; 27
229  **Whitetree**, Harry; m; step-son; 8
230  **Whitetree**, Ogle; m; step-son; 6
231  **Whitetree**, Gertrude W; f; step-dau; 4

*Census of the* **Seneca** *Indians of* **Quapaw** *Agency,* **Wyandotte, Indian Territory** *taken by* **Horace B. Durant, Supt. &** *United States Indian Agent,* **June 30, 1906.** *190*

**KEY:** Number; *Indian Name* if given; English Name; Sex; Relation if given; Age.

232 **PEACOCK**, Fannie S.Y; f; mother; 23
233 **Young**, Lizzie; f; daughter; 4
234 Isaac, Jr; m; son; Born 1905

235 **RHINEHART**, Hannah Jack; f; mother; 33
236 Flenoid Ivy; m; son; 6
237 Victor Royal; m; son; 5
238 Maurine; f; daughter; 5

239 **ROLLER**, Elnora D; f; 23

240 **SCHIFFBAUER**, Robert; m; father; 38
241 Cyril; m; son; 12
242 Roy Russell; m; son; 10
243 Alice; f; daughter; 4
244 Frank; m; son; 6

245 **SCHIFFBAUER**, Fred; m; brother; 33
246 Minnie; f; sister; 34

247 **SCHRIMPSHER**, Eliza; f; 59

248 **SCHRIMPSHER**, John; m; father; 43
249 James; m; son; 21
250 Mathias; m; son; 17
251 Lucy; f; daughter; 12
252 Ida; f; daughter; 11
253 Rena; f; daughter; 9
254 Abbie G; f; daughter; 5
255 Abraham; m; son; 3

256 **HURLEY**, Mary Smith; f; mother; 30
257 **Smith**, George L; m; son; 7

258 **SMITH**, Hiram; m; husband; 28
259 Lucy Spicer; f; wife; 28
260 Rufus; m; son; 6
261 Christina; f; daughter; 4
262 Doran; m; son; 2
263 [No name] Born 1905

264 **SMITH**, Mary D; f; mother; 28
265 Artie Y; f; daughter; 9
266 Malinda; f; daughter; 6

*Census of the* **Seneca** *Indians of* **Quapaw** *Agency,* **Wyandotte, Indian Territory** *taken by* **Horace B. Durant, Supt. &** *United States Indian Agent,* **June 30, 1906.** *190*

**KEY:** Number; *Indian Name* if given; English Name; Sex; Relation if given; Age.

267 **SMITH**[cont], Rosa May; f; daughter; 4
268 Eugene; m; son; 2

269 **SMITH**, Silas; m; husband; 45
270 Amanda; f; wife; 31
271 William; m; son; 12
272 Mary; f; daughter; 7
273 Elizabeth; f; daughter; 3
274 [No name]      Born 1905

275 **SMITH**, John; m; husband; 54
276 Mary; f; wife; 54
277 Albert; m; son; 20
278 Harvey; m; son; 17
279 Jacob; m; 6

280 **SMITH**, Walter Martin; m; son; 3
281 Lucile; f; daughter; 2

282 **SMITH**, Samuel; m; husband; 27
283 Inez Splitlog; f; wife; 26
284 Richard Splitlog; m; son; 1      Born July 31, 1905

285 **SPICER**, Daniel, Sr; m; father; 65
286 Charles; m; son; 21

287 **SPICER**, Daniel, Jr; m; 29

288 **SPICER**, Sallie; f; mother; 54
289 Lewis Whitewing; m; son; 27
290 Caroline; f; daughter; 20      mute

291 **SPICER**, Alexander Z; m; father; 38
292 Ora Bernard; m; son; 9
293 Rio A; m; son; 7
294 Ilus; m; son; 5
295 Elvas K; m; son; 2

296 **SPICER**, Jack; m; father; 39
297 Sherman; m; son; 12
298 Edward; m; son; 1

299 **SPICER**, Ida; f; mother; 57
300 Jacob; m; son; 27

*Census of the* **Seneca** *Indians of* **Quapaw** *Agency,* **Wyandotte, Indian Territory** *taken by* **Horace B. Durant, Supt. &** *United States Indian Agent,* **June 30, 1906.** *190*

**KEY:** Number; *Indian Name* if given; English Name; Sex; Relation if given; Age.

301 **SPICER**, James; m; father; 39
302 Ethel L; f; daughter; 14
303 Lemuel Jasper; m; son; 12
304 Evaline; f; daughter; 8
305 Georgia; f; daughter; 6
306 Lorena; f; daughter; 3
307 Massie; m; son; 1

308 **SPICER**, Mitchell; m; father; 40
309 Esther; f; daughter; 14
310 Hattie; f; daughter; 12
311 Clem H; m; son; 9
312 Joseph; m; son; 6
313 Inez; f; daughter; 3

314 **SPICER**, Betsey; f; 70

315 **SPICER**, John, Sr; m; husband; 65
316 Jessie Davis; f; wife; 40
317 **Davis**, Minnie Spicer; f; step-dau; 20
318 **Davis**, Blanche Crawford; f; step-dau; 17
319 Charles; m; son; 8
320 Noah; m; son; 6
321 Francis Marion; m; son; 5
322 Dorothy Mary; f; daughter; 3
323 Infant    Born 1906

324 **SPLITLOG**, Jacob; m; brother; 27
325 John; m; brother; 23
326 Alexander; m; brother; 33

327 **SPLITLOG**, Henry B; m; father; 49
328 Grover C; m; son; 20
329 Edna N; f; daughter; 17
330 Ethel K; f; daughter; 15
331 Carrie B; f; daughter; 11

332 **SPLITLOG**, Gordon B; m; 20

333 **SPLITLOG**, Malinda W; f; 62

334 **STANDSTONE**, Fannie; f; 49

*Census of the* **Seneca** *Indians of* **Quapaw** *Agency,* **Wyandotte, Indian Territory** *taken by* **Horace B. Durant, Supt. &** *United States Indian Agent,* **June 30, 1906.** *190*

**KEY:** Number; *Indian Name* if given; English Name; Sex; Relation if given; Age.

335 **TURKEY**, Abe; m; husband; 39
336 Mary Logan; f; wife; 52
337 **Logan**, John; m; step-son; 20
338 **Logan**, Louis; m; step-son; 22
339 **Logan**, Rosie; f; step-dau; 16

340 **TURKEY**, David; m; 35

341 **TYNER**, Delia Evans; f; 21

342 **VANDAL**, Mary Jane W.C; f; mother; 32
343 Susan L; f; daughter; 8
344 Gertrude; f; daughter; 6

345 **WHITECROW**, Alfred; m; husband; 39
346 Mary; f; wife; 35
347 Mayo; m; son; 13
348 Walter; m; son; 11
349 Gertrude; f; daughter; 8
350 Madonna; f; daughter; 6
351 Elsie; f; daughter; 2

352 **WHITETREE**, Alva; m; brother; 12
353 Ray; m; brother; 8
354 Jesse; m; brother; 6

355 **WHITETREE**, Brake-nail; m; husband; 56
356 Susan; f; wife; 48
357 William; m; son; 22
358 Thomas; m; son; 19
359 Ernest; m; son; 14
360 Rena; f; daughter; 10
361 Arizona; f; daughter; 6

362 **WHITETREE**, Eva; f; mother; 38
363 Susie; f; daughter; 22
364 Scott; m; son; 18
365 Frank; m; son; 14
366 Infant; m; son;

367 **WINNEY**, Malinda; f; mother; 53
368 Thomas; m; son; 32

*Census of the* **Seneca** *Indians of* **Quapaw** *Agency,* **Wyandotte, Indian Territory** *taken by* **Horace B. Durant, Supt. &** *United States Indian Agent,* **June 30, 1906.** *190*

**KEY:** Number; *Indian Name* if given; English Name; Sex; Relation if given; Age.

369 **WINNEY**, Isaac; m; husband; 56
370 Margaret; f; wife; 56

371 **WINNEY**, Reed B; m; husband; 35
372 Julia Crawford; f; wife; 28
373 Clarence; m; son; 7
374 Mary Esther; f; daughter; 6
375 Mildred L; f; daughter; 2

376 **WORCESTER**, Mattie Logan; f; mother; 36
377 Mamie; f; daughter; 7

378 **YOUNG**, Mary Choteau; f; 55

379 **YOUNG**, Mary; f; wife; 45  Adam
380 Thompson; m; son; 26
381 Louisa; f; daughter; 13


[Remaining illegible]

# Wyandot Census
# 1906

*Census of the* **Wyandot**[sic] *Indians of* **Quapaw** *Agency,* **Indian** *Territory taken by* **Horace B. Durant, Supt. &** *United States Indian Agent,* **June 30, 1906.** *190*

KEY: Number; *Indian Name* if given; English Name; Sex; Relation if given; Age.

1    **ALLEN**, Ida J; f; mother; 41
2    Florence Esther; f; daughter; 8

3    **ARMSTRONG**, Silas; m; 63

4    **BARNETT**, Thomas; m; husband; 37
5    Emma; f; wife; 42
6    **Bland**, Sadie; f; daughter; 20
7    Milton; m; son; 12
8    Thomas, Jr; m; son; 10
9    Ruth; f; daughter; 7

10    **VILLANIEVE**, Florence W; f; 31

11    **BARNETT**, John; m; 72

12    **BEARSKIN**, Sarah; f; mother; 66
13    Wesley; m; son; 29

14    **BEARSKIN**, John; m; husband; 41
15    Myrtle; f; wife; 31 (white)
16    David; m; son; 8
17    Joseph; m; son; 5
18    Susan; f; daughter; 2

19    **BENNETT**, Jefferson; m; husband; 43
20    Vernice; f; wife; 41 (white)
21    Ida; f; daughter; 15
22    Aileen; f; daughter; 13
23    Lotta; f; daughter; 11
24    Mary Jane; f; daughter; 9
25    Frank; m; son; 7
26    Ella; f; daughter; 2
27    Infant; f; daughter      Born April, 1906

28    **BLAND**, John; m; husband; 39
29    Eula; f; wife; 34 (white)
30    Norah; f; daughter; 9
31    Ellen; f; daughter; 7

32    **BLACKABY**, Hannah; f; mother; 60
33    Sherman; m; son; 18

34    **BLACKABY**, Maude; f; 20

Census of the Wyandot[sic] Indians of Quapaw Agency, Indian Territory *taken by* Horace B. Durant, Supt. & United States Indian Agent, June 30, 1906.   *190*

KEY: Number; *Indian Name* if given; English Name; Sex; Relation if given; Age.

35   BOONE, Octavius C; m; brother; 31
36   Charlotte D; f; sister; 20
37   Walker L; m; brother; 18
38   Cecile M; f; sister; 14

39   CLARKE, Alice R. Boone; f; mother; 26
40   Alice Louisa; f; daughter   Born Sept. 15, 1905

41   BROWN, John D; m; father; 58
42   Lee; m; son; 29
43   John D, Jr; m; son; 27
44   Anna L; f; daughter; 25
45   Lethe; m; son; 22

46   BROWN, Alpheus; m; father; 31
47   Julius M; m; son; 3

48   BUZZARD, Stella; f; sister; 19
49   Reed; m; brother; 15

50   BONNIN, Jerdine D; f; 27

51   BROWN, Eldredge; m; husband; 58
52   Malinda; f; wife; 56

53   BROWN, James; m; 29

54   BOND, Minnie S; f; mother; 26
55   Chilis[sic] Clyde; m; son; 7
56   BEGGS, Alice S; f; mother; 47
57   Schiffbauer, Amelia; f; daughter; 20
58   Schiffbauer, Bert; m; son; 23
59   Schiffbauer, Pearl; f; daughter; 16
60   Schiffbauer, Joseph; m; son; 14
61   Julia Leona; f; daughter; 8

62   CHERLOE, Henry; m; father; 57
63   Jerry; m; son; 26

64   COON, John; m; husband; 61
65   Maggie Peacock; f; wife; 46
66   Peacock, Alez[sic]; m; son; 9
67   Peacock, Philip; m; son; 12

*Census of the* **Wyandot**[sic] *Indians of* **Quapaw** *Agency,* **Indian Territory** *taken by* **Horace B. Durant, Supt. &** *United States Indian Agent,* **June 30, 1906.** *190*

**KEY:** Number; *Indian Name* if given; English Name; Sex; Relation if given; Age.

68  **(UNKNOWN)**, Lottie Peacock; f; mother; 22
69  Infant; f; daughter    Not on previous census

70  **COTTER**, Elizabeth; f; 61

71  **COTTER**, Jefferson, m; 45

72  **COTTER**, Joel; m; husband; 43
73  Sarah; f; wife; 30  (white)
74  Clarence R; m; son; 8
75  Mabel; f; daughter; 5
76  Homer; m; son; 3

77  **COTTER**, James; m; husband; 56
78  Cora; f; wife; 40  (white)
79  Norma; f; daughter; 18
80  Milton; m; son; 16
81  Nora; f; daughter; 14
82  Bessie; f; daughter; 12
83  Mont A; m; son; 1

84  **CULP**, Jennie Zane; f; 45  (white)

85  **CROTZER**, Catherine; f; mother; 46
86  Ethel; f; daughter; 20
87  John; m; son; 18
88  Grace; f; daughter; 13
89  Ona May; f; daughter; 11
90  Esther Rose; f; daughter; 9

91  **CROTZER**, Archibald V; m; 27

92  **COOK**, Dawson; m; father; 38
93  Eloise; f; daughter; 6

94  **DAWSON**, R.A; m; husband; 64
95  Nannie; f; wife; 61
96  Philip Raymond; m; son; 34
97  Silas; m; son; 30
98  Naomi; f; daughter; 24

99  **DUSHANE**, Rebecca; f; mother; 36
100 George; m; son; 18

Census of the Wyandot[sic] *Indians of* Quapaw Agency, **Indian Territory** *taken by* **Horace B. Durant, Supt. &** *United States Indian Agent,* **June 30, 1906.** *190*

KEY: Number; *Indian Name* if given; English Name; Sex; Relation if given; Age.

101 **DAY**, Josephine L.A; f; mother; 45
102 **Stuart**, Clarence; m; son; 21
103 **Adkins**, Charles; m; son; 19
104 **Adkins**, Audrey; f; daughter; 17

105 **DICKEY**, Myrtle L; f; mother; 29
106 Byron; m; son; 3

107 **ELLIOT**, Isaac; m; father; 32
108 Infant;

109 **ELLIOT**, Louisa; f; 62

110 **FRASSE**, Maude H; f; 21

111 **FRENCH**, Mary E. Wind; f; 26

112 **EUNEAU**, Nancy Smith; f; mother; 47
113 **Smith**, Benjamin; m; son; 22
114 **Smith**, Roy; m; son; 18

115 **ANGELL**, Eulalia Smith; f; 20

116 **PEACORE**, Artie S; f; 27

117 [No name], Jerdine Faber; f; 27

118 **STATON**, Thomas; m; nephew; 23
119 **Ballard**, Lloyd; m; nephew; 7

120 **GORDON**, Carrie Hamlin; f; 30

121 **GECK**, Lucy; f; mother; 54
122 Florence M; f; daughter; 26
123 Robert M; m; son; 18

124 **GECK**, Richard C m; husband; 32
125 Nellie Rose; f; wife; 30 (white)
126 Ramona Jeanette; f; daughter; 5

127 **GIAMEE**, William C; m; brother; 28
128 Martha; f; sister; 27
129 Mary Jane; f; sister; 25

*Census of the* **Wyandot**[sic] *Indians of* **Quapaw** *Agency,* **Indian Territory** *taken by* **Horace B. Durant, Supt. &** *United States Indian Agent,* **June 30, 1906.** *190*

**KEY:** Number; *Indian Name* if given; English Name; Sex; Relation if given; Age.

130 **GIAMEE**, James; m; 54

131 **HACKLEMAN**, Arizona; f; mother; 42
132 Marjorie; f; daughter; 9
133 Jeanette; f; daughter; 5

134 **HARRIS**, John; m; husband; 53
135 Jane; f; wife; 39 (white)
136 Mary; f; daughter; 21
137 Matilda; f; daughter; 17
138 Susie; f; daughter; 15
139 Randolph; m; son; 13
140 George; m; son; 11

141 **HICKS**, Henry; m; husband; 60
142 Melissa; f; wife; 45 (white)
143 Frank; m; son; 24
144 John; m; son; 18

145 **HICKS**, George; m; 35

146 **HILL**, Eudora Cooke; f; 65

147 **HOAG**, Wilhelmina C; f; 36

148 **HARPER**, Della Z; f; mother; 24
149 [No name]; f; daughter; 7

150 **HOLT**, Huldah Cotter; f; mother; 29
151 Joel; m; son; 5

152 **HODGKISS**, Rosetta; f; mother; 42
153 Elmo; m; son; 16
154 Natalie; f; daughter; 14
155 Darthula; f; daughter; 11
156 Lawrence F; m; son; 7

157 **JOHNSON**, Allen, Sr; m; husband; 65
158 Catherine; f; wife; 52

159 **JOHNSON**, Allen, Jr; m; 34

160 **JOHNSON**, Robert E. Lee; m; husband; 38
161 Helen; f; wife; 33 (white)

Census of the **Wyandot**[sic] *Indians of* **Quapaw** *Agency,* **Indian** Territory *taken by* **Horace B. Durant, Supt. &** *United States Indian Agent,* **June 30, 1906.** *190*

KEY: Number; *Indian Name* if given; English Name; Sex; Relation if given; Age.

162 **JOHNSON**[cont], Harold; m; son; 9
163 Gwendolen(sic); f; daughter; 8
164 Eunice; f; daughter; 5
165 Rita May; f; daughter; 3
166 Eloise; f; daughter; 1

167 **JOHNSON**, George M; m; husband; 36
168 Dorcas; f; wife; 34 (white)
169 Roland; m; son Born April, 1906

170 **JOHNSON**, Wilber M; m; husband; 26
171 Dolly S; f; wife; 25

172 **JOHNSON**, Ella; f; mother; 36 (white)
173 Preston; m; stp-son; 21
174 Donald; m; son; 12
175 Cordelia; f; daughter; 10

176 **CHECK**, Bertha Johnson; f; 23

177 **JOHNSON**, Arthur; m; 32

178 **JONES**, Miriam Brown; f; mother; 18
179 Lucile; f; daughter Born February 1906

180 **JONES**, Arizona; f; mother; 23
181 William Elias; m; son; 5

182 **KENNEDY**, Cora Faber; f; mother; 36
183 **Faber**, Leonard; m; son; 13
184 **Faber**, Harriet; f; daughter; 10
185 **Faber**, Viola May; f; daughter; 4

186 **ADAMS**, Mary Jane K; f; mother; 40
187 **Bland**, Charles; m; son; 19

188 **KENNEDY**, Rebecca; f; mother; 59
189 Lee C; m; son; 26
190 Allan; m; son; 21

191 **KENNEDY**, James; m; 30

192 **KIRKBRIDE**, Eugene; m; brother; 43
193 Frank; m; brother; 39

*Census of the* **Wyandot**[sic] *Indians of* **Quapaw** *Agency,* **Indian Territory** *taken by* **Horace B. Durant, Supt. &** *United States Indian Agent,* **June 30, 1906.** *190*

**KEY:** Number; *Indian Name* if given; English Name; Sex; Relation if given; Age.

194 **KYGAR**, Pearl; f; sister; 14
195 Stella; f; sister; 12
196 **Weaver**, Bessie K; f; sister; 5

197 **LEYDA**, Rose M; f; mother; 41
198 **Lute**, Frank; m; son; 17
199 **McClellan**, Lucretia; f; daughter; 13
200 [No name]; f; daughter; 5

201 **LOFLAND**, Caroline; f; mother; 61
202 Charles; m; son; 27

203 **LONG**, Wm. P; m; husband; 38
204 Alberta S; f; wife; 28
205 Elmer; m; son; 6
206 Lucien; m; son; 5
207 Lucile; f; daughter; 3
208 Georgia; f; daughter; 1

209 **LONG**, Fred; m; husband; 42
210 Lydia; f; wife; 37 (white)
211 Vera; f; daughter;
212 Byron; m; son; 10

213 **LONG**, Fannie M; f; mother; 57
214 Kate; f; daughter; 35
215 Irvin P; m; son; 26
216 James, Jr; m; son; 22

217 **LONG**, Frank; m; 33

218 **LONG**, Samuel; M; 32

219 **LONG**, Thomas; m; brother; 28
220 George; m; brother; 26
221 Julia; f; sister; 22
222 Grover C; m; brother; 21
223 Albert; m; brother; 19
224 Nancy; f; sister; 16
225 Walter; m; brother; 12

226 **KING**, May Long; f; mother; 24
227 Nicholas Long; m; son; 5
228 Estelle; f; daughter; 3

Census of the  Wyandot[sic]  Indians of  Quapaw  Agency,  Indian
Territory taken by  Horace B. Durant, Supt. &  United States Indian Agent,
June 30, 1906.  190

KEY: Number; *Indian Name* if given; English Name; Sex; Relation if given; Age.

229  **MARSH**, Dolly Kygar; f; 19

230  **MAUPIN**, Cordelia H; f; mother; 36
231  Anna Alberta; f; daughter; 4
232  Blanche Mildred; f; daughter; 3
233  Cordelia; f; daughter     Born November 24, 1905

234  **LADUE**, Cassandra H; f; mother; 30
235  **Hicks**, William; m; son; 9

236  **McKEE**, Mary; f; 65

237  **MISENHEIMER**, Susan; f; mother; 44
238  Ella; f; daughter; 19
239  James; m; son; 14
240  John; m; son; 9
241  Roy; m; son; 1

242  **MUDEATER**, Florence; f; 22

243  **MUDEATER**, Benjamin A; m; husband; 56
244  Sidney E; f; wife; 48      (white)
245  Doane; m; son; 11
246  Fred Roschi; m; son; 3

247  **MUDEATER**, Alfred ; m; husband; 52
248  Julia; f; wife; 42

249  **MUDEATER**, Irvin; m; father; 56
250  Julia; f; daughter; 14
251  Cora; f; daughter; 16      Not on previous census

252  **MUNCH**, Oella; f; 57

253  **MURDOCK**, Blanche Walker; f; mother; 47
254  Rhoda; f; daughter; 13

255  **MUSH**, Mary; f; 77

256  **McCANT**, Lacey Zane; f; mother; 59 (white)
257  **Zane**, Noah; m; son; 27
258  **Zane**, Henry; m; son; 18
259  **Zane**, Pearl; f; daughter; 15

*Census of the* **Wyandot**[sic] *Indians of* **Quapaw** *Agency,* **Indian Territory** *taken by* **Horace B. Durant, Supt. &** *United States Indian Agent,* **June 30, 1906.** *190*

**KEY:** Number; *Indian Name* if given; English Name; Sex; Relation if given; Age.

260 **PRESTON**, Eva Johnson; f; mother; 34
261 Dorothy Sarah; f; daughter; 4

262 **PUNCH**, Alexander; m; 59

263 **ROBITAILLE**, James; m; husband; 44
264 Emma; f; wife; 35 (white)
265 Grace; f; daughter; 15
266 Homer; m; son; 13
267 Wolferd; m; son; 12
268 Arthur; m; son; 9
269 [No other information given]    Born 1906

270 **ROBITAILLE**, Frank; m; 37
271 Lena; f; sister; 28

272 **ROBITAILLE**, Charles Z; m; 26

273 **ROBITAILLE**, Ernest; m; 33

274 **ROUBIDOUX**, Josephine; f; 29

275 **RYAN**, Caroline F; f; 28

276 **SARAHAS**, Jane, Sr; f; 77

277 **SARAHAS**, Jane, Jr; f; 63

278 **SARAHAS**, Wesley; m; husband; 57
279 Martha; f; wife; 42 (white)

280 **SARAHAS**, Richard; m; 49

281 **SARAHAS**, Frank; m; 21

282 **SCHIFFBAUER**, Azilda; f; 32

283 **SCHRIMPSHER**, Harriet; f; 36

284 **SEYMOUR**, Mary Brown; f; mother; 27
285 Mary Aretha; f; daughter; 5
286 Inez Pearl; f; daughter; 3
287 Rumsey E; m; son; 1

Census of the Wyandot[sic] Indians of Quapaw Agency, Indian
Territory *taken by* **Horace B. Durant, Supt. &** *United States Indian Agent,*
**June 30, 1906.** *190*

KEY: Number; *Indian Name* if given; English Name; Sex; Relation if given; Age.

288  **SPICER**, Katie P; f; 21

289  **SPICER**, Rena C; f; 29

290  **SOLOMON**, Isaac Macomb; m; father; 45
291  [No name]; 6
292  [No name]; 4

293  **SPLITLOG**, James; m; 61

294  **SPYBUCK**, Henry; m; father; 49
295  Flossie B; f; wife; 22    (white)
296  Roy; m; son; 15
297  Ruth; f; daughter; 10
298  Albert; m; son; 3
299  [No name]          Born during 1906

300  **STAND**, Henry; m; 45

301  **STANNARD**, Nancy; f; mother; 47
302  Walter N; m; son; 11
303  Jeanette; f; daughter; 9

304  **TYNDAL**, Hetty; f; mother; 29
305  [No name]; m; son; 3

306  **TOBEY**, Josephine Geck; f; 30

307  **TOURTILLOTTE**, Annie L; f; mother; 24
308  Josephine; f; daughter; 2

309  **TOBIEN**, Lula M. Walter; f; mother; 41
310  Earl Walker; m; son; 18
311  June Danforth; m; son; 12

312  **TUSSINGER**, Jessie G; f; mother; 25
313  (No name given); m; son; 7

314  **TUSSINGER**, Lizzie G; f; mother; 49
315  **Giamee**, Rosanna; f; daughter; 14
316  Mark L; m; son; 9
317  Josephine; f; daughter; 8

*Census of the* **Wyandot**[sic] *Indians of* **Quapaw** *Agency,* **Indian Territory** *taken by* **Horace B. Durant, Supt. &** *United States Indian Agent,* **June 30, 1906.** *190*

**KEY:** Number; *Indian Name* if given; English Name; Sex; Relation if given; Age.

318 **VOLZ**, Josephine L; f; mother; 32
319 Julia; f; daughter; 6
320 Jeanette N; f; daughter; 5
321 Frederick Rudolph; f; son; 2
322 Caroline; f; daughter   Born June, 1906

323 **WALKER**, Malcolm; m; 57

324 **WALKER**, Thomas G; m; 70

325 **WALKER**, Mary; f; mother; 76
326 B.N.O; m; son; 35
327 **Hamlin**, Paul I; m; grnd-son; 26

328 **WALKER**, Isaac S; m; husband; 41
329 Eva L; f; wife; 34   (white)

330 **WALKER**, Clarence; m; 54

331 **WALKER**, Thomas Earle; m; father; 46
332 Kenneth; m; son; 15

333 **WALLACE**, Jane Z; f; mother; 34
334 Everett Z; m; son; 15

335 **WANO**, Ellen; f; mother; 35
336 William; m; son; 10
337 Eugene; m; son; 8
338 Katie; f; daughter; 6
339 Myrtle; f; daughter; 3

340 **WEAVER**, Minnie Kygar; f; mother; 17
341 [No name]   Born during 1906

342 **WOLFENBERGER**, Olive; f; sister; 10
343 Josephine; f; sister; 8

344 **WRIGHT**, James; m; father; 52
345 William H; m; son; 28
346 George; m; son; 25
347 U.S. Grant; m; son; 23
348 Charles; m; son; 21
349 Harrison; m; son; 17 alias Henry
350 Harriet; f; daughter; 10

*Census of the* **Wyandot**[sic] *Indians of* **Quapaw** *Agency,* **Indian Territory** *taken by* **Horace B. Durant, Supt.** & *United States Indian Agent,* **June 30, 1906.** *190*

KEY: Number; *Indian Name* if given; English Name; Sex; Relation if given; Age.

351 **WRIGHT**, Martha; f; 81
352 Martha Jane; f; grnd-daughter; 25
353 [No name]; f; daughter; 7     Not previously enrolled

354 **YOUNG**, Emma V; f; 26

355 **YOUNG**, Hiram Star; m; father; 55
356 Henry; m; son; 35

357 **LAMOREAUX**, Lizzie Young; f; 32

358 **YOUNG**, William; m; husband; 30
359 Eva; f; wife; 30     (white)
360 John; m; son; 9
361 Clifford; m; son; 7
362 Lena; f; daughter; 4
363 Dale; m; son; 2

364 **ZANE**, Susan; f; 31

365 **ZANE**, Buchanan; m; 27

366 **ZANE**, John; m; husband; 34
367 Bertha; f; wife; 30
368 William; m; son;

369 **ZANE**, Isaac R; m; husband; 80
370 Elizabeth; f; wife; 80     (white)

371 **ZANE**, Isaac; m; husband; 55
372 Winnie; f; wife; 28     (white)
373 Iona; f; daughter; 11
374 Suzanne Jane; f; daughter; 10
375 Louisa E; f; daughter; 8
376 Isaac J; m; son; 6

377 **ZANE**, Leander; m; husband; 48
378 Emma; f; wife; 40     (white)
379 Oscar; m; son; 15
380 Olive; f; daughter; 14
381 J. Clarence; m; son; 10
382 Laurence; m; son; 9
383 Katie; f; daughter; 8

*Census of the* **Wyandot**[sic] *Indians of* **Quapaw** *Agency,* **Indian Territory** *taken by* **Horace B. Durant, Supt. &** *United States Indian Agent,* **June 30, 1906.** *190*

**KEY:** Number; *Indian Name* if given; English Name; Sex; Relation if given; Age.

384  **ZANE**, Ethan; m; 60

385  **ZANE**, Julia; f; 22

# Eastern Shawnee Census
# 1906

*Census of the* **Eastern Shawnee** *Indians of* **Quapaw** *Agency,* **Indian Territory** *taken by* **Horace B. Durant, Supt. &** *United States Indian Agent,* **June 30, 1906.** *190*

KEY: Number; *Indian Name* if given; English Name; Sex; Relation if given; Age.

1   **SPICER**, Mitchelothe Ball; f; 58

2   **BEAVER**, Lewis; m; 34

3   **BEAVER**, John; m; 31

4   **HOLDEN**, Ida M. Bluejacket; f; mother; 22
5   Edith; f; daughter; 3

6   **BLUEJACKET**, Carrie; f; mother; 46
7   Walter; m; son; 31
8   Edward; m; son; 18
9   William T; m; son; 12
10   Blanche; f; daughter; 10
11   Amy; f; daughter; 6

12   **BONE**, James; m; 35

13   **CAPTAIN**, Thomas; m; father;
14   Thomas; m; son; 20
15   Mary Ellen; f; daughter; 17
16   Sarah M; f; daughter; 14
17   William N; m; son; 11
18   Mike; m; son; 10
19   Grace; f; daughter; 9
20   George F; m; son; 6
21   Martha Evaline; f; daughter; 5
22   Sophronia Ann; f; daughter; 3

23   **DAUGHERTY**, Howard; m; 25

24   **DAUGHERTY**, George; m; 23

25   **DAUGHERTY**, Rosa Bluejacket; f; mother; 28
26   Louisa; f; daughter; 8
27   Susan; f; daughter; 4
28   Joshua; m; son; 3

29   **PENDER**, Jane D; f; mother; 42
30   **Daugherty**, David; m; son; 18
31   **Daugherty**, Samuel; m; son; 14
32   **Walton**, Minnie Eva; f; daughter; 10

*Census of the* **Eastern Shawnee** *Indians of* **Quapaw** *Agency,* **Indian Territory** *taken by* **Horace B. Durant, Supt. &** *United States Indian Agent,* **June 30, 1906.** *190*

**KEY:** Number; *Indian Name* if given; English Name; Sex; Relation if given; Age.

33    **SKY**, Anna D; f; mother; 23
34    Emmett; m; son; 5

35    **DICK**, James; m; 29

36    **DUSHANE**, Nancy; f; mother; 60
37    David; m; son; 26
38    Benjamin; m; son; 20

39    **DUSHANE**, Charles; m; father; 30
40    Nina; f; daughter; 9
41    Infant; f; daughter; 2

42    **DUSHANE**, Andrew; m; father; 34
43    Walter; m; son; 11
44    Clifford; m; son; 7
45    Rebecca; f; daughter; 4
46    Naomi; f; daughter; 2

47    **PARKER**, Laura Duncan; f; 33

48    **FLINT**, *Sa-pa-to-wa-sa*; f; 54

49    **GIBSON**, Mary Quick; f; 20

50    **VANSANDT**, Cora; f; mother; 37
51    **Hampton**, Ora; f; son; 19
52    **Hampton**, Nellie; f; daughter; 13
53    **Hampton**, Fred; m; son; 11
54    **Hampton**, Mark; m; son; 9
55    George; m; son; 5

56    **HAMPTON**, W. H; m; husband; 21
57    Cornelia C; f; wife; 18
58    Ozina Annabel; f; daughter; 2
59    Eudora May; f; daughter; 1

60    **WORMINGTON**, Zerella H; f; 18

61    **HARVEY**, Rosella Thomas; f; mother; 29
62    **Prophet**, Frank; m; son; 14

63    **HOUSE**, Minnie T; f; mother; 29
64    Thomas; m; son; 4

*Census of the* **Eastern Shawnee** *Indians of* **Quapaw** *Agency,* **Indian Territory** *taken by* **Horace B. Durant, Supt. &** *United States Indian Agent,* **June 30, 1906.** *190*

**KEY:** Number; *Indian Name* if given; English Name; Sex; Relation if given; Age.

65  **JACKSON**, Anna; f; 55

66  **JACKSON**, Stonewall; m; 48

67  **WILLIAMS**, Matilda Jackson; f; mother; 29
68  Hetty; f; daughter; 4

69  **LITTLECHIEF**, Martha; f; 32

70  **McLANE**, Fannie Whiteday; f; 42

71  **MOHAWK**, John; m; 48

72  **MOHAWK**, Sarah; f; 19

73  **STAND**, William P; m; 25

74  **NICHOLS**, Levi; m; 18

75  **PROPHET**, John; m; father; 30
76  Edna E; f; daughter; 6
77  Theodore; m; son; 4
78  Harriet; f; daughter; 1

79  **PROPHET**, William; m; 18

80  **PROPHET**, Maria; f; mother; 43
81  Minnie; f; daughter; 23
82  Ida; f; daughter; 19
83  Estella; f; daughter; 15
84  Franklin; m; son; 13
85  Elmer; m; son; 11
86  Nancy; f; daughter; 9
87  Bertha Maria; f; daughter; 5

88  **PUNCH**, Mary, Sr; f; mother; 58
89  Mary, Jr; f; daughter; 23

90  **THOMAS**, Ella; f; 13

91  **SKAKAH**, Susan Tomahawk; f; mother; 36
92  Anna; f; daughter; 9
93  Rosa; f; daughter; 8

*Census of the* **Eastern Shawnee** *Indians of* **Quapaw** *Agency,* **Indian Territory** *taken by* **Horace B. Durant, Supt.** & *United States Indian Agent,* **June 30, 1906.** *190*

**KEY:** Number; *Indian Name* if given; English Name; Sex; Relation if given; Age.

94 **TOMAHAWK**, Jacob; m; 42

95 **TOOLEY**, Mattie; f; mother; 37
96 Etta; f; daughter; 19
97 Ella; f; daughter; 14
98 Effie; f; daughter; 4

99 **TURKEYFOOT**, Milton; m; 29

100 **PASCHAL**, Mary Whiteday; f; 52


       Total for the year 1905-----      101
Deaths - #35---1905     Lucinda Dick, died July 14, 1905.   1
                                                       -----------
                                       Total 100

# Miami Census
# 1906

*Census of the* **Miami** *Indians of* **Quapaw** *Agency,* **Wyandotte, Indian Territory** *taken by* **Horace B. Durant, Supt.** *United States Indian Agent,* **June 30, 1906.** *190*

**KEY:** Number; *Indian Name* [if given]; English Name; Sex; Relation [if given]; Age.

1   **AVELINE**, Frank D; m; 42

2   **BEAVER**, Isadore C; f; mother; 25
3   Amos; m; son; 5

4   **BENJAMIN**, Susan; f; 60

5   **BILLINGTON**, Mary A; f; mother; 53
6   Milton N; m; son; 19
7   Rosa; f; daughter; 17
8   Frank; m; son; 16

9   **BRIGHT**, Margaret; f; mother; 57
10   Flora; f; daughter; 32
11   Columbus; m; son; 18

12   **BRIGHT**, John; m; 36

13   **CRAWFISH**, Susan; f; mother; 43
14   Mary; f; daughter; 13
15   Minnie; f; daughter; 10
16   Lucy; f; daughter; 7

17   **DAGENETTE**, Esther; f; 27

18   **DEMO**, Rose A; f; mother; 49
19   Charles M; m; son; 18
20   Joseph M; m; son; 16

21   **DOLLAR**, Theodore; m; father; 31
22   Mary Elizabeth; f; daughter; 3

23   **DAUGHERTY**, Mary Buck; f; mother; 48
24   **Buck**, Frank; m; son; 7

25   **DRAKE**, Jane; f; mother; 61
26   David; m; son; 31
27   Milton; m; son; 24
28   John Logan; m; son; 22
29   Thomas Summers; m; son; 19
30   Martha; f; daughter; 17
31   Patrick; m; son; 16

32   **DRAKE**, Wayne; m; 39

*Census of the* **Miami** *Indians of* **Quapaw** *Agency,* **Wyandotte, Indian Territory** *taken by* **Horace B. Durant, Supt.** *United States Indian Agent,* **June 30, 1906.** *190*

KEY: Number; *Indian Name* [if given]; English Name; Sex; Relation [if given]; Age.

33 **DRAKE**, Edward; m; father; 29
34 Dorma; f; daughter; 3

35 **FULKERSON**, Lucy Josephine; f; 45

36 **GEBOE**, Mary R; f; 51

37 **GOBIN**, Mary; f; mother; 36
38 Musa; f; daughter; 7
39 Raymond; m; son; 7

40 **GOKEY**, Lizzie; f; 30

41 **HARRIS**, Edward G; m; father; 32
42 Viola May; f; daughter; 6
43 Grant Gibson; m; son; 5
44 Ellen Ray; f; daughter; 4

45 **HORTON**, Sarah D; f; 28

46 **KEAH**, Rose Ann Kiser; f; 60

47 **LaFALIER**, Sophia Goodboo; f; mother 43
48 **Goodboo**, Ethel; f; daughter; 15
49 **Goodboo**, Francis; m; son; 13
50 **Goodboo**, Josephine; f; daughter; 11
51 **Goodboo**, Thomas; m; son; 8
52 Ruby; f; daughter; 2

53 **LaFALIER**, David; m; 24

54 **LaFALIER**, Henry; m; father; 38
55 Ernest; m; son; 9
56 Beulah; f; daughter; 5

57 **LaFALIER**, Oscar; m; father; 40
58 Mary; f; daughter; 12
59 Forrest L; m; son; 6

60 **LEONARD**, George W; m; father; 49
61 Barbara; f; daughter; 20
62 Della; f; daughter; 17
63 Carrie; f; daughter; 12
64 Hazel; f; daughter; 6

*Census of the* **Miami** *Indians of* **Quapaw** *Agency,* **Wyandotte, Indian Territory** *taken by* **Horace B. Durant, Supt.** *United States Indian Agent,* **June 30, 1906.** *190*

**KEY:** Number; *Indian Name* [if given]; English Name; Sex; Relation [if given]; Age.

65   **LEONARD**, Charles W; m; husband; 27
66   Addie B; f; wife; 22
67   Irene; f; daughter; 4
68   Elmer Charles; m; son; 3
69   Edward Carl; m; son     Born Dec, 1905

70   **LEONARD**, Louisa; f; mother; 36
71   Wilber; m; son; 15
72   Gabriel S; m; son; 13
73   Ernest; m; son; 11
74   Ruby; f; daughter; 9
75   Pearl; f; daughter; 6
76   David; m; son; 3

77   **LUCAS**, Silver Dollar; f; mother; 29
78   Marie A; f; daughter; 4
79   Edward Joseph; m; son;
80   Amber; f; daughter; 5
81   Katherine; f; daughter     Born March, 1906

82   **McCOONSE**, Lizzie; f; mother; 41
83   Joseph; m; son; 6
84   James; m; son; 4

85   **MILLER**, Ethel A; f; sister; 18
86   Clarence; m; brother; 15
87   Louis Edward; m; brother; 13

88   **PALMER**, Lizzie; f; 42

89   **PALMER**, Thomas Harley; m; 25

90   **POOLER**, Mary; f; mother; 49
91   Frank C; m; son; 20
92   Louis D; m; son; 18
93   Josephine; f; daughter; 17
94   Mabel B; f; daughter; 15
95   Frederick R; m; son; 11
96   Ernest; m; son; 7

97   **POPE**, Josephine; f; mother; 34
98   Bismark Milton; m; son; 11
99   John Adams; m; son; 9
100   Douglas; m; son; 5

*Census of the* **Miami** *Indians of* **Quapaw** *Agency,* **Wyandotte, Indian Territory** *taken by* **Horace B. Durant, Supt.** *United States Indian Agent,* **June 30, 1906.** *190*

KEY: Number; *Indian Name* [if given]; English Name; Sex; Relation [if given]; Age.

101 **RICHARDVILLE**, Thomas F; m; husband; 76
102 Mary; f; wife; 67

103 **RICHARDVILLE**, Charles; m; father; 29
104 Charles Henry; m; son; 3

105 **ROSEBERRY**, Louisa Drake; f; mother; 39
106 Thomas; m; son; 9
107 Jane C; f; daughter; 4

108 **SHAPP**, Peter; m; father; 36
109 Mary; f; daughter; 10
110 Harry W; m; son; 8
111 Thomas; m; son; 5
112 Ernest; m; son; 3

113 **SIMPSON**, Catherine R; f; 31

114 **SIMMS**, Helen Leonard; f; mother; 21
115 Albert Ray; m; son; 2

116 **SMITH**, Isadore Labadie; f; mother; 37
117 Rothe[sic]; m; son; 7
118 Ella May; f; daughter; 5
119 Frank D; m; son; 3

120 **TRINKLE**, Minnie; f; mother; 35
121 Pearl; f; daughter; 15
122 Mabel; f; daughter; 13
123 Ernest; m; son; 3

124 **VANDUSEN**, Ida M; f; sister; 4
125 March; m; brother; 3

126 **YOUNGBLOOD**, Jessie L; f; 21

# Modoc Census
# 1906

*Census of the* **Modoc** *Indians of* **Quapaw** *Agency,* **Wyandotte, Indian Territory** *taken by* **Horace B. Durant, Supt. &** *United States Indian Agent,* **June 30, 1906.** *190*

KEY: Number; *Indian Name* if given; English Name; Sex; Relation if given; Age.

1    **ROBBINS**, Minnie Snyder; f; mother; 28
2    **Burns**, Mamie; f; daughter; 10
3    Hiram Richard; m; son; 2

4    ~~BALL, Samuel~~ (~~dead~~)

4    **BALL**, John; m; father; 46
5    Macy; m; son; 25    (blind)

6    **CLINTON**, Daniel; m; husband; 41
7    Jennie; f; wife; 46
8    Gilbert; m; son; 16
9    Horace; m; son; 6

10    **CHARLEY**, Miller; m; 66

11    **CLINTON**, Samuel; m; father; 46
12    Paul; m; son; 2

13    **PLEASANT**, William Faithful; m; 65

14    **HOOD**, Charles; m; husband; 40
15    Lucinda; f; wife; 35
16    Rose; f; daughter; 16
17    Tena; f; daughter; 14
18    Mabel; f; daughter; 11
19    F. R; m; son; 9

20    **HUDSON**, Henry; m; husband; 67
21    Susan; f; wife; 46

22    **HAYMAN**, Cora; f; mother; 44
23    Marion C; m; son; 10
24    Henrietta; f; daughter; 7
25    Bert; m; son; 5
26    Infanta[sic]; f; daughter; 3

27    **CLARK**, James; m; father; 31
28    Viola; f; daughter; 8
29    Clyde; m; son; 6

30    **KIST**, Amos; m; 32

*Census of the* **Modoc** *Indians of* **Quapaw** *Agency,* **Wyandotte, Indian Territory** *taken by* **Horace B. Durant, Supt. &** *United States Indian Agent,* **June 30, 1906.** *190*

**KEY:** Number; *Indian Name* if given; English Name; Sex; Relation if given; Age.

31 **LAWVER**, Samuel; m; husband; 48
32 Dolly; f; wife; 41

33 **LAWVER**, Martha; f; 87

34 **LAWVER**, Benjamin; m; father; 54
35 Lelah M; f; daughter; 8
36 Benjamin, Jr; m; son; 4
37 Thomas L; m; son; 2

38 **CLINTON**, Matilda; f; 8

39 **TUTTLE**, Asa; m; 29

40 **ROBBINS**, Myra Grant; f; mother; 51
41 Annie E; f; daughter; 8
42 Charles Frederick; m; son; 6

43 **SPICER**, Annie; f; mother; 41
44 **Long**, Robert; m; son; 20

45 **WALKER**, May Long; f; mother; 25
46 Alma; f; daughter; 4
47 Infant; f; daughter; 2

48 **STANLEY**, Etta; f; 37

49 **HUBBARD**, Frederick Parker; m; 26

50 **CLINTON**, Nancy Jane; f; 3   Daughter of Daniel Clinton

51 **HOOD**, Lucy; f; 3   Daughter of Charles Hood

52 **LAWVER**, Eliza; f; 45

    Total census for 1905--                              56
Deaths. -1905
    No.  4-1905-        Samuel Ball, died in Oregon,
                                    March 15, 1906.
    No. 15-1905-        U.S. Grant, died April 18, 1906
    No. 22-                 Hattie Hood, died in Oregon-
    No. 41-                 Princess Mary, died in I.T.
                                    February 23, 1906
                                        Total Census 1906          52

# Ottawa Census
# 1906

*Census of the* **Ottawa** *Indians of* **Quapaw** *Agency,* **Indian Territory** *taken by* **Horace B. Durant, Supt.** **&** *United States Indian Agent,* **June 30, 1906.** *190*

**KEY:** Number; *Indian Name* if given; English Name; Sex; Relation if given; Age.

1 **BALDWIN**, Delphine P; f; mother; 46
2 George; m; son; 18
3 Ella; f; daughter; 14
4 Della; f; daughter; 14
5 Marilla; f; daughter; 10
6 Buddie; m; son; 8
7 Norah; f; daughter; 6
8 Zorah; f; daughter; 6

9 **BALDWIN**, Henry; m; 30

10 **BALDWIN**, William; m; 24
11 Infant; m; son; 4

12 **SPINKS**, May Baldwin; f; mother; 20
13 Amos Ison; m; son; 3

14 **BALDWIN**, Fred; m; father; 22
15 Infant; m; son    Born during 1906-

16 **BARLOW**, Edith King; f; mother; 21
17 Lucia Erma; f; daughter; 3

18 **BIDDLE**, Mary Jennison; f; mother; 23
19 Erma Louise; f; daughter; 3
20 James Walter; m; son; 1

21 **BERGEN**, Maude Pooler; f; mother; 22
22 Clarence O; m; son; 2

23 **BYRON**, Charles; m; brother; 37
24 William; m; brother; 30

25 **CLARK**, Richard; m; father; 62
26 Emmeline; f; daughter; 32

27 **CLARK**, Abbie Titus; m; mother; 44
28 Harriet; f; daughter; 16
29 Charles; m; son; 14

30 **CLARK**, Ida L. Stevens; f; mother; 27
31 Amos; m; son; 3
32 Infant; f; daughter    Born during 1906

*Census of the* **Ottawa** *Indians of* **Quapaw** *Agency,* **Indian Territory**
*taken by* **Horace B. Durant, Supt. &** *United States Indian Agent,*
**June 30, 1906.** *190*

**KEY:** Number; *Indian Name* if given; English Name; Sex; Relation if given; Age.

33 **COOKE**, Nannie W; f; mother; 40
34 Eudora; f; daughter; 18
35 Frank; m; son; 17
36 Clifford; m; son; 9
37 Berenice; f; daughter; 9
38 Iona; f; daughter; 2

39 **CRIM**, Winnie Lawver; f; mother; 23
40 William Hershel; m; son; 2     alias George
41 Louis Albert; m; son     Born March 11, 1906

42 **CROW**, Julia Pelky; f; 45

43 **DAGENETTE**, Lucien; m; father; 29

44 **EARLY**, John W; m; 71

45 **EDWARDS**, Eliza Jones; m; mother; 26
46 Isabel Jones; f; daughter; 6

47 **EMOTINGE**, George; m; 65

48 **GEBOE**, David; m; 40

49 **GEORGE**, Edward; m; father; 52
50 Philip; m; son; 24

51 **GEORGE**, Elizabeth W; f; 35

52 **GRINNEL**, Rosa McCoonse; f; mother; 24
53 Robert; m; son; 7
54 Joseph; m; son; 5

55 **HARLOW**, Mary; f; mother; 41
56 Fred; m; son; 18

57 **HART**, Harvey; m; 50

58 **HERRON**, Joshua; m; 26

59 **HOLLIS**, Ethel Pooler; f; mother; 23
60 Beryl Gladys; f; daughter; 3
61 Rollo Jehu; m; son; 1

*Census of the* **Ottawa** *Indians of* **Quapaw** *Agency,* **Indian Territory** *taken by* **Horace B. Durant, Supt. &** *United States Indian Agent,* **June 30, 1906.** *190*

KEY: Number; *Indian Name* if given; English Name; Sex; Relation if given; Age.

62 **HUBBARD**, Christina R; f; mother; 33
63 Winona; f; daughter; 12
64 Lenox; m; son; 9

65 **HOLMES**, Joseph; m; father; 45
66 William; m; son; 19
67 Louisa; f; daughter; 15
68 Ephraim; m; son; 14
69 Nellie; f; daughter; 11

70 **HURR**, William; m; 72

71 **HURR**, Nicodemus; m; 33

72 **HUTCHINSON**, Henry; m; 32

73 **HUTCHINSON**, Thomas; m; father; 30
74 Ethel Emmeline; f; daughter; 4

75 **JENNISON**, Catherine; f; mother; 52
76 **Robitaille**, Oscar; m; son; 29
77 Ralph Raymond; m; son; 21
78 Guy; m; son; 18
79 Glenn; m; son; 17
80 Edna; f; daughter; 16
81 Earl; m; son; 14
82 Ruth; f; daughter; 12
83 Doane; m; son; 10
84 Catherine, Jr; f; daughter; 8

85 **JENNISON**, Charles; m; father; 24
86 Edward M; m; son; 2

87 **JONES**, Henry M; m; father; 46
88 Wesley K; m; son; 24

89 **JONES**, Ira; m; father; 26
90 Effie Margaret; f; daughter; 2
91 Infant; m     Born 1906

92 **JONES**, Silas Wilber; m; brother; 23
93 Emma Belle; f; sister; 16

| *Census of the* | **Ottawa** | *Indians of* | **Quapaw** | *Agency,* | **Indian Territory** |
|---|---|---|---|---|---|
| *taken by* | | **Horace B. Durant, Supt. &** | | | *United States Indian Agent,* |
| **June 30, 1906.** | | *190* | | | |

**KEY:** Number; *Indian Name* if given; English Name; Sex; Relation if given; Age.

94 **JONES**, Martha; f; sister; 17
95 Christina; f; sister; 16
96 Nellie; f; sister; 12

97 **KEAH**, Joseph; m; 54

98 **KING**, John; m; 23

99 **KING**, James; m; father; 33
100 Robert A; m; son; 6
101 Lydia F; f; daughter; 4

102 **KING**, Joseph; m; father; 69
103 Fred; m; son; 26
104 Charles; m; son; 14
105 Robert; m; son; 11
106 Bert; m; son; 9

107 **LANKARD**, Laura Lee; f; mother; 27
108 Clyde; m; son; 7
109 Zach; m; son; 5
110 Don; m; son; 3
111 Infant; m; son    Born 1906

112 **LAVORE**, Lizzie W; f; mother; 43
113 **King**, Walter; m; son; 25

114 **LEE**, Alice Tyson; f; mother; 43
115 Fred; m; son; 22
116 Delbert; m; son; 17
117 Walter; m; son; 14
118 Nellie; f; daughter; 11
119 Leonard; m; son; 9
120 Grace; f; daughter; 4

121 **LOOKAROUND**, Elmira Staton; f; 30

122 **LOTZ**, Angeline Byron; f; grndmother; 74
123 **Brennan**, Joseph; m; grndson; 39
124 **Brennan**, Charles; m;    "    ; 20

125 **LYKINS**, Lena Williams; f; mother; 33

*Census of the* **Ottawa** *Indians of* **Quapaw** *Agency,* **Indian Territory**
*taken by* **Horace B. Durant, Supt. &** *United States Indian Agent,*
**June 30, 1906.** *190*

**KEY:** Number; *Indian Name* if given; English Name; Sex; Relation if given; Age.

126 **McBRIEN**, Myrtle Pooler; f; mother; 24
127 Harley; m; son; 3
128 Fay; f; daughter; 1

129 **McCOONSE**, Sophia; f; 67

130 **McCOONSE**, Peter; m; 32

131 **McCOY**, Isaac; m; 54

132 **NONKESIS**, Ezekiel; m; father; 53
133 Lottie; f; daughter; 12

134 **NUTTER**, Frank; m; orphan; 14

135 **PETAH**, Sarah; f; mother; 18
136 Infant; m; son     Born- 1906

137 **PETAH**, Joseph; m; brother; 14
138 Frank; m; brother; 12

139 **POOLER**, Manford; m; 46

140 **POOLER**, Moses; m; father; 75
141 Otis; m; son; 19
142 Charles; m; son; 16
143 Robert; m; son; 15
144 John Albert; m; son; 11

145 **ROPER**, Nettie Staton; f; mother; 24
146 Cecil Ohm; m, son; 3

147 **STATON**, Frank; m; 27

148 **STEVENS**, William; m; brother; 19
149 James; m; brother; 17
150 Ruth; f; sister; 12
151 John; m; brother; 10

152 **STULTZ**, Matilda Jones; f; mother; 22
153 Inez Jewel; f; daughter; 3

154 **OFFUTT**, Rachel Jones; f; mother; 18
155 M; f; daughter; 2

*Census of the* **Ottawa** *Indians of* **Quapaw** *Agency,* **Indian Territory**
*taken by* **Horace B. Durant, Supt. &** *United States Indian Agent,*
**June 30, 1906.** *190*

**KEY:** Number; *Indian Name* if given; English Name; Sex; Relation if given; Age.

156 **SUPERNAW**, Lizzie Albro; f; 58

157 **THOMAS**, Esther Clark; f; mother; 30
158 Pearl; f; daughter; 7
159 Clarence M; m; son; 5
160 Lydia T; f; daughter; 2

161 **WALKER**, Jacob; m; brother; 16
162 Ethel; f; sister; 14
163 Ida; f; sister; 11

164 **WALKER**, Samuel; m; son; 4
165 Infant; m; son    Born 1906

166 **WALKER**, Catherine; f; 32

167 **WHITE**, Sarah; f; mother; 43
168 Eula; f; daughter; 15
169 Joseph; m; son; 13
170 Percy; m; son; 10

171 **WILLIAMS**, Sarah; f; mother; 59
172 Oliver; m; son; 32
173 Albert; m; son; 20
174 Jesse; m; son; 17

175 **WILLIAMS**, Abraham; m; 23

176 **WILLIAMS**, Isaac; m; father; 37
177 Frank; m; son; 12

178 **WIND**, Joseph; m; husband; 57
179 Matilda; f; wife; 53
180 Hugh K; m; son; 29

181 **WIND**, Christopher; m; father; 60
182 Lillian; f; daughter; 33
183 Thomas; m; son; 27
184 Edgar; m; son; 27

185 **WOLFE**, James; m; 63

186 **WOLFE**, Josiah; m; 31

*Census of the* **Ottawa** *Indians of* **Quapaw** *Agency,* **Indian Territory** *taken by* **Horace B. Durant, Supt. &** *United States Indian Agent,* **June 30, 1906.** *190*

KEY: Number; *Indian Name* if given; English Name; Sex; Relation if given; Age.

187 **WISTAR**, Leo; m; brother; 14
188 Willis; m; brother; 12
189 Thomas; m; sister; 10
190 Mary; f; sister; 7        Not on previous census-

191 **WYRICK**, Lula R. Propeck; f; mother; 28
192 **Propeck**, Roy Hamilton; m; son; 6
193 Frederick; m; son; 4
194 Ada; f; daughter; 3
195 Infant; f; daughter        Born 1906

196 **TAYLOR**, Kittie Lee; f; mother; 24
197 [No name]; f; daughter        Born 1906


[Remaining illegible]

# Peoria Census
# 1906

*Census of the* **Peoria** *Indians of* **Quapaw** *Agency,* **Indian Territory** *taken by* **Horace B. Durant, Supt. &** *United States Indian Agent,* **June 30, 1906.** *190*

KEY: Number; *Indian Name* if given; English Name; Sex; Relation if given; Age.

1 **ABNER**, Joseph; m; 37

2 **BAPTISTE**, Louisa; f; 61

3 **BAPTISTE**, Charles; m; husband; 40
4 Jane Myers; f; wife; 44

5 **BEAVER**, Frank; m; father; 50
6 Esta; f; daughter; 27

7 **BERNARD**, Lena; f; 18

8 **BLACKFISH**, Ella Miller; f; 44

9 **BLAYLOCK**, Alice Blackhoof; f; mother; 30

10 **BOYD**, Maggie Smith; f; mother; 23
11 Samuel R. A; m; son; 3

12 **BOYLES**, Maude Goodner; f; mother; 33
13 **Goodner**, Clara; f; daughter; 12
14 **Goodner**, Nita; f; daughter; 10

15 **CHARLEY**, Lizzie; f; 49

16 **CHARLEY**, James; m; father; 43
17 Bessie M; f; daughter; 17
18 Fannie; f; daughter; 14

19 **BUCK**, Mrs; f; 67

20 **DELAWARE**, Mary; f; 56

21 **ENSWORTH**, Emily; f; mother; 49
22 Fred; m; son; 23
23 Claude; m; son; 21
24 Roy; m; son; 18
25 Umilla; f; daughter; 15
26 William D; m; son; 8

27 **FARRIS**, Nancy; f; mother; 47
28 Guy; m; son; 16
29 William; m; son; 12

*Census of the* **Peoria** *Indians of* **Quapaw** *Agency,* **Indian Territory** *taken by* **Horace B. Durant, Supt. &** *United States Indian Agent,* **June 30, 1906.** *190*

KEY: Number; *Indian Name* if given; English Name; Sex; Relation if given; Age.

30 **FINLEY**, George W; m; father; 44
31 Lee; m; son; 13

32 **FROMAN**, Angeline; f; mother; 35
33 Asa; m; son; 12
34 Mary; f; daughter; 11
35 Lizzie; f; daughter; 7
36 Guy; f; son; 4
37 Rosetta; f; daughter; 2

38 **KNOX**, Nancy Archer; f; 48

39 **LaBADIE**, W. G; m; father; 52
40 Leslie; f; daughter; 15
41 Lola; f; daughter; 11

42 **LaBADIE**, Roy C; m; brother; 19
43 Raymond; m; brother; 17
44 Edna; f; sister; 13

45 **LaFALIER**, Pearl P; f; 25

46 **LARKINS**, Reuben; m; 14

47 **FISH**, Minnie; f; sister; 31
48 Frank; m; brother; 14

49 **LYKINS**, W. C; m; husband; 58
50 Anna; f; wife; 50
51 Harry; m; son; 18
52 Martha; f; daughter; 16

53 **LYKINS**, Charles; m; father; 24
54 Nolte Lynn; m; son; 3

55 **LYKINS**, Fred C; m; father; 28
56 Lee S; m; son; 5

57 **LYKINS**, Webster; m; father; 33
58 Cary; m; son; 10
59 Anna; f; daughter; 5

60 **LYKINS**, E. W. W; m; father; 56
61 Elsie; f; daughter; 14

*Census of the* **Peoria** *Indians of* **Quapaw** *Agency,* **Indian Territory**
*taken by* **Horace B. Durant, Supt. &** *United States Indian Agent,*
*June 30, 1906.* *190*

**KEY:** Number; *Indian Name* if given; English Name; Sex; Relation if given; Age.

62    **LYKINS**[cont], David; m; son; 12
63    Willis; m; son; 11

64    **McBEE**, Julia B; f; 58

65    **McNAUGHTON**, Clara E; f; mother; 42
66    Ray; m; son; 20
67    Guy; m; son; 18
68    Pearl; f; daughter; 16

69    **McNAUGHTON**, Willis; m; 24

70    **MERRISS**, Justina; f; mother; 47
71    Elmer; m; son; 19
72    Clinton; m; son; 18

73    **MERRISS**, John; m; father; 30
74    Sylvia; f; daughter; 3
75    Wendell Eugene; m; son; 1

76    **MILLER**, Albert; m; father; 24
77    Albert Leroy; m; son; 3
78    Cora Esther; f; daughter; 1

79    **MILLER**, George; m; 26

80    **MITCHELL**, Winnie Skye; f; mother; 23
81    Clysta; f; daughter; 5
82    Olive; f; daughter; 3

83    **MOHAWK**, Orilla Keno; m; mother; 52
84    **Keno**, Henry; m; son; 22

85    **MOORE**, Mary; f; 44

86    **MOORE**, Frank D; m; father; 28
87    Russell; m; son; 8

88    **MYERS**, Ottie; m; father; 23
89    Opal; f; daughter; 4

90    **NEICE**[sic], Charles; m; father; 26
91    Sarah; f; daughter; 2

*Census of the* **Peoria** *Indians of* **Quapaw** *Agency,* **Indian Territory** *taken by* **Horace B. Durant, Supt. &** *United States Indian Agent,* **June 30, 1906.** *190*

**KEY:** Number; *Indian Name* if given; English Name; Sex; Relation if given; Age.

92 **OSBORNE**, Mary; f; mother; 43
93 Arthur; m; son; 14
94 Margaret; f; daughter; 9
95 Christina; f; daughter; 9
96 Patrick; m; son; 6
97 Alice; f; daughter; 4

98 **PASCHAL**, Albert; m; 41

99 **PALMER**, Ada Moore; f; 22

100 **PASCHALL**, Grover C; m; brother; 19
101 Louis; m; brother; 17

102 **PECKHAM**, Thomas; m; father; 55
103 Blanche; f; daughter; 17
104 Edward; m; son; 15
105 May; f; daughter; 13
106 Ruby; f; daughter; 7
107 Charles; m; son; 5
108 Thomas M; m; son; 3

109 **PECKHAM**, Hazel H; f; sister; 3
110 Erma; f; sister; 5

111 **PEAN**, Sallie Welch; f; mother; 44
112 **Welch**, Benjamin; m; son; 16

113 **PEERY**, Albert J; m; husband; 45
114 Alice S; f; wife; 40
115 Albert E; m; son; 5

116 **PEERY**, Samuel L; m; brother; 38
117 Eva May; f; sister; 27
118 Frank C; m; brother; 22

119 **PEERY**, William B; m; father; 41
120 Christina; f; daughter; 13
121 Naomi; f; daughter; 12
122 David; m; son; 9

123 **PRATHER**, Emmeline; f; mother; 34
124 Nellie B; f; daughter; 5
125 Beulah; f; daughter; 3

*Census of the* **Peoria** *Indians of* **Quapaw** *Agency,* **Indian Territory**
*taken by* **Horace B. Durant, Supt. &** *United States Indian Agent,*
**June 30, 1906.** *190*

**KEY:** Number; *Indian Name* if given; English Name; Sex; Relation if given; Age.

126 **EDDY**, Amos; m; brother; 16
127 Edna; f; sister; 14

128 **ROBINSON**, Amos; m; 23

129 **ROBINSON**, Thomas H; m; 17

130 **ROCKER**, Sarah M; f; mother; 24
131 Zella; f; daughter; 5
132 Ernest; m; son; 1
133 Alice J; f; daughter; 3

134 **ROSS**, Julia Bobb; f; mother; 31
135 Ruth Mary; f; daughter; 7
136 Lillian Mabel; f; daughter; 4
137 Beulah Esther; f; daughter; 2

138 **SACTO**, Louisa; f; sister; 21
139 Mary; f; sister; 20
140 Joseph; m; brother; 16
141 Nathaniel; m; brother; 11

142 **SCANLAN**, Eliza P; f; mother; 35
143 Earl; m; son; 5
144 Lloyd; m; son; 1

145 **SKYE**, George; m; father; 34
146 Jesse; m; son; 13
147 Beatrice; f; daughter; 8
148 Gladys; f; daughter; 5
149 Hazel; f; daughter; 1

150 **SKYE**, Thomas; m; brother; 25
151 Clarence; m; brother; 16

152 **SKYE**, Stella; f; 18

153 **SKY**, Frank; m; 31

154 **STAND**, Nancy Smith; f; mother; 45
155 Matilda; f; daughter;
156 Leander; m; son; 12
157 Raymond; m; son; 9
158 Wilson; m; son; 5

*Census of the* **Peoria** *Indians of* **Quapaw** *Agency,* **Indian Territory** *taken by* **Horace B. Durant, Supt. &** *United States Indian Agent,* **June 30, 1906.** *190*

KEY: Number; *Indian Name* if given; English Name; Sex; Relation if given; Age.

159 **STANLEY**, Charles; m; father; 44
160 Ramona; f; daughter; 16
161 Sampson Arthur; m; son; 18
162 Katie Artless; f; daughter; 13
163 Ardlus; m; son; 7
164 Goldie; f; daughter; 2
165 Infant; f; daughter; 1

166 **STATON**, Stella; f; sister; 19
167 Mabel; f; sister; 16
168 George Claude; m; brother; 13

169 **SKYE**, William; m; father; 38
170 Nancy; f; wife; 41
171 Myrtle; f; daughter; 8
172 Waneta[sic]; f; daughter; 4

173 **TUCKER**, Silas; m; 59

174 **THOMPSON**, Elsie E. Peery; f; mother; 34
175 [No information given]     Born 1906-

176 **VALLEY**, Joseph; m; father; 25
177 Joseph N; m; son; 4

178 **VALLEY**, Josephine; f; 22

179 **WADSWORTH**, John; m; 62

180 **WALTON**, Mary Ruth; f; sister; 16
181 Genevieve; f; sister; 14
182 Naomi; f; sister; 12
183 Richard; m; brother; 11

184 **WILLIAMS**, Grace Merriss; f; mother; 21
185 Lula Elsie; f; daughter; 3
186 Abraham; m; son; 1

187 **WILLS**, Queenie Lykins; f; mother; 20
188 Ruth M; f; daughter; 2

*Census of the* **Peoria** *Indians of* **Quapaw** *Agency,* **Indian Territory** *taken by* **Horace B. Durant, Supt. &** *United States Indian Agent,* **June 30, 1906.** *190*

**KEY:** Number; *Indian Name* if given; English Name; Sex; Relation if given; Age.

189 **STATON**, Ella; f; mother; 45
190 Marion; m; son; 21
191 Sherman; m; son; 18
192 Lenna; f; daughter; 17


[Remaining illegible]

# Eastern Shawnee Census
# 1907

*Census of the* **Eastern Shawnee** *Indians of* **Quapaw** *Agency,* **Wyandotte, Indian Territory** *taken by* **Horace B. Durant, Superintendent & S. D. A.** *United States Indian Agent,* **June 30th** 1907.

**KEY:** Number; *Indian Name* if given; English Name; Sex; Relation if given; Age.

1    **SPICER**, Mitchelothe Ball; F; 59

2    **BEAVER**, Lewis; M; 35

3    **BEAVER**, John; M; 32

4    **BLUEJACKET**, Carrie; F; Mother; 47
5    Walter; M; Son; 22
6    Edward; M; Son; 19
7    William T; M; Son; 13
8    Blanche; F; Daughter; 11
9    Amy; F; Daughter; 7
10    Clyde; M; Son; 4

11    **BONE**, James; M; 36

12    **CAPTAIN**, Thomas; M; father; 52
13    Thomas, Jr; M; Son; 21
14    Mary Ellen; F; Daughter; 18
15    Sarah M; F; Daughter; 15
16    William N; M; Son; 12
17    Mike; M; Son; 11
18    Grace; F; Daughter; 10
19    George E; M; Son; 7
20    Martha Evaline; F; Daughter; 6
21    Sophronia; F; Daughter; 4

22    **DAUGHERTY**, Howard; M; 26

23    **DAUGHERTY**, George; M; 24

24    **DAUGHERTY**, Rosa Bluejacket; F; Mother; 29
25    Louisa; F; Daughter; 9
26    Susan; F; Daughter; 5
27    Joshua; M; Son; 2

28    **PENDER**, Jane; F; Mother; 43
29    **Daugherty**, David; M; Son; 19
30    **Daugherty**, Samuel; M; Son; 15
31    **Walton**, Minnie Eva; F; Daughter; 11

32    **SKYE**, Anna D; F; Mother; 24
33    Emmett; M; Son; 6

*Census of the* **Eastern Shawnee** *Indians of* **Quapaw** *Agency,* **Wyandotte, Indian Territory** *taken by* **Horace B. Durant, Superintendent & S. D. A.** *United States Indian Agent,* **June 30th** *1907.*

**KEY:** Number; *Indian Name* if given; English Name; Sex; Relation if given; Age.

34  **DICK**, James; M; 30

35  **DUSHANE**, Nancy; F; Mother; 61
36  David; M; Son; 27
37  Benjamin; M; Son; 21

38  **DUSHANE**, Charles; M; father; 31
39  Nina; F; Daughter; 10
40  Jessie; F; Daughter; 3
41  Everett; M; Son       Born 3/14/1907

42  **DUSHANE**, Andrew; M; father; 35
43  Walter; M; Son; 12
44  Clifford; M; Son; 8
45  Rebecca; F; Daughter; 5
46  Naomi; F; Daughter; 3

47  **PARKER**, Laura Duncan; F; 34

48  **FLINT**, *Sa-pa-to-wa-sa*; F; 54

49  **GIBSON**, Mary Quick; F; 21

50  **HOLDEN**, Ida M Bluejacket; F Mother; 23
51  Edith; F; Daughter; 4
52  Charles H; M; Son; 2
53  Geneva Esther; F; Daughter       Born 10/3/1906

54  **VAN SANT**[sic], Cora; F; Mother; 38
55  **Hampton**, Ora; M; Son; 20
56  **Hampton**, Nellie; F; Daughter; 14
57  **Hampton**, Fred; M; Son; 12
58  **Hampton**, Mark; M; Son; 10
59  **Van Sandt**, George; M; Son; 6

60  **HAMPTON**, W. H; M; husband; 22
61  Cornelia C; F; wife; 19
62  Ozina Annabel; F; Daughter; 3
63  Eudora May; F; Daughter; 2

64  **WORMINGTON**, Zerella H; F; 19

65  **HARVEY**, Rosella Thomas; F; Mother; 30
66  **Prophet**, Frank; M; Son; 15

*Census of the* **Eastern Shawnee** *Indians of* **Quapaw** *Agency,* **Wyandotte, Indian Territory** *taken by* **Horace B. Durant, Superintendent & S. D. A.** *United States Indian Agent,* **June 30th** 1907.

**KEY:** Number; *Indian Name* if given; English Name; Sex; Relation if given; Age.

67 **HOUSE**, Minnie T; F; Mother; 30
68 Thomas; M; Son; 5

69 **JACKSON**, Anna; F; 56

70 **JACKSON**, Stonewall; M; 49

71 **WILLIAMS**, Matilda Jackson; F; Mother; 30
72 Hetty; F; Daughter; 5

73 **LITTLECHIEF**, Martha; F; 33

74 **McLANE**, Fannie Whiteday; F; 43

75 **MOHAWK**, John; M; 49

76 **MOHAWK**, Sarah; F; 20

77 **STAND**, William P; M; father; 26
78 Olive Mary; F; Daughter     Born 6/10/1906

79 **NICHOLS**, Levi; M; father; 19
80 Cora Edna; F; Daughter     Born 3/24/1907

81 **PROPHET**, John; M; father; 31
82 Edna E; F; Daughter; 7
83 Theodore; M; Son; 5
84 Georgia; F; Daughter; 3
85 Harriet; F; Daughter; 2
86 Josaphine[sic]; F; Daughter     Born 9/11/1906

87 **PROPHET**, William; M; 19

88 **PROPHET**, Maria; F; Mother; 44
89 Minnie; F; Daughter; 24
90 Ida; F; Daughter; 20
91 Estella; F; Daughter; 16
92 Franklin; M; Son; 14
93 Elmer; M; Son; 12
94 Nancy; F; Daughter; 10
95 Berthat[sic] Maria; F; Daughter; 6

96 **PUNCH**, Mary, Sr; F; Mother; 59
97 Mary, Jr; F; Daughter; 24

*Census of the* **Eastern Shawnee** *Indians of* **Quapaw** *Agency,* **Wyandotte, Indian Territory** *taken by* **Horace B. Durant, Superintendent & S. D. A.** *United States Indian Agent,* **June 30th** *1907.*

KEY: Number; *Indian Name* if given; English Name; Sex; Relation if given; Age.

98  **THOMAS**, Ella; F; 14

99  **SKAKAH**, Susan Tomahawk; F; Mother; 37
100  Anna; F; Daughter; 10
101  Rose; F; Daughter; 9

102  **TOMAHAWK**, Jacob; M; 43

103  **TOOLEY**, Mattie; F; Mother; 38
104  Etta; F; Daughter; 20
105  Ella; F; Daughter; 15
106  Effie; F; Daughter; 5

107  **TURKEYFOOT**, Milton; M; 30


Total census of 1906. . . . . . . . . . . . . 100

Deaths:

#100 Mary Whiteday Paschal, died June ___, 1907. . . .   1

Leaving. . . . . . . . . . 99

Births:

Nos: 53: 41: 78: 80: and 86, a total of. . . . .   5

104

Not previously reported or enrolled:

Nos. 10 : 52 : 84 : a total of. . . . . . . . .   3

Total census for 1907. . 107

365

# Miami Census
# 1907

*Census of the* **Miami** *Indians of* **Quapaw** *Agency,* **Wyandotte, Indian Territory** *taken by* **Horace B. Durant, Superintendent & S. D. A.** *United States Indian Agent,* **June 30th** *1907.*

KEY: Number; *Indian Name* if given; English Name; Sex; Relation if given; Age.

1    **BEAVER**, Isadore C; F; Mother; 26
2    Amos; M; Son; 6

3    **BENJAMIN**, Susan; F; 61

4    **BILLINGTON**, Mary A; F; Mother; 54
5    Milton N; M; Son; 20
6    Rosa; F; Daughter; 18
7    Frank; M; Son; 17

8    **BRIGHT**, Margaret; F; Mother; 61
9    Columbus; M; Son; 19

10    **BRIGHT**, John; M; 37

11    **CRAWFISH**, Susan; F; Mother; 44
12    Minnie; F; Daughter; 11
13    Lucy; F; Daughter; 8
14    Martha; F; Daughter; 1

15    **DAGNETTE**, Esther; F; 28

16    **DEMO**, Rose A; F; Mother; 50
17    Charles M; M; Son; 20
18    Joseph F; M; Son; 16

19    **DOLLAR**, Theodore; M; Father; 32
20    Mary Elizabeth; F; Daughter; 3
21    Francis Theodore; M; Son; 1

22    **DAUGHERTY**, Mary Buck; F; Mother; 49
23    **Buck**, Frank; M; Son; 18

24    **DRAKE**, Jane; F; Mother; 62
25    David; M; Son; 32
26    Milton; M; Son; 25
27    John Logan; M; Son; 23
28    Thomas Summers; M; Son; 20
29    Martha; F; Daughter; 18
30    Patrick; M; Son; 17

31    **DRAKE**, Wayne; M; 38

*Census of the* **Miami** *Indians of* **Quapaw** *Agency,* **Wyandotte, Indian Territory** *taken by* **Horace B. Durant, Superintendent & S. D. A.** *United States Indian Agent,* **June 30th** *1907.*

**KEY:** Number; *Indian Name* if given; English Name; Sex; Relation if given; Age.

32   **DRAKE**, Edward; M; Father; 30
33   Dorma; F; Daughter; 3
34   Thomas; M; Son   Born 1/15/1907

35   **FULKERSON**, Lucy Josephine; F; 46

36   **GEBOE**, Mary B; F; 52

37   **GOBIN**, Mary; F; Mother; 37
38   Musa; F; Daughter; 11
39   Raymond; M; Son; 7

40   **GOKEY**, Lizzie; F; 31

41   **HARRIS**, Edward G; M; Father; 33
42   Evelyn L; F; Daughter; 9
43   Viola May; F; Daughter; 7
44   Grant Gibeon; M; Son; 6
45   Helen Ray; F; Daughter; 5

46   **HORTON**, Sarah D; F; 29

47   **KEAH**, Rose Ann Kisco; F; 61

48   **LaFALIER**, Sophia Goodboo; F; Mother; 44
49   Goodboo, Ethel; F; Daughter; 16
50   Goodboo, Francis; M; Son; 14
51   Goodboo, Josephine[sic]; F; Daughter; 12
52   Goodboo, Thomas; M; Son; 9
53   Ruby; F; Daughter; 3

54   **LaFALIER**, David; M; 25

55   **LaFALIER**, Henry; M; Father; 38
56   Ernest; M; Son; 10
57   Bulah; F; Daughter; 6

58   **LaFALIER**, Oscar; M; Father; 41
59   Mary; F; Daughter; 13
60   Forrest L; M; Son; 7

61   **LEONARD**, George W; M; Father; 50
62   Barbara; F; Daughter; 21

*Census of the* **Miami** *Indians of* **Quapaw** *Agency,* **Wyandotte, Indian Territory** *taken by* **Horace B. Durant, Superintendent & S. D. A.** *United States Indian Agent,* **June 30th** *1907.*

**KEY:** Number; *Indian Name* if given; English Name; Sex; Relation if given; Age.

63  **LEONARD**[cont], Della; F; Daughter; 18
64  Carrie; F; Daughter; 13
65  Hazel; F; Daughter; 7

66  **LEONARD**, Charles W; M; husband; 28
67  Addie B; F; wife; 23
68  Irene; F; Daughter; 5
69  Elmer Charles; M; Son; 4
70  Edgar Carl; M; Son; 1

71  **LEONARD**, Louisa; F; Mother; 32
72  Wilbur; M; Son; 16
73  Gabriel S; M; Son; 14
74  Ernest; M; Son; 12
75  Ruby; F; Daughter; 10
76  Pearl; F; Daughter; 7
77  David; M; Son; 4
78  Grace; F; Daughter; 3
79  Mabel; F; Daughter; 1

80  **LUCAS**, Silver Dollar; F; Mother; 30
81  Marie A; F; Daughter; 5
82  Amber; F; Daughter; 6
83  Kathrine[sic]; F; Daughter; 1

84  **McCOONSE**, Lizzie; F; Mother; 42
85  Joseph; M; Son; 7
86  James; M; Son; 5

87  **MILLER**, Ethel; F; sister; 19
88  Clarence; M; brother; 16
89  Louis Edward; M; brother; 14

90  **PALMER**, Lizzie; F; 43

91  **PALMER**, Thomas Harley; M; 25

92  **POOLER**, Mary; F; Mother; 50
93  Frank C; M; Son; 21
94  Louis D; M; Son; 19
95  Josaphine[sic]; F; Daughter; 18
96  Mabel B; F; Daughter; 16
97  Frederick R; M; Son; 12
98  Ernest; M; Son; 8

*Census of the* **Miami** *Indians of* **Quapaw** *Agency,* **Wyandotte, Indian Territory** *taken by* **Horace B. Durant, Superintendent & S. D. A.** *United States Indian Agent,* **June 30th** *1907.*

**KEY:** Number; *Indian Name* if given; English Name; Sex; Relation if given; Age.

99 **POPE**, Josaphine; F; Mother; 35
100 Bismark Milton; M; Son; 11
101 John Adams; M; Son; 10
102 Douglas; M; Son; 7

103 **RICHARDVILLE**, Thomas F; M; husband; 77
104 Mary; F; wife; 68

105 **RICHARDVILLE**, Charles; M; Father; 30
106 Charles Henry; M; Son; 4

107 **ROSEBERRY**, Louisa Drake; F; Mother; 40
108 Thomas; M; Son; 10
109 Jane C; F; Daughter; 5

110 **SHAPP**, Peter; M; Father; 32
111 Mary; F; Daughter; 11
112 Harry W; M; Son; 9
113 Thomas; M; Son; 6

114 **SIMPSON**, Catherine N; F; 32

115 **SIMMS**, Helen Leonard; F; Mother; 22
116 Albert Ray; M; Son; 3
117 George Roy; M; Son; 1

118 **SMITH**, Isadore Labadie; F; Mother; 38
119 Ella May; F; Daughter; 6
120 Frank D; M; Son; 4
121 Alice; F; Daughter; 1
122 Ruby K; F; Daughter    Born 1/6/1907

123 **TRINKLE**, Minnie; F; Mother; 35
124 Pearl; F; Daughter; 16
125 Mabel; F; Daughter; 14
126 Ernest; M; Son; 3

127 **VAN DUSEN**, Ida; F; sister; 5
128 March; M; brother; 4

129 **YOUNGBLOOD**, Jessie L; F; Mother; 22
130 Rose Iona; F; Daughter    Born 2/14/1907

*Census of the* **Miami** *Indians of* **Quapaw** *Agency,* **Wyandotte, Indian Territory** *taken by* **Horace B. Durant, Superintendent & S. D. A.** *United States Indian Agent,* **June 30th** *1907.*

**KEY:** Number; *Indian Name* if given; English Name; Sex; Relation if given; Age.

Total census 1906, - - - - - - - - - - 129

Deaths:
- #1, Frank D. Aveline, died Jan. 20, 1907.
- #10, Flora Bright, Died Feb. 10, 1907.
- #78, Edward Joseph Lucas, died July 13, 1906.
- #114, Ernest Shapp, died April 4, 1905.
- #119, Rothe Smith, died Aug. 30, 1906.
- #14, Mary Crawfish, stricken off because enrolled with Father in the Quapaw tribe     6

Births,
#34; 79; 122; 130;     4

Not previously reported:
#14; 42; 121;     3

Total, 1907,     130

# Modoc Census
# 1907

*Census of the* **Modoc** *Indians of* **Quapaw** *Agency,* **Wyandotte, Indian Territory** *taken by* **Horace B. Durant, Supt. & S. D. A.** *United States Indian Agent,* **June 30th, 1907.** *1907.*

**KEY:** Number; *Indian Name* if given; English Name; Sex; Relation if given; Age.

1   **ROBBINS**, Minnie Snyder; F; Mother; 29
2   **Burns**, Mamie; F; Daughter; 11
3   Hiram Richard; M; Son; 3

4   **BALL**, John; M; Father; 47
5   Macy; M; Son; 26   (blind)

6   **CLINTON**, Daniel; M; Husband; 42
7   Jennie; F; Wife; 47
8   Gilbert; M; Son; 17
9   Horace; M; Son; 7
10   Nancy Jane; F; Daughter; 4

11   **CHARLEY**, Miller; M; 67

12   **CLINTON**, Samuel; M; Father; 47
13   Paul; M; Son; 3

14   **PLEASANT**, William Faithful; M; 66     (at Klamath Agency Oregon)

15   **HOOD**, Charles; M; Husband; 41
16   Lucinda; F; Wife; 36
17   Rose; F; Daughter; 17
18   Tena; F; Daughter; 15
19   Mabel; F; Daughter; 12
20   F. R; M; Son; 10
21   Lucy; F; Daughter; 4

22   **HUDSON**, Henry; M; Husband; 68
23   Susan; F; Wife; 47

24   **HAYMAN**, Cora; F; Mother; 45
25   Marion C; M; Son; 11
26   Henrietta; F; Daughter; 8
27   Bert; M; Son; 6
28   Infant; F; Daughter; 4

29   **CLARK**, James; M; Father; 32
30   Viola; F; Daughter; 9
31   Clyde; M; Son; 7

32   **KIST**, Amos; M; 33

*Census of the* **Modoc** *Indians of* **Quapaw** *Agency,* **Wyandotte, Indian Territory** *taken by* **Horace B. Durant, Supt. & S. D. A.** *United States Indian Agent,* **June 30th, 1907.** *1907.*

KEY: Number; *Indian Name* if given; English Name; Sex; Relation if given; Age.

33   **LAWVER**, Samuel; M; Husband; 49
34   Dolly; F; Wife; 42

35   **LAWVER**, Martha; F; 88

36   **LAWVER**, Benjamin; M; Father; 55
37   Lelah M; F; Daughter; 9
38   Thomas L; M; Son; 3

39   **CLINTON**, Matilda; F; 67

40   **TUTTLE**, Asa; M; 30

41   **ROBBINS**, Myra Grant; F; Mother; 52
42   Annie E; F; Daughter; 9
43   Charles Fredrick; M; Son; 7

44   **SPICER**, Annie; F; Mother; 42
45   **Long**, Robert; M; Son; 21

46   **WALKER**, May Long; F; Mother; 26
47   Alma; F; Daughter; 5
48   Infant; F; Daughter; 3

49   **STANLEY**, Etta; F; 38

50   **HUBBARD**, Frederick Parker; M; 27

51   **LAWVER**, Eliza; F; 46


Total census 1906,        52

Death No. 36 - 1906 - - -  Benjamin Lawver, Jr., died in I. T.
September 18, 1906    1

Total census 1907 - - -  51

# Ottawa Census
# 1907

*Census of the* **Ottawa** *Indians of* **Quapaw** *Agency,* **Wyandotte, Indian Territory** *taken by* **Horace B. Durant, Superintendent & S. D. A.** *United States Indian Agent,* **June 30th** *1907.*

**KEY:** Number; *Indian Name* (if given); English Name; Sex; Relation (if given); Age.

1   **BALDWIN**, Delphina P; F; Mother; 47
2   George; M; Son; 19
3   Ella; F; Daughter; 15
4   Della; F; Daughter; 15
5   Marilla; F; Daughter; 11
6   Buddie; M; Son; 9
7   Norah; F; Daughter; 7
8   Zora; F; Daughter; 7

9   **BALDWIN**, Henry C; M; 31

10   **BALDWIN**, William; M; Father; 25
11   Bertha; F; Daughter; 5
12   Frand(sic) Henry; M; Son; 1     (Born Feb. 21, 1906.)

13   **SPINKS**, May Baldwin; F; Mother; 21
14   Amos Ison; M; Son; 4

15   **BALDWIN**, Fred; M; Father; 23
16   Cleo; M; Son; 1

17   **BARLOW**, Edith King; F; Mother; 22
18   Lucia Erma; F; Daughter; 4

19   **BIDDLE**, Mary Jennison; F; Mother; 24
20   Erma Louisa; F; Daughter; 4
21   James Walter; M; Son; 2

22   **BERGEN**, Maude Pooler; F; Mother; 23
23   Charles O; M; Son; 3

24   **BYRON**, Charles; M; Brother; 38
25   William; M; Brother; 31

26   **CLARK**, Richard; M; Father; 63
27   Emmeline; F; Daughter; 33

28   **CLARK**, Abbie Titus; F; Mother; 45
29   Harriet; F; Daughter; 17
30   Charles; M; Son; 15

31   **CLARK**, Ida L. Stevens; F; Mother; 28
32   Amos; M; Son; 4
33   Infant; F; Daughter; 1

Census of the **Ottawa** Indians of **Quapaw** Agency, **Wyandotte, Indian Territory** *taken by* **Horace B. Durant, Superintendent & S. D. A.** *United States Indian Agent,* **June 30th** *1907.*

**KEY:** Number; *Indian Name* (if given); English Name; Sex; Relation (if given); Age.

34    **COOK**, Nannie W; F; Mother; 41
35    Eudora; F; Daughter; 19
36    Frank; M; Son; 18
37    Clifford; M; Son; 10
38    Berenice; F; Daughter; 10
39    Iona; F; Daughter; 3

40    **CRIM**, Winnie Lawver; F; Mother; 24
41    William Hershel; M; Son; 3
42    Louis Albert; M; Son; 1

43    **CROW**, Julia Pelky; F; 46

44    **DAGNETTE**, Lucien; M; Father; 30
45    Lucien N, Jr; M; Son; 5      (Born Feb. 14, 1902.)

46    **EARLY**, John W; M; 72

47    **EDWARDS**, Eliza Jones; F; Mother; 27
48    Isabel Jones; F; Daughter; 7

49    **EMOTINGE**, George; M; 66

50    **GEBOE**, David; M; 41

51    **GEORGE**, Edward; M; Father; 53
52    Phillip; M; Son; 25

53    **GEORGE**, Elizabeth W; F; 36

54    **GRINNEL**, Rose McCoonse; F; Mother; 25
55    Robert; M; Son; 8
56    Joseph; M; Son; 6

57    **HARLOW**, Mary; F; Mother; 42
58    Fred; M; Son; 19

59    **HART**, Harvey; M; 51

60    **HERRON**, Joshua; M; 27

61    **HOLLIS**, Ethel (Pooler); F; Mother; 24
62    Beryl Gladys; F; Daughter; 4
63    Rollo Jehu; M; Son; 2

*Census of the* **Ottawa** *Indians of* **Quapaw** *Agency,* **Wyandotte, Indian Territory** *taken by* **Horace B. Durant, Superintendent & S. D. A.** *United States Indian Agent,* **June 30th** *1907.*

**KEY:** Number; *Indian Name* (if given); English Name; Sex; Relation (if given); Age.

64 **HUBBARD**, Christina R; F; Mother; 34
65 Winona; F; Daughter; 13
66 Lenox; M; Son; 10

67 **HOLMES**, Joseph; M; Father; 46
68 William; M; Son; 20
69 Louisa; F; Daughter; 16
70 Ephriam; M; Son; 15
71 Nellie; F; Daughter; 12

72 **HURR**, Nicodemus; M; Father; 34
73 Leo Bruce; M; Son; 7 (Born Mar. 29, 1900.)
74 Irene Catherine; F; Daughter; 5 (Born Aug. 22, 1901.)
75 Raymond William; M; Son; 4 (Born Mar. 29, 1903.)
76 Arthus[sic] Ben; M; Son; 2 (Born Feb. 22, 1905.)

77 **HUTCHISON**, Henry; M; 33

78 **HUTCHISON**, Thomas; M; Father; 31
79 Ethel Emmeline; F; Daughter; 5
80 Ruby Lillian; F; Daughter; 3 (Born June 21,1904.)

81 **JENNISON**, Catherine; F; Mother; 53
82 **Robitaille**, Oscar; M; Son; 30
83 Ralph Raymond; M; Son; 22
84 Guy; M; Son; 19
85 Glenn; M; Son; 18
86 Edna; F; Daughter; 17
87 Earl; M; Son; 15
88 Ruth; F; Daughter; 13
89 Doane; M; Son; 11
90 Catherine, Jr; F; Daughter; 9

91 **JENNISON**, Charles; M; Father; 25
92 Edward M; M; Son; 3

93 **JONES**, Henry M; M; Father; 47
94 Wesley K; M; Son; 25

95 **JONES**, Ira; M; Father; 27
96 Effie Margaret; F; Daughter; 3
97 Lyman M; M; Son; 1

*Census of the* **Ottawa** *Indians of* **Quapaw** *Agency,* **Wyandotte, Indian Territory** *taken by* **Horace B. Durant, Superintendent & S. D. A.** *United States Indian Agent,* **June 30th** *1907*.

**KEY:** Number; *Indian Name* (if given); English Name; Sex; Relation (if given); Age.

98 **JONES**, Silas Wilber; M; Father; 24
99 **Groom**, Emma Belle Jones; F; Sister; 17

100 **CHRISTMAS**, Martha Jones; F; Sister; 18
101 **Jones**, Christina; F; Sister; 17
102 **Jones**, Nellie; F; Sister; 13
103 **Jones**, Eunice; F; Sister; 9

104 **KEAH**, Joseph; M; 55

105 **KING**, John; M; Father; 24
106 Amelia; F; Daughter; 1 (Born Oct. 2, 1905.)
107 Esther; F; Daughter (Born Jan. 2, 1907.)

108 **KING**, James; M; Father; 70
109 Robert; M; Son; 7
110 Lydia F; F; Daughter; 5

111 **KING**, Joseph; M; Father; 70
112 Fred; M; Son; 27
113 Charles; M; Son; 15
114 Robert; M; Son; 12
115 Bert; M; Son; 10

116 **LANKARD**, Laura Lee; F; Mother; 28
117 Clyde; M; Son; 8
118 Zack; M; Son; 6
119 Don; M; Son; 4
120 Gerald; M; Son; 1

121 **LAVORE**, Lizzie W; F; Mother; 44
122 **King**, Walter; M; Son; 26

123 **LEE**, Alice Tyson; F; Mother; 44
124 Fred; M; Son; 23
125 Delbert; M; Son; 18
126 Walter; M; Son; 15
127 Nellie; F; Daughter; 12
128 Leonard; M; Son; 10
129 Grace; F; Daughter; 5

130 **LOOKAROUND**, Elmira Staton; F; 31

Census of the **Ottawa** *Indians of* **Quapaw** *Agency,* **Wyandotte, Indian Territory** *taken by* **Horace B. Durant, Superintendent & S. D. A.** *United States Indian Agent,* **June 30th** *1907.*

**KEY:** Number; *Indian Name* (if given); English Name; Sex; Relation (if given); Age.

131 **LOTZ**, Angeline Byron; F; Gr-Mother; 75
132 **Brennan**, Joseph; M; Gr-Son; 40
133 **Brennan**, Charles; M; Gr-Son; 21

134 **LYKINS**, Lena Williams; F; 34

135 **McBRIEN**, Myrtle Pooler; F; Mother; 25
136 Harley; M; Son; 4
137 Fay; F; Daughter; 2

138 **McCOONSE**, Sophia; F; 68

139 **McCOONSE**, Peter; M; 33

140 **McCOY**, Isaac; M; 55

141 **NONKESIS**, Ezekiel; M; Father; 54
142 Lottie; F; Daughter; 13
143 Sarah; F; Daughter; 2    (Born Oct. 21, 1904.)
144 Martha; F; Daughter; 1    (Born Aug. 8, 1906.)

145 **NUTTER**, Frank; M; orphan; 15

146 **PETAH**, Sarah; F; Mother; 19
147 Infant; M; Son; 1

148 **PETAH**, Joseph; M; Brother; 15
149 Frank; M; Brother; 13

150 **POOLER**, Manford; M; 47

151 **POOLER**, Moses; M; Father; 76
152 Otis; M; Son; 20
153 Charles; M; Son; 17
154 Robert; M; Son; 16
155 John Albert; M; Son; 12

156 **ROPER**, Nettie Staton; F; Mother; 25
157 Cecil Ohm; M; Son; 4
158 Dewit Abner; M; Son; 2    (Born April 8, 1906.)

159 **STATON**, Frank; M; Father; 28
160 Leland E; M; Son    (Born Oct. 5, 1906.)

*Census of the* **Ottawa** *Indians of* **Quapaw** *Agency,* **Wyandotte, Indian Territory** *taken by* **Horace B. Durant, Superintendent & S. D. A.** *United States Indian Agent,* **June 30th** *1907.*

**KEY**: Number; *Indian Name* (if given); English Name; Sex; Relation (if given); Age.

161 **STEVENS**, William; M; Brother; 20
162 James; M; Brother; 18
163 Ruth; F; Sister; 13
164 John; M; Brother; 11

165 **STULTZ**, Matilda Jones; F; Mother; 23
166 Inez Jewel; F; Daughter; 4

167 **OFFUTT**, Rachel Jones; F; Mother; 19
168 Mary; F; Daughter; 3

169 **SUPERNAW**, Lizzie Albro; F; 59

170 **THOMAS**, Esther Clark; F; Mother; 31
171 Pearl; F; Daughter; 8
172 Clarence M; M; Son; 6
173 Lydia T; F; Daughter; 3
174 Iva; F; Daughter; 2    (Born Aug. 26, 1904.)
175 Evelyn; F; Daughter    (Born April 9, 1907.)

176 **WALKER**, Jacob; M; Brother; 17
177 Ethel; F; Sister; 15
178 Ida; F; Sister; 12

179 **WALKER**, Samuel; M; Brother; 5
180 Infant; M; Brother; 1

181 **WALKER**, Catherine; F; 33

182 **WHITE**, Sarah; F; Mother; 44
183 Eula; F; Daughter; 16
184 Joseph; M; Son; 14
185 Percy; M; Son; 11

186 **WILLIAMS**, Sarah; F; Mother; 60
187 Oliver; M; Son; 33
188 Albert; M; Son; 21
189 Jesse; M; Son; 18

190 **WILLIAMS**, Abraham; M; 24

191 **WILLIAMS**, Isaac; M; Father; 38
192 Frank; M; Son; 13

Census of the **Ottawa** Indians of **Quapaw** Agency, **Wyandotte, Indian Territory** taken by **Horace B. Durant, Superintendent & S. D. A.** United States Indian Agent, **June 30th** 1907.

**KEY:** Number; *Indian Name* (if given); English Name; Sex; Relation (if given); Age.

193 **WIND**, Joseph; M; Husband; 58
194 Matilda; F; Wife; 54
195 Hugh K; M; Son; 30

196 **WIND**, Christopher; M; Father; 61
197 Lillian; F; Daughter; 34
198 Thomas; M; Son; 28
199 Edgar; M; Son; 28

200 **WOLFE**, Josiah; M; 32

201 **WISTAR**, Leo; M; Brother; 15
202 Willis; M; Brother; 13
203 Thomas; M; Brother; 11
204 Mary; F; Sister; 8

205 **WYRICK**, Lula R. Propeck; F; Mother; 29
206 Roy Hamilton; M; Son; 7
207 Frederick; M; Son; 5
208 Ada; F; Daughter; 4
209 Sallie; F; Daughter; 1

210 **TAYLOR**, Kitty Lee; F; Mother; 25
211 Infant; F; Daughter; 1


Total census of. . . . . . . . . . . . . 197 persons.

Deaths:

No. 70, William Hurr, died May 23, 1907.
No. 185, James Wolfe, died Aug. 13, 1906.            2
                                                   195
Births:

Nos., 12 : 45 : 73 : 74 : 75 : 76 : 80 : 106
       107 : 143 : 144 : 158 : 160 : 174 : 175     15
                                                   210
No. 103 Eunice Jones, not previously reported, . . . . . . . . . 1

Total census for 1907, . . 211 persons.

# Peoria Census
# 1907

Census of the **Peoria** Indians of **Quapaw** Agency, **Wyandotte, Indian Territory** taken by Horace B. Durant, Superintendent & S. D. A. United States Indian Agent, **June 30th** 1907.

**KEY:** Number; *Indian Name* [if given]; English Name; Sex; Relation [if given]; Age.

1    **ABNER**, Joseph; M; 38

2    **BEAVER**, Louisa Baptiste; F; 62

3    **BAPTISTE**, Charles; M; Husband; 41
4    Jane Myers; F; Wife; 45

5    **BEAVER**, Frank; M; Father; 51
6    Esta; F; Daughter; 28

7    **BERNARD**, Lena Finley; F; Mother; 19
8    Infant; F; Daughter; 1     (Born in ___ 1906.)

9    **BLACKFISH**, Ella Miller; F; 45

10    **BLAYLOCK**, Alice Blackhoof; F; 31

11    **BOYD**, Maggie Smith; F; Mother; 24
12    Samuel R. A; M; Son; 4

13    **BOYLES**, Maude Goodner; F; Mother; 34
14    Goodner, Clara; F; Daughter; 13
15    Goodner, Nita; F; Daughter; 11

16    **CHARLEY**, Lizzie; F; 50

17    **CHARLEY**, James; M; Father; 48
18    Bessie M; F; Daughter; 18
19    Fannie; F; Daughter; 15

20    **DELAWARE**, Mary; F; 57

21    **ENSWORTH**, Emily; F; Mother; 50
22    Fred; M; Son; 24
23    Claude; M; Son; 22
24    Roy; M; Son; 16
25    Umilla; F; Daughter; 16
26    William L; M; Son; 9

27    **FARRIS**, Nancy; F; Mother; 48
28    Guy; M; Son; 17
29    William; M; Son; 13
30    Henry; M; Son; 3     (Born Jan. 18, 1904.)

*Census of the* **Peoria** *Indians of* **Quapaw** *Agency,* **Wyandotte, Indian Territory** *taken by* **Horace B. Durant, Superintendent & S. D. A.** *United States Indian Agent,* **June 30th** *1907.*

**KEY:** Number; *Indian Name* [if given]; English Name; Sex; Relation [if given]; Age.

31 **FINLEY**, George W; M; Father; 45
32 Leo; M; Son; 14

33 **FROMAN**, Angeline; F; Mother; 36
34 Asa; M; Son; 13
35 Mary; F; Daughter; 12
36 Lizzie; F; Daughter; 8
37 Guy; M; Son; 5
38 Rosetta; F; Daughter; 3

39 **KNOX**, Nancy Archer; F; 49

40 **LaBADIE**, W. G; M; Father; 53
41 Leslie; F; Daughter; 16
42 Lola; F; Daughter; 12

43 **LaBADIE**, Roy C; M; Brother; 20
44 Raymond; M; Brother; 18
45 Edna; F; Sister; 14

46 **LaFALIER**, Pearl P; F; 26

47 **LARKINS**, Reuben; M; 15

48 **FISH**, Minnie; F; Sister; 32
49 Frank; M; Brother; 15

50 **LYKINS**, W. C; M; Husband; 59
51 Anna; F; Wife; 51
52 Harry; M; Son; 19
53 Martha; F; Daughter; 17

54 **LYKINS**, Charles; M; Father; 25
55 Lyle; M; Son; 2 (Born June 16, 1906.)
56 Chas. W; M; Son (Born Febr. 14, 1907.)

57 **LYKINS**, Fred C; M; Father; 29
58 Lee S; M; Son; 5

59 **LYKINS**, Webster; M; Father; 34
60 Cary; M; Son; 11
61 Anna; F; Daughter; 6

*Census of the* **Peoria** *Indians of* **Quapaw** *Agency,* **Wyandotte, Indian Territory** *taken by* **Horace B. Durant, Superintendent & S. D. A.** *United States Indian Agent,* **June 30th** *1907.*

**KEY:** Number; *Indian Name* [if given]; English Name; Sex; Relation [if given]; Age.

62 **LYKINS**, E. W. W; M; Father; 57
63 Elsie; F; Daughter; 15
64 David; M; Son; 13
65 Willie; M; Son; 12

66 **WILSON**, Julia B. McBee; F; 59

67 **McNAUGHTON**, Clara E; F; Mother; 43
68 Ray; M; Son; 21
69 Guy; M; Son; 19
70 Pearl; F; Daughter; 17

71 **McNAUGHTON**, Willie; M; Father; 25
72 Mavie I; F; Daughter; 1

73 **MERRISS**, Justina; F; Mother; 48
74 Elmer; M; Son; 20
75 Clinton; M; Son; 19

76 **MERRISS**, John; M; Father; 31
77 Sylvia; F; Daughter; 4
78 Wendell Eugene; M; Son; 2

79 **MILLER**, Albert; M; Father; 25
80 Albert Leroy; M; Son; 4
81 Cora Esther; F; Daughter; 2
82 George Hiram; M; Son   (Born Aug. 4, 1906.)

83 **MILLER**, George; M; 27

84 **MITCHELL**, Winnie Skye; F; Mother; 24
85 Clyeta; F; Daughter; 6
86 Olive; F; Daughter; 5

87 **MOHAWK**, Orilla Keno; F; Mother; 53
88 Henry; M; Son; 23

89 **MOORE**, Mary; F; 45

90 **MOORE**, Frank D; M; Father; 29
91 Russell; M; Son; 9
92 Hillard[sic]; M; Son; 2   (Born April 11, 1905.)

*Census of the* **Peoria** *Indians of* **Quapaw** *Agency,* **Wyandotte, Indian Territory** *taken by* **Horace B. Durant, Superintendent & S. D. A.** *United States Indian Agent,* **June 30th** *1907.*

**KEY:** Number; *Indian Name* [if given]; English Name; Sex; Relation [if given]; Age.

93   **MYERS**, Ottie; M; Father; 24
94   Opal; F; Daughter; 5
95   Homer; M; Son; 2   (Born April 18, 1905.)
96   Clyde; M; Son   (Born Feb. 25, 1907.)

97   **NEICE**, Charles; M; Father; 27
98   Sarah; F; Daughter; 3

99   **OSBORNE**, Mary; F; Mother; 44
100  Arthur; M; Son; 15
101  Margaret; F; Daughter; 10
102  Christina; F; Daughter; 10
103  Patrick; M; Son; 7
104  Alice; F; Daughter; 5

105  **PASCHAL**, Albert; M; ; 42

106  **PALMER**, Ada Moore; F; 23

107  **PASCHAL**, Grover C; M; Brother; 20
108  Louis; M; Brother; 18

109  **PECKHAM**, Thomas; M; Father; 56
110  Blanche; F; Daughter; 18
111  Edward; M; Son; 16
112  May; F; Daughter; 14
113  Ruby; F; Daughter; 8
114  Charles; M; Son; 6
115  Thomas M, Jr; M; Son; 4
116  Rena; F; Daughter   (Born July 15, 1906.)

117  **PECKHAM**, Hazel M; F; Sister; 4
118  Erma; F; Sister; 6

119  **PEAN**, Sallie Welch; F; Mother; 45
120  **Welch**, Benjamin; M; Son; 17

121  **PEERY**, Albert J; M; Husband; 46
122  Alice S; F; Wife; 41
123  Albert E; M; Son; 6
124  Alice E; F; Daughter; 2   (Born Oct. 10, 1904.)

*Census of the* **Peoria** *Indians of* **Quapaw** *Agency,* **Wyandotte, Indian Territory** *taken by* **Horace B. Durant, Superintendent & S. D. A.** *United States Indian Agent,* **June 30th** *1907.*

**KEY:** Number; *Indian Name* [if given]; English Name; Sex; Relation [if given]; Age.

125 **PEERY**, Samuel L; M; Brother; 39
126 Eva May; F; Sister; 28
127 Frank C; M; Brother; 23

128 **PEERY**, William B; M; Father; 42
129 Christina; F; Daughter; 14
130 Naomi; F; Daughter; 13
131 David; M; Son; 10

132 **PRATHER**, Emmeline; F; Mother; 35
133 Nellie B; F; Daughter; 6
134 Beulah; F; Daughter; 4

135 **EDDY**, Amos; M; Brother; 17
136 Edna; F; Sister; 15

137 **ROBINSON**, Amos; M; 24

138 **ROBINSON**, Thomas M; M; 18

139 **ROCKER**, Sarah M; F; Mother; 25
140 Zella; F; Daughter; 6
141 Ernest; M; Son; 2
142 Alice J; F; Daughter; 4
143 Lenore; F; Daughter    (Born April 21, 1907.)

144 **ROSS**, Julia Bobb; F; Mother; 32
145 Ruth Mary; F; Daughter; 8
146 Lillian Mabel; F; Daughter; 5
147 Beulah Esther; F; Daughter; 3
148 Georgia Ellen; F; Daughter    (Born August 1, 1906.)

149 **SACTO**, Louisa; F; Sister; 22
150 Mary; F; Sister; 21
151 Joseph; M; Brother; 17
152 Nathaniel; M; Brother; 12

153 **SCANLAN**, Eliza P; F; Mother; 36
154 Earl; M; Son; 6
155 Lloyd; M; Son; 2

156 **SKYE**, George; M; Father; 35
157 Jesse; M; Son; 14
158 Beatrice; F; Daughter; 9

Census of the **Peoria** *Indians of* **Quapaw** *Agency,* **Wyandotte, Indian Territory** *taken by* **Horace B. Durant, Superintendent & S. D. A.** *United States Indian Agent,* **June 30th** *1907.*

KEY: Number; *Indian Name* [if given]; English Name; Sex; Relation [if given]; Age.

159 **SKYE**[cont], Gladys; F; Daughter; 6
160 Hazel; F; Daughter; 2

161 **SKYE**, Thomas; M; Brother; 26
162 Clarence; M; Brother; 17
163 Douglas; M; Brother; 4 (Born Oct. 2, 1902.)

164 **SKYE**, Stella; F; 19

165 **SKYE**, Frank; M; 32

166 **STAND**, Nancy Smithe[sic]; F; Mother; 46
167 **Stand**, Matilda; F; Daughter; 18
168 **Stand**, Leander; M; Son; 13
169 **Stand**, Raymond; M; Son; 10
170 **Stand**, Wilson; M; Son; 6

171 **STANLEY**, Charles; M; Father; 45
172 Ramona; F; Daughter; 17
173 Sampson Arthur; M; Son; 19
174 Katie Artless; F; Daughter; 13
175 Ardlus; M; Son; 8
176 Goldie; F; Daughter; 3
177 Leslie; F; Daughter; 2

178 **STATON**, Stella; F; Sister; 20
179 Mabel; F; Sister; 17
180 George Claude; M; Brother; 14

181 **SKYE**, William; M; Father; 39 (Husband)
182 Nancy; F; (Wife); 42
183 Myrtle; F; Daughter; 9
184 Waneta; F; Daughter; 5

185 **TUCKER**, Silas; M; 40

186 **THOMPSON**, Elsie E, Peery; F; Mother; 25
187 _____; M; Son; 1

188 **VALLEY**, Joseph; M; Father; 26
189 Joseph N; M; Son; 5
190 Naomi; F; Daughter (Born ____, 1906.)

191 **VALLEY**, Josephine; F; 23

*Census of the* **Peoria** *Indians of* **Quapaw** *Agency,* **Wyandotte, Indian Territory** *taken by* **Horace B. Durant, Superintendent & S. D. A.** *United States Indian Agent,* **June 30th** *1907.*

**KEY:** Number; *Indian Name* [if given]; English Name; Sex; Relation [if given]; Age.

192 **WADSWORTH**, John; M; 63

193 **WALTON**, Mary Ruth; F; Sister; 17
194 Genevieve; F; Sister; 15
195 Naomi; F; Sister; 13
196 Richard; M; Brother; 12

197 **WILLS**, Queenie Lykins; F; Mother; 21
198 Ruth M; F; Daughter; 3

199 **WILLIAMS**, Grace Merris[sic]; F; Mother; 22
200 Lula Elsie; F; Daughter; 4
201 Abraham; M; Son; 2
202 Mary Ellen; F; Daughter     (Born May 27, 1907.)

203 **WILLS**, Anna E; F; Daughter; 2  (Daughter of Queenie Lykins Wills; omitted by mistake.)

204 **STATON**, Ella; F; Mother; 46
205 Marion; M; Son; 22
206 Sherman; M; Son; 19
207 Lena; F; Daughter; 18

    Total census of 1906, . . . . . . . . 192 persons.

  Deaths:
No. 19, Mrs Buck died April 3, 1906.
No. 54, Nolte Lyn Lykins, died Jan. 2, 1904.     2

                190
  Births:

Nos. 8 : 30 : 55 : 56 : 72 : 82 : 92 : 95 : 96 :
  116 : 124 : 143 : 148 : 163 : 190 : 202 : 203,    17

      Total census for 1907, . . . . 207 persons.

# Quapaw Census
# 1907

*Census of the* **Quapaw** *Indians of* **Quapaw** *Agency,* **Wyandotte, Indian Territory** *taken by* **Horace B. Durant, Superintendent & S. D. A.** *United States Indian Agent,* **June 30th** 1907.

    **KEY:** Number; *Indian Name* if given; English Name; Sex; Relation if given; Age.

1   **ABRAMS**, Abner W; M; Husband; 60
2   Mellisa[sic] J; F; Wife; 46
3   Samuel W; M; Son; 19
4   B. Harrison; M; Son; 17
5   Earl Blaine; M; Son; 15

6   **ADAMS**, Felicia; F; Mother; 45
7   Ruth Lee; F; Daughter; 10

8   **ANDERSON**, Isabel Harrison; F; 29

9   **ANGELL**, Louis (Tallchief); M; 66

10   **BROWN**, Maude E. Abrams; F; 22

11   **BALL**, Nellie J; F; Mother; 49
12   Samuel W; M; Son; 25
13   William; M; Son; 18

14   **BEAVER**, John; M; Husband; 49
15   *Ma-hun-ka-she-ka*; F; Wife; 48
16   Alice Anna; F; Daughter; 20

17   **BLACKHAWK**, Charley Quapaw; M; 51

18   **BLAKESLEY**, William W; M; 40

19   **BLANSITT**, Fannie C. D; F; Mother; 31
20   **Daylight**, Mary; F; Daughter; 11
21   **Daylight**, Jesse; M; Son; 7

22   **BREWER**, Minnie Dardenne; F; Mother; 31
23   Mary C; F; Daughter; 10
24   Bessie Lillian; F; Daughter; 4
25   Mattie Pearl; F; Daughter; 2
26   William; M; Son     Born 10/25/06

27   **BUFFALO**, John; M; 11     (Son of Frank and Alice)

28   **BUFFALO**, Joe; M; Husband; 39
29   Senie Brown; F; Wife; 35
30   Henry; M; Son; 11
31   Clara May; F; Daughter; 10

Census of the **Quapaw** Indians of **Quapaw** Agency, **Wyandotte, Indian Territory** taken by **Horace B. Durant, Superintendent & S. D. A.** *United States Indian Agent,* **June 30th** 1907.

**KEY:** Number; *Indian Name* if given; English Name; Sex; Relation if given; Age.

32   **BUFFALO**[cont], Hazel Lorena; F; Daughter; 7
33   Nora; F; Daughter; 5
34   Willie; M; Son; 4

35   **BUFFALO**, Arthur; M; 17   (Son of Joe & Ollie)

36   **CALF**, Mary J; F; 57

37   **CARDIN**, Louis LaFontaine; M; 32

38   **CARDIN**, Alexander; M; Father; 37
39   Juanita; F; Daughter; 6
40   William Fred; M; Son; 13

41   **CARDIN**, William O; M; Husband; 29
42   Isa Wade; F; Wife; 39

43   **CEDAR**, Lizzie; F; 4

44   **CHOTEAU**, *Zah-me*; Mary; F; 55

45   **CLABBER**, Peter; M; Husband; 59
46   *Me-het-ta*; F; Wife; 59

47   **CLARK**, Mary Dardenne; F; Mother; 42
48   Lillian May; F; Daughter; 14
49   William Alexander; M; Son; 13
50   Lawrence B; M; Son; 10
51   Anna Viola; F; Daughter; 8
52   Rheba N; F; Daughter; 7
53   Durward D; M; Son; 5
54   John D; M; Son; 2
55   Edna Virginia; F; Daughter    Born 11/5/06

56   **CONNER**, Minnie Greenback; F; 27

57   **COUSATTE**, Benjamin; M; Father; 52
58   Benjamin C; M; Son; 18
59   Rosa E; F; Daughter; 15
60   Joseph; M; Son; 13
61   Martin Luther; M; Son; 11
62   James Ray; M; Son; 6

*Census of the* **Quapaw** *Indians of* **Quapaw** *Agency,* **Wyandotte, Indian Territory** *taken by* **Horace B. Durant, Superintendent & S. D. A.** *United States Indian Agent,* **June 30th** *1907.*

**KEY:** Number; *Indian Name* if given; English Name; Sex; Relation if given; Age.

63  **COUSATTE**, Samuel; M; Father; 41
64  Jessie May; F; Daughter; 15
65  Ira Wright; M; Son; 12
66  Ivy Irene; F; Daughter; 10
67  Joseph Dewey; M; Son; 7
68  Claude Theodore; M; Son; 5

69  **COCKERELL**, Cora E. Adams; F; Mother; 29
70  Fannie Myrtle; F; Daughter; 6
71  James Edgar; M; Son; 3

72  **CRANE**, Effie Imbeau; F; Mother; 27
73  Nellie L; F; Daughter; 9
74  Earl Floyd; M; Son; 7
75  Jay Otis; M; Son; 6
76  Gladys Adelaide; F; Daughter; 4
77  Andrew Louis; M; Son; 3
78  James Leroy; M; Son; 1

79  **CRAWFISH**, Widow; F; 69   (Mother of Tom & Harry)

80  **CRAWFISH**, Harry; M; Father; 39
81  Ethel May; F; Daughter; 15
82  Alice; F; Daughter; 13

83  **CRAWFISH**, Thomas; M; Father; 46
84  Mary; F; Daughter; 14

85  **CROW**, John; M; 44

86  **DARDENNE**, Benjamin, Sr; M; Husband; 67
87  Martha; F; Wife; 50

88  **DARDENNE**, Benjamin, Jr; M; Father; 27
89  Edna Alice; F; Daughter; 4

90  **DARDENNE**, Anna Edna; F; Sister; 14
91  Abraham F; M; Brother; 11

92  **DARDENNE**, Felix; M; Father; 35
93  Delia D; F; Daughter; 9
94  Ruby C. C; F; Daughter; 5

95  **DARDENNE**, Abram; M; 27

*Census of the* **Quapaw** *Indians of* **Quapaw** *Agency,* **Wyandotte, Indian Territory** *taken by* **Horace B. Durant, Superintendent & S. D. A.** *United States Indian Agent,* **June 30th** *1907.*

KEY: Number; *Indian Name* if given; English Name; Sex; Relation if given; Age.

96   **DARDENNE**, Lawrence; M; 22

97   **DARDENNE**, Willie; M; Father; 35
98   Willie W; M; Son; 13
99   Robert; M; Son; 11
100  Gertrude; F; Daughter; 8

101  **DAYLIGHT**, Isaac; M; 33

102  **DERRIEUSSEAUX**, Mary; F; 83

103  **DAUTHAT**, Zahn; M; 25

104  **DAUTHAT**, Francis; F; Mother; 46
105  **Douthat**[sic], Minnie E; F; Daughter; 32
106  **Douthat**, Charles A; M; Son; 19
107  Sarah A; F; Daughter; 15
108  Jessie; F; Daughter; 11

109  **DOUTHAT**, William A; M; Father; 49
110  Samuel A; M; Son; 18
111  **Dauthat**[sic], William B; M; Son; 16
112  **Dauthat**, Pearl E; F; Daughter; 13
113  **Dauthat**, Clarence Ray; M; Son; 9
114  **Dauthat**, Florence G; F; Daughter; 7

115  **DYSON**, Katy Logan; F; Mother; 35
116  Daniel H; M; Son; 14
117  Frances L; F; Daughter; 12
118  Lassia Mabel; F; Daughter; 8
119  William Edgar; M; Son; 7
120  Iva Edith; F; Daughter; 5

121  **FISH**, Leander J; M; 57

122  **GEBOE**, Charles C; M; 29

123  **GILMORE**, Agnes Dardeene; F; Mother; 31
124  Orville; M; Son; 10
125  Clara; F; Daughter; 8
126  Thelma; F; Daughter; 2

127  **GOODEAGLE**, Francis Quapaw; F; Husband; 52
128  *Wa-tah-nah-zhe*; F; Wife; 37

*Census of the* **Quapaw** *Indians of* **Quapaw Agency, Wyandotte, Indian Territory** *taken by* **Horace B. Durant, Superintendent & S. D. A.** *United States Indian Agent,* **June 30th** *1907.*

**KEY:** Number; *Indian Name* if given; English Name; Sex; Relation if given; Age.

129 **GOODEAGLE**[cont], Charles; M; Son; 24
130 Merton; M; Son; 21
131 Levi; M; Son; 13
132 Paul; M; Son; 7
133 Martha; F; Daughter; 2

134 **GOODEAGLE**, Fannie; F; 15

135 **GORDON**, Rosa A; F; Sister; 24
136 Harry A; M; Brother; 19
137 Harvey O; M; Brother; 21
138 Sarah E; F; Sister; 17
139 Harley E; M; Brother; 13
140 Bessie M; F; Sister; 12

141 **GRANDEAGLE**, *Kah-dus-ka-hun-ka*; M; Husband; 47
142 *Khah-hah*; F; Wife; 48

143 **GREENBACK**, Antone; M; Husband; 56
144 Julia W; F; Wife; 24
145 Joseph; M; Son; 21 (Son of Antoine)
146 Alice; F; Daughter; 17
147 Alphonso; M; Son; 6
148 Emma; F; Daughter; 3

149 **GRIFFIN**, Victor; M; Father; 30
150 Victor, Jr; M; Son; 2

151 **HODGKINS**, Clara Dardenne; F; Mother; 24
152 Laurence E; M; Son; 4
153 Leonard B; M; Son; 1

154 **HUNT**, Joseph W; M; Father; 24
155 Layo W; M; Son; 1

156 **IMBEAU**, Louis; M; Husband; 61
157 Mellisa; F; Wife; 59
158 Catherine; F; Daughter; 20

159 **IMBEAU**, Harvey; M; 26

160 **IMBEAU**, Frank; M; Father; 24
161 Aldred Ray; M; Son      Born 8/18/06

*Census of the* **Quapaw** *Indians of* **Quapaw** *Agency,* **Wyandotte, Indian Territory** *taken by* **Horace B. Durant, Superintendent & S. D. A.** *United States Indian Agent,* **June 30th** *1907.*

**KEY:** Number; *Indian Name* if given; English Name; Sex; Relation if given; Age.

162  **KENOYER**, Felicia M. Cardin; F; Mother; 24

163  **LANE**, Mary; F; 15

164  **LEWIS**, Alexander; M; Father; 28
165  Mary Frances; F; Daughter; 1

166  **LOTSON**, Robert; M; 27

167  **McDONALD**, Maggie E. Cousatte; F; 20

168  **McCULLOUGH**, Margaret Dardenne; F; 56

169  **McCOY**, John Henry; M; Brother; 11
170  Martha L; F; Sister; 9
171  Anna Thomas; F; Sister; 5
172  James Thomas; M; Brother; 3

173  **McKENZIE**, Isabel; F; 64

174  **MOHAWK**, *Ho-ga-mee* G; F; 47

175  ***MES-KAH-GER-TAH***; F; 58

176  **NEWHOUSE**, Amos; M; 60

177  **NEWMAN**, James A; M; Father; 59
178  Ada A; F; Daughter; 18
179  David A; M; Son; 15
180  Leona A; F; Daughter; 11
181  Sophia Viola; F; Daughter; 9
182  Leroy; M; Son; 6
183  Goldie M; F; Daughter; 3

184  **NEWMAN**, James L; M; 27

185  **OWENS**, Kitty Wade; F; Mother; 37
186  Hugh Wade; M; Son; 7
187  Elizabeth; F; Daughter; 6
188  Louis Martin; M; Son; 2

189  **PETERSON**, Amanda Ball; F; Mother; 21
190  Beatrice; F; Daughter; 4

*Census of the* **Quapaw** *Indians of* **Quapaw** *Agency,* **Wyandotte, Indian Territory** *taken by* **Horace B. Durant, Superintendent & S. D. A.** *United States Indian Agent,* **June 30th** *1907.*

**KEY:** Number; *Indian Name* if given; English Name; Sex; Relation if given; Age.

191 **PORTIS**, Mary; F; 61

192 **QUAPAW**, John; M; Husband; 49
193 *Red-sun*; F; Wife; 64

194 **QUAPAW**, Frances; F; 21

195 **QUAPAW**, Pius; M; Husband; 58
196 *Ta-me-ah*; F; Wife; 42

197 **QUAPAW**, Benjamin; M; Husband; 49
198 *Se-sah*; F; Wife; 43

199 **QUAPAW**, Solomon; M; Husband; 39
200 Minnie Sigdah; F; Wife; 22
201 Berthat[sic]; F; Daughter; 16
202 Annie; F; Daughter; 14
203 Jesse; M; Son; 11
204 Katie; F; Daughter; 9
205 Charley; M; Son; 3

206 **QUAPAW**, Dick; M; Husband; 43
207 *Ne-wau-kis* or *Tameh*; F; Wife; 21
208 Homer James; M; Son; 1

209 **RUTLEDGE**, Edna P. Adams; F; 25

210 **RAY**, Elizabeth; F; 64

211 **RAY**, Frank; M; Father; 34
212 Thomas A; M; Son; 6
213 Ruth Elizabeth; F; Daughter; 5
214 Minnie Frances; F; Daughter; 3

215 **RAY**, Abraham; M; Father; 33
216 Eula Matilda; F; Daughter; 2

217 **REDEAGLE**, George; M; Husband; 41
218 Minnie O; F; Wife; 36
219 Sophia Josaphine; F; Daughter; 19
220 Leroy; M; Son; 15
221 Doane S; M; Son; 12

222 **SILK**, Frances; F; 64

*Census of the* **Quapaw** *Indians of* **Quapaw** *Agency,* **Wyandotte, Indian Territory** *taken by* **Horace B. Durant, Superintendent & S. D. A.** *United States Indian Agent,* **June 30th** *1907.*

**KEY:** Number; *Indian Name* if given; English Name; Sex; Relation if given; Age.

223 **SACTO**, Grace R. C; F; Mother; 33
224 **Coldspring**, Walter; M; Son; 7
225 Mary E. Gladys; F; Daughter; 3

226 **SHAFER**, Irene Dardenne; F; Mother; 30
227 Minnie; F; Daughter; 13
228 Ernest Glenn; M; Son; 11
229 Bertha; F; Daughter; 10
230 Harry; M; Son; 9

231 **SHAPP**, Julia Stafford; F; Mother; 36
232 Frances; F; Daughter; 2

233 **SHAFFER**, Elsie Dardenne; F; 19

234 **SPA-DA**, *Me-het-ta*; F; 48

235 **STATON**, Sarah C. Cardin; F; Mother; 21
236 Treverse; M; Son; 3
237 Lloyd; M; Son; 2

238 **SULLIVAN**, Malina Hunt; F; Mother; 28
239 Edna May; F; Daughter; 11
240 Ray Leroy; M; Son; 8
241 Roy; M; Son; 4
242 Grace Pearl; F; Daughter; 1

243 **THOMPSON**, *Ha-dus-kah-tun-kah*; Robert M; 27

244 **TOUSEY**, Elizabeth; F; 69

245 **TRACK**, *Sig-dah*; M; Husband; 54
246 *Mes-ka-tun-kah*; F; Wife; 36
247 *Wa-sha-me-ta-neh*; Martha; F; Daughter; 18
248 *Ha-deh-te-eh*; Agnes; F; Daughter; 9

249 **VALLIER**, James; M; 27

250 **VALLIER**, Amos; M; Father; 37
251 Amelia Ivy; F; Daughter; 1

252 **VALLIER**, Frank; M; Father; 54
253 Benjamin F; M; Son; 18
254 Martha F; F; Daughter; 12

*Census of the* **Quapaw** *Indians of* **Quapaw** *Agency,* **Wyandotte, Indian Territory** *taken by* **Horace B. Durant, Superintendent & S. D. A.** *United States Indian Agent,* **June 30th** *1907.*

**KEY:** Number; *Indian Name* if given; English Name; Sex; Relation if given; Age.

255 **VALLIER**, Clarissa; F; Sister; 9
256 Flora E; F; Sister; 7
257 James Amos; M; Brother; 5
258 Georgia Alice; F; Sister; 3

259 **WADE**, Florence A; F; 50

260 **WAIDE**, Anna Dardenne; F; Mother; 29
261 Nellie; F; Daughter; 8
262 Parke; M; Son; 6
263 Bessie; F; Daughter; 5
264 Bertie; F; Daughter; 3
265 Clarke; M; Son; 2

266 **WARNER**, Minnie N; F; Mother; 23
267 Frances May; F; Daughter; 3
268 Bertha Marie; F; Daughter; 2

269 **WEBER**, Dillie Dardenne; F; Mother; 30
270 Eva Lena; F; Daughter; 12
271 Grace J; F; Daughter; 10
272 John C; M; Son; 8
273 Everett G; M; Son; 6
274 William; M; Son; 4
275 Lillian May; F; Daughter; 2

276 **WEISS**, Lizzie Imbeau; F; 22

277 **WILSON**, Laura Jennie; F; Mother; 26

278 **WHITEBIRD**, Lena; F; Mother; 31
279 Mary; F; Daughter; 16
280 Bernard; M; Son; 10

281 **WHITEBIRD**, Harry; M; Husband; 30
282 Flora; F; Wife; 42
283 **Greenback**, Walter; M; Son; 15
284 Alphonso; M; Son; 11
285 Melissa; F; Daughter; 7

286 **ZAVIER**, James; M; Husband; 48
287 *Ma-shing-tin-nah*; F; Wife; 34
288 Doc Stryker; M; Son; 6
289 _____; M; Son; 3

*Census of the* **Quapaw** *Indians of* **Quapaw** *Agency,* **Wyandotte, Indian Territory** *taken by* **Horace B. Durant, Superintendent & S. D. A.** *United States Indian Agent,* **June 30th** *1907.*

KEY: Number; *Indian Name* if given; English Name; Sex; Relation if given; Age.

290  BREWER, Lucy Elizabeth; F; Daughter; 6    (Overlooked; should be in Minnie Dardenne family Nos. 22 & 26.)

Total Census of 1906, . . . . . . . . . . 292 persons.

Deaths:

No. 22  Ida Daylight, died April 4, 1906.
No. 23  William Robertson Blansitt died July 14, 1907.
No. 24  Charles Bluejacket died May 3, 1907.
No. 26  Josaphine Brewer died Jan. 21, 1900.
No. 279 Irvin Wilson, stricken off because is on
        Cherokee rolls,                             5
                    Leaving, . . . . . . . 287

Births:
Nos: 26:  55:   161:   a total of, . . . . . . . . . .  3
                       Total Census 1907, . . . . . . . . .290

# Seneca Census
# 1907

*Census of the* **Seneca** *Indians of* **Quapaw** *Agency,* **Wyandotte, Indian Territory** *taken by* **Horace B. Durant, Supintendent & S. D. A.** *United States Indian Agent,* **June 30th** *1907.*

**KEY:** Number; *Indian Name* if given; English Name; Sex; Relation if given; Age.

1 **ARMSTRONG**, Jack; M; Husband; 58
2 Elizabeth; F; Wife; 58
3 Susan; F; Daughter; 24
4 Barnabas; M; Son; 20
5 **Cherloe**, Ethel Myrtle; F; Gr Daughter; 18

6 **ARMSTRONG**, Thomas; M; 23

7 **ARMSTRONG**, James; M; Father; 75
8 Charles; M; Son; 17

9 **AZUL**, Esther; F; 3

10 **BALL**, Lucinda; F; Mother; 57
11 Andrew; M; Son; 21
12 Lydia; F; Daughter; 18

13 **BEARSKIN**, Susan; F; Mother; 51
14 Ernest; M; Son; 19
15 Lena; F; Daughter; 14
16 John W; M; Son; 11
17 Maggie; F; Daughter; 10
18 Leslie; M; Son; 7

19 **BEARSKIN**, Wallace; M; Husband; 25
20 Elizabeth; F; Wife; 24

21 **BEARSKIN**, Bessie; F; Mother; 30
22 **Long**, Estelline; F; Daughter; 1    (Born July 31, 1905)

23 **BEARSKIN**, Rose Garrett; F; Mother; 41
24 Gladys; F; Daughter; 10
25 Mildred; F; Daughter; 7
26 Leonard; M Son; 6
27 Allesander[sic]; F; Daughter; 1

28 **BEE**, Kate; F; 62

29 **BILL**, Rachel K.B.D; F; Mother; 28
30 **Dick**, Maud; F; Step-dau; 18
31 **Dick**, Flora; F; Daughter; 5

32 **BOMBARY**, Joseph; M; Husband; 73
33 Eliza; F; Wife; 56

*Census of the* **Seneca** *Indians of* **Quapaw** *Agency,* **Wyandotte, Indian Territory** *taken by* **Horace B. Durant, Supintendent & S. D. A.** *United States Indian Agent,* **June 30th** *1907.*

**KEY:** Number; *Indian Name* if given; English Name; Sex; Relation if given; Age.

34    **BOMBARY**[cont], Christy; M; Son; 22
35    Levi; M; Son; 20

36    **BROKAW**, Nannie Smith; F; Mother; 22
37    Infant; M; Son; 2

38    **BROWN**, Susan K; F; Mother; 30
39    Rosanna Irene; F; Daughter; 6
40    Albert E; M; Son; 4
41    Alvin C; M; Son; 2

42    **BROWN**, Julia S. K; F; Mother; 32
43    **Spicer**, Ida; F; Daughter; 13
44    Howard; M; Son; 6
45    Callie; M; Son; 4
46    Hobart; M; Son; 2

47    **CAPTAIN**, Bertha; F; Orphan; 15

48    **FREMONT**, Malinda Cayuga; F; Sister; 22

49    **WOLFENBERGER**, Lena Cayuga; F; Mother; 21
50    Infant; F; Daughter; 1

51    **CHERLOE**, Henry; M; Husband; 40
52    Minnie; F; Wife; 34
53    Nellie; F; Daughter; 11
54    Fayette; M; Son; 9
55    David; M; Son; 7
56    Oliver; M; Son; 5
57    Ernest; M; Son; 3
58    Infant; F; Son; 1

59    **CHOTEAU**, George E; M; Husband; 32
60    Clara W; F; Wife; 26
61    Sidney; M; Son; 7
62    Lillian; F; Daughter; 6

63    **CHOTEAU**, Elizabeth L; F; 35

64    **COON**, Susan; F; 51

65    **CONNER**, Simpson; M; 20

Census of the **Seneca** *Indians of* Quapaw *Agency,* **Wyandotte, Indian Territory**
*taken by* **Horace B. Durant, Supintendent & S. D. A.** *United States Indian Agent,*
**June 30th** *1907.*

**KEY:** Number; *Indian Name* if given; English Name; Sex; Relation if given; Age.

66    **CRAWFORD**, George; M; Brother; 35
67    Joseph; M; Brother; 32

68    **CROW**, John; M; Husband; 48
69    Francis King F; Wife; 36

70    **MUDD**, Susan Crow; F; Sister; 29
71    Crow, Jerry; M; Brother; 27

72    **CROW**, Margaret A. Y; F; Mother; 32
73    Louis; M; Son; 5
74    Infant; F; Daughter; 1

75    **CROW**, Moses; M; Brother; 28
76    Samuel; M; Brother; 23
77    Lucinda; F; Sister; 20

78    **DAVIS**, Daylight; M; 60

79    **DAVIS**, Lewis N; M; Father; 27
80    _____; M; Son; 3

81    **DAVIS**, Taylor; M; Father; 49
82    Elizabeth N; F; Daughter; 26
83    Ida; F; Daughter; 16
84    Bert; M; Son; 8
85    Annie; F; Daughter; 7

86    **DAVIS**, John; M; 23

87    **DARITY**, Susannah Y; F; Mother; 26
88    Lavinia; F; Daughter; 5
89    Noah; M; Son; 3

90    **ENEAU**, Louis; M; Father 48
91    Thomas; M; Son; 26
92    Howard; M; Son; 21
93    Edith; F; Daughter; 14

94    **EVANS**, Melinda; F; Step-mother; 42
95    Eliza; F; Step-dau; 23
96    Blanche; F; Step-dau; 21
97    Alfred; M; Step-son; 19
98    Curtle; F; Step-dau; 13

*Census of the* **Seneca** *Indians of* **Quapaw** *Agency,* **Wyandotte, Indian Territory** *taken by* **Horace B. Durant, Supintendent & S. D. A.** *United States Indian Agent,* **June 30th** *1907.*

**KEY:** Number; *Indian Name* if given; English Name; Sex; Relation if given; Age.

99 **FINLEY**, Rose Denny; F; Mother; 34
100 **Gentry**, Clinton; M; Son; 16
101 **Gentry**, Earl; M; Son; 14
102 Beatrice; F; Daughter; 9
103 Claude; M; Son; 6

104 **FISHER**, Sarah A; F; Mother; 30
105 Lena; F; Daughter; 11
106 Eva Marie; F; Daughter; 10
107 Alferd; M; Son; 8
108 Minerva; F; Daughter; 7
109 Winona E; F; Daughter; 4
110 Peter J; M; Son; 2

111 **GEBOE**, Lucy B; F; 34

112 **GIAMEE**, Sallie Mush; F; Mother; 30
113 Ida M; F; Daughter; 5

114 **GRIFFIN**, Melisa Lewis; F; 25

115 **HARDY**, James; M; Brother; 11
116 Valentine; M; Brother; 9
117 Percy; M; Brother; 7
118 Irene; F; Sister; 5

119 **HARPER**, Bertha S; F; Mother; 23
120 Granville M; M; Son; 4
121 Dennis Huston; M; Son; 2

122 **HENRY**, Richard; M; 21

123 **HENSLEY**, Harriet Winney; F; Mother; 31
124 Charles Newland; M; Son; 3
125 Lola Elizabeth; F; Daughter     (Born Oct. 1, 1906)

126 **HINMAN**, Fannie Scott W; F; Mother; 31
127 Greeley; M; Son; 3
128 Etheleen; F; Daughter; 1
129 Fannie Winney; F; Daughter     (Born March 8, 1907)

130 **HUBBARD**, Charles B; M; Father; 34
131 Chester A; M; Son; 8
132 Esther Ethel; F; Daughter; 7

Census of the **Seneca** *Indians of* **Quapaw** *Agency,* **Wyandotte, Indian Territory** taken by **Horace B. Durant, Supintendent & S. D. A.** *United States Indian Agent,* **June 30th** *1907*.

KEY: Number; *Indian Name* if given; English Name; Sex; Relation if given; Age.

133 **HUBBARD**[cont], Florence Isabel; F; Daughter; 6
134   Mabel I; F; Daughter; 2
135   Mary Louisa; F; Daughter; 3
136   Clifford C; M; Son        (Born Oct. 26, 1906)

137 **JACK**, Isaac; M; 39

138 **JACKSON**, Andrew; M; 33

139 **JAMISON**, Lucy; F; Mother; 54
140   Stewart; M; Son; 26

141 **JAMISON**, Ellen; F; Mother; 37
142   Sadie; F; Daughter; 17
143   Amos Bert; M; Son; 14
144   Eva L; F; Daughter; 10
145   Alex Smoke; M; Son; 8

146 **JAMISON**, George; M; 43

147 **JOHNSON**, Annie Crow; F; Mother; 33
148   Arthus, Jr; M; Son; 11
149   Edna Dorcas; F; Daughter; 6
150   Ruth Adelia; F; Daughter; 5
151   John Logan; M; Son; 3

152 **JOHNSON**, Maggie; F; Mother; 50
153   Annie; F; Daughter; 18
154   Jackson; M; Son; 13
155   Mary Ida; F; Daughter; 8

156 **JOHNSON**, Mary B; F; Mother; 33
157   Lillian; F; Daughter; 7
158   Eugene; M; Son; 6
159   Laurence; M; Son; 4
160   Roosevelt; M; Son; 1        (Born Aug. 8, 1905)

161 **KARIHO**, John, Sr; M; Father; 57
162 **Buck**, Peter; M; Step-son; 21
163 **Crow**, Janie; F; Step-dau; 11
164 **Crow**, Angeline; F; Step-dau; 9
165   Mary; F; Daughter; 6

*Census of the* **Seneca** *Indians of* **Quapaw** *Agency,* **Wyandotte, Indian Territory** *taken by* **Horace B. Durant, Supintendent & S. D. A.** *United States Indian Agent,* **June 30th** *1907.*

KEY: Number; *Indian Name* if given; English Name; Sex; Relation if given; Age.

166 **KARIHO**, John H, Jr; M; Husband 40
167 Rose Mary; F; Wife; 32
168 Josaphine; F; Daughter; 15
169 Elizabeth; F; Daughter; 13
170 Sarah C; F; Daughter; 10
171 Ruth; F; Daughter; 7
172 _____; F; Daughter; 2

173 **KARIHO**, Service; M; Husband; 34
174 Fannie W; F; Wife; 28

175 **KARIHO**, Naomi; F; 32

176 **KELLEY**, Mary Whitewing; F; 41

177 **KENNEDY**, Ollie Choteau; F; Mother; 28
178 Ethel; F; Daughter; 1

179 **KINGFISHER**, Lucinda S. W; F; Mother; 48
180 **West**, Sallie Smith; F; Daughter; 21

181 **LAYNE**, Betsy Bombary; F; Mother; 30
182 Edna Reed; F; Daughter; 8

183 **LEWIS**, Sarah; F; Mother; 50
184 Thomas; M; Son; 17
185 Clara; F; Daughter; 13
186 Jacob; M; Son; 29

187 **LOGAN**, James; M; Husband; 59
188 Mary T. Y; F; Wife; 41
189 **Crow**, Solomon; M; Step-son; 22
190 **Young**, Summers; M; Step-son; 17
191 **Young**, Solorena; F; Step-dau; 13
192 **Young**, Downing; M; Step-son; 11
193 **Young**, Mamie; F; Step-dau; 7
194 Eddy; M; Son; 2

195 **LOGAN**, Mary S; F; 54

197[sic] **LYMAN**, Julia Bombary; M; Mother; 24
198 Infant; M; Son; 3

*Census of the* **Seneca** *Indians of* **Quapaw** *Agency,* **Wyandotte, Indian Territory** *taken by* **Horace B. Durant, Supintendent & S. D. A.** *United States Indian Agent,* **June 30th** *1907.*

**KEY:** Number; *Indian Name* if given; English Name; Sex; Relation if given; Age.

199  **MASON**, Clem H; M; Husband; 64
200  Harriet; F; Wife; 63
201  Winona; F; Gr-dau; 8

202  **MINGO**, Edward T; M; Husband; 40
203  Ida; F; Wife; 33
204  Sophronia L; F; Daughter; 8
205  Onnie May; F; Daughter; 6
206  James N; M; Son; 2
207  Ira D; M; Son; 1

208  **MUSH**, William; M; 40

209  **NELSON**, Mary J. W; F; Mother; 32
210  Vincent; M; Son; 7
211  Louis D; M; Son; 3

212  **NICHOLS**, Alex; M; Father; 47
213  Matilda; F; Daughter; 28
214  Alice; F; Daughter; 24
215  Malinda; F; Daughter; 21
216  Silver; F; Daughter; 17
217  Josie Belle; F; Daughter 15
218  Alexander; M; Son; 13
219  Julia; F; Daughter; 11

220  **NICHOLS**, Smith; M; Husband; 78
221  Lucy; F; Wife; 55

222  **NICHOLS**, William; M; 44

223  **NICHOLS**, Julia Splitlog; F; Mother; 25
224  Jasper; M; Son; 1

225  **PEACOCK**, Isaac; M; Father; 53
226  James; M; Son; 22
227  Isaac, Jr; M; Son; 1    (Born Jan. 1, 1906)

228  **PEACOCK**, Thomas; M; Husband; 23
229  Lizzie C. W; F; Wife; 28
230  **Whitetree**, Harry; M; Step-son; 9
231  **Whitetree**, Ogle; M; Step-son; 7
232  **Whitetree**, Gertrude W; F; Step-dau; 5

*Census of the* **Seneca** *Indians of* **Quapaw** *Agency,* **Wyandotte, Indian Territory** *taken by* **Horace B. Durant, Supintendent & S. D. A.** *United States Indian Agent,* **June 30th** *1907.*

**KEY:** Number; *Indian Name* if given; English Name; Sex; Relation if given; Age.

233 **PEACOCK**, Fannie S. Y; F; Mother; 24
234 Young, Lizzie; F; Daughter; 5
235 Isaac, Jr; M; Son; 2

236 **RHINEHART**, Hannah Jack; F; Mother; 34
237 Flenoid Ivy; M; Son; 7
238 Victor Royal; M; Son; 6
239 Maurien[sic]; F; Daughter; 6

240 **ROLLER**, Elnora D; F; 24

241 **SCHIFFBAUER**, Robert; M; Father; 39
242 Cyril; M; Son; 13
243 Roy Russell; M; Son; 11
244 Alice; F; Daughter; 5
245 Frank; M; Son; 7
246 Infant; F; Daughter    (Born June 24, 1907)

247 **SCHIFFBAUER**, Fred; M; Brother; 34
248 Minnie; F; Sister; 35

249 **SCHRIMPSHER**, Eliza; F; 60

250 **SCHRIMPSHER**, John; M; Father; 44
251 James; M; Son; 22
252 Mathias; M; Son; 18
253 Lucy; F; Daughter; 13
254 Ida; F; Daughter; 12
255 Rena; F; Daughter; 10
256 Abbie G; F; Daughter; 6
257 Abraham; M; Son; 4
258 _____; F; Daughter; 1

259 **HURLEY**, Mary J. S; F; Mother; 31
260 George L; M; Son; 8
261 Waunita; F; Daughter    (Born Jan. 2, 1907)

262 **SMITH**, Lucy Spicer; F; Mother; 29
263 Rufus; M; Son; 7
264 Christian; F; Daughter; 5
265 Doran; M; Son; 3
266 Amy; F; Daughter; 1

*Census of the* **Seneca** *Indians of* **Quapaw** *Agency,* **Wyandotte, Indian Territory** *taken by* **Horace B. Durant, Supintendent & S. D. A.** *United States Indian Agent,* **June 30th** *1907.*

**KEY:** Number; *Indian Name* if given; English Name; Sex; Relation if given; Age.

267 **SMITH**, Mary; F; Mother; 29
268 Artie Y; F; Daughter; 10
269 Malinda; F; Daughter; 7
270 Rosa May; F; Daughter; 5
271 Eugene; M; Son; 3

272 **SMITH**, Silas; M; Husband; 46
273 Amanda; F; Wife; 32
274 William; M; Son; 13
275 Mary; F; Daughter; 8
276 Elizabeth; F; Daughter; 4
277 Guffey; F; Daughter; 1

278 **SMITH**, John; M; Husband; 55
279 Maria; F; Wife; 55
280 Albert; M; Son; 21
281 Harvey; M; Son; 18

282 **SMITH**, Jacob; M; Father; 27
283 Lucile; F; Daughter; 3
284 Walter Martin; M; Son; 4

285 **SMITH**, Samuel; M; Husband; 28
286 Inez Splitlog; F; Wife; 27
287 Richard Splitlog; M; Son; 1

288 **SPICER**, Daniel, Sr; M; Father; 66
289 Charles; M; Son; 22

290 **SPICER**, Daniel, Jr; M; 30

291 **SPICER**, Sallie; F; Mother; 55
292 Louis Whitewing; M; Son; 28
293 Caroline; F; Daughter; 21   (Mute)

294 **SPICER**, Alexander Z; M; Father; 39
295 Ora Bernard; M; Son; 10
296 Reo A; M; Son; 8
297 Ilus; M; Son; 6
298 Christopher K; M; Son; 3
299 Arla M; F; Daughter   (Born July 17, 1906)

*Census of the* **Seneca** *Indians of* **Quapaw** *Agency,* **Wyandotte, Indian Territory** *taken by* **Horace B. Durant, Supintendent & S. D. A.** *United States Indian Agent,* **June 30th** *1907*.

**KEY:** Number; *Indian Name* if given; English Name; Sex; Relation if given; Age.

300 **SPICER**, Jack; M; Father; 40
301 Sherman; M; Son; 13
302 Edward; M; Son; 2

303 **SPICER**, Ida; F; Mother; 58
304 Jacob; M; Son; 28

305 **SPICER**, James; M; Father; 40
306 Ethel L; F; Daughter; 15
307 Lemuel Jasper; M; Son; 13
308 Evaline; F; Daughter; 9
309 Georgia; F; Daughter; 7
310 Lorena; F; Daughter; 4
311 Mary; F; Daughter; 2

312 **SPICER**, Mitchell; M; Father; 41
313 Esther; F; Daughter; 15
314 Hattie; F; Daughter; 13
315 Clem H; M; Son; 10
316 Joseph; M; Son; 7
317 Inez; F; Daughter; 4

318 **SPICER**, Betsey; F; 71

319 **SPICER**, John, Sr; M; Husband; 66
320 Jessie Davis; F; Wife; 41
321 **Davis**, Minnie Spicer; F; Step-dau; 21
322 **Davis**, Blanche Crawford; F; Step-dau; 18
323 Charles; M; Son; 8
324 Noah; M; Son; 7
325 Francis Marion; M; Son; 6
326 Dorthy[sic] Mary; F; Daughter; 4
327 Infant; M; Son; 1

328 **SPLITLOG**, Jacob; M; Brother; 28
329 Alexander; M; Brother; 34

330 **SPLITLOG**, Henry B; M; Father; 50
331 Grover C; M; Son; 21
332 Elda N; F; Daughter; 18
333 Ethel K; F; Daughter; 16
334 Carrie D; F; Daughter; 12

335 **SPLITLOG**, Gordon B; M; 21

*Census of the* **Seneca** *Indians of* **Quapaw** *Agency,* **Wyandotte, Indian Territory** *taken by* **Horace B. Durant, Supintendent & S. D. A.** *United States Indian Agent,* **June 30th** *1907.*

**KEY:** Number; *Indian Name* if given; English Name; Sex; Relation if given; Age.

336 **EVANS**, Malinda W. Splitlog; F; 64

337 **SANDSTONE**, Fannie; F; 50

338 **TURKEY**, Abe; M; Husband; 40
339 Mary Logan; F; Wife; 53
340 John; M; Step-son; 21
341 Louis; M; Step-son; 23
342 Rosie; F; Step-dau; 17

343 **TURKEY**, David; M; Father; 36
344 Wanita; F; Daughter; 4 (Born Mar. 6, 1903)

345 **TYNER**, Delia Evans; F; Mother; 22
346 Linda; F; Daughter; 5 (Born June 28, 1902)
347 Agnes Louisa; F; Daughter; 1 (Born Mar. 23, 1906)

348 **VANDAL**, Mary Jane W. C; F; Mother; 34
349 Susan L; F; Daughter; 9
350 Gertrude; F; Daughter; 7
351 Forrest M; M; Son; 3 (Born April 15, 1904)
352 Inez A; F; Daughter; 1 (Born July 13, 1905)

353 **WHITECROW**, Alfred; M; Husband; 40
354 Mary; F; Wife; 36
355 Mayo; M; Son; 14
356 Walter; M; Son; 12
357 Gertrude; F; Daughter; 9
358 Madonna; F; Daughter; 7
359 Elsie; F; Daughter; 3
360 Jacob; M; Son; 2 (Born April 25, 1905)

361 **WHITETREE**, Alva; M; Brother; 13
362 Ray; M; Brother; 9
363 Jesse; M; Brother; 7

364 **WHITETREE**, Braketnail; M; Husband; 57
365 Susan; F; Wife; 49
366 William; M; Son; 23
367 Ernest; M; Son; 15
368 Rena; F; Daughter; 11
369 Arizona; F; Daughter; 7

*Census of the* **Seneca** *Indians of* **Quapaw** *Agency,* **Wyandotte, Indian Territory** *taken by* **Horace B. Durant, Supintendent & S. D. A.** *United States Indian Agent,* **June 30th** *1907.*

**KEY:** Number; *Indian Name* if given; English Name; Sex; Relation if given; Age.

370 **WHITETREE**, Eva; F; Mother; 39
371 Susie; F; Daughter; 23
372 Scott; M; Son; 19
373 Frank; M; Son; 15
374 Infant; M; Son; 3

375 **WINNEY**, Malinda; F; Mother; 54
376 Thomas; M; Son; 33

377 **WINNEY**, Isaac; M; Husband; 57
378 Margaret; F; Wife; 57

379 **WINNEY**, Reed B; M; Husband; 36
380 Julia Crawford; F; Wife; 39
381 Clarence; M; Son; 9
382 Mary Esther; F; Daughter; 7
383 Mildred L; F; Daughter; 3
384 James Reed; M; Son     (Born Mar. 16, 1907)

385 **WORCESTER**, Mattie Logan; F; Mother; 37
386 Mamie; F; Daughter; 8

387 **YOUNG**, Mary Choteau; F; 56

388 **YOUNG**, Mary; F; Wife; 46  Adam
389 Thompson; M; Son; 27
390 Louisa; F; Daughter; 14

                Total census of 1906,                383  persons.

        Deaths:

Nos. 9 : 14 : 51 : 68 : 137 : 183 : 213 : 260 :
     327: 360 :                                     10
                                                      373

        Births:

Nos. 22 : 125 : 129 : 135 : 136 : 160 : 227 : 246 :
        261 : 299 : 344 : 346 : 347 : 351 : 352 :
        360 : 384 :                               17

                Total census for 1907,             390  persons.

# Wyandotte Census
# 1907

*Census of the* **Wyandotte** *Indians of* **Quapaw** *Agency,* **Wyandotte, Indian Territory** *taken by* **Horace B. Durant, Superintendent & S. D. A.** *United States Indian Agent,* **June 30th** *1907.*

**KEY:** Number; *Indian Name* if given; English Name; Sex; Relation if given; Age.

1    **ALLEN**, Ida J; F; Mother; 42
2    Florence Esther; F; Daughter; 9

3    **ANGELL**, Eulalia Smith; F; Mother; 21
4    Fannie A; F; Daughter; 2

5    **BARNETT**, Thomas; M; Husband; 38
6    Emma; F; Wife; 43
7    **Bland**, Sadie; F; Daughter; 21
8    Milton; M; Son; 13
9    Thomas, Jr; M; Son; 11
10    Ruth; F; Daughter; 8

11    **VILLANIEVE**, Florence W; F; 32

12    **BARNETT**, John; M; 73

13    **BEARSKIN**, Sarah; F; Mother; 67
14    Wesley; M; Son; 30

15    **BEARSKIN**, John; M; Husband; 42
16    David; M; Son; 9
17    Joseph; M; Son; 6
18    Susan; F; Daughter; 3
19    Paul; M; Son; Born 9-24-1906

20    **BENNETT**, Jefferson; M; Father; 44
21    Ida; F; Daughter; 15
22    Aileen; F; Daughter; 14
23    Lotta; F; Daughter; 12
24    Mary Jane; F; Daughter; 10
25    Frank; M; Son; 8
26    Ella; F; Daughter; 3
27    Eva; F; Daughter; 1

28    **BLAND**, John; M; Father; 40
29    Norah; F; Daughter; 10
30    Eliza; F; Daughter; 8
31    Maggie; F; Daughter; 3

32    **BLACKABY**, Hannah; F; Mother; 51
33    Sherman; M; Son; 29

34    _____, Maude Blackaby; F; 21

*Census of the* **Wyandotte** *Indians of* **Quapaw** *Agency,* **Wyandotte, Indian Territory** *taken by* **Horace B. Durant, Superintendent & S. D. A.** *United States Indian Agent,* **June 30th** *1907.*

KEY: Number; *Indian Name* if given; English Name; Sex; Relation if given; Age.

35    **BOONE**, Octavius C; M; Brother; 32
36    Charlotte D; F; Sister; 21
37    Walker L; M; Brother; 19
38    Cecile M; F; Sister; 15

39    **CLARK**, Alice R. Boone; F; Mother; 27
40    Alice Louisa; F; Daughter; 1

41    **BROWN**, John D; M; Father; 59
42    Lee; M; Son; 30
43    John D, Jr; M; Son; 28
44    Anna L; F; Daughter; 26
45    Lothe[sic]; M; Son; 23

46    **BROWN**, Alpheas; M; Father; 32
47    Julius; M; Son; 4
48    Calvin; M; Son; 2         Born May 28, 1905
49    **Buzzard**, Stella; F; Sister; 20
50    **Buzzard**, Reed; M; Son; 16

51    **BONNIN**, Jerdine K; F; 28

52    **BROWN**, Eldredge; M; Husband; 59
53    Malinda; F; Wife; 57

54    **BROWN**, James; M; 30

55    **BOND**, Minnie S; F; Mother; 27
56    Childs Clyde; M; Son; 8

57    **BEGGS**, Alice S; F; Mother; 48
58    **Schiffbauer**, Amelia; F; Daughter; 21
59    **Schiffbauer**, Bert; M; Son; 24
60    **Schiffbauer**, Pearl; F; Daughter; 17
61    **Schiffbauer**, Joseph; M; Son; 15
62    Julia Leona; F; Daughter; 9

63    **CHERLOE**, Henry; M; Father; 58
64    Jerry; M; Son; 27

65    **COON**, John; M; Husband; 62
66    Maggie Peacock; F; Wife; 47
67    **Peacock**, Alex; M; Son; 10
68    **Peacock**, Philip; M; Son; 13

*Census of the* **Wyandotte** *Indians of* **Quapaw** *Agency,* **Wyandotte, Indian Territory** *taken by* **Horace B. Durant, Superintendent & S. D. A.** *United States Indian Agent,* **June 30th** *1907*.

**KEY:** Number; *Indian Name* if given; English Name; Sex; Relation if given; Age.

69 _____, Lottie Peacock; F; Mother; 24
70 **Peck**, William; M; Son; 2

71 **COTTER**, Elizabeth; F; 62

72 **COTTER**, Jefferson; M; 46

73 **COTTER**, Joel; M; Husband; 36
74 Clarence R; M; Son; 9
75 Mabel; F; Daughter; 7
76 Homer; M; Son; 4

77 **COTTER**, James; M; Father; 57
78 Naomi; F; Daughter; 19
79 Milton; M; Son; 17
80 Norah; F; Daughter; 15
81 Bessie; F; Daughter; 13
82 Mont A; M; Son; 2
83 Frankie B; F; Daughter; 7

84 **CROTZER**, Catherine; F; Mother; 47
85 Ethel; F; Daughter; 21
86 John; M; Son; 19
87 Grace; F; Daughter; 15
88 Ona May; F; Daughter; 12
89 Esther Rose; F; Daughter; 10

90 **CROTZER**, Archibald; M; 28

91 **COOKE**, Dawson; M; Father; 39
92 Eloise; F; Daughter; 7

93 **DAWSON**, R. A; M; Husband; 65
94 Nannie; F; Wife; 62
95 Philip Raymond; M; Son; 34
96 Silas; M; Son; 31
97 Naomi; F; Daughter; 26

98 **DUSHANE**, Rebecca; F; Mother; 37
99 George; M; Son; 19

100 **DAY**, Josaphine L. A; F; Mother; 46
101 **Stuart**, Clarence; M; Son; 22

*Census of the* **Wyandotte** *Indians of* **Quapaw** *Agency,* **Wyandotte, Indian Territory** *taken by* **Horace B. Durant, Superintendent & S. D. A.** *United States Indian Agent,* **June 30th** 1907.

**KEY:** Number; *Indian Name* if given; English Name; Sex; Relation if given; Age.

102 **Adkins**, Charles; M; Son; 20
103 **Adkins**, Audrey; F; Daughter; 18

104 **DICKEY**, Myrtle L; F; Mother; 30
105 Byron; M; Son; 4

106 **ELLIOTT**, Isaac; M; Father; 33
107 Bertha Belle; F; Daughter; 4
108 Charley; M; Son  Born 7/29/06

109 **ELLIOT**, Louisa; F; 63

110 **FRASSE**, Maude H; F; 22

111 **FRENCH**, Mary E. Wind; F; 27

112 **ENEAU**, Nancy Smith; F; Mother; 48
113 **Smith**, Benjamin; M; Son; 23
114 **Smith**, Roy; M; Son; 19

115 **PECORE**, Artie S; F; 28

116 _____, Jerdine Faber; F; 28

117 **STATON**, Thomas; M; nephew; 24
118 **Ballard**, Loyd; M; nephew; 8

119 **GORDON**, Carrie Hamlin; F; 31

120 **GECK**, Lucy; F; Mother; 55
121 Florence M; F; Daughter; 27
122 Robert M; M; Son; 19

123 **GECK**, Richard C; M; Father; 33
124 Ramona Jeanette; F; Daughter; 6

125 **GIAMEE**, William C; M; Brother; 29
126 Martha; F; Sister; 28
127 Mary Jane; F; Sister; 26

128 **GIAMEE**, James; M; 55

*Census of the* **Wyandotte** *Indians of* **Quapaw** *Agency,* **Wyandotte, Indian Territory** *taken by* **Horace B. Durant, Superintendent & S. D. A.** *United States Indian Agent,* **June 30th** *1907.*

**KEY:** Number; *Indian Name* if given; English Name; Sex; Relation if given; Age.

129   **HACKLEMAN**, Arizona; F; Mother; 43
130   Marjorie; F; Daughter; 10
131   Jeanette; F; Daughter; 5

132   **HARRIS**, John; M; Father; 54
133   _____, Mary Harris; F; Daughter; 22
134   Matilda; F; Daughter; 18
135   Susie; F; Daughter; 16
136   Randolph; M; Son; 14
137   George; M; Son; 12

138   **HICKS**, Henry; M; Father; 61
139   Frank; M; Son; 25
140   John; M; Son; 19

141   **HICKS**, George; M; Father; 36
142   Gladys; F; Daughter; 6

143   **HILL**, Eudora Cooke; F; 66

144   **HOAG**, Wilhelmina C; F; 37

145   **HARPER**, Oella Z; F; Mother; 25
146   Garland; M; Son; 8

147   **HOLT**, Hulda Cotter; F; Mother; 30
148   Joel; M; Son; 6

149   **HODGKISS**, Rosetta; F; Mother; 43
150   Elmo; M; Son; 17
151   Natalie; F; Daughter; 15
152   Darthula; F; Daughter; 12
153   Lawrence F; M; Son; 8

154   **JOHNSON**, Catherine; F; 53

155   **JOHNSON**, Allen, Jr; M; 35

156   **JOHNSON**, Robert E. Lee; M; Father; 39
157   Harrold; M; Son; 10
158   Gwendolen; F; Daughter; 9
159   Eunice; F; Daughter; 6
160   Rita May; F; Daughter; 4

*Census of the* **Wyandotte** *Indians of* **Quapaw** *Agency,* **Wyandotte, Indian Territory** *taken by* **Horace B. Durant, Superintendent & S. D. A.** *United States Indian Agent,* **June 30th** *1907.*

KEY: Number; *Indian Name* if given; English Name; Sex; Relation if given; Age.

161   **JOHNSON**[cont], Eloise; F; Daughter; 2
162   Mildred N; F; Daughter    (Born Oct. 25, 1906.)

163   **JOHNSON**, George M; M; Father; 37
164   Roland; M; Son; 1

165   **JOHNSON**, Wilbur M; M; Husband; 27
166   Dolly S F; Wife; 26
167   Wilbus[sic]; Charley; M; Son; 3

168   **JOHNSON**, Preston; M; Brother; 22
169   Donald; M; Brother; 13
170   Cordelia; F; Sister; 11

171   **CHEEK**, Bertha Johnson; F; 24

172   **JOHNSON**, Arthus[sic]; M; 33

173   **JONES**, Miriam Brown; F; Mother; 19
174   Lucile; F; Daughter; 1

175   **JONES**, Arizona M; F; Mother; 24
176   William Elias; M; Son; 6

177   **KENNEDY**, Cora Faber; F; Mother; 37
178   **Faber**, Leonard; M; Son; 14
179   **Faber**, Harriet; F; Daughter; 11
180   **Faber**, Viola May; F; Daughter; 5

181   **ADAMS**, Mary Jane K; F; Mother; 41
182   **Bland**, Charles; M; Son; 20
183   Donna; M[sic]; 3    (Born April 16, 1904.)

184   **KENNEDY**, Rebecca; F; Mother; 60
185   Lee C; M; Son; 27
186   Allan; M; Son; 22

187   **KENNEDY**, James; M; 31

188   **KIRKBRIDE**, Eugene; M; Brother; 44
189   Frank; M; Brother; 40

190   **KYGAR**, Pearl; F; Sister; 15
191   Stella; F; Sister; 13

*Census of the* **Wyandotte** *Indians of* **Quapaw** *Agency,* **Wyandotte, Indian Territory** *taken by* **Horace B. Durant, Superintendent & S. D. A.** *United States Indian Agent,* **June 30th** *1907.*

**KEY:** Number; *Indian Name* if given; English Name; Sex; Relation if given; Age.

192   **Weaver**, Bessie K; v; Sister; 6

193   **LUTE**, Frank; M; Brother; 18
194   **McClellan**, Lucretia; F; Sister; 14
195   **Leda**, _____; F; Sister; 6

196   **LOFLAND**, Caroline; F; Mother; 62
197   Charles; M; Son; 28

198   **LONG**, William P; M; Father; 39
199   Lucile; F; Daughter; 4
200   Georgia; F; Daughter; 2

201   **LONG**, Fred; M; Father; 43
202   Vera; F; Daughter; 16
203   Byron; M; Son; 11

204   **LONG**, Fannie M; F; Mother; 58
205   Kate; F; Daughter; 36
206   Irvin P; M; Son; 27
207   James, Jr; M; Son; 23

208   **LONG**, Frank; M; 34

209   **LONG**, Samuel; M; Father; 33
210   Roy; M; Son; 7      (Born March 29, 1900.)
211   Ada; F; Daughter; 4  (Born March 28, 1903.)
212   Nancy; F; Daughter; 2  (Born May 25,1905.)

213   **LONG**, Thomas; M; Brother; 29
214   George; M; Brother; 27
215   Julia; F; Sister; 23
216   Grover C; M; Brother; 22
217   Albert; M; Brother; 20
218   Nancy; F; Sister; 17
219   Walter; M; Brother; 13

220   **KING**, May long; F; Mother; 25
221   Nicholas Long; M; Son; 6
222   Estelle; F; Daughter; 4
223   Edward; M; Son; 2

224   **MARSH**, Dolly Kygar; F; 20

*Census of the* **Wyandotte** *Indians of* **Quapaw** *Agency,* **Wyandotte, Indian Territory** *taken by* **Horace B. Durant, Superintendent & S. D. A.** *United States Indian Agent,* **June 30th** *1907.*

**KEY:** Number; *Indian Name* if given; English Name; Sex; Relation if given; Age.

225 **MAUPIN**, Cordelia H; F; Mother; 37
226 Alberta Anna; F; Daughter; 5
227 Blanche Mildred; F; Daughter; 4
228 Cordelia; F; Daughter; 1

229 **LADUE**, Cassandra H; F; Mother; 31
230 **Hicks**, William; M; Son; 10

231 **McKEE**, Mary; F; 66

232 **MISENHEIMER**, Susan; F; Mother; 45
233 Ella; F; Daughter; 20
234 James; M; Son; 15
235 John; M; Son; 10
236 Roy; M; Son; 2

237 **MUDEATER**, Florence; F; 23

238 **MUDEATER**, Benjamin; M; Father; 57
239 Doane; M; Son; 12
240 Fred Roschi; M; Son; 4

241 **MUDEATER**, Alfred J; M; Husband; 53
242 Julia; F; Wife; 43

243 **MUDEATER**, Irvin; M; Father; 57
244 Julia; F; Daughter; 15
245 Cora; F; Daughter; 17

246 **MUNCH**, Oella; F; 58

247 **MURDOCK**, Blanche Walker; F; Mother; 48
248 Rhoda; F; Daughter; 14

249 **MUSH**, Mary; F; 78

250 **ZANE**, Noah; M; Brother; 28
251 Henry; M; Brother; 19
252 Pearl; F; Sister; 16

253 **PRESTON**, Dortha Sarah; F; Sister; 5
254 Walter Johnson; M; Brother    (Born February 20, 1907.)

255 **PUNCH**, Alexander; M; 60

*Census of the* **Wyandotte** *Indians of* **Quapaw** *Agency,* **Wyandotte, Indian Territory** *taken by* **Horace B. Durant, Superintendent & S. D. A.** *United States Indian Agent,* **June 30th** *1907.*

**KEY:** Number; *Indian Name* if given; English Name; Sex; Relation if given; Age.

256 **ROBITAILLE**, James; M; Father; 45
257 Grace; F; Daughter; 16
258 Homer; M; Son; 14
259 Wolferd; M; Son; 12
260 Arthur; M; Son; 10
261 _____; M; Son; 1

262 **ROBITAILLE**, Frank; M; Brother; 38
263 Lena; F; Sister; 29

264 **ROBITAILLE**, Charles Z; M; 27

265 **ROBITAILLE**, Ernest; M; 34

266 **ROUBIDOUX**, Josaphine; F; 30

267 **RYAN**, Caroline F; F; Mother; 29
268 Bernice F; F; Daughter; 2    (Born June 5, 1905.)

269 **SARAHAS**, Jane, Sr; F; 78

270 **SARAHAS**, Jane, Jr; F; 64

271 **SARAHAS**, Wesley; M; 58

272 **SARAHAS**, Richard; M; 50

273 **SCHIFFBAUER**, Azilda; F; 33

274 **SCHRIMPSCHER,**, Harriet; F; 37

275 **SEYMOUR**, Mary Brown; F; Mother; 28
276 Mary Aretha; F; Daughter; 6
277 Inez Pearl; F; Daughter; 4
278 Runsey[sic] E; M; Son; 2
279 Howard E; M; Son    (Born July 30, 1906.)

280 **SPICER**, Katie Peacock; F; 22

281 **SPICER**, Rena Cotter; F; 30

282 **SOLOMON**, Isaac Macomb; M; Father; 46
283 _____; M; Son; 7
284 _____; M; Son; 5

*Census of the* **Wyandotte** *Indians of* **Quapaw** *Agency,* **Wyandotte, Indian Territory** *taken by* **Horace B. Durant, Superintendent & S. D. A.** *United States Indian Agent,* **June 30th** *1907.*

**KEY:** Number; *Indian Name* if given; English Name; Sex; Relation if given; Age.

285 **SPLITLOG**, James; M; 62

286 **SPYBUCK**, Henry; M; Father; 50
287 Roy; M; Son; 16
288 Ruth; F; Daughter; 11
289 Albert; M; Son; 4
290 Agnes; F; Daughter; 1

291 **STAND**, Henry M; 46

292 **STANNARD**, Nancy; F; Mother; 48
293 Walter N; M; Son; 12
294 Jeanette; F; Daughter; 10

295 **TYNDAL**, Hetty; F; Mother; 30
296 Henry; M; Son; 4
297 Norman; M; Son; 5
298 David; M; Son; 1    (Born Jan. 24, 1906.)

299 **TOBEY**, Josaphine Geck; F; 31

300 **TOURTILLOTTE**, Annie L; F; Mother; 25
301 Josaphine; F; Daughter; 3

302 **TOBIEN**, Lula M. Walker; F; Mother; 42
303 Earl Walker; M; Son; 19
304 June Danford; M; Son; 13

305 **TUSSINGER**, Jessie G; F; Mother; 26
306 Rose Belle; F; Daughter; 8
307 Denzil; F; Daughter; 6
308 Joseph; M; Son; 4

309 **TUSSINGER**, Lizzie G; F; Mother; 26
310 **Giamee**, Rosanna; F; Daughter; 15
311 Mark L; M; Son; 10
312 Josaphine; F; Daughter; 9

313 **VOLZ**, Josaphine L; F; Mother; 33
314 Julia; F; Daughter; 7
315 Jeanette N; F; Daughter; 6
316 Frederick Rudolph; M; Son; 3
317 Caroline; F; Daughter; 1

*Census of the* **Wyandotte** *Indians of* **Quapaw** *Agency,* **Wyandotte, Indian Territory** *taken by* **Horace B. Durant, Superintendent & S. D. A.** *United States Indian Agent,* **June 30th** *1907.*

**KEY:** Number; *Indian Name* if given; English Name; Sex; Relation if given; Age.

318  **WALKER**, Malcom; M; 58

319  **WALKER**, Thomas G; M; 71

320  **WALKER**, Mary; F; Mother; 77
321  B. N. O; M; Son; 36
322  **Hamlin**, Paul I; M; Grandson; 27

323  **WALKER**, Isaac S; M; 42

324  **WALKER**, Clarence; M; 55

325  **WALKER**, Thomas Earle; M; Father; 47
326  Kenneth; M; Son; 16

327  **WALLACE**, Jane Z; F; Mother; 35
328  Everett Z; M; Son; 16

329  **WANO**, Ellen; F; Mother; 36
330  William; M; Son; 11
331  Eugene; M; Son; 9
332  Katie; F; Daughter; 7
333  Myrtle; F; Daughter; 4
334  Georgie; F; Daughter; 2    (Born March 2u[sic], 1905.)

335  **WEAVER**, Minnie Kygar; F; Mother; 18
336   _____; M; Son; 1

337  **WOLFENBERGER**, Olive; F; Sister; 11
338  Josaphine; F; Sister; 9

339  **WRIGHT**, James; M; Father; 53
340  William H; M; Son; 29
341  George; M; Son; 26
342  U. S. Grant; M; Son; 24
343  Charles; M; Son; 22
344  Harrison; M; Son; 18  alias Henry
345  Harriet; F; Daughter; 11
346  Evelyn; F; Daughter    (Born April 15, 1907.)

347  **WRIGHT**, Martha; F; 82
348  Martha Jane; F; GrDaughter; 26
349  _____; F; Daughter; 8

*Census of the* **Wyandotte** *Indians of* **Quapaw** *Agency,* **Wyandotte, Indian Territory** *taken by* **Horace B. Durant, Superintendent & S. D. A.** *United States Indian Agent,* **June 30th** *1907.*

**KEY:** Number; *Indian Name* if given; English Name; Sex; Relation if given; Age.

350 **GEBOE**, Emma V. Young; F; 27


351 **YOUNG**, Hiram Star; M; Father; 56
352 Henry; M; Son; 36

353 **LAMOREAUX**, Lizzie Young; F; 33

354 **YOUNG**, William; M; Father; 31
355 John; M; Son; 10
356 Clifford; M; Son; 8
357 Lena; F; Daughter; 5
358 Dale; M; Son; 3
359 Calvin; M; Son     (Born ____ 1907.)

360 **ZANE**, Susan; F; 32

361 **ZANE**, Buchanan; M; 28

362 **ZANE**, John; M; Father; 35
363 William; M; Son; 9

364 **ZANE**, Isaac; M; 81

365 **ZANE**, Isaac; M; Father; 56
366 Iona; F; Daughter; 12
367 Suzanne Jane; F; Daughter; 11
368 Louisa E; F; Daughter; 9
369 Isaac J; M; Son; 7

370 **ZANE**, Leander; M; Father; 49
371 Oscar; M; Son; 16
372 Olive; F; Daughter; 15
373 J. Clarence; M; Son; 11
374 Laurence; M; Son; 10
375 Katie; F; Daughter; 9
376 Ernest; M; Son; 6

377 **ZANE**, Ethan; M; 61

378 **ADAMS**, Julia Zane; F; Mother; 23
379 Morris J; M; Son; 2     (Born December 28, 1904.)

*Census of the* **Wyandotte** *Indians of* **Quapaw** *Agency,* **Wyandotte, Indian Territory** *taken by* **Horace B. Durant, Superintendent & S. D. A.** *United States Indian Agent,* **June 30th** *1907.*

KEY: Number; *Indian Name* if given; English Name; Sex; Relation if given; Age.

Total Census of 1906. . . . . . . . . . . . . . 385 persons.

Deaths:
No. 3, Silas Armstrong, died Jan. 10, 1907.
No. 157, Allen Johnson, Sr., died Sept. ___, 1906.
No. 197, Rose M. Leyda, died _____ ___, 1907
No. 260, Eva Johnson Preston, died Feb. 22, 1907. . . . . . 4

Stricken off, because they were white:

| | | |
|---|---|---|
| No. 15, | Myrtle Bearskin, | |
| No. 19, | Vernice Bennett, | |
| No. 29, | Lula Bland, | |
| No. 73, | Sarah Cotter, | |
| No. 78, | Cora Cotter, | |
| No. 84, | Jennie Zane Culp, | |
| No.124, | Nellie Rose Geck, | |
| No.135, | Jane Harris, | |
| No.142, | Melissa Hicks, | |
| No.161, | Helen Johnson, | |
| No.168, | Dorcas Johnson, | |
| No.172, | Ella Johnson, | |
| No.204, | Alberta S. Long, | (Enrolled with Cherokees) |
| No.205, | Elmer Long, | (Enrolled with Cherokees) |
| No.206, | Lucien Long, | (Enrolled with Cherokees) |
| No.210, | Lydia Long, | |
| No.244, | Sidney Mudeater, | |
| No.256, | Lacey Zane McCart, | |
| No.264, | Emma Robitaille, | |
| No.279, | Martha Sarahass, | |
| No.281, | Frank Sarahass, | (Enrolled with Cherokees) |
| No.295, | Flossie Spybuck, | |
| No.328, | Eva L. Walker, | |
| No.358, | Eva Young, | |
| No.367, | Bertha Zane, | |
| No.370, | Elizabeth Zane, | |
| No.372, | Winnie Zane, | |
| No.377, | Emma Zane, | 28 |

353

Births:

Nos: 19 : 108 : 254 : 279 : 298 : 346 : 359 :      7

*Census of the* **Wyandotte** *Indians of* **Quapaw** *Agency,* **Wyandotte, Indian Territory** *taken by* **Horace B. Durant, Superintendent & S. D. A.** *United States Indian Agent,* **June 30th** *1907.*

**KEY:** Number; *Indian Name* if given; English Name; Sex; Relation if given; Age.

Not previously enrolled or reported.

Nos: 4 : 31 : 48 : 83 : 142 : 162 : 167 : 183 :
210: 211 : 212 : 223 : 268 : 297 : 307 : 308 : 334 :
376: 379 : . . . . . . . . . . . . . . . . . . . . . . .  19
                    Total census for 1907,        379  persons.

# Index

Jerdine Faber ............................. 412
Lottie Peacock ........................... 411
Mary Harris ............................... 413
Maude Blackaby ....................... 409
**(UNKNOWN)**
Infant ......................................... 327
Lottie Peacock ........................... 327
**[NO NAME]**, Jerdine Faber ............ 328
**ABNER**, Joseph ... 46,114,147,208,248, 355,380
**ABRAMS**
Abner .......................................... 115
Abner W ...... 1,150,210,269,303,387
B Harrison ......................... 303,387
Earl Blaine ......... 1,115,150,210,269, 303,387
Harrison .............. 1,115,150,210,269
Maud E ................... 115,150,210,269
Maude E .................................. 1,303
Melissa ....................................... 269
Melissa J .............. 1,115,150,210,303
Mellisa J ..................................... 387
Samuel W .......... 1,115,150,210,269, 303,387
**ADAMS**
Cora E ................. 1,115,150,210,269
Donna ......................................... 414
Edna P ............... 1,115,150,210,269
Felicia ... 1,115,150,210,269,303,387
Julia Zane ................................... 420
Mary Jane K ................. 294,330,414
Morris J ...................................... 420
Ruth Lee ............ 1,115,150,210,269, 303,387
**ADKINS**
Audrey ....... 95,175,235,294,328,412
Charles.. 14,95,175,235,294,328,412
**ALLEN**
Florence Esther.. 10,91,171,231,290, 325,409
Ida J ...... 10,91,171,231,290,325,409
**ANDERSON**
Isabel Harrison ..................... 303,387
Isabella Harrison ...................... 5,119
Isabelle H ............................. 214,273
Isabelle Harrison ....................... 154

**ANGELL**
Eulalia Smith ............... 298,328,409
Fannie A ..................................... 409
Louis .................. 4,118,153,213,272
Louis (Tallchief) .................. 303,387
**ARCHER**, Nancy ............... 46,113,146
**ARMSTRONG**
Barnabas ............. 21,54,73,159,219, 278,313,397
Charles.... 21,54,73,159,219,278,397
Elizabeth .............. 21,54,73,159,219, 278,313,397
Jack.. 21,54,73,159,219,278,313,397
James ...... 21,54,73,159,219,278,397
Maynard C ............... 91,171,231,290
Maynard D .................................. 10
Silas ...... 10,91,171,231,290,325,421
Susan ........... 21,54,73,159,219,278, 313,397
Thomas ... 21,54,73,159,219,278,397
**AVALINE**, Frank D ......................... 48
**AVELINE**
Frank .......................................... 254
Frank D ............. 85,131,188,342,370
**AZUL**
Anna E Lewis ........................... 223
Annie E Lewis .......................... 282
Annie Lewis ............................. 313
Esther ......................................... 397
Myrtle Ethel ................. 223,282,313
**BALDWIN**
Bertha ........................................ 373
Buddie ........................... 32,348,373
Buddy .................... 103,136,196,262
Cleo ........................................... 373
Della ... 32,103,136,196,262,348,373
Delphina P .................................. 373
Delphina Pelky ........ 32,103,196,262
Delphine P ................................. 348
Delphine Pelky .......................... 136
Ella ..... 32,103,136,196,262,348,373
Frand Henry ............................... 373
Fred..... 32,103,136,196,262,348,373
George 32,103,136,196,262,348,373
Henry ......... 32,103,136,196,262,348
Henry C ..................................... 373
Infant ................................... 262,348

# Index

John .............................................. 32
Marilla ...... 32,103,136,196,262,348, 373
May ........................................ 32,103
Nora ................ 32,103,136,196,262
Norah ................................. 348,373
William ...... 32,103,136,196,262,348
Willian ..................................... 373
Zora .......... 32,103,136,196,262,373
Zorah ........................................ 348
**BALL**
Andrew ......... 21,54,73,159,219,278, 313,397
John ...... 51,89,128,193,259,346,371
Lucinda ......... 21,54,73,159,219,278, 313,397
Lydia ............. 21,54,73,159,219,278, 313,397
Macey .............................. 51,89,128
Macy ...................... 193,259,346,371
Minnie ................................. 1,115
Mitchelothe ................................. 38
Nellie J ......... 1,115,150,210,269,387
Ollie ............................ 21,54,73,169
Samuel .. 51,89,128,193,259,346,347
Samuel W ................................ 387
Samuel Wylie ..... 1,115,150,210,269
William ......... 1,115,150,210,269,387
**BALLARD**
[No Name] .................................... 17
Clara Faber .................................. 17
Lloyd ............................ 238,298,328
Loyd ........................... 98,179,412
**BAPTISTE**
Charles ............. 43,110,143,204,244, 355,380
Jane ............................................. 43
Jane Myers ............ 204,244,355,380
Louisa ............. 110,143,204,244,355
**BARLOW**
Edith King ..... 105,138,198,264,348, 373
Lucia Emma .......................... 264
Lucia Erma ................. 138,198,348,373
**BARNETT**
Emma ... 10,91,171,231,290,325,409
Infant ........................................ 91

John ...... 10,91,171,231,290,325,409
Milton ... 10,91,171,231,290,325,409
Ruth ...... 10,91,171,231,290,325,409
Sadie ........................................ 10
Thomas. 10,91,171,231,290,325,409
Thomas, Jr . 91,171,231,290,325,409
**BASSETT**
Frances King ............... 21,54,73,159
Joseph ..... 21,54,73,159,219,278,313
**BEAN**, Sallie Welch ..................... 247
**BEARSKIN**
Allesander ............................... 397
Bessie .......... 21,54,73,159,219,278, 313,397
David ......................... 290,325,409
Earnest Guy ............................... 21
Elizabeth ................................. 397
Elizabeth S ................... 219,278,313
Elizabeth Smith ............... 54,73,159
Ernest .... 54,73,159,219,278,313,397
Frank ....................................... 290
George . 10,21,54,73,91,169,171,242
Gladys .......... 21,54,73,159,219,278, 313,397
Infant ........................................ 313
John ...... 10,91,171,231,290,325,409
John W .......... 21,54,73,159,219,278, 313,397
Joseph .......................... 290,325,409
Lena. 21,54,73,159,219,278,313,397
Leonard ......... 21,54,73,159,219,278, 313,397
Leslie ..... 21,54,73,159,219,278,313, 397
Maggie ......... 21,54,73,159,219,278, 313,397
Mildred ......... 21,54,73,159,219,278, 313,397
Myrtle .......................... 290,325,421
Paul ........................................... 409
Ramona ............................. 159,170
Rose Garnett ................................ 21
Rose Garrett ....... 54,73,159,219,278, 313,397
Sarah ............ 10,91,171,290,325,409
Sarah B ..................................... 231
Susan ..... 21,54,73,159,219,278,290,

424

# Index

313,325,397,409
Wallace ......... 21,54,73,159,219,278, 313,397
Wesley .. 10,91,171,231,290,325,409
**BEAVER**
   Alice Anna ............ 115,150,210,269, 303,387
   Amos .................... 188,254,342,366
   Anna ............................................. 1
   Esta ..... 44,111,144,205,245,355,380
   Frank ......... 44,111,144,150,205,245, 355,380
   Isadore C ...................... 254,342,366
   Isadore Crawfish ........................ 188
   John .... 1,38,65,69,115,124,150,184, 210,250,269,303,338,362,387
   Laura Jennie ............................... 122
   Lewis ........... 65,69,124,184,250,338
   Lewis M ...................................... 362
   Louis ............................................. 38
   Louisa Baptiste .......................... 380
   *Ma-hun-ka-she-ka* .............. 303,387
   *Meh-hunk-a-zha-ka* ...... 115,150,210, 269
   *Meh-hunk-a-zhe-ka* ...................... 1
   Ton-gah-hah ............................... 158
   Ton-gah-hah ..................... 1,115,150
   Victor .......................................... 188
**BEE**, Kate ......... 21,55,74,160,219,278, 313,397
**BEGGS**
   Alice S .. 16,97,178,237,297,326,410
   Julia Leon ....................... 97,178,238
   Julia Leona ..................... 16,297,410
**BELL**
   Nellie J ....................................... 303
   Samuel W ................................... 303
   William ...................................... 303
**BENJAMIN**, Susan ...... 48,85,131,188, 254,342,366
**BENNETT**
   Aileen ............. 171,231,290,325,409
   Alene ..................................... 10,91
   Ella ........................... 290,325,409
   Eva ........................................... 409
   Frank ......... 91,171,231,290,325,409
   Ida ................. 10,91,171,231,290,325

   Infant ......................... 325
   Jeff .............................. 10,91
   Jefferson ......... 171,231,290,325,409
   Lettie ............................. 10
   Lotta ................ 231,290,325,409
   Lottie ......................... 91,171
   Mary Jane .. 91,171,231,290,325,409
   Vernice . 10,91,171,231,290,325,421
**BERGE**, Maude Pooler .................. 200
**BERGEN**
   Charles O .................................. 373
   Clarence O ................................. 348
   Maude Pooler ..................... 348,373
**BERNARD**
   Infant .......................................... 380
   Lena ..................................... 245,355
   Lena Finley ............................... 380
**BIDDLE**
   Erma L ....................................... 138
   Erma Louisa ............................... 373
   Erma Louise .............. 198,264,348
   James Walter ......... 198,264,348,373
   Mamie Jennison ......................... 104
   Mary Jennison ...... 138,198,264,348, 373
**BIGKNIFE**, Milton ....................... 45
**BILL**
   Rachel K B B ............................. 313
   Rachel K B D ............................. 397
**BILLINGTON**
   Ada ............................................... 48
   Frank ..... 48,85,131,188,254,342,366
   Mary A . 48,85,131,188,254,342,366
   Milton ............................ 48,85,131
   Milton N ............... 188,254,342,366
   Rosa .................................. 48,342,366
   Rose ..................................... 85,131
   Rose A .................................. 188,254
**BLACKABY**
   Hannah . 10,91,171,231,291,325,409
   Maud ............................... 10,91,231
   Maude .......................... 171,291,325
   Sherman ....... 10,91,171,231,291,325, 409
**BLACKFISH**, Ella Miller
   ................................ 204,244,355,380
**BLACKHAWK**, Charley Quapaw ....6,

120,155,215,274,303,387
**BLAKESLEE**, William W ..1,115,150, 210,269
**BLAKESLEY**, William W ......303,387
**BLAND**
   Charles.. 14,95,175,235,294,330,414
   Eliza.............................231,290,409
   Ellen ................................325
   Eula..................................325
   John ...... 10,91,171,231,290,325,409
   Lula...............91,171,231,290,421
   Lulu ..................................10
   Maggie..............................409
   Nora.................... 10,91,171,231,290
   Norah............................325,409
   Sadie......... 91,171,231,290,325,409
**BLANSITT**
   Fannie C D...............................387
   Fannie Q D ..............................303
   William Robertson.............303,396
**BLAYLOCK**
   Alice Blackhoof......44,111,144,205, 245,355,380
   Infant .................................111,144
   Rosa.........................44,111,144
**BLUEJACKET**
   Amy............ 65,69,124,250,338,362
   Annie ...............................38
   Blanch.............................65,69,124
   Blanche...................38,250,338,362
   Carrie...... 38,65,69,124,250,338,362
   Charles.. 1,115,150,210,269,303,396
   Clyde ..................................362
   Edward ...38,65,69,124,250,338,362
   Ida H ..................................38
   Ida M ...................................65,69
   Walter ..... 38,65,69,124,250,338,362
   William.......................................38
   William T .... 65,69,124,250,338,362
**BOMBARY**
   Christie .........................................22
   Christy .. 55,74,160,220,279,314,398
   Eliza.............. 22,55,74,160,220,279, 314,397
   Joseph........... 22,55,74,160,220,279, 314,397
   Julia ........................22,55,74,160

   Levi.. 22,55,74,160,220,279,314,398
**BOND**
   Charles Clyde .........95,175,235,294
   Childs Clyde .............................410
   Chilis Clyde ..............................326
   Julia Leona ...............................326
   Minnie S ................235,294,326,410
   Minnie S Wainscot ...............95,175
   Minnie Stewart Wainscot .............14
**BONE**, James...........38,65,69,124,184, 250,338,362
**BONNIN**
   Jerdina D ..................................292
   Jerdine D ..................................326
   Jerdine K ..................................410
   Jerdinia D .................................232
   Jerdinia Dawson .......................172
**BOONE**
   Alice R......................10,91,171,231
   Cecelia M ..................................10
   Cecile M .... 92,172,231,291,326,410
   Charlotte....................................291
   Charlotte D ....... 91,171,231,326,410
   Lottie B ...................................10
   Octavius.........................10,91,291
   Octavius C ............ 171,231,326,410
   Walker L............ 10,92,172,231,291, 326,410
**BOWLES**, Nancy G..... 46,113,146,209
**BOYD**
   Fannie ........................................144
   Maggie Smith . 144,205,245,355,380
   Samuel R A .... 144,205,245,355,380
**BOYLES**
   Clara ..................................208,248
   Maude Goodner..... 208,248,355,380
   Nita......................................208,248
**BREEZE**, Eva May ......................110
**BRENNAN**
   Charles............. 34,105,139,199,265, 351,377
   Joseph.............. 34,105,139,199,265, 351,377
**BREWER**
   [No Name]..................................... 1
   Bessie ........................................269
   Bessie Lillian .....................303,387

## Index

Infant .................................................. 210
Josephine ............................................. 396
Josephine ........ 115,150,210,269,303
Lucy Elizabeth ................................... 396
Mary C ........ 1,115,150,210,303,387
Mary E ................................................ 269
Mattie .................................................. 269
Mattie Pearl ....................... 303,387
Minnie Dardeene ....................... 115
Minnie Dardenne ...... 1,150,210,269, 303,387
William ............................................ 387
**BRIGHT**
Columbus .......... 48,85,131,188,254, 342,366
Flora ..... 48,85,131,188,254,342,370
John ...... 48,85,131,188,254,342,366
Margaret ............ 48,85,131,188,254, 342,366
**BROKAW**
Infant ........................... 285,314,398
Nannie Smith ......... 226,285,314,398
**BROWN**
Albert E ....................... 279,314,398
Alpheas ....................................... 410
Alpheus ........ 11,92,172,232,291,326
Alvin C ....................... 279,314,398
Anna L ................................... 326,410
Annie L .............. 11,92,172,232,291
Callie ....... 160,170,220,279,314,398
Calvin ........................................ 410
Eldredge ..................................... 410
Eldridge ............. 12,93,173,233,292
Hobart ................................ 314,398
Howard ......... 22,55,74,160,220,279, 314,398
James .... 12,93,173,233,293,326,410
John D .. 11,92,172,232,291,326,410
John D, Jr ........... 11,92,172,232,291, 326,410
John, Sr ........................................ 279
Julia S K ............................. 314,398
Julia S Kariho ..... 55,74,160,220,279
Julia Spicer Kariho ..................... 22
Julius .......................................... 410
Julius M ............... 172,232,291,326
Lee ........ 11,92,172,232,291,326,410

Lethe .................................................. 326
Lothe .................................................. 410
Lothia .......................... 172,232,291
Lothie .................................... 11,92
Malinda ........ 12,93,173,233,292,410
Mariam ..................... 12,93,173,233
Mary ................................................ 279
Maude E Abrams ....................... 387
Rosanna Irene ........... 55,74,160,220, 279,314
Rosanne Irene ........................... 398
Susan K ..................... 279,314,398
Susan Kariho ........ 22,55,74,160,220
**BUCK**
Frank ..... 48,85,131,188,254,342,366
Mary ................... 48,85,131,188,254
Mrs ............................... 247,355,386
Mrs *Wah-pe-pe-she-quah* ...... 46,113
Mrs *Wa-pe-pe-she-quah* ............. 207
Peter .............. 22,55,74,160,220,279, 317,401
*Wa-pe-pe-she-quah* .................... 146
**BUFFALO**
Alice ............................................ 303
Arthur ... 1,115,150,210,269,304,388
Clara May .......... 1,115,150,210,269, 304,387
Dora ................ 115,150,210,269,304
Frank ........................................... 303
Hazel Lorena ..... 1,115,150,210,269, 304,388
Henry .... 1,115,150,210,269,304,387
Infant .......................................... 210
Joe ...................... 303,304,387,388
John ....... 5,119,154,214,274,303,387
Joseph ................ 1,115,150,210,269
Nora ........................................... 388
Norah .......................................... 304
Ollie .................................... 304,388
Senie Brown ... 150,210,269,303,387
Sinnie Brown ......................... 1,115
William ....................................... 304
Willie .......................................... 388
**BURGIN**
Clarence O ................................. 266
Maude Pooler ........................... 266
**BURNS**

Mamie .................. 51,89,259,346,371
Marie ............................ 128,193
Minnie Snyder .... 51,89,128,193,259
**BUZZARD**
  Reed ...... 11,92,172,232,291,326,410
  Stella ..... 11,92,172,232,291,326,410
**BYRON**
  Charles ............. 32,103,136,196,262,
  348,373
  William .............. 32,103,136,196,262,
  348,373
**CALF**
  Mary ...................................... 269
  Mary J .......... 1,115,150,210,304,388
**CAPTAIN**
  Bertha ........... 22,55,74,160,220,279,
  314,398
  Cordelia ................ 38,65,69,124,184
  George ..................................... 65
  George E ................................ 362
  George F ...... 38,69,124,184,250,338
  Grace .... 65,69,124,184,250,338,362
  Grace E ........................................ 38
  Jesse ..................... 22,55,74,160,230
  Margaret ............................... 22,84
  Martha Evaline .... 38,65,69,124,184,
  250,338,362
  Mary Ellen ........... 38,65,69,124,184,
  250,338,362
  Mike 38,65,69,124,184,250,338,362
  Sarah M ................. 38,65,69,124,184
  ,250,338,362
  Sophronia ................................... 362
  Sophronia Ann .............. 250,253,338
  Thomas .................. 184,250,338,362
  Thomas A ................... 38,65,69,124
  Thomas, Jr ................................. 362
  Tom ............... 38,65,69,124,184,250
  William H .......................... 38,65,69
  William N ....... 124,184,250,338,362
**CARDIN**
  Alexander .......... 3,117,152,212,271,
  304,388
  Isa Wade ............ 3,117,152,212,271,
  304,388
  Juanita ...... 117,152,212,271,304,388
  *Juinata (or Wah-me-tah)* ................ 3

Louis LaFontaine ......... 117,152,212,
271,304,388
Louis LaFountaine ........................ 3
Sarah C ............. 3,117,152,212,271
*Wah/me-tah* ................................ 152
*Wah-me-tah* ............................... 117
William Fred ............ 3,117,152,212,
271,388
William O .......... 3,117,152,212,271,
304,388
Wm Fred ................................. 304
**CAYUGA**
  Delia ....... 22,55,74,160,220,279,314
  Infant ...................................... 314
  Lena ........................................ 314
  Lena M ......... 22,55,74,160,220,279
  Malinda... 22,55,74,160,220,279,314
**CEDAR**, Lizzie ............. 1,115,150,210,
269,304,388
**CHARLEY**
  Bessie ............................ 42,109,142
  Bessie M ....................... 243,355,380
  Bessie W ................................. 203
  Fannie . 42,109,142,203,243,355,380
  James .. 42,109,142,203,243,355,380
  Lizzie .. 42,109,142,203,243,355,380
  Miller .... 51,89,128,193,259,346,371
**CHARTERS**
  John ............................... 2,116,158
  Sarah .................. 42,109,142,203,249
**CHECK**, Bertha Johnson ................ 330
**CHEEK**, Bertha Johnson ................ 414
**CHERLOE**
  Charles ..................................... 313
  David .... 22,55,160,220,279,314,398
  Ernest ..................... 220,279,314,398
  Ethel Myrtle ......... 21,54,73,159,219,
  278,313,397
  Fayette .. 22,55,160,220,279,314,398
  Henry ....... 11,22,55,92,160,172,220,
  232,279,291,314,326,398,410
  Infant ................................. 314,398
  James ........................................ 313
  Jerry ...... 11,92,172,232,291,326,410
  Minnie .. 22,55,160,220,279,314,398
  Nellie .... 22,55,160,220,279,314,398
  Oliver ........ 160,170,220,279,314,398

428

Thomas ..........................313
**CHERLOE (OR SHILO)**
  David ..............................74
  Fayette .............................74
  Henry ...............................74
  Minnie ..............................74
  Nellie ...............................74
**CHISOLM**
  Annie ................................38
  Henry ...................38,69,126,187
  Jennie .........................38,69,127
  Rosa .................................38
**CHOTEAU**
  Clara W ..................220,279,398
  Clara Whitecrow ..............55,74,160
  Clare Whitecrow .........................22
  Elizabeth .....................22,74,398
  Elizabeth K .......................220,280
  Elizabeth L .........................55,160
  George E. 22,55,74,160,220,279,398
  Lillian .........55,74,160,220,279,398
  Mary ...............2,116,211,270,304
  Olive .............22,55,74,160,220,280
  Sidney .....22,55,74,160,220,279,398
  Zah-me ............116,151,211,304,388
  Za-me ............................270
**CHOUTEAU**
  Clara W ...........................314
  Elizabeth L .......................314
  George K .........................314
  Lillian ............................314
  Sidney ...........................314
**CHRISTMAS**, Martha Jones ..........376
**CLABBER**
  Me-het-ta ...................304,388
  Meh-het-tah ........1,115,151,211,270
  Peter ......1,115,151,211,270,304,388
**CLARK**
  [No First Name Given] ..............261
  [No Name] ......................1,116
  Abbie Titus .............32,103,136,196,
  262,348,373
  Alice Boone .......................291
  Alice Louisa ......................410
  Alice R Boone ....................410
  Amos ............140,200,266,348,373
  Anna Viola .........1,116,151,211,270,

304,388
  Charles ............32,103,136,196,262,
348,373
  Clyde ......................259,346,371
  Durward D ......151,211,270,304,388
  Edna Virginia ...........................388
  Emaline .............................32
  Emeline ............................196
  Emmeline ........103,136,262,348,373
  Esther ..............................32
  Harriet .........................348,373
  Hattie ..............32,103,136,196,262
  Ida L .............................106
  Ida L Stevens ..........35,140,200,266,
348,373
  Infant ..........................348,373
  James ....................193,259,346,371
  Jim .........................51,89,128
  John D ...................211,270,304,388
  Lawrence ..........................211
  Lawrence B..1,116,151,270,304,388
  Lillian May .......................304,388
  Lillie May ...........1,116,151,211,270
  Mary Dardeene .......................1,116
  Mary Dardenne 151,211,270,304,388
  Reba Newton .................151,211,270
  Rheba N .........................304,388
  Richard ............32,103,136,196,262,
348,373
  Viola .....51,89,128,193,259,346,371
  William Alexander ...1,116,151,211,
270,304,388
**CLARKE**
  Alice Louisa ...............................326
  Alice R Boone ..........................326
**CLINTON**
  Daniel .........51,89,128,193,259,346,
347,371
  Gilbert ....51,89,128,193,259,346,371
  Horace ..51,89,128,193,259,346,371
  Infant ............................129
  Jane .............................194
  Jennie ....51,89,128,193,259,346,371
  Matilda .......90,129,194,260,347,372
  Nancy Jane ..................260,347,371
  Paul ......................193,259,346,371
  Samuel ..51,89,128,193,259,346,371

**COCKERELL**
Cora E Adams .................... 305,389
Fannie Myrtle ..................... 305,389
James Edgar ....................... 305,389
**COLDSPRING**
Grace Redeagle ........................... 2
John I C ........................................ 2
Walter ... 2,116,151,211,270,310,394
**CONES**, Mariam Brown ................ 293
**CONNER**
[No Name] ..................................... 5
Ebeneezer .... 56,75,161,221,280,315
Ebenezer ...................................... 22
Infant ......................................... 119
Lucy .......................... 56,75,161,230
Minnie G ................................... 273
Minnie Greenback .......... 5,119,154, 214,304,388
Simpson .............. 22,56,75,161,221, 280,315,398
William .......... 22,56,75,161,221,289
**CONNOYER**, Felicia M Cardin..3,117
**COOK**
Berenice ................. 103,136,196,374
Clifford .................. 103,136,196,374
Dawson .................... 93,233,293,327
Eloise .............................. 293,327
Eudora ................... 103,136,196,374
Frank ..................... 103,136,196,374
Infant ......................................... 196
Iona ........................................... 374
Lawson ..................................... 173
Nannie W .................................. 374
Nannie Wilson .............. 103,136,196
**COOKE**
Berenice .............................. 262,349
Bernice ...................................... 32
Clifford ......................... 32,262,349
Dawson ............................... 12,411
Eloise ....................................... 411
Eudora ........................... 32,262,349
Frank .............................. 32,262,349
Iona ..................................... 262,349
Nannie W .................................. 349
Nannie Wilson .................... 32,262
**COON**
John ...... 11,92,172,232,291,326,410
Maggie Peacock ................... 326,410
Susan ............ 23,56,75,161,221,280, 314,398
**COTTER**
(Infant) .......................................... 11
[No name given] ......................... 302
[No Name] ................................. 232
Bessie ... 12,93,173,233,293,327,411
Clarence R ..................... 291,327,411
Claud B ............... 11,92,172,232,291
Cora ...... 12,93,173,233,293,327,421
Elizabeth11,92,172,232,291,327,411
Frankie B ................................... 411
Homer ............................ 291,327,411
James .... 12,93,173,233,293,327,411
Jeff .............................................. 11,92
Jefferson ......... 172,232,291,327,411
Joel ........ 11,92,172,232,291,327,411
Mabel ......... 92,172,232,291,327,411
Milton ... 12,93,173,233,293,327,411
Mont A ...................... 293,327,411
Naomi ........................................ 411
Nora ............. 12,93,173,233,293,327
Norah ......................................... 411
Norma .......... 12,93,173,233,293,327
Sarah ..... 11,92,172,232,291,327,421
**COUSATTE**
[No Name] ..................................... 2
Amanda ..................................... 116
Amanda E ....................... 2,151,211
Benjamin .......... 2,116,151,211,270, 304,388
Benjamin C ............. 2,116,152,211, 270,304,388
Claud Theodore ......................... 270
Claude Theodore .......... 211,305,389
Dewey .................................. 116,151
Hendrix ............................... 211,270
Ira ..................... 2,116,151,211,270
Ira Wright ........................... 305,389
Ivy Irene ............................. 305,389
James Ray ............. 117,152,212,271, 304,388
Jessie May ......... 2,116,151,211,270, 305,389
Joseph .......... 2,116,151,152,212,271, 304,388

430

# Index

Joseph D .................................. 270
Joseph Dewey ............... 211,305,389
Maggie E ................... 2,116,151,211
Martin Luther ........... 3,117,152,212, 271,304,388
Rosa E ................................... 2,388
Roza E ........... 116,152,212,270,304
Samuel .. 2,116,151,211,270,305,389
**CRANE**
Andrew Louis ........ 211,270,305,389
Earl Floyd ............. 116,151,211,270, 305,389
Effie Imbeau ............ 2,116,151,211, 270,305,389
Gladys Adalaide .......................... 211
Gladys Adaleide .......................... 270
Gladys Adelaide ................... 305,389
James Leroy ......................... 305,389
Jay Otis .... 116,151,211,270,305,389
Mary .............................................. 2
Nellie L ............... 2,116,151,211,270, 305,389
**CRAWFISH**
Alice ..... 2,116,151,218,277,305,389
Ethel May .......... 2,116,151,218,277, 305,389
Harry ..... 2,116,151,218,277,305,389
Infant ........................................ 151
Isadore .............................. 48,85,131
Lucy
   116,151,188,211,254,270,342,366
Martha ....................................... 366
Mary ........ 2,48,85,116,131,151,211, 254,270,305,342,370,389
Minnie .. 48,85,131,188,254,342,366
Minnie B .................................... 270
Minnie E ................... 2,116,151,211
Susan .... 48,85,131,188,254,342,366
Thomas ........ 2,116,131,151,211,270, 305,389
Tom ..................................... 305,389
Widow .. 2,116,151,211,270,305,389
**CRAWFORD**
George ........... 23,56,75,161,221,280, 315,399
Joseph ........... 23,56,75,161,221,280, 315,399

**CRIM**
George .......................... 199,265,349
Louis Albert ......................... 349,374
William Hershel ................... 349,374
Winnie Lawver ...... 199,265,349,374
**CROTZER**
Archibald ............................ 101,411
Archibald V ........... 182,241,302,327
Archie ......................................... 20
Catharine .................................... 20
Catherine . 101,182,241,301,327,411
Esther Rose ............ 20,101,182,242, 301,327,411
Ethel ... 20,101,182,242,301,327,411
Grace .. 20,101,182,242,301,327,411
John .... 20,101,182,242,301,327,411
Montall ........................................ 20
Ona May .. 101,182,242,301,327,411
Onie May .................................... 20
**CROW**
Amos ..................... 23,56,75,161,230
Angeline .............. 22,55,74,160,220, 279,317,401
Frances King ............................. 280
Francis King .................. 221,315,399
Infant ................................... 315,399
Janie ................................. 317,401
Jennie ............. 22,55,74,160,220,279
Jerry .... 23,161,169,221,280,315,399
Jerry, Jr .................................. 56,75
Jerry, Sr .................................. 56,75
John ........... 2,23,56,75,151,161,211, 221,270,280,305,315,389,399
Julia Pelky ....... 32,103,136,196,262, 349,374
Louis ........ 161,170,221,280,315,399
Lucinda ......... 23,56,75,161,221,280, 315,399
Margaret A Y ......... 221,280,315,399
Margaret A Young ............ 56,75,161
Margaret Ann Young .................. 23
Moses ............ 23,56,75,161,221,280, 315,399
Samuel .......... 23,56,75,161,221,280, 315,399
Solomon
   ...... 31,58,78,163,223,282,318,402

Susan ...... 23,56,75,161,221,280,315
**CULP**, Jennie Zane ............ 19,100,181,
241,300,327,421
**DAGENETTE**
Esther .......... 49,86,132,189,255,342
Lucien ...................... 36,201,267,349
**DAGNETTE**
Esther ............................ 366
Lucien .......................... 107,140,374
Lucien N, Jr ................................ 374
**DARDEENE**, Benjamin Jr ............ 117
**DARDENNE**
Abraham ................................ 212
Abraham F ................ 3,117,152,212,
271,305,389
Abram .......... 3,117,152,271,305,389
Anna Edna ......... 3,117,152,212,271,
305,389
Benjamin ............ 3,117,152,212,271
Benjamin, Jr. 3,152,212,271,305,389
Benjamin, Sr ....................... 305,389
Clara .................................. 3,117
Daisy Ellen ............ 118,153,213,272
Delia D ................................ 305,389
Della D .............. 3,117,152,212,271
Edna Alice .......................... 305,389
Elsie .................... 3,117,152,212,271
Felix ....... 3,117,152,212,271,305,389
Gertrude ............ 3,118,153,213,272,
306,390
James Frederick ................... 213,272
Lawrence ..... 3,117,152,212,271,390
Lawrence, Jr ....... 3,117,152,212,271,
306
Margaret ........................ 3,117,152
Martha .................. 117,212,305,389
Martha A ........................ 3,152,271
Minnie ............................... 396
Robert ... 3,117,153,213,272,306,390
Ruby C ......................... 117,212,271
Ruby C C .............................. 305,389
Ruby D ................................ 152
Willie .... 3,117,153,213,272,306,390
Willie W ............. 3,117,153,213,272,
306,390
**DARITY**
Lavinia .. 64,83,169,229,288,315,399

Noah ............................ 288,315,399
Susannah Y .................... 288,315,399
Susannah Young ............. 64,169,229
Susie Young ........................ 30,83
**DAUGHERTY**
David ........................... 250,338,362
George ......................... 250,338,362
Howard ........................ 250,338,362
Joshua ................... 250,253,338,362
Louisa ......................... 250,338,362
Mary Buck ........................ 342,366
Rosa Bluejacket ........... 250,338,362
Samuel ........................ 250,338,362
Susan ......................... 250,338,362
**DAUTHAT**
Charles A ............... 153,213,272,306
Clarence Ray ....................... 306,390
Florence G .......................... 306,390
Frances ................. 153,213,272,306
Francis .............................. 390
Jessie ............... 153,213,272,306,390
Minnie E ................ 153,213,272,306
Pearl E ............................ 306,390
Samuel A ........................... 213,306
Sarah A .......... 153,213,272,306,390
William A ............................ 306
William B .......................... 213,390
William E ............................ 306
Zahn ................................ 306,390
Zahne ................................ 213,272
Zahne A ............................... 153
**DAVID**
Annie ............................... 280
Bert ................................ 280
Daylight ............................ 280
Elizabeth N ............................ 280
Ida .................................. 280
Infant ............................... 280
John ................................ 280
Lewis N ............................. 280
Taylor ............................... 280
**DAVIS**
[No Name] .......................... 315
_____ .......................... 399
Annie ...... 23,56,75,161,221,315,399
Bert ......... 23,56,75,161,221,315,399
Blanch Crawford 62,81,167,227,286

# Index

Blanche Crawford...........28,322,406
Daylight.........23,56,75,161,221,399
Elizabeth N..........23,56,75,161,221,
315,399
Ida...........23,56,75,161,221,315,399
Jane.................................................23,84
John.........23,56,75,161,221,315,399
Lewis.................................................315
Lewis N..........23,56,75,161,221,399
Minnie Spicer28,62,81,167,227,286,
322,406
Taylor......23,56,75,161,221,315,399
**DAWSON**
Jerdina.......................................11,92
Nannie..11,92,172,232,292,327,411
Naomi...11,92,172,232,292,327,411
Philip..............................................292
Philip Raymond 92,172,232,327,411
Phillip Raymond............................11
R A.............92,172,232,292,327,411
Robt A..............................................11
Silas.......11,92,172,232,292,327,411
**DAY**
Josaphine L A...............................411
Josephine L A................235,294,328
Josephine L A Jones...............95,175
**DAYLIGHT**
Eldo................................................117
Fannie Crawfish..3,117,152,212,271
Ida..........................................303,396
Isaac......3,117,152,212,271,306,390
Jesse......3,117,152,212,271,303,387
Mary.....3,117,152,212,271,303,387
**DELAWARE**, Mary........113,146,207,
247,355,380
**DELEWARE**, Mary.........................46
**DEMO**
Charles.......................48,85,131,254
Charles M.....................188,342,366
Joseph.........................48,85,131,254
Joseph F..................................188,366
Joseph M........................................342
Rose..............................48,85,131,366
Rose A...........................188,254,342
**DENNEY**
Elnora......................................219,278
Nora...................................54,73,159

**DENNY**, Nora....................................21
**DERRIEUSSEAUX**, Mary.....306,390
**DICK**
Flora............56,75,161,221,280,397
Ida Splitlog.................................23,84
James............39,65,70,125,185,251,
339,363
John...............23,56,75,161,221,289
Lucinda...39,65,70,125,185,251,341
Maud........23,56,75,161,221,280,
313,397
Rachel K Ball......23,56,75,161,221,
280
**DICKEY**
Byron.............176,236,295,328,412
Irvin P..............................................96
James, Jr..........................................96
Myrtle L.......................295,328,412
Myrtle Long..................96,176,236
**DOCTOR**, Young............23,56,75,169
**DOLLAR**
Francis Theodore........................366
Infant...............................................85
Mary Elizabeth131,188,254,342,366
Silver...............................................48
Theodore............48,85,131,188,254,
342,366
**DOUGHERTY**
David..........................38,65,69,184
George.......................40,65,71,184
George M......................................124
Howard................40,65,71,124,184
Louisa...................38,65,69,124,184
Rosa Bluejacket....................124,184
Rose Bluejacket..................38,65,69
Samuel........................38,65,69,184
Susan........................65,69,124,184
**DOUTHAT**
Charles A..........................4,118,390
Frances.....................................4,118
Jessie........................................4,118
Minnie E..........................4,118,390
Samuel A......................................390
Sarah A....................................4,118
William A....................................390
Zahn..................................................4
Zahne A......................................118

# Index

**DOUTHIT**
  Clarence Ray ...... 4,118,153,213,272
  Florence G .......... 4,118,153,213,272
  Pearl E .............. 4,118,153,213,272
  Samuel A .................... 4,118,153,272
  William A ........... 4,118,153,213,272
  William B ................... 4,118,153,272
**DRAKE**
  David .... 48,85,131,189,254,342,366
  Dorma ................. 189,255,343,367
  Edward . 48,85,131,189,255,343,367
  Hattie ............................ 49,86,132
  Jane ....... 48,85,131,189,254,342,366
  John ............................................ 48
  John Logan 86,132,189,255,342,366
  Martha .. 49,86,132,189,255,342,366
  Milton .................... 48,255,342,366
  Milton, Jr ...................... 85,131,189
  Mollie ......................................... 48
  Patrick ................. 189,255,342,366
  Sarah ..................................... 48,85
  Thomas ......................... 48,255,367
  Thomas Summers .......... 86,132,189,
  342,366
  Wayne ... 48,85,131,188,254,342,366
**DUSHANE**
  Andrew ......... 39,66,70,125,185,251,
  339,363
  Benjamin ... 66,125,185,251,339,363
  Cecil Campbell ............................ 70
  Charles .......... 39,66,70,125,185,251,
  339,363
  Clifford ......... 39,66,70,125,185,251,
  ]339,363
  Daniel ....................................... 39,70
  David ............ 39,66,70,125,185,251,
  339,363
  Everett ...................................... 363
  George .. 11,92,172,232,292,327,411
  Infant .................... 185,187,251,339
  Jessie ......................................... 363
  Nancy .......... 39,66,70,125,185,251,
  339,363
  Naomi ..................... 251,253,339,363
  Nina. 39,66,70,125,185,251,339,363
  Rebecca ... 11,66,70,92,125,172,185,
  232,251,292,327,339,363,411

  Walter .......... 39,66,70,125,185,251,
  339,363
**DYER**, Lucinda ....... 12,93,174,234,293
**DYSON**
  Daniel H ............ 4,118,153,213,272,
  306,390
  Edith ..................... 118,153,213,272
  Frances L .......... 4,118,153,213,272,
  306,390
  Infant ............................... 213,272
  Iva Edith ............................ 306,390
  Katie Logan ............................. 306
  Katy Logan .. 4,118,153,213,272,390
  Lassia Mabel ............... 118,153,213,
  272,306,390
  Myrtle E ............................ 118,153
  Nellie ............................................ 4
  William Edgar ............. 153,213,272,
  306,390
**EARLY**, John W ........ 32,103,136,196,
  262,349,374
**EDDY**
  Amos .. 42,109,142,203,243,359,384
  Daniel .............. 42,109,142,203,249
  Edna .... 42,109,142,203,243,359,384
**EDGAR**, William ....................... 118
**EDWARDS**
  Eliza Jones ...... 137,197,263,349,374
  Isabel .......................................... 263
  Isabel Jones ....................... 349,374
  Lillie .......................................... 149
**ELLIOT**
  Dais ............................................ 182
  Daisy ........................................... 92
  Infant ......................................... 328
  Isaac ................. 92,172,232,292,328
  Louisa ........ 92,173,232,292,328,412
**ELLIOTT**
  Bertha Belle ............................... 412
  Charley ...................................... 412
  Daisy ............................................ 11
  Isaac ..................................... 11,412
  Louisa ........................................... 11
**EMOTHANGE**, George ................. 103
**EMOTHENGE**, George ............. 32,136
**EMOTINGE**, George 196,263,349,374
**ENEAU**

# Index

Edith .................................................399
Howard .............................................399
Louis .................................................399
Nancy Smith .....................................412
Thomas .............................................399
**ENSWORTH**
  Claud .....................113,147,208,248
  Claude..............................46,355,380
  Emily .. 46,113,147,208,248,355,380
  Fred..... 46,113,147,208,248,355,380
  Roy ..... 46,113,147,208,248,355,380
  Umilla. 46,113,147,208,248,355,380
  W L ...................................46,113,147
  William D ..................................355
  William L ..................................380
  Wm L.....................................208,248
**EUNEAU**
  Artie...............................................16
  Benjamin ......................................16
  Edith ....... 31,64,76,169,229,288,315
  Eulala............................................16
  Howard .......................................288
  Howard E....... 31,64,76,169,229,315
  Louis....... 31,64,76,169,229,288,315
  Nancy Smith ............ 16,98,178,238,
  297,328
  Roy ................................................16
  Thomas ...................................288,315
  Thomas A ............. 31,64,76,169,229
**EVANS**
  Alfred .......... 23,56,76,161,222,280,
  316,399
  Blanch................ 56,75,161,221,280
  Blanche..........................23,316,399
  Curtis ..........................................280
  Curtle...... 23,57,76,161,222,316,399
  Delia .............................................23
  Eliza.............. 23,56,75,161,221,280,
  315,399
  Malinda... 23,56,75,161,221,280,315
  Malinda W Splitlog ...................407
  Melinda........................................399
**FABER**
  Cora ................. 11,93,173,233,292
  Harriet......................... 292,330,414
  Hattie ........................ 12,93,173,233
  Jerdina ..........................................17

Jerdine .........................................298
Jerdinia ........................ 98,179,238
John .................... 11,93,173,233,302
Leonard........ 11,93,173,233,330,414
Leopard........................................292
Viola May.. 93,173,233,292,330,414
**FARRIS**
  Guy ............ 44,144,206,246,355,380
  Henry...........................................380
  Nancy . 44,111,144,206,246,355,380
  Stella..............................................44
  William 44,111,144,206,246,355,380
**FERIS**, Guy ......................................111
**FINLEY**
  Beatrice............... 24,57,76,162,222,
  281,316,400
  Claud .............................57,76,281
  Claude................... 162,222,316,400
  George C ....................................245
  George W ........ 44,111,144,205,245,
  356,381
  Lee...............................................356
  Lena.......................... 44,111,144,205
  Leo............ 44,111,144,205,245,381
  Louis............................................245
  Rosa Denney........................222,281
  Rosa Penny..................................316
  Rose Denney...........24,57,76,162
  Rose Denny ..............................400
**FISH**
  Frank................ 45,112,145,206,246,
  356,381
  Leander J ........... 4,118,153,213,272,
  306,390
  Minnie ............ 45,112,145,206,246,
  356,381
**FISHER**
  Alferd .................................316,400
  Alfred ........... 24,57,76,162,222,281
  Eva Marie ............24,57,76,162,222,
  281,316,400
  Lena........ 24,57,76,162,222,281,400
  Minerva ...............24,57,76,162,222,
  281,316,400
  Peter J ......................... 281,316,400
  Rena............................................316
  Sarah A ....................... 281,316,400

# Index

Sarah Armstrong.............24,162,222
Susan Armstrong .....................57,76
Winona E....................................400
Winona Elizabeth .. 162,170,222,281
Winona F ..................................316
**FLINT**
   Sapatowasa ..................................39
   *Sa-pa-to-wa-sa* .............251,339,363
   *Sap-a-to-wa-sa* ......................70,125
   *Sap-to-was-a*...............................66
**FLORA**, Dick .................................313
**FRASSE**
   Lucille Mabel ............................300
   Maud H................................241,300
   Maude H..............................328,412
**FREMONT**, Malinda Cayuga ........398
**FRENCH**, Mary E Wind ...97,178,238, 297,328,412
**FROMAN**
   Angeline ..................47,114,147,208, 248,356,381
   Asa...... 47,114,147,208,248,356,381
   Guy .......... 114,147,209,249,356,381
   John .....................................47,149
   Lizzie.. 47,114,147,208,248,356,381
   Mary ... 47,114,147,208,248,356,381
   Rosetta....................209,249,356,381
**FULKERSON**
   Lucy..............................................49
   Lucy Josephine .......86,132,189,255, 343,367
**GEBEE**, Mary.....................................49
**GEBOE**............................................390
   Charles C ............ 4,118,153,213,272, 306,390
   David ............... 32,103,136,196,263, 349,374
   Emma V Young.........................420
   Inez M ..................159,170,219,289
   Lucy B ...................................316,400
   Lucy Bearskin..............21,54,73,159, 219,278
   Mary .....................................86,132
   Mary B..........................189,255,367
   Mary R........................................343
   Onie B .....................................21,84
   Pearl May ......................32,103,141

**GECK**
   Famona Jeanette .........................173
   Florence.....................12,93,173,292
   Florence M ...................233,328,412
   Josie..............................................12
   Lucy...... 12,93,173,233,292,328,412
   Nellie Rose ...... 93,173,233,292,328, 421
   Ramona Jeanette............93,233,292, 328,412
   Richard ............................12,93,173
   Richard C...............233,292,328,412
   Robert M ........... 12,93,173,233,292, 328,412
**GENTRY**
   Clinton..........24,57,76,162,222,281, 316,400
   Earl ................24,57,76,162,222,281, 316,400
**GEORGE**
   Betty Wind .................................107
   Edward ...... 32,103,197,263,349,374
   Elizabeth W ...........200,267,349,374
   Elizabeth Wind ..........................140
   Howard.......................................136
   Philip ......... 32,103,136,197,263,349
   Phillip .........................................374
**GIAMEE**
   Charles................. 12,93,173,233,292
   Ida M .................................78,316,400
   James ................ 12,233,292,329,412
   Jane..................................12,93,173
   Martha .. 12,93,173,233,292,328,412
   Mary Jane ..............233,292,328,412
   Rosanna............. 17,98,179,239,298, 334,418
   Sallie Mush.....................78,316,400
   William C .............................328,412
   William Charles.........................101
**GIAMIE**
   Ida M .......................59,164,224,283
   Sallie Mush..............59,164,224,283
**GIBSON**, Mary Quick ....39,66,70,125, 185,251,339,363
**GIFFRIN**, Melissa Lewis ...............223
**GILMORE**
   [Illegible] ....................................272

# Index

Agnes D .................................. 213,272
Agnes Dardeene ........................... 390
Agnes Dardenne ......... 4,118,153,306
Clara ...... 4,118,153,213,272,306,390
Orville... 4,118,153,213,272,306,390
Thelma ................................. 306,390
**GOBIN**
Mary ..... 49,86,132,189,255,343,367
Mossy ............................................ 49
Musa .......... 86,132,189,255,343,367
Raymond ........... 49,86,132,189,255, 343,367
**GOKEY**
Adam ............................... 48,85,131
Amelia ..................................... 131
Eliza Wilson .................. 32,103,141
Lizzie.... 48,85,131,188,254,343,367
**GOODBOO**
Allen ..................................... 49,86
Ethel ..... 49,86,132,189,255,343,367
Francis .................. 189,255,343,367
Franklin ............................ 49,86,132
Josaphine ................................. 367
Josephine ................................. 343
Josie .............................. 132,189,255
Mary .......................................... 132
Sophia ........................................ 86
Thomas .................. 189,255,343,367
**GOODEAGLE**
[No Name] ................................... 5
Charles.. 5,119,154,214,273,307,391
Fannie... 5,119,154,214,273,307,391
Francis Quapaw ........ 4,119,154,214, 273,306,390
Francis, Jr .............. 119,154,214,273
*Ho-gom-me* ........ 5,119,154,214,273
Infant ................................. 154,214
John ......................................... 273
Levi....... 5,119,154,214,273,307,391
Marth ........................................ 307
Martha .............................. 273,391
Merten ......................................... 5
Merton ..... 119,154,214,273,307,391
Paul ................................... 307,391
*Wah-tah-nah-zhe* ...................... 119
*Wa-tah-nah-zhe* ..... 214,273,306,390
*Wat-tah-nahe-zhe* ........................ 4

*Wat-tah-nah-zhe* ...................... 154
**GOODNER**
Clara ................. 47,114,147,355,380
Maud ........................................... 47
Maude .............................. 114,147
Nita ................. 47,114,147,355,380
**GORDON**
Bessie ................. 5,119,154,214,273
Bessie M ............................ 307,391
Carrie Hamlin ........ 99,179,239,299, 328,412
Harley E.............. 5,119,154,214,273, 307,391
Harry A............... 5,119,154,214,273, 307,391
Harvey O ........... 5,119,154,214,273, 307,391
Herbert Francis .................... 179,242
Rosa ............................................ 5
Rosa A ..................................... 391
Roza ....................... 119,154,214,273
Roza A ..................................... 307
Sarah E . 5,119,154,214,273,307,391
**GRANDEAGLE**
*Kah-dah-ska-hun-ka*.. 4,119,214,273
*Kah-dus-ka-hun-ka* ............. 307,391
*Kan-dah-ska-hun-ka* ................ 154
*Khah-daah* ................................... 4
*Khah-dah* ........ 119,154,214,273,307
*Khah-hah* ................................ 391
**GRANT**
Ruth ............................... 52,129,194
U S ............. 51,89,128,193,259,347
**GREENBACK**
[Illegible] ................................. 273
[No Name] ................................... 4
Alice ..... 4,118,154,214,273,307,391
Alphonso ..... 8,118,123,154,158,214, 273,277,307,391
Antoine ........ 4,118,153,214,273,307
Antone .................................... 391
Emma ................................ 307,391
Infant ........................................ 214
Joseph ... 4,118,153,214,273,307,391
Julia W .................. 214,273,307,391
Julia Whitebird ................ 4,118,153
Walter .......... 8,122,158,277,311,395

## Index

**GRIFFIN**
  Cha-dah-squie ........................... 218
  *Cha-dah-squie* ................... 4,118,153
  Malisa Lewis ............................... 400
  Melissa Lewis ..................... 282,316
  Victor .... 4,118,153,214,272,307,391
  Victor, Jr ................................ 307,391
  **GRINDROD**, Kate ...... 93,174,234,302
**GRINDSTONE**
  Elkin B .................. 38,66,69,125,187
  Jesse ........................................... 127
  Jessie ........................................ 66,69
**GRINNEL**
  Joseph ................................. 349,374
  Robert ................................. 349,374
  Rosa McCoonse ......................... 349
  Rosa McCoontz ................... 139,199
  Rose McCoonse ......................... 374
**GRINNELL**
  Joseph ........................................ 265
  Robert ........................................ 265
  Rosa McCoontz ............. 35,106,265
**GRINROD**, Kate ........................ 12
**GROOM**, Emma Belle Jones .......... 376
**HACKLEMAN**
  Arizona. 12,94,174,234,293,329,413
  Jeanette ........................ 234,329,413
  Jeannette ....................... 13,174,293
  Majorie ........................................ 12
  Marjorie ..... 94,174,234,293,329,413
**HAKLEMAN**, Jeannette .................. 94
**HAMLIN**
  Carrie M ..................................... 18
  Paul ........................... 18,99,239,299
  Paul I ........................ 179,335,419
**HAMPTON**
  Cornelia C ........................... 339,363
  Cornelia Captain ........................ 251
  Eudora May .......... 251,253,339,363
  Fred.. 39,66,70,125,185,251,339,363
  Mark .......... 66,125,185,251,339,363
  Mark Hanna ........................... 39,70
  Nellie ............ 39,66,70,125,185,251,
  339,363
  Ora ... 39,66,70,125,185,251,339,363
  Ozina Annabel ....... 251,253,339,363
  W H ............ 66,125,185,251,339,363

  William H .............................. 39,70
  Zerella .................................. 39,66,70
**HARDY**
  Irene ........ 162,170,222,281,316,400
  James ........ 24,57,76,162,222,281,
  316,400
  Percy ........... 24,57,76,162,222,281,
  316,400
  Sarah Whitecrow .......................... 24
  Susan Whitecrow ............. 57,76,162,
  222,289
  Valentine ...... 24,57,76,162,222,281,
  316,400
**HARLOW**
  Fred ........... 33,104,197,263,349,374
  Mary ... 33,104,137,197,263,349,374
**HARPER**
  (Infant) ......................................... 19
  [No Name] ...... 100,181,241,300,329
  Bertha S ..................... 286,316,400
  Bertha Splitlog ..................... 167,227
  Della Z ....................................... 329
  Dennis Houston ........................ 316
  Dennis Huston .......................... 400
  Garland ...................................... 413
  Granville M .......... 227,286,316,400
  Harry .......................................... 167
  Oella ............................................ 19
  Oella Z ..................... 241,300,413
  Oella Zane .......................... 100,181
**HARRIS**
  Edward ............. 49,86,132,189,255
  Edward G ............................ 343,367
  Ellen Ray .................................... 343
  Evelyn L .................................... 367
  George .. 13,94,174,234,293,329,413
  Grant Gibeon ............................ 367
  Grant Gibson .... 86,132,189,255,343
  Helen Ray ............. 132,189,255,367
  Jane ....... 13,94,174,234,293,329,421
  John ...... 13,94,174,234,293,329,413
  Mary ............ 13,94,174,234,293,329
  Matilda . 13,94,174,234,293,329,413
  Randolph13,94,174,234,293,329,413
  Susie ...... 13,94,174,234,293,329,413
  Viola May .. 86,132,189,255,343,367
**HART**, Harvey ............ 33,104,137,197,

263,349,374
**HARTER**, Sarah Drake .................132
**HARVEY**, Rosella Thomas ...39,66,70, 125,185,251,339,363
**HAYMAN**
  (Infant)..............................................51
  [No Name] ........................................51
  Bert ............ 89,128,193,259,346,371
  Cora ...... 51,89,128,193,259,346,371
  Henrietta .... 89,128,193,259,346,371
  Infant ........................ 193,259,371
  Infanta..........................................346
  Marion C ........... 51,89,128,193,259, 346,371
**HENRY**, Richard ..... 24,57,76,162,222, 281,316,400
**HENSLEY**
  Charles Newland .................316,400
  Chas Newland..............................288
  Harriet Winney ....................316,400
  Hattie Winney......................228,288
  Lola Elizabeth..............................400
**HERRON**
  Alpheus........................................108
  Joshua . 35,106,139,199,265,349,374
**HICKS**
  Cassandra......................................13
  Frank ..... 13,94,174,234,293,329,413
  George .. 13,94,174,234,294,329,413
  Gladys..........................................413
  Henry .... 13,94,174,234,293,329,413
  Hettie .......................................13,94
  John ...... 13,94,174,234,293,329,413
  Malissa ..........................................13
  Melissa ...... 94,174,234,293,329,421
  William......... 13,94,234,294,332,416
**HILL**
  Eudora Cook............ 93,173,233,293
  Eudora Cooke ................. 12,329,413
**HINMAN**
  Etheleen .......................................400
  Fannie Scott W ............. 288,316,400
  Fannie Scott Winney .63,83,169,229
  Fannie Winney.............................400
  Greeley ........................................400
  Infant .............................229,288,316
**HOAG**
  Wilhelmina C ..............293,329,413
  Wilhelmina Cook.............93,173,233
  Wilhelmina Cooke........................12
**HODGINS**
  Clara D ........................................212
  Edwin ..........................................212
**HODGKINS**
  Clara Dardenne....................152,391
  Infant ...........................................152
  Laurence E...................................391
  Leonard B....................................391
**HODGKISS**
  Clara Dardenne...........................307
  Darthula........... 19,100,181,241,300, 329,413
  Elmo ... 19,100,181,241,300,329,413
  Laurence E...................................307
  Lawrence ... 19,100,181,241,300,413
  Lawrence F..................................329
  Leonard B....................................307
  Maud.....................................100,181
  Maude............................................19
  Natalie ............. 19,100,181,241,300, 329,413
  Paul Norvell.................242,300,302
  Rosetta............ 19,100,181,241,300, 329,413
**HODKINS**
  Clara D ........................................271
  Edwin ..........................................271
**HOLDEN**
  Amy..............................................184
  Blanch..........................................184
  Charles H.....................................363
  Edith .....................................250,338,363
  Edward ........................................184
  Geneva Esther.............................363
  Ida M Bluejacket .........124,184,250, 338,363
  Infant .....................................124,127
  Walter..........................................184
  William T ....................................184
**HOLLIS**
  Beryl Gladys.................266,349,374
  Ethel (Pooler) ..............................374
  Ethel Pooler .................200,266,349
  Rolla Jehu....................................266

Rollo Jehu............................349,374
Sherman........................................200
**HOLMES**
  Ephraim......33,104,137,197,263,350
  Ephriam..........................................375
  Joseph.33,104,137,197,263,350,375
  Louisa.33,104,137,197,263,350,375
  Nellie..33,104,137,197,263,350,375
  William33,104,137,197,263,350,375
**HOLT**
  (Infant)............................................11
  Hulda Cotter......11,172,232,291,413
  Huldah Cotter..........................92,329
  Joel............92,172,232,291,329,413
**HOOD**
  Charles................51,89,128,193,259,
  346,347,371
  F R.........51,89,128,193,259,346,371
  Hattie...................51,89,128,193,347
  Infant............................................129
  Lucinda...............51,89,128,193,259,
  346,371
  Lucy........................194,260,347,371
  Mabel....51,89,128,193,259,346,371
  Rose.......51,89,128,193,259,346,371
  Tena............89,128,193,259,346,371
  Tina..................................................51
**HOOT**, Hattie.....................................259
**HORTON**
  Sarah D.........................255,343,367
  Sarah Drake.................................189
**HOUSE**
  Minnie T........................252,339,364
  Minnie Turkeyfoot39,66,70,125,185
  Thomas...............66,70,125,185,252,
  339,364
**HUBBARD**
  Charles B.............24,57,76,162,222,
  281,317,400
  Chester A.............24,57,76,162,222,
  281,317,400
  Christiana Robitaille......................33
  Christina R......137,197,263,350,375
  Christina Robitaille.....................104
  Clifford C ....................................401
  Esther Ethel..24,57,76,162,222,281,
  317,400

Florence Isabel..........57,76,222,281,
317,401
Florence Isabelle..........................162
Frederick Parker..........129,194,260,
347,372
Lennox...........................137,197,263
Lenox............................33,104,350,375
Mabel I......................281,317,401
Mary Louisa.................................401
Winona............33,104,137,197,263,
350,375
**HUDSON**
  Henry....51,89,128,193,259,346,371
  Susan....51,89,128,193,259,346,371
**HUNT**
  Joseph W...........5,119,154,214,273,
  ]307,391
  Layo W................................307,391
  Oscar J....24,57,76,162,222,281,317
**HURLEY**
  George L......................................404
  Mary J S......................................404
  Mary Smith..................................320
  Waunita.......................................404
**HURR**
  Arthus Ben..................................375
  Irene Catherine...........................375
  Leo Bruce...................................375
  Nicodemus........33,104,137,197,263,
  350,375
  Raymond William......................375
  William............33,104,137,197,263,
  350,379
**HUTCHINSON**
  Ethel Emmeline............197,263,350
  Henry.........33,104,137,197,263,350
  Thomas......33,104,137,197,263,350
**HUTCHISON**
  Ethel Emmeline...........................375
  Henry............................................375
  Ruby Lillian.................................375
  Thomas........................................375
**IMBEAU**
  Aldred Ray..................................391
  Catharine..........................................5
  Catherine.119,154,214,273,307,391
  Frank............5,119,154,214,307,391

# Index

Harvey .. 5,119,154,214,273,307,391
Lizzie ...................5,119,154,214
Louis ..... 5,119,154,214,273,307,391
Melissa ........5,119,154,214,273,307
Mellisa........................................391
JACK, Isaac ...... 24,57,76,169,229,230, 288,317,401
**JACKSON**
   Andrew ........ 24,39,57,66,71,76,127, 162,222,281,317,401
   Anna .......... 66,125,185,252,340,364
   Annie .......................................39,70
   Matilda ................................39,66,70
   Stonewall ... 39,125,185,252,340,364
   Stonewell ................................66,71
**JAMISON**
   Alex Smoke ....... 57,77,162,222,281, 317,401
   Amos .......................................57,77
   Amos Bert....... 162,222,281,317,401
   Ava L.........................................222
   Ellen ..... 57,77,162,222,281,317,401
   Eva L .......... 57,77,162,281,317,401
   George ....... 58,162,223,281,317,401
   George, Jr ..................................77
   George, Sr..................................84
   Lucy ...... 57,76,162,222,281,317,401
   Lydia.........................57,77,162,230
   Sadie ..... 57,77,162,222,281,317,401
   Stewart.. 57,76,162,222,281,317,401
**JAMMISON**
   Alex Smoke ................................24
   Amos .........................................24
   Ellen ..........................................24
   Eva L .........................................24
   George .......................................24
   George, Sr..................................24
   Lucy ...........................................24
   Ludia..........................................24
   Sadie ..........................................24
   Stewart.......................................24
**JEFFERSON**
   Quapaw....................................121
   *Ta-meh*....................................121
   *Ta-meh* Q...............................275
   *Ta-meh* Quapaw..................156,216
   *Ta-meh* Quapaw......................... 6

**JENNISON**
   Catharine ...................................33
   Catharine, Jr...............................34
   Catherine . 104,137,198,264,350,375
   Catherine, Jr.......... 105,138,198,264, 350,375
   Charles............ 33,104,137,198,264, 350,375
   Doan ..........................................34
   Doane ...... 105,138,198,264,350,375
   Earl ..... 34,105,138,198,264,350,375
   Edna.... 34,104,138,198,264,350,375
   Edward M .................... 264,350,375
   Glen ........................................104
   Glenn ......... 33,137,198,264,350,375
   Guy ..... 33,104,137,198,264,350,375
   Mamie.........................................33
   Ralph Raymond .... 104,137,198,264, 350,375
   Raymond ...................................33
   Robitaille ...................................33
   Ruth .... 34,105,138,198,264,350,375
**JOHNSON**
   Allen .................................234,294
   Allen, Jr ............. 13,94,174,234,294, 329,413
   Allen, Sr ............. 13,94,174,329,421
   Anna .................... 25,58,77,223,282
   Annie ..................................317,401
   Annie Crow ......... 24,58,77,163,223, 282,317
   Arthur ......... 13,94,174,242,301,330
   Arthur, Jr ............. 24,58,77,163,223, 282,317
   Arthus ....................................414
   Bertha ............. 19,101,181,241,300
   Catharine ..................................13
   Catherine ... 94,174,234,294,329,413
   Cordelia ........... 19,101,181,241,301, 330,414
   Dolly A .....................................295
   Dolly S................................330,414
   Dolly Stiltz ...................95,175,235
   Donald 19,101,181,241,301,330,414
   Dorcas... 13,94,175,235,294,330,421
   Edna Dorcas ........ 24,58,77,163,223, 282,317

Ella ..... 19,101,181,241,300,330,421
Eloise ........................ 294,330,414
Eugene .. 54,73,159,219,278,317,401
Eunice ... 13,94,175,234,294,330,413
George ............................................ 94
George M ........ 175,235,294,330,414
Gwendolen ........................ 330,413
Gwendolyn ......... 13,94,175,234,294
Harold .......... 13,94,174,234,294,330
Harrold ..................................... 413
Helen .... 13,94,174,234,294,329,421
Jackson ......... 25,58,77,163,223,282, 317,401
John Hogan ............................... 317
John Logan ......................... 223,282
Laurence .............................. 317,401
Lawrence W ........................ 219,278
Lillian ........... 21,54,73,159,219,278, 317,401
Mack ............................................ 13
Maggie .......... 25,58,77,163,223,282, 317,401
Mary ..................................... 25,58,77
Mary B .................................. 317,401
Mary Bearskin ..... 21,54,73,159,219, 278
Mary Ida ......... 163,223,282,317,401
Mildred ..................................... 414
Preston ............. 19,101,181,241,300, 330,414
Rita May ....................... 294,330,413
Robert ................. 13,94,174,234,294
Robert E Lee ........................ 329,413
Roland ............................... 330,414
Roosevelt ................................... 401
Ruth Adelia .. 58,77,163,223,282,317
Wilber M ................................ 330
Wilbur ..................... 13,95,175,235
Wilbur M ........................... 295,414
Wilbus Charley .......................... 414

**JONES**
(Infant) .......................................... 15
Arizona .................................... 330
Arizona M ........................... 296,414
Arizona Misenhimer .. 15,96,176,236
Chrissie ........................................ 33
Christina .. 104,137,198,264,351,376

Effie Margaret ....... 197,263,350,375
Eliza ...................................... 33,104
Emma Belle ........... 33,104,137,197, 263,350
Eunice ................................ 376,379
Henry K ...................................... 33
Henry M .. 104,137,197,263,350,375
Infant ........................................ 350
Ira ....... 33,104,137,197,263,350,375
Josephine L A ............................. 14
Lucile ................................. 330,414
Lucy .................................... 33,108
Lyman M .................................. 375
Martha ....... 33,104,137,198,264,351
Matilda ................................ 33,104
Miriam Brown .................... 330,414
Nellie ....... 104,137,198,264,351,376
Rachel ................................. 33,104
Silas Wilber ................. 263,350,376
Silas Wilbert ............ 33,104,137,197
Wesley K ......... 33,104,137,197,263, 350,375
William Elias .......... 96,176,236,296, 330,414

**KARIHO**
[No Name] ............................... 318
_____ .................................. 402
Elizabeth ............. 25,58,77,163,223, 282,318,402
Fannie W ..................... 282,318,402
Fannie Winney ........... 58,77,163,223
John ................................ 22,25,282
John H, Jr ................................. 402
John K ............... 58,77,163,223,318
John, Sr ........ 55,74,160,220,317,401
Josaphine .................................. 402
Josephine ................... 223,282,318
Josie ........................... 25,58,77,163
Mary .. 14,22,55,74,160,220,317,401
Mary Jane ............ 58,77,95,163,175, 230,235
Naomi ..... 25,58,77,163,223,282,402
Noah ............................... 14,95,182
Rosa ........................................... 25
Rose Mary ......... 58,77,163,223,282, 318,402
Ruth . 25,58,77,163,223,282,318,402

442

# Index

Sarah C .........25,58,77,163,223,282, 318,402
Service ..........25,58,77,163,223,282, 318,402
Susah Buck ...................................74
Susan Buck ................22,55,160,230
**KEAH**
   Joseph ...................................351,376
   Rosa Ann Kisco ..................132,189
   Rosa Ann Kiser............................255
   Rose Ann Kisco..........................367
   Rose Ann Kiser...........................343
**KELLEY**, Mary Whitewing ...223,282, 402
**KELLY**, Mary Whitewing..........25,58, 77,163,318
**KENNEDY**
   Allan ...............175,235,294,330,414
   Allen ........................................14,95
   Cora Faber ...........................330,414
   Ethel .....................................318,402
   James .... 14,95,175,235,294,330,414
   Lee ...............................14,95,175,235
   Lee C ...................................330,414
   Leer............................................294
   Ollie Choteau............................402
   Ollie Shouteau ..........................318
   Rebecca 14,95,175,235,294,330,414
**KENO**, Henry ........44,111,144,206,357
**KENOYER**
   Felicia M ...................................392
   Felicia M C................................271
   Felicia M Cardin...........152,212,307
**KEYAH**
   Joseph ...............34,105,138,198,264
   Rosa Ann Kisco..........................86
**KING**
   (Infant)........................................15
   Amelia .......................................376
   Bert......34,105,138,198,264,351,376
   Charles 34,105,138,198,264,351,376
   Edith ...........................................34
   Edward .....................................415
   Estelle.............176,236,296,331,415
   Esther........................................376
   Fred......34,105,138,198,264,351,376
   Infant .................................105,138

   James .. 34,105,138,198,264,351,376
   John .... 34,105,138,198,264,351,376
   Joseph. 34,105,138,198,264,351,376
   Louis.............................34,105,141
   Lydia E .....................................264
   Lydia F ........................198,351,376
   May Long ..........15,96,176,236,296, 331,415
   Nicholas...................96,176,236,296
   Nicholas Long .....................331,415
   Robert. 34,105,138,198,264,351,376
   Robert A .... 34,105,138,198,264,351
   Walter. 34,105,138,198,265,351,376
**KINGFISHER**
   Lucinda S W .................285,318,402
   Sarah Ellen ..........25,58,77,163,230
**KIRKBRIDE**
   Eugene.. 14,95,175,235,295,330,414
   Frank..... 14,95,175,235,295,330,414
**KISCO**, Rosa Ann ..........................49
**KIST**, Amos........... 51,89,128,193,260, 346,371
**KNOX**, Nancy Archer.............207,247, 356,381
**KYGAR**
   Andrew ......................................14
   Dollie ......................................14,95
   Dolly.........................................235
   Minnie ......................14,95,235,295
   Pearl.................95,235,295,331,414
   Stella............ 14,95,235,295,331,414
   Susan ..........................................14
**LABADIE**
   Edna..................46,207,247,356,381
   Leslie .. 46,114,147,208,248,356,381
   Lola................147,208,248,356,381
   Lolo .....................................46,114
   Max........................46,114,147,209
   Raymond ..........46,207,247,356,381
   Roy ............................................46
   Roy C....................207,247,356,381
   W G .... 46,114,147,208,248,356,381
**LABEDIE**
   Edna....................................113,146
   Raymond ............................113,146
   Roy .....................................113,146
**LADUE**

# Index

Cassandra H .......................... 294,332
Cassandra Hicks ............ 94,174,234
William ...................................... 174
**LAFALIER**
   Beulah ............... 86,132,190,256,343
   Bulah ........................................ 367
   Cordelia ......................... 44,111,144
   David ......... 86,132,189,255,343,367
   Earnest ......................................... 49
   Ernest .......... 86,132,190,256,343,367
   Esther ........................................ 243
   Florence ...................................... 44
   Forrest ........................... 86,132,190
   Forrest L ........................ 256,343,367
   Henry .... 49,86,132,190,256,343,367
   Mary ........... 49,86,132,189,190,256, 343,367
   Oscar ..... 49,86,132,190,256,343,367
   Pearl P ................................ 356,381
   Pearl Peckham .. 42,109,142,203,243
   Ruby ............... 134,189,255,343,367
   Sophia Goodboo ..... 49,132,189,255, 343,367
**LAMOREAUX**, Lizzie Young ...... 336, 420
**LANE**
   Mary ...... 5,119,154,215,274,308,392
   Napoleon John ............................... 5
**LANKARD**
   Clyde .. 34,105,138,199,265,351,376
   Don ....................... 199,265,351,376
   Gerald ...................................... 376
   Infant ....................................... 351
   Laura Lee .......... 34,105,138,199,265, 351,376
   Madge ............... 34,105,138,199,265
   Zach ........... 34,105,138,199,265,351
   Zack ......................................... 376
**LARGE**, Ida Stanley ................ 205,245
**LARKINS**, Reuben ..... 45,112,145,206, 246,356,381
**LAUDE**, Cassandra H .................... 416
**LAVERE**, Lizzie Wolfe ................. 265
**LAVOR**
   Lizzie Wolf .............................. 105
   Lizzie Wolfe ............................ 138
**LAVORE**

Lizzie W .............................. 351,376
Lizzie Wolf ................................. 34
Lizzie Wolfe ............................. 198
**LAWVER**
   Benjamin ......... 52,90,129,194,260, 347,372
   Benjamin, Jr .......... 194,260,347,372
   Dollie .................................... 51,90
   Dolly ............... 129,194,260,347,372
   Eliza ...... 52,90,129,194,260,347,372
   Infant ................................ 129,194
   Lela M .................................. 52,90
   Lelah M ......... 129,194,260,347,372
   Martha .. 52,90,129,194,260,347,372
   Samuel .. 51,90,129,194,260,347,372
   Thomas L ..................... 260,347,372
   William ............... 52,90,129,195
   Winnie ................................ 106,139
**LAWYER**, Winnie .......................... 35
**LAYNE**
   Betsey Bombary ......... 25,58,77,163, 223,282,318
   Betsy Bombary .......................... 402
   Edna Reed ............ 25,58,77,163,223, 282,318,402
   Joseph St Clair ............. 25,58,77,163, 223,282,318
**LEAONARD**
   Ernest ........................................ 87
   Gabriel ....................................... 87
   Louisa ........................................ 87
   Pearl .......................................... 87
   Ruby .......................................... 87
   Wilber ........................................ 87
**LEDA**, _____ ....................... 415
**LEE**
   [No Name] ............................... 138
   Alice Tyson ............ 34,105,138,198, 265,351,376
   Delbert ............ 34,105,138,198,265, 351,376
   Fred ..... 34,105,138,198,265,351,376
   Grace ..................... 199,265,351,376
   Infant ....................................... 105
   Kitty ............................... 34,105,138
   Leonard ............ 34,105,138,199,265, 351,376

# Index

Nellie .. 34,105,138,199,265,351,376
Walter. 34,105,138,199,265,351,376
**LEONARD**
  Addie B ....................... 256,344,368
  Addie Billington ............ 87,133,190
  Barbara . 49,87,133,190,256,343,367
  Carrie.... 49,87,133,190,256,343,368
  Charles............................... 49,87,133
  Charles W ............. 190,256,344,368
  David ............... 133,190,256,344,368
  Della ..... 49,87,133,190,256,343,368
  Edgar Carl................................... 368
  Edward Carl............................... 344
  Elmer Charles ........ 190,256,344,368
  Erman ............................................49
  Ernest.............. 133,190,256,344,368
  Gabriel................................. 49,133
  Gabriel S................ 190,256,344,368
  George .............................. 49,87,133
  George W ............. 190,256,343,367
  Grace ........................................... 368
  Hazel.......... 87,133,190,256,343,368
  Helen ............................... 49,87,133
  Irene........... 87,133,190,256,344,368
  Louisa ........ 49,133,190,256,344,368
  Mabel........................................... 368
  Pearl................ 133,190,256,344,368
  Roy ................................................49
  Ruby ............... 133,190,256,344,368
  Wilber......................... 133,190,344
  Wilbur........................... 49,256,368
**LEWIS**
  Alexander .......... 5,119,154,215,274,
  308,392
  Amos Alphonse ................... 215,274
  Amos Alphonso .................. 119,154
  Anna Elizabeth ................. 58,77,163
  Clara ....... 25,58,78,163,223,282,402
  Clare ............................................ 318
  Daylight....................................... 315
  Elizabeth........................................ 25
  Jacob............ 25,58,77,163,223,282,
  318,402
  Mary Frances ....................... 308,392
  Melissa ....................... 25,58,78,163
  Sarah............ 25,58,77,163,223,282,
  318,402

Thomas......... 25,58,78,163,223,282,
318,402
**LEYDA**
  [No Name] ................................. 331
  Rose M .............................. 331,421
**LIDER**
  Infant ..................... 101,181,241,301
  Rose L M ..................................... 181
  Rose Lute McClellan ................. 101
  Rose M ................................ 241,301
**LITTLECHIEF**, Martha ....... 40,66,71,
126,186,252,340,364
**LOFLAND**
  Annie ........................................... 101
  Caroline ... 101,181,241,301,331,415
  Carrie............................................. 20
  Charles............. 20,101,181,241,301,
  331,415
  Kitty............................................... 20
**LOGAN**
  [Illegible] .................................... 169
  [No Name] ................................. 318
  Charles........................... 29,167,230
  David ................................... 228,287
  Eddy ............................................ 402
  James ............ 25,58,78,163,223,282,
  318,402
  James, Jr ........... 59,164,170,224,289
  John ................... 29,167,228,287,323
  Louis............ 29,78,167,228,287,323
  Mary S .............. 25,78,169,229,288,
  318,402
  Mary T Crow ............................... 78
  Mary T Y ....................... 282,318,402
  Mary T Young .............. 58,163,223
  Rosie................ 29,167,228,287,323
  Vina ......................................... 29,84
**LONG**
  Ada .............................................. 415
  Albert .... 15,96,176,236,295,331,415
  Albert Sarahas ............................. 95
  Alberta A .................................... 235
  Alberta S ...................... 295,331,421
  Alberta Sarahas ..................... 14,175
  Bryon ............................................. 14
  Byron ......... 95,176,235,295,331,415
  Catharine ...................................... 14

## Index

Dora ............................................... 14
Elmer ............ 14,95,175,235,295,331
Eolmer ......................................... 421
Estelline ...................................... 397
Fannie M .......... 14,95,176,236,295, 331,415
Frank ..... 14,95,176,236,295,331,415
Fred ....... 14,95,176,235,295,331,415
George .. 15,96,176,236,295,331,415
Georgia ............................... 331,415
Grover C ............ 15,96,176,236,295, 331,415
Infant ........................................... 295
Irvin B ......................................... 295
Irvin P ............... 14,176,236,331,415
Isaac A ........................................... 96
Isaac Z .............................. 14,176,242
James Jr ....................................... 295
James M ............. 14,95,176,236,295
James M, Jr .................................. 14
James, Jr ............... 176,236,331,415
Julia ...... 15,96,176,236,295,331,415
Kate ...... 14,95,176,236,295,331,415
Lucien .................... 235,295,331,421
Lucile ..................... 235,295,331,415
Lydia ..... 14,95,176,235,295,331,421
May ............................................... 52
Myrtle .......................................... 14
Nancy ... 15,96,176,236,296,331,415
Robert ... 52,90,129,194,260,347,372
Roy ............................................. 415
Samuel .. 14,96,176,236,295,331,415
Thomas . 15,96,176,236,295,331,415
Vera ............. 95,176,235,295,331,415
Walter ... 15,96,176,236,296,331,415
William P ..... 14,95,175,235,295,415
William P, Jr .......................... 95,175
Wm P .......................................... 331
**LOOKAROUND**, Elmira Staton ... 140, 200,266,351,376
**LOTSON**, Robert ............................. 392
**LOTTSON**
   *Mis-kah-get-tah* .......................... 120
   Robert .......... 6,120,155,215,274,308
**LOTZ**, Angeline Byron ..... 34,105,139, 199,265,351,377
**LUCAS**

Amber ................... 188,254,344,368
Edward Joseph ............. 254,344,370
Infant ............................................. 85
Katherine .................................... 344
Kathrine ...................................... 368
Marie ........................................... 188
Marie A ................. 131,254,344,368
Silver Dollar ........... 85,131,188,254, 344,368
**LUKE**, Pater ....................................... 20
**LUTE**, Frank ............. 101,181,241,301, 331,415
**LYKINS**
   Anna ......... 45,146,207,247,356,381
   Annie ............ 45,112,145,207,247
   Carey ............................ 45,146,247
   Carey M ................................... 207
   Cary ..................................356,381
   Charles ............ 45,112,145,207,247, 356,381
   Chas W ...................................... 381
   David ....................... 207,247,357,382
   Don .................................. 47,112,146
   E W .............................................. 112
   E W W ....... 47,146,207,247,356,382
   Elsie .... 47,112,146,207,247,356,382
   Fred ............................... 45,112,146
   Fred C ................... 207,247,356,381
   Harry ... 45,112,145,207,247,356,381
   Lee ................................ 45,112,146
   Lee F .................................... 207,247
   Lee S ....................................356,381
   Lena Williams ........ 34,105,139,199, 265,351,377
   Lyle ............................................. 381
   Martha ............. 45,112,145,207,247, 356,381
   Nolte Lyn ................................... 386
   Nolte Lynn ............. 145,207,247,356
   Queenie ........................................ 45
   W C .......... 45,112,145,207,356,381
   W G ............................................ 247
   Webster ....... 45,146,207,247,356,381
   Willie ......................................... 382
   Willis ......... 47,112,146,207,247,357
**LYMAN**
   Infant .................... 220,279,318,402

# Index

Julia Bombary........220,279,318,402
**MACMANAMAN**, Hannah.....87,135
**MADISON**, James.........5,119,155,158
**MAHINER**, Lizzie................188
**MARSH**, Dolly Kygar......295,332,415
**MARY**, Princess..........52,90,129,194, 260,347
**MASON**
  Clem H........25,59,78,164,224,283, 319,403
  Harrie..............................78
  Harriet..........................319,403
  Hattie................25,59,164,224,283
  Winona........25,59,78,164,224,283, 319,403
**MAUPIN**
  Alberta Anna...........................416
  Anna Alberta.........174,234,294,332
  Blanch Mildred..........................234
  Blanche Mildred...........294,332,416
  Cordelia...............................332,416
  Cordelia H..............234,294,332,416
  Cordelia Hicks.................13,94,174
**MCBEE**
  Julia.................46,113,147,208,248
  Julia B................................357
**MCBRIEN**
  Fay.........................266,352,377
  Harley..............200,266,352,377
  Myrtle Pooler.............106,139,200, 266,352,377
**MCCANT**, Lacey Zane.................332
**MCCART**, Lacy Zane.....100,181,240, 302,421
**MCCLAIN**, Fannie Whiteday..........40
**MCCLELLAN**, Lucretia...............101
**MCCLELLAN**.........................20
  Lucretia............181,241,301,331,415
  Rosa..................................20
**MCCOONSE**
  James...........................344,368
  Joseph...........................344,368
  Lizzie............................344,368
  Peter..............................352,377
  Sophia............................352,377
**MCCOONTZ**
  James........................133,190,256

  Joseph........................87,133,190,256
  Lizzie.....................50,87,133,190,256
  Peter..................35,106,139,199,265
  Sophia................35,106,139,199,265
**MCCOURT**
  Henry................................19
  Julia.................................19
  Lucy Zane...........................19
  Noah.................................19
  Pearl................................19
**MCCOUY**
  John Henry............................ 5
  Martha Ellen.......................... 5
**MCCOY**, Martha Angel................ 5
**MCCOY**
  Anna May.....................155,215,274
  Anna Thomas......................308,392
  Isaac....35,106,139,199,265,352,377
  James Thomas....................308,392
  John Henry..........120,155,215,274, 308,392
  Martha Angel........................120
  Martha Angell..............155,215,274
  Martha Ellen..........120,155,215,274
  Martha L..........................308,392
**MCCULLOGH**
  Clarence............................213
  A Henry.............................213
  John................................213
  Margaret Dardenne..................212
**MCCULLOUGH**
  A Henry.............................271
  Margaret Dardenne.......271,308,392
**MCDONALD**, Maggie E Cousatte
...................................308,392
**MCKEE**, Mary..............15,96,176,236, 296,332,416
**MCKENZIE**, Isabella Z................ 5
**MCKENZIE**
  Isabel............................308,392
  Isabel Z..................120,155,215,274
**MCLANE**
  Fannie Whiteday.......67,71,126,186, 252,340,364
  Peter..................43,110,143,204,244
**MCMANAMAN**, Hannah...............50
**MCNAUGHTON**

# Index

Clara E ................ 207,247,357,382
Clara Peery ..................... 46,113,146
Guy ..... 46,113,146,207,247,357,382
Mavie I ..................................... 382
Pearl.... 46,113,146,207,247,357,382
Ray ........................ 207,247,357,382
Roy ............................... 46,113,146
William ........................................ 46
Willie ........................................ 382
Willis .............. 113,146,207,248,357
*MEH-NE-DAH* ................ 155,215,274
*MEH-NO-BAH* ................................ 6
*MEH-NO-DAH* ............................ 120
**MERRISS**
   Alma ................. 45,112,145,206,249
   Clinton ............ 145,206,246,357,382
   Elmer .. 45,112,145,206,246,357,382
   Grace ............................. 45,112,149
   John .... 45,112,145,206,246,357,382
   John E ....................................... 149
   Justina. 45,112,145,206,246,357,382
   Lincoln ................................. 45,112
   Sylvia ....... 145,149,206,246,357,382
   Wendal Eugene........................... 249
   Wendell Eugene................... 357,382
*MES-KAH-GER-TAH* .................... 392
*MES-KAH-GET-TAH* .................... 308
**MEYERS**, Ottie ................... 43
**MILLER**
   Albert ............... 43,110,143,149,204,
   244,357,382
   Albert Leroy ............... 149,204,209,
   244,357,382
   Clarance ......................................... 50
   Clarence ..... 87,133,190,256,344,368
   Cora Esther ................... 244,357,382
   Edwin ............................... 50,87,133
   Ella ........................... 43,110,143
   Ethel ......................... 50,87,133,368
   Ethel A ......................... 190,256,344
   George ....... 47,147,209,249,357,382
   George Hiram .......................... 382
   Louis Edward ........ 190,256,344,368
   Matilda ........................................ 52
**MINGO**
   [No Name] ................................. 319
   Annie May ................................. 319

Eddie ............................................. 25
Edward T ........... 59,78,164,224,283,
319,403
Ida .... 25,59,78,164,224,283,319,403
Ira D .......................................... 403
James N ................. 224,283,319,403
Lucy .............................................. 25
Onnie May ... 59,78,164,224,283,403
Sophronia L ..... 59,164,224,283,319,
403
Sophronia Lucy ........................... 78
**MISENHEIMER**
   Ella .......................... 296,332,416
   James ........................... 296,332,416
   John ............................. 296,332,416
   Roy .............................. 296,332,416
   Susan ........................... 296,332,416
**MISENHIMER**
   Elia ............................................... 15
   Ella ................................. 96,176,236
   James ......................... 15,96,176,236
   John ........................... 15,96,176,236
   Susan ......................... 15,96,176,236
*MIS-KAH-GET-TAH* ........... 6,155,215
*MIS-KEY-GET-TAH* ..................... 274
**MITCHELL**
   Clyeta ......................................... 382
   Clysta ............. 112,145,206,246,357
   Olive ............... 206,209,246,357,382
   Winnie Sky ............ 112,145,206,246
   Winnie Skye ........................ 357,382
**MODOC**, Mary Ann ................... 52,90
**MOHAWK**
   Henry ................................... 246,382
   *Ho-ga-mee* ............................... 392
   *Ho-ga-mee G* ............................ 308
   John .............. 40,67,71,126,186,252,
   340,364
   Orilla Keno ............. 44,111,144,206,
   246,357,382
   Sallie ............................ 40,67,71,126
   Sarah ............... 186,252,340,364
**MONONCUE**
   Susan ............................................. 78
   Susan T ....................... 25,59,164,230
**MONTGALL**, William ........... 101,182
**MOORE**

# Index

Ada .................................................43
Ernest................43,110,143,204,244
Frank..........................43,110,143
Frank D ................205,245,357,382
Hillard..........................................382
Mary ... 43,110,143,204,244,357,382
Roy ........................ 43,110,143,209
Russel .............................. 43,245
Russell ........... 110,143,205,357,382
**MOTHER**, Gertrude........................34
**MUDD**, Susan Crow .......................399
**MUDEATER**
   Alfred ................. 15,96,177,237,332
   Alfred J ...............................296,416
   Benjamin .......... 96,177,236,296,416
   Benjamin A...........................15,332
   Cora..................................332,416
   Doane ... 15,96,177,236,296,332,416
   Florence 15,96,177,236,296,332,416
   Fred Roschi..... 177,236,296,332,416
   Infant ........................96,182
   Irvin ...... 15,96,177,242,301,332,416
   Julia ........... 15,96,177,237,242,296,
   301,332,416
   Sidney.......... 15,96,177,236,296,421
   Sidney E .....................................332
**MUNCH**, Oella............. 15,96,177,237,
296,332,416
**MURDOCK**
   Blanch Walker ...........................296
   Blanche.................................15,96
   Blanche Walker ..... 176,236,332,416
   Rhoda ... 15,96,176,236,296,332,416
**MUSH**
   Edward T .....................................78
   Ida...............................................78
   Mary ..... 15,97,177,237,296,332,416
   Onnie May ..................................78
   Sallie............................................26
   Sophronia Lucy ...........................78
   Widow...................26,59,78,164,230
   William......... 26,59,78,164,224,283,
   319,403
**MYERS**
   Clyde ........................................383
   Homer.......................................383
   Jane Baptiste......................110,143

Opal ............... 204,209,244,357,383
Ottie ......... 110,143,204,244,357,383
**NEICE**
   Charles...............................357,383
   Sarah..................................357,383
**NELSON**
   Louis..........................................319
   Louis D .....................................403
   Louis Dana ........................224,283
   Mary J W ............................319,403
   Mary J Winney ..........26,59,78,164,
   224,283
   Vincent ........ 26,59,78,164,224,283,
   319,403
**NEWHOUSE**, Amos ....6,120,155,215,
274,308,392
**NEWMAN**
   [No Name] ................................... 6
   Ada A ... 6,120,155,215,274,308,392
   David A 6,120,155,215,274,308,392
   Goldie M ...............215,274,308,392
   James A ............ 6,120,155,215,274,
   308,392
   James L................................308,392
   James Lemuel ..... 6,120,155,215,274
   Leona A ...............................308,392
   Leona May..........6,120,155,215,274
   Leroy ....... 120,155,215,274,308,392
   Minnie M................................... 6
   Sophia Viola.............6,120,155,274,
   308,392
   Sophie Viola..............................215
**NICHOLAS**
   Alex .......... 26,59,78,79,164,224,283
   Alexander ................59,164,224,283
   Alice ........... 26,59,78,164,224,283
   Isabella .......................................78
   Isabelle ........................................26
   Josie Belle................59,164,224,283
   Julia ........... 26,59,79,164,224,283
   Leo..............................................67
   Levi...............................71,126,186
   Lucy.............. 26,59,79,164,224,283
   Malinda.......... 26,59,78,164,224,283
   Mary ........... 26,40,59,67,71,78,126,
   164,187,224,283
   Matilda .......... 26,59,78,164,224,283

## Index

Silver............26,59,78,164,224,283
Smith............26,59,79,164,224,283
Susie............26,59,78,164,224,283
William..........26,59,79,164,224,283
**NICHOLS**
   Alex...................................319,403
   Alexander........................319,403
   Alice.................................319,403
   Cora Edna...............................364
   Jasper......................................403
   Josie Belle......................319,403
   Julia..................................319,403
   Julia Splitlog............................403
   Levi...............................252,340,364
   Lucy.................................319,403
   Malinda............................319,403
   Mary......................................319
   Matilda.............................319,403
   Silver...............................319,403
   Smith................................319,403
   William.............................319,403
**NIECE**
   Charles........45,112,146,149,207,247
   Sarah.........................207,209,247
**NONKESIS**
   Ezekial......................................35
   Ezekiel......106,139,199,265,352,377
   Lottie..35,106,139,199,265,352,377
   Martha...................................377
   Sarah......................................377
**NUCKELS**, Julia Splitlog..............286
**NUCKOLS**
   Jasper....................................319
   Julia Splitlog..........................319
**NUTTER**, Frank.........35,106,139,199, 265,352,377
**OFFUT**
   Infant.....................................197
   M...........................................264
   Rachel Jones..................137,197,264
**OFFUTT**
   M...........................................352
   Mary......................................378
   Rachel Jones.......................352,378
**OH-STA-WET-TAH**....................120
*OH-STA-WET-TAH*..................6,155
**OSBORN**

Arthur......................................46
Christina..................................46
Margaret..................................46
Mary........................................46
**OSBORNE**
   Alice.........147,149,208,248,358,383
   Arthur......113,147,208,248,358,383
   Christina..113,147,208,248,358,383
   Infant.....................................113
   Margaret..113,147,208,248,358,383
   Mary........113,147,208,248,358,383
   Mollie....................................149
   Patrick......113,147,208,248,358,383
**OWENS**
   Elizabeth......................277,308,392
   Hugh..............................218,277
   Hugh Wade.........................308,392
   Infant............................123,158,277
   Infant (Elizabeth).......................158
   Infant (Hugh)............................158
   Kitty Wade.......8,123,158,218,277, 308,392
   Kitty, Jr..................................218
   Louis Martin......................308,392
**OWNES**, Elizabeth........................218
**PALMER**
   Ada Moore............110,143,204,245, 358,383
   Lizzie....50,87,133,190,256,344,368
   Thomas....................................50
   Thomas Harley.......87,133,190,256, 344,368
**PARKER**, Laura Duncan........39,66,70, 125,185,251,339,363
**PASCAL**
   Albert......................................47
   Grover....................................44
   Louis......................................44
**PASCHAL**
   Albert.......113,146,208,248,358,383
   Grover...............................111,144
   Grover C.......................205,245,383
   Louis......................111,205,245,383
   Louis Paschal...........................144
   Mary Whiteday.........68,72,127,187, 253,341,365
**PASCHALL**

# Index

Grover C .................................. 358
Louis ........................................ 358
**PEACOCK**
  Alex ................. 97,177,237,296,410
  Alez ....................................... 326
  Ella ......................................... 15
  Eunice G ............................ 79,169
  Eunice T ................................. 60
  Fannie S Y ............... 288,320,404
  Infant ................................ 97,182
  Isaac ............ 26,59,79,164,224,283, 319,403
  Isaac, Jr ....................... 320,403,404
  James ........ 26,79,224,283,319,403
  James Bearskin ................. 60,164
  Katie ....................................... 15
  Katy .................................. 97,177
  Lizzie C W ............ 225,283,319,403
  Lottie ................. 15,97,177,237,296
  Maggie ............... 15,97,177,237,296
  Mary Johnson Smith ........ 27,79,165
  Philip ........ 97,177,237,296,326,410
  Susan Johnson Smith .................. 60
  Thomas ........ 26,59,79,164,225,283, 319,403
**PEACORE**
  Artie S ................................... 328
  Artie Smith ....................... 238,298
**PEAN**
  Salle Welch ............................ 112
  Sallie Welch ............ 45,207,358,383
**PECK**, William ........................... 411
**PECKHAM**
  Blanche ........... 42,109,142,203,243, 358,383
  Charles ............ 42,109,142,203,243, 358,383
  Edward ........... 42,109,142,203,243, 358,383
  Erma ............... 148,203,243,358,383
  Hazel ..................................... 243
  Hazel H ................................ 358
  Hazel M ............... 142,149,203,383
  Louis ............... 42,109,142,149,209
  May ..... 42,109,142,203,243,358,383
  Rena ..................................... 383
  Ruby ... 42,109,142,203,243,358,383
  Thomas ........... 42,109,142,203,243, 358,383
  Thomas M ............. 203,209,243,358
  Thomas M, Jr ......................... 383
**PECORE**, Artie S ........................ 412
**PEERY**
  Albert ............................... 110,143
  Albert E ... 110,143,204,244,358,383
  Albert J ................. 204,244,358,383
  Alice ................................ 110,143
  Alice E .................................. 383
  Alice S .................. 204,244,358,383
  Christina ........................... 358,384
  Christine .......... 43,110,143,204,244
  David .. 43,110,143,204,244,358,384
  Elsie ........................... 43,110,143
  Eva May .. 110,143,204,244,358,384
  Eva May "Breeze" ....................... 43
  Frank ........................... 43,110,143
  Frank C ................. 204,244,358,384
  Naomi ............. 43,110,143,204,244, 358,384
  Samuel ........................ 43,110,143
  Samuel C .............................. 204
  Samuel L ....................... 244,358,384
  William ....................... 43,110,143
  William B .............. 204,244,358,384
**PENDER**
  David .................................... 124
  Jane ...................................... 362
  Jane D ...................... 184,250,338
  Jane Dougherty ................... 65,124
  Jane Jackson ........................ 38,69
  Samuel .................................. 124
**PENN**
  Benjamin ............................... 146
  Sallie Welch .......................... 146
  Thomas ................................ 146
**PERRY**
  Albert ................................ 43,110
  Albert E .................................. 43
  Alice ...................................... 43
**PETAH**
  Frank ........ 106,139,199,266,352,377
  Infant ............................. 352,377
  Joseph ...... 106,139,199,266,352,377
  Sarah ........ 106,139,199,266,352,377

# Index

T R..................266
Thomas............106,139,199,266
Thomas Poscawa..........266
**PETAH (POSCOWA)**
Frank..................35
Joseph.................35
Sarah..................35
Thomas.................35
**PETERSON**
Amanda Ball... 150,210,269,308,392
Beatrice..............308,392
Infant................150,210,269
**PLEASANT**, William Faithful ...51,89, 128,193,259,346,371
**POOLER**
Charles........35,106,139,200,266, 352,377
David Louis...........87,133
Ernest........87,133,191,257,344,368
Ethel.................35,106,139
Frank.................50,87,133
Frank C...............191,257,344,368
Frederick.............50,87,133
Frederick B...........257
Frederick R...........191,344,368
John Albert......35,106,139,200,266, 352,377
Josaphine.............368
Josephine.....50,87,133,191,257,344
Louis.................50
Louis D...............344,368
Louis David...........191,257
Mabel.................50,87,133
Mabel B...............344,368
Mabel P...............191,257
Manford.....35,106,139,200,266,377
Mary.....50,87,133,191,257,344,368
Maude.................35,106,139
Moses.35,106,139,200,266,352,377
Myrtle................35
Otis.....35,106,139,200,266,352,377
Robert.35,106,139,200,266,352,377
**POPE**
Bismarck Milton.......87
Bismark...............133
Bismark Milton.......190,256,344,369
Douglass......50,133,191,257,344,369

Douglass..............87
John..................50
John Adam.............133
John Adam, Jr.........87
John Adams............344,369
John Adams, Jr........191,257
Josaphine.............369
Josephine........87,133,190,256,344
Josie.................50
Mark..................50
**PORTIS**, Mary.......6,120,155,215, 274,308,393
**POSCAWA**
Sarah.................199
Thomas................199
**POSCOWA**, Thomas....139
**POSHAWA**
Frank.................106
Joseph................106
Sarah.................106
Thomas................106
**PRADMORE**, Dorothea.149
**PRATHER**
Beulah.........204,209,244,358,384
Emaline...............43
Emmelin...............143
Emmeline.....110,204,244,358,384
Nellie................110,358
Nellie B.........43,143,204,244,384
**PRESTON**
Dorothy Sarah...94,175,235,294,333
Dortha Sarah..........416
Eva Johnson......13,94,175,235, 294,333,421
Walter Johnson........416
**PROPECK**, Roy Hamilton.......37,107, 141,201,354
**PROPHET**
Bertha Maria........40,67,71, 126,186,252,340
Berthat Maria.........364
Bessie..........40,67,71,127
Dick............47,113,146,208,249
Edna E........40,67,71,126,186,252, 340,364
Elmer.........40,67,71,126,186,252, 340,364

452

# Index

Estella ............... 186,252,340,364
Esther ..................... 40,67,71,126
Frank ..... 39,40,66,67,70,71,125,185, 251,339,363
Franklin ......... 126,186,252,340,364
Georgia ................................ 364
Harriet ................ 252,253,340,364
Ida .... 40,67,71,126,186,252,340,364
John . 40,67,71,126,186,252,340,364
Josephine ............................ 364
Maria ........... 40,67,71,126,186,252, 340,364
Minnie ......... 40,67,71,126,186,252, 340,364
Nancy .......... 40,67,71,126,186,252, 340,364
Theodore ........... 67,71,126,186,252, 340,364
William ......... 40,67,71,126,186,252, 340,364

**PUNCH**
Alec ................................... 20
Alex ...................... 101,181,241,301
Alexander ..................... 333,416
Margaret ................... 16,97,177,242
Mary ................................ 40
Mary, Jr ............ 67,71,126,186,252, 340,364
Mary, Sr ............ 67,71,126,186,252, 340,364

**QUAPAW**
Anna .................. 6,120,155,216,275
Annie .............................. 309,393
Benjamin .......... 6,121,156,216,275, 309,393
Bertha ......... 6,120,155,216,275,309
Berthat .............................. 393
Charley ........................... 309,393
Cookie ......................... 6,120,156
Dick ...... 6,120,156,216,275,309,393
Frances . 6,120,155,215,274,309,393
Homer James ..................... 309,393
Infant ............................... 158
Jesse ...... 6,120,155,216,275,309,393
John ...... 6,120,155,215,274,309,393
Katie ............................. 309,393
Kittie ............................. 216,275

Leo ...................... 120,156,216,275
*Meh-ska-na-ba-nah* .................. 120
*Mes-ka-nah-bah-nah* ................ 155
Minnie Sigdah ............ 275,309,393
*Ne-wau-kis* ........................ 309,393
Pius ....... 6,121,156,216,275,309,393
Red Sun ............................... 6
Red-Sun .............................. 120
Red-sun .......... 155,215,274,309,393
Rheba ................................ 216
See sah ............................... 6
*See-sah* ............... 121,156,216,275
*Se-sah* ............................ 309,393
Sigdah Track ................ 120,155,215
Solomon ............ 6,120,155,215,275, 309,393
Tag-ah ............................... 158
Tagah ................................ 6
*Tag-ah* .................... 120,156,216
*Tah-ah* .............................. 275
*Ta-me-ah* ......................... 309,393
*Ta-meeh-ah* ..................... 216,275
Tameeheh .............................. 6
*Ta-meeh-eh* ...................... 121,156
*Tameh* .............................. 393

**RAY**
[Illegible] ........................... 275
[No Name] ............................. 7
Abraham .. 121,156,216,275,309,393
Abram ................................ 7
Benjamin Elizabeth ................... 275
Elizabeth ...... 7,121,156,216,309,393
Eula Matilda .................... 309,393
Frank ..... 7,121,156,216,275,309,393
Joseph Dewey ........... 7,121,156,216
Minnie Frances .................. 309,393
Ruth Elizabeth ............ 121,156,216, 275,309,393
Thomas A .......................... 309,393
Thomas Abraham ......... 121,156,216
Thomas Abram ...................... 275

**REDEAGLE**
Doane ................................ 7
Doane S ... 121,156,216,275,309,393
George .. 7,121,156,216,275,309,393
LeRoy ................................ 7
Leroy ....... 121,156,216,275,309,393

Minnie O ............ 216,275,309,393
Minnie O Goshung ............... 121,156
Minnie O-Goshung ..................... 7
Sophia Josephine ...................... 393
Sophia Josephine ............ 7,121,156,
216,275,309
**RHINEHART**
   Flenoid Ivy ......................... 320,404
   Hannah Jack ...................... 320,404
   Maurien ..................................... 404
   Maurine ..................................... 320
   Victor Royal ....................... 320,404
**RICHARDSVILLE**
   Catherine ................................. 134
   Charles ..................................... 134
   Mary ........................................ 134
   Thomas F ................................ 134
**RICHARDVILLE**
   Catharine ................................... 50
   Catherine ................................... 88
   Charles ......... 50,88,191,257,345,369
   Charles Henry .................... 345,369
   Mary ............ 50,88,191,257,345,369
   Thomas F ..... 50,88,191,257,345,369
   Thomas Henry ..................... 191,257
**RINEHART**
   Flenoid Ivy .... 26,60,79,165,225,284
   Hannah Jack .. 26,60,79,165,225,284
   Maureine .................. 60,79,165,225
   Maurerine ................................... 26
   Maurine ................................... 284
   Victor Royal .. 26,60,79,165,225,284
**ROBBINS**
   [No First Name Given] .............. 261
   Amy .......................... 52,90,129,194
   Annie E ........................ 260,347,372
   Charles Frederick ................. 260,347
   Charles Fredrick ........................ 372
   Hiram Richard ............. 259,346,371
   Minnie Snyder .................... 346,371
   Myra Grant ........ 52,90,129,194,260,
347,372
   Ruth .......................................... 90
**ROBINSON**
   Amos .. 42,109,142,203,243,359,384
   Thomas H ................................ 359
   Thomas M .. 44,111,145,206,246,384

**ROBITAILLE**
   [No Name] ................................ 333
   _____ ................................... 417
   Arthur ......... 16,97,177,237,333,417
   Charles ...................................... 16
   Charles Z ... 97,177,237,297,333,417
   Emma ... 16,97,177,237,296,333,421
   Ernest .... 16,97,177,237,297,333,417
   Frank ..... 16,97,177,237,297,333,417
   Grace .... 16,97,177,237,297,333,417
   Homer ... 16,97,177,237,297,333,417
   James .... 16,97,177,237,296,333,417
   Lena ...... 16,97,177,237,297,333,417
   Oscar .............. 137,198,264,350,375
   Wolferd ................. 237,297,333,417
   Wolford ...................... 16,97,177
   **ROCK**, Emma .......................... 52,90
**ROCKER**
   Alice J ...... 148,206,209,249,359,384
   Ernest ............................ 246,359,384
   Lenore ..................................... 384
   Sarah M ....................... 246,359,384
   Sarah Merriss ........... 45,112,145,206
   Zella .... 45,112,145,206,246,359,384
**ROLLER**, Elnora D ................. 320,404
**ROPER**
   Cecil ....................................... 267
   Cecil Ohm .............. 140,200,352,377
   Dewit Abner ............................. 377
   Nettie Staton ......... 106,140,200,267,
352,377
**ROSEBERRY**
   Jane .................................... 88,134
   Jane C ................... 191,257,345,369
   Louisa Drake ........... 50,88,134,191,
257,345,369
   Thomas . 50,88,134,191,257,345,369
**ROSS**
   Beulah Esther ............... 248,359,384
   Christopher Calvin ................ 114,148
   Georgia Ellen ............................ 384
   Julia Bo b .................................. 114
   Julia Bobb .. 47,147,208,248,359,384
   Lillian Mabel .. 147,208,248,359,384
   Ruth Mary .............. 47,114,147,208,
248,359,384
**ROUBEDOUX**, Josie ..................... 16

# Index

**ROUBIDOUX**
Josaphine .................................. 417
Josephine ..................... 237,297,333
Josie ................................... 97,177
**RUTLEDGE**, Edna P Adams .. 309,393
**RYAN**
Bernice F ............................... 417
Caroline F ......................... 298,417
Caroline Faber .......... 17,98,178,238
Caroline R .............................. 333
**SACTO**
Agnes ........................... 45,112,148
Grace R .............................. 211,270
Grace R C ...................... 151,310,394
Grace Redeagle Coldspring ........ 116
James ............... 44,112,145,206,249
Joseph. 44,111,145,206,246,359,384
Louisa. 44,111,145,206,246,359,384
Marie ................................... 270
Mary ... 44,111,145,206,246,359,384
Mary E Gladys ..................... 310,394
Nathaniel ........ 45,112,145,206,246,
359,384
**SANDSTONE**, Fannie .................... 407
***SA-PA-[ILLEGIBLE]*** ..................... 185
**SARAHAS**
Frank ........................... 237,297,333
Jane ..................... 16,97,177,237,297
Jane, Jr ........ 97,177,237,297,333,417
Jane, Sr ..................... 333,417
Martha .............. 97,177,237,297,333
Richard ...... 97,178,237,297,333,417
Wesley ....... 97,177,237,297,333,417
**SARAHASS**
[No Name] ................................ 16
Frank ................................... 421
Jane .................................... 16
Martha .................................. 421
Richard ................................. 16
Wesley .................................. 16
**SCANLAN**
Earl .............................. 243,359,384
Eliza P ............................. 359,384
Eliza Peckham ......................... 243
Lloyd .............................. 243,359,384
**SCANLAND**
Carl .................................... 203

Eliza Peckham ......................... 203
**SCANLON**
Carl .............................. 42,109,142
Eliza Peckham ................ 42,109,142
**SCHIFFBAUER**
Alice ............... 165,225,284,320,404
Amelia .. 16,97,178,237,297,326,410
Azilda ............. 20,101,181,241,301,
333,417
Bert ....... 16,97,178,237,297,326,410
Cyril ........... 26,60,79,165,225,284,
320,404
Frank ............. 26,60,79,165,225,284,
320,404
Fred ............... 26,60,79,165,225,284,
320,404
Infant .................................. 404
Joseph ... 16,97,178,237,297,326,410
Minnie .......... 26,60,79,165,225,284,
320,404
Pearl ...... 16,97,178,237,297,326,410
Robert .......... 26,60,79,165,225,284,
320,404
Roy Russel .............................. 165
Roy Russell ......... 26,60,79,225,284,
320,404
**SCHRIMPSCHER**
Abbie ................................... 60
Eliza .................................... 60
Harriet ................................. 417
Ida ...................................... 60
James .................................... 60
John .................................... 60
Lucy ..................................... 60
Mathias .................................. 60
Rena ..................................... 60
Silas .................................... 60
**SCHRIMPSHER**
_____ ................................. 404
Abbie G ............ 27,79,165,225,284,
320,404
Abraham .. 165,170,225,284,320,404
Eliza ...... 26,79,165,225,284,320,404
Harrie .................................. 297
Harriet ................................. 333
Hattie ..................... 16,97,178,238
Ida ......... 27,79,165,225,284,320,404

# Index

James .... 26,79,165,225,284,320,404
John ....... 26,79,165,225,284,320,404
Lena ............................................... 27
Lucy ....... 27,79,165,225,284,320,404
Mathias ....... 79,165,225,284,320,404
Matthias ........................................ 27
Rena ............ 79,165,225,284,320,404
Silas ..................... 27,79,165,225,284
**SEYMORE**
  (Infant) ........................................... 16
  Mary ............................................... 16
**SEYMOUR**
  Howard E .................................... 417
  Inez Pearl ........ 178,238,297,333,417
  Mamie Aretha ........................ 98,178
  Mary Aretha .......... 238,297,333,417
  Mary Brown ........... 98,178,238,297,
  333,417
  Rumsey E ............................. 297,333
  Runsey E ..................................... 417
**SHAFER**
  Bertha ... 7,121,156,217,276,310,394
  Ernest Glenn ....... 7,121,156,216,276,
  310,394
  Harry ..... 7,121,156,217,276,310,394
  Irene ............................................ 275
  Irene Dardenne ......... 7,121,156,216,
  310,394
  Minnie .. 7,121,156,216,275,310,394
**SHAFFER**, Elsie Dardenne ............. 394
**SHALER**, Elsie Dardenne .............. 310
**SHAPP**
  Ernest ............. 134,191,257,345,370
  Frances ................................ 310,394
  Harry W ............. 50,88,134,191,257,
  345,369
  Julia Stafford ........... 7,121,156,216,
  275,310,394
  Mary ..... 50,88,134,191,257,345,369
  Peter ...... 50,88,134,191,257,345,369
  Thomas ...... 88,134,191,257,345,369
**SHIFFBAUER**, Alice .................... 170
**SHILO**
  David .............................................. 55,74
  Fayette ....................................... 55,74
  Henry ......................................... 55,74
  Minnie ....................................... 55,74

  Nellie .......................................... 55,74
**SILK**, Frances ........ 7,121,156,216,275,
309,393
**SIMMS**
  Albert Ray .................... 256,345,369
  George Roy ................................. 369
  Helen Leonard ....... 190,256,345,369
**SIMPSON**
  Catherine .................................... 257
  Catherine N ................................ 369
  Catherine R ........................ 191,345
**SKA-KAH**, Susan Tomahawk .......... 38
**SKAKAH**
  Anna ..................... 186,253,340,365
  Jacob ........................................... 186
  Rosa .................................. 186,253,340
  Rose ............................................ 365
  Susan Tomahawk ... 186,253,340,365
***SKA-KAH***
  Anna ................................. 67,69,126
  Rosa ................................. 67,69,126
  Susan Tomahawk .............. 67,69,126
**SKY**
  Anna D ......................... 185,251,339
  Anna Dougherty .......... 39,65,70,124
  Beatrice ............. 42,109,142,203,243
  Clarence ........... 42,109,142,203,243
  Emmet ..................................... 39,65
  Emmett ............ 70,124,185,251,339
  Etta May ............................. 109,142
  Frank .......... 47,114,148,209,249,359
  George ............. 42,109,142,203,243
  Gladys ............... 42,109,142,203,243
  Hazel ........................................... 243
  Jesse ................. 42,109,142,203,243
  Juanita ........................................ 243
  Myrtle ............... 42,109,142,203,243
  Nancy ............... 42,109,142,203,243
  Stella ................. 43,110,143,204,244
  Thomas ............. 42,109,142,203,243
  Wannetta .................................... 203
  William ............. 42,109,142,203,243
  Winnie .......................................... 45
**SKYE**
  Anna D ....................................... 362
  Beatrice .............................. 359,384
  Clarence ............................. 359,385

456

## Index

Douglas..................................385
Emmett..................................362
Frank.....................................385
George..............................359,384
Gladys...............................359,385
Hazel..................................359,385
Jesse..................................359,384
Myrtle................................360,385
Nancy................................360,385
Stella.................................359,385
Thomas..............................359,385
Waneta...............................360,385
William...............................360,385
**SMITH**
[No Name].........................320,321
Albert........27,61,80,166,226,285, 321,405
Alice........................................369
Amanda......27,60,80,165,226,285, 321,405
Amy........................................404
Artie..................................98,178
Artie Y........27,60,80,165,225,284, 320,405
Benjamin...98,178,238,297,328,412
Callie......................................318
Christian................................404
Christina......60,79,165,225,284,320
Doran..............................284,320,404
Elizabeth..166,170,226,285,321,405
Ella May....88,134,191,257,345,369
Eugene..................226,284,321,405
Eulala.......................................98
Eulalia...............................178,238
Fannie......................................27
Frank D..........134,191,257,345,369
George L.27,60,79,165,225,284,320
Guffey....................................405
Harry..................................27,80
Harvey........61,166,226,285,321,405
Hiram......27,60,79,165,225,284,320
Inez Splitlog..................285,321,405
Infant.....................................285
Isadora Labadie............................50
Isadore Labadie.............88,134,191, 257,345,369
Jacob 27,61,80,166,226,285,321,405

John.27,61,80,166,226,285,321,405
Lizzie........................................27
Lucile................................321,405
Lucy Spicer.........27,60,79,165,225, 284,320,404
Luke..............27,60,80,165,225,289
Malinda..............27,60,80,165,225, 284,320,405
Maria.................................80,405
Marie........................................27
Mary........27,60,61,80,165,166,226, 285,321,405
Mary D............60,165,225,284,320
Mary Dora.............................27,80
Mary Johnson....................225,284
Nannie.....................27,61,80,166
Richard Splitlog..................321,405
Rosa May.165,170,226,284,321,405
Roth..................50,88,134,191,257
Rothe.............................345,370
Roy..............98,178,238,297,328,412
Ruby K..................................369
Rufus........27,60,79,165,225,284, 320,404
Sallie....................27,61,80,166,285
Samuel....27,61,80,166,285,321,405
Silas.............27,60,80,165,226,285, 321,405
Silas, Jr......................80,84,166,170
Walter Martin.166,170,285,321,405
Walter Matin...........................226
William........27,60,80,165,226,285, 321,405
**SNYDER**, Nancy.................52,90,130
**SOLOMON**
[No Name]..........................178,334
_____..............................417
Infant...............................238,298
Isaac...........................16,17,98,178
Isaac (Macomb).......................238
Isaac Macomb.............298,334,417
**SPA-DA**, *Me-het-ta*.................310,394
**SPADA**, *Meh-het-tah*.121,156,217,276
**SPADE**, *Meh-het-tah*.......................7
**SPICER**
Alex Z..................................28,80
Alexander Z............61,166,226,285,

321,405
Annie .... 52,90,129,194,260,347,372
Arla M .......................................... 405
Betsey ... 62,81,167,227,286,322,406
Betsy ............................................ 28
Caroline ........ 27,61,80,166,226,285, 321,405
Charles ..... 28,61,62,81,166,167,226, 227,285,286,321,322,405,406
Charley .......................................... 27
Charlie .......................................... 80
Christopher K ............................. 405
Clem H ................ 28,61,81,167,227, 286,322,406
Daniel, Jr .............. 28,61,80,166,226, 285,321,405
Daniel, Sr .............. 27,61,80,166,226, 285,321,405
Dorothy Mary ............... 227,286,322
Dorthy Mary .............................. 406
Edward .............................. 321,406
Elvas K ................................. 285,321
Esther ................. 28,61,81,167,227, 286,322,406
Ethel ........................................ 28,81
Ethel L ................................. 322,406
Ethel Lucinda .......... 61,166,227,286
Evaline ................. 28,61,81,166,227, 286,322,406
Francis Marion ..... 28,62,81,167,227, 286,322,406
Georgia ................ 28,61,81,166,227, 286,322,406
Hattie ................... 28,61,81,167,227, 286,322,406
Ida ......... 22,28,55,61,74,80,160,166, 220,226,279,286,314,321,398,406
Ilus ............... 61,80,166,226,285,321
Inez ....................... 227,286,322,406
Infant .......................... 285,322,406
Jack .............. 28,61,80,166,226,285, 321,406
Jacob ............. 28,61,80,166,226,286, 321,406
James ............ 28,61,81,166,227,286, 322,406
Jessie Davis ......... 28,62,81,167,227, 286,322,406
John ............... 28,62,81,167,227,286
John, Sr ............................... 322,406
Joseph ........... 28,61,81,167,227,286, 322,406
Katie P ........................................ 334
Katie Peacock ............................ 417
Katy P ................................. 237,296
Lemuel Jasper ...... 28,61,81,166,227, 286,322,406
Lewis Whitewing ........ 27,61,80,166, 226,285,321
Lius ............................................ 405
Lorena ...... 166,170,227,286,322,406
Louis Whitewing ....................... 405
Mary ........................................... 406
Masie .......................................... 286
Massie ........................................ 322
Mitchell ............... 28,61,81,167,227, 286,322,406
Mitchelothe Ball ....... 65,69,124,184, 250,338,362
Naomi .............................. 61,81,169
Noah 28,62,81,167,227,286,322,406
Ora Barnard .......................... 28,226
Ora Bernard . 61,80,166,285,321,405
Rena C .... 16,17,98,178,238,298,334
Rena Cotter ................................ 417
Reo A .......................................... 405
Rio A ....... 28,61,80,166,226,285,321
Sallie ................... 27,61,80,166,226, 285,321,405
Sherman .............. 28,61,80,166,226, 285,321,406
**SPINKS**
   Amos Ison ....... 136,196,262,348,373
   May Baldwin .. 136,196,262,348,373
**SPLITLOG**
   Alexander ............ 29,62,81,167,227, 286,322,406
   Bertha M ........................... 28,62,81
   Carrie B .. 29,62,81,167,227,286,322
   Carrie D ..................................... 406
   Edna B ............................... 28,62,81
   Edna N .................. 167,227,286,322
   Elda N ........................................ 406
   Ethel K ................. 29,62,81,167,227,

# Index

286,322,406
Gordon B .............29,62,81,167,227, 287,322,406
Grover C .............28,62,81,167,227, 286,322,406
Henry B .............28,62,81,167,227, 286,322,406
Inez .....................28,62,81,167,227
Jacob ..................28,62,81,167,227, 286,322,406
James .... 17,98,178,238,298,334,418
John ........ 28,62,81,167,227,286,322
Julia .....................28,62,81,167,227
Malinda.........................................29
Malinda W ...........................287,322
Malinda Whitecrow ... 63,82,168,228
**SPYBUCK**
[No Name] ................................334
Agnes..........................................418
Albert................................298,334,418
Eliza......................16,17,98,178,238
Flossie........................................421
Flossie B ......................238,298,334
Flossie Barlow......................98,178
Henry ........... 16,17,98,178,238,298, 334,418
Infant .........................................238
Roy ....... 16,17,178,238,298,334,418
Ruth .......... 98,178,238,298,334,418
Ruth R ....................................16,17
**STAFFORD**, Widow...................... 7
**STAND**
Fannie....................................44,111
Henry.... 12,93,173,233,292,334,418
Leander............ 44,111,144,205,245, 359,385
Leo..............................................40
Matilda ........... 44,111,144,205,245, 359,385
Nancy Smith.......... 44,111,144,205, 245,359
Nancy Smithe ...........................385
Olive Mary ...............................364
Raymond ........ 44,111,144,205,245, 359,385
Thomas ................ 40,67,71,126,187
William ........... 40,67,71,126,186,252

William P............................340,364
Wilson ..... 111,144,205,245,359,385
**STANDSTONE**
Fannie..... 29,62,81,167,227,287,322
Thomas .......................29,62,81,169
**STANLEY**
Ardlus .............. 44,111,144,205,245, 360,385
Charles.............. 44,111,144,205,245, 360,385
Etta ........ 52,90,129,194,260,347,372
Goldie ............. 205,209,245,360,385
Ida...............................................144
Ida S.....................................44,111
Infant .......................... 111,245,360
Katie Artles..............................385
Katie Artless .......... 144,205,245,360
Leslie .........................................385
Ramona............ 44,111,144,205,245, 360,385
Sampson ......................................44
Sampson Arthur.......... 111,144,205, 245,360,385
**STANNARD**
Jannette......................................298
Jeanette ......................238,334,418
Jeannette .......................17,98,178
Nancy ............... 17,98,178,238,298, 334,418
Walter N ............ 17,98,178,238,298, 334,418
**STATION**
Ella ............................................361
Lenna.........................................361
Marion ......................................361
Sherman....................................361
**STATON**
Ella ................. 113,147,208,248,386
Ellen ...........................................46
Elmira.................................36,106
Floyd..........................................266
Frank... 36,106,140,200,266,352,377
George ...................................43,110
George Claude............. 144,205,245, 360,385
Leland E ...................................377
Lena..........................................386

459

# Index

Lennie ............... 46,113,147,208,248
Lloyd ............................... 310,394
Mabel ............ 43,110,144,245,360,385
Mabel L ................................ 205
Marin ............................... 113,147
Marion ................... 46,208,248,386
Myrtle ..................... 46,113,147,209
Nettie ..................................... 36
Sarah C Cardin .................. 310,394
Sherman ..... 46,113,147,208,248,386
Stella ... 43,110,144,205,245,360,385
Thomas . 17,98,179,238,298,328,412
Treavere ................................. 266
Treverse ............................. 310,394
**STEVENS**
James .. 35,106,139,200,266,352,378
John .... 35,106,139,200,266,352,378
Ruth .... 35,106,139,200,266,352,378
William ............ 35,106,139,200,266, 352,378
**STEWART**, Clarence .......... 14,95,175, 235,294
**STUART**, Clarence ................. 328,411
**STULTS**, Matilda Jones ................. 137
**STULTZ**
Inez Jewel ............... 197,264,352,378
Matilda Jones ......... 197,264,352,378
**SULLIVAN**
Eda May ................ 121,156,216,275
Edna May ........................ 7,310,394
Grace Pearl ......................... 310,394
Malina Hunt. 7,121,156,216,275,394
Maline Hunt ........................... 310
Ray LeRoy .............................. 7
Ray Leroy ............. 121,156,216,275, 310,394
Roy ..................... 121,156,216,275, 310,394
**SUPERNAW**, Lizzie Albro ....... 35,106, 140,200,266,353,378
**TAYLOR**
[No Name] ........................... 354
Infant ........................... 379
Kittie Lee .............................. 354
Kitty Lee .................... 199,265,379
**THOMAS**
Clarence ............................. 262

Clarence M ........................ 353,378
Ella ....... 40,71,126,186,252,340,365
Esther Clark ......... 103,136,196,262, 353,378
Evelyn ................................. 378
Iva ..................................... 378
Lydia T ...................... 262,353,378
Pearl ............................ 262,353,378
**THOMPSON**
[No information given] .............. 360
_____ ................................. 385
Elsie E Peery ......... 204,244,360,385
*Ha-dus-kah-tun-kah* ............. 310,394
Robert .............. 7,121,157,217,276
William ................... 7,121,157,218
**TINDAL**
Hettie .......................... 174,234,293
Infant ........................... 174,234,293
**TOBEY**
Josaphine Geck ......................... 418
Josephine Geck ...... 173,233,292,334
Josie Geck ................................ 93
**TOBIEN**
Earl E ................................... 17
Earl Walker ............ 98,179,239,298, 334,418
J Danforth ........................... 98,179
John H, Jr ................................ 17
June Danford .......................... 418
June Danforth ..................... 239,334
Junior Danforth ....................... 298
Lula M ................................. 98
Lula M Walker ...... 179,239,298,418
Lula M Walter ....................... 334
Lulu M ................................ 17
**TOMAHAWK**
Henry Chisolm ........................ 67
Jacob ....... 40,67,71,126,253,341,365
Jennie Chisolm ........................ 67
**TOOLEY**
Effie. 40,67,72,127,187,253,341,365
Ella .. 40,67,72,127,187,253,341,365
Etta ... 40,67,72,127,186,253,341,365
Mattie .......... 40,67,72,127,186,253, 341,365
**TOURTILLOTTE**
Annie L ..................... 301,334,418

460

# Index

Josephine ..............................418
Josephine ..........................301,334
**TOURTILOTTE**
[No Name] ..........................241
Annie L ..............................181,241
**TOUSEY**
Elizabeth ............................394
Elizabeth H .. 7,122,157,217,276,310
**TRACK**
[No Name] .............................. 7
Agnes ............ 122,157,217,276,310
Ha-deh-te-eh ........................394
Ha-deh-te-ehor .....................310
Martha ................................310
Meh-ska-na-ba-nah ................... 7
Me-kan-tun-kah ....................276
Mes-kah-tun-ka ...................7,122
Mes-kah-tun-kah ...................217
Mes-ka-tun-kah ................310,394
Sigdah ..............................7,122
Sig-dah ................217,276,310,394
Sigdah ................................157
Wah-zhe-meh-tah-heh ..........7,122, 157,217,276
Wa-sha-me-ta-neh ............310,394
**TRINKLE**
Earnest ................................50
Ernest ......... 88,134,191,257,345,369
Mabel .... 50,88,134,191,257,345,369
Minnie .. 50,88,134,191,257,345,369
Pearl ...... 50,88,134,191,257,345,369
**TUCKER**, Silas .......... 44,111,144,205, 245,360,385
**TURKEY**
Abe .. 29,62,82,167,228,287,323,407
Charles .............................62,82
David ............ 29,62,82,167,323,407
John ............................62,82,407
Louis ..............................62,407
Mary Logan .......... 29,62,82,167,228, 287,323,407
Rosie ...........................62,82,407
Wanita ................................407
**TURKEYFOOT**
Henry .................................41
Milton ... 67,72,127,187,253,341,365
**TUSSINGER**

(No Name Given) .......................334
[No Name] .......... 17,98,179,239,298
Denzil .................................418
Jessie G .............. 17,98,179,239,298, 334,418
Josaphine ............................418
Joseph ................................418
Josephine ..... 17,99,179,239,298,334
Lizzie G ............. 17,98,179,239,298, 334,418
Mark L ............... 17,99,179,239,298, 334,418
Rose Belle ...........................418
**TUTTLE**, Asa ............ 52,90,129,194, 260,347,372
**TYNDAL**
[No Name] .............................334
David .................................418
Henry .................................418
Hetty ............................334,418
Norman ...............................418
**TYNER**
Agnes Louisa .........................407
Delia Evans ............ 57,162,222,281, 323,407
Linda .................................407
**VALLEY**
Joseph ..................... 45,112,145,149, 206,246,360,385
Joseph N .. 145,149,206,246,360,385
Josephine ............... 45,112,145,206, 246,360,385
Naomi ................................385
**VALLIER**
Alice .............................157,217
Alice A ............................8,122
Amelia Ivy .......................310,394
Amos .... 8,122,157,217,276,310,394
Annie .................................. 8
Benjamin F .......... 8,122,157,310,394
Clarissa ..........................311,395
Clarissa A ............. 122,157,217,276
Clerissa A ............................. 8
Flora E ..... 122,157,217,276,311,395
Frank ..... 8,122,157,217,276,310,394
George ......................8,122,158,217
Georgia ..............................276

461

## Index

Georgia Alice ...................... 311,395
James ..... 8,122,157,217,276,310,394
James Amos .......... 122,157,217,276, 311,395
Martha F ........... 8,122,157,217,276, 310,394
Wiliam B ............................ 276
William B ........................ 217,310
**VAN DUSEN**
Ida ..................................... 369
March ................................ 369
**VAN SANDT**
Cora Hampton ................. 39,66
George ............................ 66,363
**VAN SANT**, Cora .................... 363
**VANDAL**
Forest M .............................. 407
Gertrude ... 168,170,228,287,323,407
Inez A ................................. 407
Mary J Whitecrow ............ 29,62,82, 168,228,287
Mary Jane W C .................... 323,407
Susan ................................. 323
Susan L .......... 168,170,228,287,407
**VANDUSEN**
Ida M ............... 86,132,189,255,345
March .................... 189,255,345
Mary Drake ...................... 86,132
**VANSANDT**
Cora ................................. 339
Cora H ....................... 185,251
Cora Hampton ...................... 70,125
George ............ 70,125,185,251,339
**VELLENENIE**, Florence W ......... 231
**VELLENIENIE**, Florence Walton. 171
**VELLENLENIE**, Florence Walton..91
**VILLANIEVE**, Florence W ...290,325, 409
**VOLZ**
(Infant) .......................................... 20
[No Name] .................................... 20
Caroline ............................... 335,418
Frederick Randolph ................... 418
Frederick Rudolph .............. 301,335
Infant ..................................... 241
Janet M ............................ 241,301
Jeanette M ............................... 181

Jeanette N ........................ 335,418
Josaphine L .............................. 418
Josephine L .................. 241,301,335
Josephine Lefland ....................... 20
Josephine Lofland ............... 101,181
Julia ........ 101,181,241,301,335,418
Mary ..................................... 101
**WADE**, Florence A ....... 8,122,157,217, 276,311,395
**WADE (WAIDE)**
Anne Dardenne .................... 276
Bessie ............................. 276
Birdie .............................. 276
Infant ............................. 276
Nellie .............................. 276
Park ................................ 276
**WADSWORTH**
Avery ...................... 42,109,148
Clifford ..................... 42,149
Gertrude Mudeater ............. 105,141
John .......... 42,109,142,203,360,386
Thomas A ............................ 149
**WAID**
Anne Dardenne ......................... 122
Annie Dardenne .......................... 8
Bessie ............................. 8,122
Nellie ............................. 8,122
Park ............................... 8,122
**WAIDE**
Anna Dardenne ................... 311,395
Anne Dardenne .................... 157,217
Bertie ............................. 311,395
Bessie .................. 157,217,311,395
Birdie ............................. 217
Clarke ............................ 311,395
Infant .............................. 217
Nellie .................. 157,217,311,395
Park .............................. 157,217
Parke ............................. 311,395
**WALKER**
Alma ..................... 194,260,347,372
B N O ............. 99,179,299,335,419
Bert N O ............................... 18
Catharine ............................. 36
Catherine . 107,140,201,267,353,378
Clarence 18,99,179,239,299,335,419
Ethel ... 36,107,141,201,267,353,378

462

# Index

Eva L ............... 239,299,335,421
Eva Lemon ........................ 18,179
Ida ....... 36,107,141,201,267,353,378
Infant 129,194,260,347,353,372,378
Isaac ................................. 18,99
Isaac S ........... 179,239,299,335,419
Jacob ... 36,107,141,201,267,353,378
Kenneth 18,99,182,242,301,335,419
Malcolm ...... 17,99,179,239,298,335
Malcom ................................. 419
Mary ..... 18,99,179,239,299,335,419
Mary Long ............................... 260
Mary Petah ....... 35,106,139,199,266
Mary Poshawa ......................... 106
May Long ........ 90,129,194,347,372
R N O .................................. 239
Samuel ............ 141,199,266,353,378
Thomas ................................. 335
Thomas B .............................. 17
Thomas E ................. 18,182,242,301
Thomas Earle ..................... 335,419
Thomas G ......... 99,179,239,299,419
**WALLACE**
   Everett ....................... 18,99,179,239
   Everett Z ............................ 335,419
   Everett Zane ............................ 299
   Jane Z ... 18,99,179,239,299,335,419
**WALMINGTON**, Zerella Hampton 125
**WALTON**
   Florence ................................. 10
   Genevieve ............... 43,110,143,204,
   244,360,386
   Mary Ruth ............... 43,110,143,204,
   244,360,386
   Minnie E .............................. 38,69
   Minnie Eva ............ 65,124,184,250,
   338,362
   Naomi ............ 43,110,143,204,244,
   360,386
   Richard .......... 43,110,143,204,244,
   360,386
**WANO**
   Ellen ...................... 239,299,335,419
   Ellen L ........................... 18,99,179
   Eugene .. 18,99,179,239,299,335,419
   Georgie ................................ 419
   Katie ..................... 239,299,335,419

Myrtle .................. 239,299,335,419
Willaim ................................. 18
William ....... 99,179,239,299,335,419
**WANSWORTH**, John ................... 243
**WARNER**
   Bertha Marie ................. 274,311,395
   Frances May .......... 215,274,311,395
   Minnie N ..................... 274,311,395
   Minnie Newman ........... 120,155,215
**WARRIOR**
   James ..................... 27,61,80,166,230
   Lucinda Smith ....... 27,61,80,166,226
   Sallie .................................. 226
   Samuel ................................. 226
**WEAVER**
   [No Name] ............................ 335
   _____ ............................... 419
   Bessie ............... 95,175,235,295
   Bessie K ........................... 331,415
   Dollie ................................. 175
   Minnie ............................... 175
   Minnie Kygar ..................... 335,419
   Pearl ................................. 175
   Stella ................................ 175
   Susan Kygar .................. 95,175,242
**WEBER**
   Dillie D ............................ 217,276
   Dillie Dardenne .. 8,122,157,311,395
   Eva ................... 8,122,157,217,276
   Eva Lena ........................... 311,395
   Everett ............... 122,157,217
   Everett G .......................... 311,395
   Everett Gilbert ....................... 276
   Grace J .. 8,122,157,217,276,311,395
   John C .............................. 311,395
   Johnney ................ 122,157,217,276
   Lillian ................................. 276
   Lillian May ........................ 311,395
   Lizzie Imbeau .......................... 395
   William ....................... 276,311,395
**WEISS**, Lizzie Imbeau ............ 273,311
**WELCH**
   Benjamin ... 45,112,207,247,358,383
   Thomas ..................... 45,112,209
**WEST**, Sallie Smith ..................... 402
**WHITE**
   Annie .................. 36,107,140,202

# Index

Eula..... 36,107,140,201,267,353,378
Joseph. 36,107,140,201,267,353,378
Percival............36,107,140,201,267
Percy........................................353,378
Sarah... 36,107,140,201,267,353,378
**WHITEBIRD**
   Alphonso ......................218,311,395
   Bernard. 8,122,157,218,277,311,395
   Flora ...............................311,395
   Flora G..................................218,277
   Flora Young Greenback...........8,158
   Flora Young-Greenback .............122
   Harry..... 8,122,158,218,277,311,395
   Hugh Wade...................123,158,218
   Infant ........................................218
   Joseph...............8,122,157,218,277
   Lena...... 8,122,157,218,277,311,395
   Mary ..... 8,122,157,218,277,311,395
   Melissa . 8,123,158,218,277,311,395
   Walter...........................................218
**WHITECROW**
   Alfred ...................29,62,82,168,228,
   287,323,407
   Elsie......... 168,170,228,287,323,407
   Gertrude...............29,63,82,168,228,
   287,323,407
   Jacob............................................407
   Madonna..............29,63,82,168,228,
   287,323,407
   Mary ............ 29,62,82,168,228,287,
   323,407
   Mayo............. 29,62,82,168,228,287,
   323,407
   Walter........... 29,63,82,168,228,287,
   323,407
**WHITEDAY**, Mary........................41
**WHITELY**, Lula Dardenne
   ............................... 123,158,218,277
**WHITETREE**
   Alva ........ 29,63,82,168,228,287,407
   Arizona...............30,63,82,168,228,
   287,323,407
   Bracket-nail ...................................82
   Bractenail......................................29
   Brak-at-nail...................................63
   Brake-nail ...................................323
   Braketnail ...................................407

Break-et-nail................................168
Break-it-nail........................228,287
Earnest..........................................30
Edna........................................30,84
Ernest.... 63,82,168,228,287,323,407
Eva... 30,63,82,168,228,287,323,408
Frank........ 30,63,82,84,168,228,
287,323,408
Gertie W ......................................168
Gertie Washington...................63,82
Gertrude W ............225,284,319,403
Harry.....................29,63,82,168,225,
283,319,403
Ida................. 30,63,82,168,228,289
Infant ........................287,323,408
Jesse........ 29,63,82,168,228,287,407
John .............................29,63,82,169
Lizzie Cherloe ..................29,82,168
Lizzie Shilo....................................63
Mary ...............................64,82,170
Ogle. 29,63,82,168,225,284,319,403
Ona ................................................84
Ray .............................228,287,407
Rena.........................30,82,323,407
Rene.........................63,168,228,287
Roy ...........................29,63,82,168
Sarah.......................................29,84
Scott...................30,63,82,168,228,
287,323,408
Susan ...................29,63,82,168,228,
287,323,407
Susie ...................30,63,82,168,228,
287,323,408
Thomas... 30,63,82,168,228,287,323
William................30,63,82,168,228,
287,323,407
**WHITEWING**
   Catharine ........................................18
   Catherine ..............................99,182
**WILBUS**, Charley .........................414
**WILHOITE**, Mary M..........8,123,158,
218,277
**WILLIAMS**
   Abe ................................36,107,140
   Abraham ............... 149,201,267,353,
   360,378,386
   Abram........................................246

# Index

Albert............36,107,140,149,201, 267,353,378
Elthe......................145,149
Frank............140,201,267,353,378
Grace Merris........................386
Grace Merriss........145,206,246,360
Hetty......... 126,127,186,252,340,364
Isaac.... 36,107,140,201,267,353,378
Jesse......... 107,140,201,267,353,378
Jessie..............................36
Lula Elsie..............206,246,360,386
Mary Ellen..........................386
Matilda Jackson...........126,186,252, 340,364
Oliver.. 36,107,140,201,267,353,378
Sarah... 36,107,140,201,267,353,378
**WILLS**
Anna E.............................386
Queenie Lykins..... 112,146,207,247, 360,386
Ruth M............ 146,207,247,360,386
**WILSON**
Infant..............................157
Irvin..........................311,396
Julia B McBee.....................382
Laura Jennie ... 157,217,277,311,395
Laura Jennie (Beaver)..............122
Zhe-kah............................122
**WIND**
Betty...............................36
Christopher...... 36,107,140,200,267, 353,379
Edgar .. 36,107,140,200,267,353,379
Hugh........................36,107,267
Hugh K.................140,200,353,379
Joseph............36,107,140,200,267, 353,379
Lillian..................200,267,353,379
Lillie...................36,107,140
Mary.................................16
Matilda............36,107,140,200,267, 353,379
Thomas............36,107,140,200,267, 353,379
**WINNEY**
Clarence........ 30,63,83,169,229,288, 324,408

Fannie..............................30
Fannie Scott........................30
Hattie.....................30,63,83,168
Isaac........ 30,63,83,168,229,288, 324,408
James Reed........................408
Julia Crawford..... 30,63,83,169,229, 288,324,408
Malinda................30,63,83,168,228, 288,323,408
Margaret.............30,63,83,168,229, 288,324,408
Mary Esther...........30,63,83,169, 229,324,408
May Esther.......................288
Mildred L.........229,288,324,408
Reed B............ 30,63,83,169,229, 288,324,408
Thomas................30,63,83,168,228, 288,323,408
**WISTAR**
Leo...... 36,107,141,201,267,354,379
Mary.........................354,379
Thomas...... 36,107,141,267,354,379
Thomas, Jr............36,107,141,201
Willie..............................36
Willis....... 107,141,201,267,354,379
**WOLF**
James......................36,107,140
Josiah.........................36,140
**WOLFE**
James.............201,267,353,379
Josiah............ 107,201,267,353,379
**WOLFENBERGER**
Infant.............................398
Josaphine.........................419
Josephine..... 18,99,179,239,299,335
Lena Cayuga.....................398
Olive...............239,299,335,419
Ollie.........................18,99,179
**WORCESTER**
Mamie... 64,83,169,229,288,324,408
Mattie Logan ....... 31,64,83,169,229, 288,324,408
Nannie..............................31
**WORMINGTON**
Hampton Zerella..............185

465

Zerella H .................. 251,339,363
**WRIGHT**
  [No Name] ............................. 336
  _____ ............................... 419
  Charles ...... 18,180,240,299,335,419
  Evelyn ................................ 419
  George .. 18,99,180,239,299,335,419
  Grant .............. 18,99,180,239,299
  Harriet ........................ 335,419
  Harrison ...................... 335,419
  Hattie ............ 18,99,180,240,299
  Henry ......... 18,99,180,240,299,335
  James .... 18,99,180,239,299,335,419
  Martha ........... 20,101,181,241,301, 336,419
  Martha Jane ...... 20,181,241,301,336
  Martha Jean ........................... 419
  U S Grant .................... 335,419
  William ............ 18,99,180,239,299
  William H ..................... 335,419
**WYRICK**
  Ada .............. 201,268,354,379
  Frederick .. 107,141,201,268,354,379
  Infant ............................. 354
  Lula R Propeck .......... 107,141,201, 268,354,379
  Lulu R Propeck ..................... 37
  Roy Hamilton .................. 268,379
  Sallie ............................ 379
**XAVIER**
  [No Name] ........................... 312
  Anna .......... 9,123,158,218,277,312
  Baby ............................... 123
  Doc Stryker ..... 123,158,218,277,311
  Infant .................... 158,218,277
  James ......... 9,123,158,218,277,311
  _Mah-shing-tih-nah_ ................ 277
  _Mah-shing-tin-nah_ ...... 123,158,218
  _Ma-shing-tin-nah_ ................. 311
**YOUNG**
  Adam ............. 30,64,83,169,229,288
  Alexander Adam .......... 30,64,83,169
  Calvin ............................. 420
  Clifford ........ 18,100,180,240,299, 336,420
  Colonel Summers . 31,59,78,163,224
  Dale ....................... 299,336,420

  Downing ............ 31,59,78,164,224, 283,318,402
  Emma ............................. 12,93
  Emma V .............. 174,234,293,336
  Eva .............................. 336,421
  Eva Lula ............................ 299
  Fannie Smith ............. 64,83,169,229
  Henry .... 18,99,180,240,299,336,420
  Hiram Star ..................... 336,420
  John .... 18,100,180,240,299,336,420
  Lena ......................... 299,336,420
  Lizzie ....... 18,64,83,99,169,180,229, 240,288,299,320,404
  Louisa ......... 30,64,83,169,229,288, 324,408
  Lula ........................ 100,180,240
  Lulu ................................. 18
  Mamie ........................ 31,59,402
  Mamie A .......... 78,164,224,283,318
  Mary ............ 30,64,83,169,229,288, 324,408
  Mary Choteau 30,64,83,169,229,288, 324,408
  Mary Dora ........................... 80
  Mary T Crow ......................... 31
  Sallie ............................ 30,84
  Solerena ......................... 59,78
  Solorena ..... 31,163,224,282,318,402
  Star .................. 18,99,180,240,299
  Summers .................. 282,318,402
  Thompson ..... 30,64,83,169,229,288, 324,408
  William .. 18,30,84,100,180,240,299, 336,420
**YOUNGBLOOD**
  Jessie L ................. 189,255,345,369
  Jessie LaFalier ........................ 86
  Jessie Lafalier ....................... 132
  Rose Iona ........................... 369
**_ZAHME_** ............................. 2
**ZANE**
  Bertha . 19,100,180,240,300,336,421
  Buchanan ......... 18,100,180,240,300, 336,420
  Elizabeth .......... 19,100,180,240,300, 336,421
  Ellen ................................ 19

# Index

Emma . 19,100,180,240,300,336,421
Ernest ................................................. 420
Ethan ............... 101,182,242,337,420
Henry ....... 100,181,240,302,332,416
Iona ................. 180,240,300,336,420
Isaac .... 19,100,180,240,300,336,420
Isaac J ............. 180,240,300,336,420
Isaac R .............. 19,100,240,300,336
J Clarence ........ 19,100,180,240,300, 336,420
John .... 19,100,180,240,300,336,420
Julia ................. 100,181,240,302,337
Katie ..................... 240,300,336,420
Laurence ..................... 300,336,420
Lawrence ....................... 19,100,180
Leander ............................. 336,420
Lee ................... 19,100,180,240,300
Louisa .......................... 180,240,300
Louisa E .............................. 336,420
Mary Ann ............... 19,100,180,242
Myrtle ..................... 19,100,180,240
Noah ........ 100,181,240,302,332,416
Olive ..................... 240,300,336,420
Ollie ............................. 19,100,180
Oscar ... 19,100,180,240,300,336,420
Pearl .......... 100,181,240,302,332,416
Susan .. 18,100,180,240,300,336,420
Susanne Jane .......... 180,240,300,420
Suzanne Jane ............................. 336
William 19,100,180,240,300,336,420
Winnie ..... 100,180,240,300,336,421
**ZANES**, Ethan ............................. 301
**ZAVIER**
_____ .............................. 395
Doc Stryker ............................. 395
James ......................................... 395
*Mah-shing-tin-nah* ....................... 9
*Ma-shing-tin-nah* ..................... 395

www.ingramcontent.com/pod-product-compliance
Lightning Source LLC
Chambersburg PA
CBHW020237030426
42336CB00010B/516